Zurück ins Leben

RENATE VOLLMER

Zurück ins Leben

… das etwas andere Mutmachbuch

Bibliografische Information der Deutschen Nationalbibliothek:
Die Deutsche Nationalbibliothek verzeichnet diese Publikation in der Deutschen Nationalbibliografie; detaillierte bibliografische Daten sind im Internet über dnb.d-nb.de abrufbar.

TWENTYSIX – der Self-Publishing-Verlag
Eine Kooperation zwischen der Verlagsgruppe Random House und BoD – Books on Demand, Norderstedt
© 2019 Renate Vollmer
Coverdesign, Satz, Herstellung und Verlag:
BoD – Books on Demand, Norderstedt

ISBN: 978-3-7407-4567-7

Vorwort

Die Tarajal botanisch auch Tamariske genannt, entwickelte sich auf den Kanaren zu einer Endemischen Pflanze. Der dichte Baum oder Strauch wächst meist in Küstennähe. Tiefe Wurzeln halten sie auch bei Sturm gut und fest im Boden verankert und versorgen sie mit allem was sie braucht. Auch wenn ein Tarajal mitunter ziemlich krumm, zerzaust und zerrupft aussieht, es ist eine ausgesprochen starke und zähe Pflanze die fähig ist, sich wechselnden und auch schwierigen Lebensbedingen anzupassen.

Hochsensibilität ist bei etwa 15-20% der Menschheit angeboren. In den meisten Fällen wird diese Anlage »vererbt«. Als hochsensibler Mensch riecht, schmeckt, hört, sieht und fühlt man alles viel intensiver, nahezu ohne Filter. Eine Reizüberflutung kann sich auch sehr stark körperlich äußern. Hochsensibilität hat aber nichts mit der Fähigkeit mit Krisensituationen umzugehen, sie zu bewältigen und daraus zu lernen zu tun. Das ist eher die sogenannte Resilienz. Diese hängt viel mehr mit einer Lebenshaltung wie »annehmen, akzeptieren und das Beste daraus machen« und auch dem humorvollen Denken zusammen. Ich bin hochsensibel und resilient.

Das vorliegende Tagebuch ist ehrlich, lebendig und authentisch. Mein Mann Joachim Bernd Vollmer erkrankte schwer und starb sechs Wochen später an den Folgen seiner Erkrankung. Ab dem Zeitpunkt seines Todes, dem 15. Juli beginnt sozusagen ein zweites Buch, das Buch der eigentlichen Trauerverarbeitung und Heilung meiner Seele. Das ist ein noch viel tiefer gehender Prozess der inneren Heilung, an dessen Ende ich mein neues Lebensglück und meine zweite große Liebe fand, doch damit waren die großen Klippen des Lebens noch nicht umschifft. Amüsante Geschichten aus dem Alltag runden das Ganze wunderbar ab.

Das Buch soll Menschen Mut machen auch nach schweren Schicksalsschlägen wieder ins Leben zurück kehren zu können und vielleicht eines Tages wieder für das Wunder der Liebe bereit zu sein.

Bis auf den Namen meines Mannes und unserer Tiere wurden keine Klarnamen verwendet.

Ich wünsche Dir drei Fähigkeiten:
Die Gabe, nie zu vergessen, was Du warst,
den Mut, das zu sein, was Du bist, und
die Kraft, das zu werden, was Du sein möchtest.

2. Juni 2014 –
Ein Augenblick der das Leben verändert

Bis gestern reparierte Jochen unser altes Holztor. Er schmirgelte den alten Lack ab, füllte Risse mit Holzpaste auf und dichtete die Oberkante der Torflügel mit Silikon ab. Anschließend lackierte er es wieder in unserer Lieblingsfarbe »lebendiges Rot«. Die beiden schmunzelnden Gipssonnen mit dem verschmitzten Augenwinkern (nimm das Leben nicht so furchtbar ernst), in den Torpfosten bemalte er bunt. So fröhlich-frech sahen sie noch nie zuvor aus, ich liebe dieses verschmitzte Grinsen und ihre humorvolle Aussage sehr. Mit dem neuen Türklopfer, einem »Greenman« strahlt es einen so richtig fröhlich an, und ich erfreue mich an seinem Anblick.

Die Frühlingssonne lockte uns auf die wöchentliche Einkaufstour, ich saß bereits im Wagen und wartete darauf, dass Jochen das Tor hinter uns schloss und zu mir ins Auto einstieg. Minuten später stand er noch vor dem Tor und ich fragte ihn: »Schatz, hast Du etwas vergessen?«

Er gab mir zur Antwort: »Ich wollte mir nur noch mal das Tor richtig einprägen.«

Klar wunderte ich mich darüber, dachte aber nicht weiter nach und freute mich, als er zu mir ins Auto stieg. Dass mir dieser Moment noch sehr lange im Gedächtnis bleiben würde, ahnte ich zu diesem Zeitpunkt nicht im Entferntesten.

Einmal in der Woche fuhren wir in die nahe gelegene Kleinstadt El Tanque um Post, Bank und alle nötigen Einkäufe zu erledigen und uns anschließend beim Bäcker auf einen Cafe hinzusetzen. Zwei wackelige Tische standen vor der Bäckerei, von wo aus man bei schönem Wetter nicht nur den Teide, den höchsten Berg Spaniens bewundern konnte und auf der kleinen, nicht minder imposanten Hauptstraße fand man so ziemlich alles für den täglichen Bedarf. Den Ort und die Straße prägt ein natürlicher Charme und die Menschen die man dort traf ebenso. Man kannte und man grüßte einander, hielt auch mal ein kleines Schwätzchen. Man hat, oder besser noch, man nimmt sich Zeit füreinander. Es ist einfach schön hier und es ist unser Zuhause.

Nach einem Cafe setzten wir unsere Einkaufsfahrt fort. Dabei holten wir Hühnerfutter, Hundereis und kleine Gemüsepflanzen für die Hochbeete. Nach dem alle Einkäufe erledigt waren, ging es weiter zu Jochens Schwester Nele. Jochen strahlte so richtig glücklich und zufrieden vor sich hin und freute sich aufs Essen. Wir beide unterhielten uns gerade auf der Terrasse, da gab mir Jochen Antwort auf eine Frage, die letzten Worte im Satz waren »verwaschen«. Auf meine Frage ob er Sprachstörungen habe, überlegte er eine Sekunde und meinte dann: »Stimmt«. Ich verständigte sofort die Rettung mit »Verdacht auf Schlaganfall«, Jochen wollte auf die Toilette gehen. Ein ungutes Gefühl ließ mich ihm folgen und vor der Türe warten. Ich hörte ein polterndes Geräusch, schaute nach, da lag er schon auf dem Boden. Mir rutschte das Herz in die Hose. Bis die Ambulanz ankam, stützten Nele und ich ihn so gut es ging in der stabilen Seitenlage mit Kissen ab und brachten ihn in eine bessere Position. Als ich ihm sagte, dass wir bei ihm einen Schlaganfall vermuten, murmelte er noch undeutlich » … kann schon sein«. Die Ambulanz mit zwei Sanitätern war eine Viertelstunde später da. Ein Rettungswagen mit Notarzt wäre gerade nicht frei. Zu dem Zeitpunkt hatte sich Jochen bereits mehrfach erbrochen und war kaum mehr ansprechbar. Die Sanitäter fuhren ihn direkt zum Centro de Salud nach Icod de los Vinos, dort gab es die nächste medizinische Erstversorgung und es wurde eine medikalisierte Ambulanz mit Arzt und Krankenschwester hinzu gerufen. Der Arzt erkannte sofort, dass Jochen einen schweren blutigen Hirnschlag erlitten hatte (kategoria alta, grave, peligro, das bedeutet hohe Kategorie, schwer, gefährlich) und ordnete wegen akuter Lebensgefahr die sofortige Einweisung in die Neurochirurgie der 70 km entfernten Universitätsklinik nach San Cristobal de La Laguna an. Im Rettungswagen mitfahren durfte ich nicht und direkt hinter ihnen her fahren durfte ich wegen der erhöhten Unfallgefahr auch nicht. Sie werden damit wohl schon ihre Erfahrungen gemacht haben. In völliger Panik, total aufgelöst und heulend fuhr ich vom Centro de Salud zurück zu Nele, wo wir beide versuchten uns wenigstens halbwegs zu beruhigen, bevor wir uns mit ausreichend Trinkwasser versorgt auf den Weg zur Klinik machten. Zumindest kannte ich das weithin sichtbare Gebäude mit dem auffälligen, hohen runden Turm vom Vorbeifahren an der Autobahn. So wusste ich wenigstens, wo ich abfahren musste. Als wir im Klinikum ankamen, hatten die Ärzte bei meinem Schatz bereits ein MRT gemacht und eine große Blutung direkt am Atmungs- und Bewegungszentrum ganz in der Nähe des Hirnstammes festgestellt. Jochen war schon auf die Operation durch die Neurochirurgen vorbereitet worden. Um den Druck im Gehirn zu verringern mussten sie seinen Schädel aufbohren und über eine Drainage Blut und Gehirnwasser abfließen lassen. Wir wurden bei der Notaufnahme benachrichtigt und warteten bis wir aufgerufen wurden. Mein Magen, Bauch, Herz und Nieren reagierten geschockt und gestresst und mir war einfach nur hundeelend schlecht. Nele hielt sich da noch wesentlich besser als ich. Sie versuchte mich zu trösten und zu beruhigen. Mein einziger Gedanke war »Jochen, Jochen und nochmals Jochen«, da passte gerade nix anderes mehr rein in mein Hirn. Wir durften ihn noch einmal sehen, bevor er in den OP kam, aber er war nicht bei Bewusstsein. Man führte uns durch das halbe Gebäude zum Wartesaal der Chirurgischen Stationen, Hinweisschilder gab es keine. Endlich wurde Jochens Name aufgerufen. Nele und ich sollten uns zum Wartesaal der Intensivstation begeben. Wir wussten auch diesmal nicht wie wir dahin kommen und fragten die nächste Krankenschwester nach dem Weg. Die zögerte nicht eine Sekunde, sondern brachte uns sofort an den gewünschten Ort. Dort saßen wir dann für die nächsten zwei Stunden. Die offizielle Besuchszeit war längst vorbei und wir fragten mehrmals nach, ob wir zu meinem Mann könnten. Es war bereits lange dunkel draußen, als man uns ausnahmsweise für ein paar Minuten zu ihm auf die Intensivstation ließ.

Das fiel uns nachher noch sehr oft positiv auf, dass man dort keinen »im Regen« stehen ließ oder gar unfreundlich abfertigte, sondern jeder, aber auch wirklich jeder, den wir um Hilfe fragten, nahm sich unserer sofort an oder sorgte dafür, dass uns schnellstmöglich weiter geholfen wurde.

Jochen war operiert worden. In seinen Schädel hatten sie drei Löcher hinein gebohrt, ein halbkreisförmiges Loch von ca. 5 cm Durchmesser gesägt und eine Drainage zum Abfließen des Hirnwassers und Blutes gelegt. Er liegt jetzt auf der u.v.i. (universitario vigilante intensivo, das ist die besonders stark beobachtete Intensivstation) im künstlichen Koma, wird künstlich beatmet, sein Oberkörper ist mit Elektroden übersät und eine Magensonde zur künstlichen Ernährung hat er auch.

Es zerreißt mich schier meinen über alles geliebten, wunderbaren, hoch intelligenten und starken Mann mit der riesengroßen Seele so hilflos da liegen zu sehen.

Sowohl die medizinische als auch die menschliche Betreuung ist wirklich mehr als exzellent. Jetzt sind die kritischen »24 Stunden danach«. Morgen machen sie das nächste Szintigramm und dann sieht man weiter. Morgen Mittag ist die nächste Besuchszeit und ich werde selbstverständlich wieder bei meinem Mann sein.

Auf der Heimfahrt irrten wir wegen mangelnder Beschilderung eine Stunde herum, bevor wir endlich den Weg zum richtigen Autobahnzubringer fanden. Morgen schaue ich, ob ein direkterer Weg existiert.

Mein Schatz, Du fehlst mir unendlich.

Auf alle Fälle fahre ich jeden Tag hin und Nele kommt mit, wenn sie es gesundheitlich schafft. Ich bin heilfroh, dass sie mir zur Seite steht, wir beide unterstützen uns gegenseitig.

Diese Zeit ist und die Gefühle sind so unwirklich, ich habe noch gar nicht richtig verstanden was passiert ist und ich weiß auch noch nicht, wie ich damit umgehen kann. Jochen ist in unserem

Leben mein Fels in der Brandung, auf ihn kann ich mich grenzenlos verlassen. Er weiß immer was zu tun ist. Ohne ihn fühle mich so unendlich verloren und hilflos!

4. Juni 2014 – Krankenversicherungsstrategie

Gestern begannen sie, die Medikamente zu reduzieren. Er lebt und die Hirnblutungen haben aufgehört. War sein Hämatom anfangs so groß wie ein mittlerer Apfel, so schrumpfte es durch die Drainage langsam auf die Größe einer Aprikose. Seine linke Körperhälfte ist mobilisiert, seine rechte Körperhälfte komplett gelähmt, er wird künstlich beatmet und ernährt. Mit seinem offenen linken Auge versuchte er mich mal zu fixieren, sein Blutdruck schwankte zwischen 100 und 200 und er wollte sich im Bett aufrichten. Gestern Nacht riss er sich den Beatmungsschlauch und die Kabel ab, weshalb die linke Hand festgebunden wurde, um ihn vor sich selber zu schützen.

Es tut mir so unglaublich weh, ihn so zu sehen.

Auf meine Frage, ob es in einem Fall wie seinem Erfahrungswerte über den erwartbaren Verlauf gäbe, kam die Antwort: »Das Gehirn ist immer noch ein Mysterium, es kann Tage aber auch Wochen dauern, bis er zumindest aus der Intensivphase raus ist.« Wir können nur hoffen und warten, aber Jochen ist seelisch wie mental sehr stark, und: er kämpft um sein Leben.

Meine Familie weiß noch nichts, und ich rufe sie auch nicht an, bevor wir mehr Informationen haben. Ich kann sowieso mit niemandem reden, mir schnürt es sofort den Hals zu, wenn ich nur daran denke. Nele wartet, bis meine Mutter sich bei ihr meldet. Sie wird ihr dann die ›leichte‹ Version erzählen, also nicht, wie ernst es tatsächlich um Jochen steht.

Nur bei meinem Schatz habe ich noch Kontrolle über meine Stimme, und nur bei ihm plaudere ich noch fröhlich vom Land, den Tieren und wie fantastisch sich alle unsere Katzen und Hunde verhalten, wie toll das Obst und Gemüse wächst und tausendmal wie sehr ich ihn liebe und dass alles wieder gut wird.

Bisher war ich zu beiden Besuchszeiten anwesend und die Stunden dazwischen verbrachte ich lesend, spazierend oder auch mal draußen auf den Wartebänken vor mich hin dösend. Anschließend fuhr ich zu Nele, danach nach Hause und so kam ich frühestens um halb zehn heim. Dann fütterte ich die Hunde und Katzen, kochte das Hundefutter für den nächsten Tag und machte mir höchstens noch ein Rührei. Das war's dann, mehr ging nicht.

Selber habe ich noch nicht die ganze Tragweite begriffen und was sich da noch alles verändern wird. Ich komme mir vor, als wenn ich alles automatisch mache und mir selbst dabei zu schaue, während ich noch völlig »neben der Spur laufe«.

Nele hält mir den Rücken frei und schlägt sich in bissiger Kampfstimmung mit der Krankenversicherung rum. Jochen und ich sind rein ›Krankenhaus-Versichert‹. Diese Klinik ist kein Vertragskrankenhaus – außer bei akuten Notfällen. Der Notarzt entschied aber wegen akuter Lebensgefahr, dass Jochen in diese Neurochirurgie musste. Und die Universitätsklinik ist auf der ganzen Insel das einzige Krankenhaus mit Neurochirurgie und ihr Ruf ist weit über die Grenzen Spaniens hinaus bekannt und geachtet.

Der Tonfall unserer Versicherung war zu meinem Entsetzen sehr kaltschnäuzig und geradezu unverschämt. Ich verstehe das nicht und ich will und kann das auch gar nicht verstehen, es hat mich einfach nur sehr schwer getroffen und total verwirrt.

Ich stehe auch nicht direkt mit denen in Kontakt, Nele übernahm die Kommunikation mit den Versicherungsmaklern komplett. Wenn er einigermaßen stabil sei, wollen sie ihn in ein Vertragskrankenhaus bringen lassen, »Ob er denn nicht auf irgendeine Weise kommunizieren könnte?«, wollten sie wissen.

Hallo, geht es euch noch gut???

Drainage in der Schädeldecke, Schlauch in der Nase, künstliche Beatmung mit heraus gebundener Zunge durch den Mund und er liegt ohne Bewusstsein im künstlichen Koma, von jeglicher Kommunikation Galaxien entfernt. Ich wollte ihnen nur zu gerne die medizinische Definition davon zukommen lassen, vielleicht hätten sie es dann kapiert – obwohl in mir der starke Verdacht aufkeimt, dass ihnen das auch vollkommen gleichgültig am Hintern vorbei geht.

Glauben die eigentlich wir machen das Ganze nur »zum Spaß«?

Wir wehren uns mit Attesten vom Centro de Salud, vom Notarzt (wofür ich wegen der ›eingeschränkten Geschäftsfähigkeit‹ meines Mannes extra meine Einwilligung geben musste), selbst ein ausführlicher Befund der Intensivstation mit allen Untersuchungsergebnissen reichte ihnen nicht aus. Wir drohen mit Anwalt und Veröffentlichung dieser unsäglichen Behandlung von Mitgliedern, auch mit einer Anzeige bei einer hiesigen offiziellen Beschwerdestelle für Versicherungen.

Kurz: Wir kämpfen um jeden einzelnen Tag, den er lebt.

Dafür machen sie uns die Hölle heiß, sagen, sie benötigen noch einen »ausführlichen Bericht des Notarztes«, der Jochens Einlieferung in die Klinik veranlasst hatte.

Vom Krankenhaus bekam ich gestern schon einen Bericht, aber der langt ihnen auch noch nicht und es kommt mir immer mehr so vor, als wenn sie einen nur ganz gezielt schikanieren wollen. Beim Centro de Salud mit der Ambulanz und Erstversorgung versuchte ich einen Bericht zu bekommen, aber da Jochen dort kein Patient war, fanden sie ihn auch nicht in ihrem Computer. Sie wussten genau von seinem Fall, immerhin hievten ihn ja neun Leute zusammen auf die andere Bahre, aber sie hatten keine Unterlagen über ihn.

Nele kommuniziert nicht nur mit der Krankenkasse, die sich auf jede nur erdenkliche Art und Weise um die Kostenübernahme drücken will, sondern sie unterstützt mich überhaupt. Hauptsächlich gibt sie mir seelischen Halt und hat es dankenswerter weise auch übernommen, nach und nach behutsam unsere Freunde zu informieren. Ich bin absolut nicht in der Lage mit irgend jemandem zu sprechen. Mein Handy geht nicht und am Telefon fange ich sowieso gleich an zu heulen. Mein eigenes Hirn läuft anscheinend nur noch sehr eingleisig, wie in einem ganz schmalen Kanal. Ich verstehe nur noch, was die Ärzte auf Spanisch sagen, selbst auf einfachstem Englisch verstehe ich sie nicht mehr, obwohl ich diese Sprache viel besser konnte. Mein sonst sehr gutes Gedächtnis beginnt mich zunehmend zu verlassen, ich habe Schwierigkeiten mit Daten und Namen und mein Englisch rutschte von der Kategorie »ziemlich gut und flüssig« innerhalb weniger Tage auf das Niveau »allenfalls erster Unterrichtsklasse«. Nicht, dass ich es nicht mehr sprechen könnte, ich verstehe nur die einfachsten Worte nicht mehr und mir fehlt ihr Sinn, es ist als hätte ich diese Sprache niemals richtig gelernt, geschweige denn gesprochen und auch später keine Möglichkeit gehabt, die Sprache zu sprechen. Aber das stimmt nicht – wir waren in vielen Ländern unterwegs, haben englische Freunde und schreiben, besser gesagt, schrieben uns regelmäßig, aber mein Englisch ist jetzt wie so vieles anderes auch, einfach weg, komplett verschüttet, spurlos verschwunden. Mein mathematisches Denken hat sich ebenso von mir verabschiedet und mein gesamtes Wissen aus 30 Jahren Naturheilkunde ist einfach nicht mehr vorhanden, gar nichts mehr davon.

Ein alter Trick hilft mir ein wenig, wenn in meinem Hirn durch extreme Stress Überladung meine innere Warnblinkanlage auf Daueralarm steht. Ich mache mir eine To-do-Liste, in die ich selbst an sich lächerliche Kleinigkeiten reinschreibe, die, wenn ich sie heute nicht mehr schaffe, morgen ganz sicher wieder vergessen habe. Ebenso Sachen, die erst in einem Jahr erledigt werden können/sollten/müssten und so weiter. Und selbst wenn ich so winzige Sachen erledige, wie die Windschutzscheibe des Wagens von innen zu putzen, die Chayote oder den kleinen Paraguayo Baum zu pflanzen, dann wird die entsprechende Notiz einfach durchgestrichen. Das gibt mir das Gefühl, nicht mehr so elend hilflos da zu stehen, sondern ich suche mir meine Tätigkeiten nach Zeitanspruch, Schwierigkeit und meinen jetzigen Möglichkeiten aus. Das hilft mir zumindest eine lebensnahe Art von Kontrolle und Ordnung in meinem Leben zu behalten und es tut mir gut. Vor allem aber, immer wenn mir etwas einfällt, schreib ich es in sehr kleinen Schritten auf, und mein Kopf bleibt dann davon vollkommen unbelastet, weil ich ja nur aufs Papier schauen muss, um zu wissen, was alles noch zu erledigen ist.

Ich gehe mal davon aus, dass Jochen mich noch mehr brauchen wird denn je. Mir hilft die Arbeit mit unseren Tieren, auf dem Land und im Haus zusätzlich, wenigstens ein klein wenig Ordnung in mein inneres und äußeres Leben zu bringen.

Gestern, bei meinem zweiten Besuch fühlte ich, dass meine Anwesenheit ihn zu sehr stimulierte und deswegen komme ich alleine nur noch zur abendlichen Besuchszeit, gemeinsam mit Nele fahren wir ihn mittags besuchen. Heute war er viel ruhiger und wir sprachen ihn auch nicht weiter an, sondern streichelten nur seine Hände.

Unsere vier Hunde und vier Katzen verhalten sich auffällig anders, seit Jochen im Krankenhaus liegt. Wenn ich nach Hause komme, werden nicht nur alle sofort gefüttert, sondern bekommen auch reichlich Liebe und Streicheleinheiten. Jochen fehlt ihnen auch sehr und sie fühlen instinktiv, das etwas sehr Schlimmes passiert sein muss. Rüde Tango (unser tollpatschiges 45 kg Riesenbaby) muss, seitdem Jochen im Krankenhaus ist, bevor er fressen kann, mindestens eine Viertelstunde lang in den Arm genommen, gestreichelt und lieb gehabt werden, sonst rührt er sein Futter nicht an und schaut mich nur mit großen tief traurigen Augen an. Er leidet sehr unter Jochens Abwesenheit und will dauernd auf meinen Schoß klettern, was in Anbetracht seiner Größe und seines Gewichtes keine so eine tolle Idee ist. Kaum habe ich mal die Terrassentür aufgelassen, liegt Rüde Vito auf Jochens Platz auf der Couch und da auch er über 50 Kilogramm hat, fällt das Überreden, ihn da wieder runter zu kriegen, gar nicht leicht, zumal er sich richtig dagegen stemmt und unbedingt dort bleiben will. Unsere alte Hundedame Taifa liegt mit tief traurigem Blick vor der Couch und Rudelchefin Tamina weicht mir keinen Zentimeter mehr von der Seite. Wenn ich mit dem Auto nach Hause komme und das Tor aufschließe, fegt sie wie ein geölter Blitz zur offenen Fahrertür, springt in den Wagen und sucht überall vergeblich nach Jochen. Ich rieche nach ihm, aber sie kann ihn nicht finden und sie springt wieder und wieder in den Wagen und läuft drum herum, um zu schauen ob er vielleicht schon ausgestiegen ist, aber er ist nicht da.

Bei den Katzen verhält es sich auch nicht viel anders. Sowohl auf der Couch als auch im Bett belegen sie mich voll und ganz und »tackern« zu viert meine Bettdecke direkt an meinem Körper fest. Dabei geben sie mir das ungemein tröstliche Gefühl »gehalten und beschützt zu werden«, sie versuchen mich mit ihren Körpern zu wärmen und mit ihrem gemeinsamen Schnurren zu beruhigen. Das tut mir wirklich gut und ich bin ihnen sehr dankbar dafür. Eigentlich dürfen unsere Katzen ja gar nicht mit ins Schlafzimmer, aber Katze Tiffany kann seit vielen Jahren die großen Glasschiebetüren mit den Pfoten öffnen und nichts hindert sie jetzt daran, zu mir zu kommen. Die anderen Katzen wissen das natürlich auch und folgen ihr auf Schritt und Tritt. Kater Merlin, das ist der hochintelligente Rabauke, der die anderen Katzen immer von ihren Plätzen vertreibt, um sich dann selber genau dorthin zu legen, entpuppt sich gerade jetzt als ganz besonders sensibel. Wenn ich auf dem Boden liegend, wenigstens versuche ein paar Entspannungsübungen zu machen, kommt er sofort zu mir und schnüffelt angefangen vom Kopf an meinem ganzen Körper entlang. Da, wo es mich am jeweiligen Tag besonders schmerzt, krampft, drückt und ziept, bleibt er stehen und steigt unwahrscheinlich zart, sensibel, sanft und leichtgewichtig (er wiegt auch immerhin gute sechs kg) langsam auf mich drauf und legt sich ganz vorsichtig auf der schlimmsten Stelle nieder. Seine Wärme, sein sehr lautes, gleichmäßig, beruhigendes Schnurren und sein Gewicht sind fast wie eine Shiatsu-Behandlung und tun mir nicht nur körperlich sondern auch seelisch ungemein gut. Sobald ich ihn rufe und nur leicht auf die jeweilige unangenehm schmerzende Stelle klopfe, kommt er sofort angerannt, um sich dorthin zu legen und mir zu helfen. Einfach unglaublich unsere Tiere, ich liebe sie alle sehr und ich bin so froh, dass ich sie habe.

7. Juni 2014 – To-do-Liste

Ich kann zur Zeit ein bisschen Kraft tanken, zur Ruhe kommen und auch ein ganz klein wenig fröhlich sein, wenn ich weiterhin die Arbeiten erledige, die schon vorher anstanden. Und da ich nicht gerade der Mensch bin, der in Stresssituationen wie eine Wahnsinnige das Haus putzt (ich brauche die Natur), begann ich, meine Liste aufzuschreiben. So konnte ich mir selbst bei kleinsten erledigten Positionen mit einem »Durchstreichen« eine gewisse Befriedigung oder Lebenskontrolle erarbeiten.

Die ersten Tage fuhr ich wie von tausend Teufeln getrieben Auto, mittlerweile aber wieder sehr bewusst, langsamer und verantwortungsvoll. Ich kapiere, dass es Jochens Zustand nicht beeinflusst und wenn ich noch so sehr rase. Im Gegenteil. Wenn mir jetzt auch noch etwas passierte, stünden nicht nur mein Mann und unsere Tiere, sondern auch Nele ganz alleine da und das darf ich nicht riskieren.

Heute war nur noch ganz wenig Blut im Drainagebeutel, dafür nach wie vor die gleiche Menge an Gehirnwasser, ansonsten alles unverändert.

Seit ich Jochen kenne, ist er mein Ruhepol, meine große Liebe, meine Seele, mein Fels in der Brandung. Ich liebe und verehre ihn über alles, er ist wirklich ein sehr außergewöhnlicher Mann. Er ermunterte mich alles auszuprobieren, meine unzähligen Ideen zu verwirklichen, Ängste abzubauen und Frieden mit mir zu schließen. Er liebt mich genau so wie ich bin und das absolut bedingungslos.

Seit 33 Jahren hilft Jochen unzähligen Menschen wieder gesund zu werden. 1981 übernahm er von einem Kollegen in Hamburg die Neurodermitis-Therapie und trug mit hunderten von Artikeln und Vorträgen sehr viel für die Aufklärung über die Hintergründe dieses Krankheitsbildes bei. Mittlerweile bekannte Ernährungsrichtlinien stammten alle von seinem Vorgänger und ihm, und er baute die Ursachenfindung und die Therapie der Neurodermitis um Vieles weiter aus. Kein Therapeut konnte so viel Erfahrung in der Vorsorge und der Behandlung dieser Erkrankung vorweisen wie er.

Als Jochen 1989 von Hamburg zum Bodensee zurückkehrte, widmete er sich noch viel intensiver dem gesamten Stoffwechselgeschehen. Dort lernten wir uns kurz darauf kennen und behandelten ab da zusammen sehr erfolgreich sämtliche Störungen des gesamten Verdauungstraktes und sehr viele andere Erkrankungen. Es war ihm immer ein Bedürfnis, sein enormes Wissen einem noch größeren Publikum zur Verfügung zu stellen und so schrieb er mit den Jahren einen Teil seines Wissens in wirklich guten Büchern nieder. Bei dieser für uns beide sehr wichtigen Lebensaufgabe unterstützte ich ihn natürlich genauso aktiv wie die Jahre zuvor in der Praxis auch. Wir waren beide immer uneingeschränkt füreinander da.

Ich weiß nicht, wie ich ihm jetzt helfen kann; es tut so unglaublich weh, ihn so krank und hilflos daliegen zu sehen.

Es fällt mir wahnsinnig schwer, aber ich versuche ganz bewusst, meine Augen und Sinne für das Schöne im Leben zu öffnen und ganz gezielt fröhliche und glückliche Momente zu sammeln. Blühende Blumen, Sonnenschein, wie toll die Obstbäume tragen, spielende und fröhlich tollende Hunde, eine wunderbare Aussicht oder eine schöne Pflanzengruppe an der Autobahn lassen meine arg geknautschte Seele immer ein klein wenig vor Freude hüpfen.

Trübsal blasen und traurigen Gedanken nachhängen hilft jetzt weder ihm noch mir. Jochen liebt es, wenn ich vor Lebensfreude und Übermut nur so sprudele.

Das lässt ihn so richtig glücklich und zufrieden schmunzeln.

8. Juni 2014 –
Durchhänger und über was spricht man am Bett

Heute hatte ich meinen ersten echten Durchhänger. Ein paar Stunden am Stück schrie ich vor Seelenschmerz hemmungslos, brüllte, heulte und schluchzte vor Verzweiflung laut aus voller Kehle und was das Zeugs hielt. Solange, bis ich keine Stimme und keine Tränen mehr hatte und ich mich wenigstens wieder so weit gefangen hatte, dass ich einigermaßen gefahrlos mit dem Auto zum Klinikum fahren konnte.

Laut der gestrigen Szintigraphie traten keine neuen Blutungen mehr auf, aber trotzdem waren immer noch reichlich Blut und Hirnwasser vorhanden.

Die Ärzte sagen, er kämpft so unglaublich stark gegen die Bandage an, dass sein Blutdruck selbst im Koma immer wieder auf 180 (!) schnellt. Das bereitet uns große Sorgen, denn wenn er wieder aus dem künstlichen Koma aufgeweckt wird, steigt der Blutdruck ja noch mal an und das wäre definitiv zu viel. Er braucht mehr Zeit und Ruhe damit sein Gehirn langsam wieder heilen kann. Unruhe oder Gespräche über Medikamente lassen seinen Blutdruck auch jetzt rapide ansteigen und so bremste ich Nele, als sie an seinem Bett über die Infusionsflaschen und ›das wir ihn brauchen‹ reden wollte. In Gedanken stellte ich sie ganz besonders liebevoll in eine Ecke und sprach mit leiser sanfter Stimme weiter zu Jochen: »Du schläfst Dich gesund, Du hast alle Zeit der Welt, wir lieben Dich.«

Der Blutdruck sank auf 160 und nach einer Viertelstunde war er runter auf 142.

Ich will nicht mit ihr an seinem Krankenbett auf Deutsch über seinen Zustand, Medikamente oder seine Werte diskutieren, das hilft ihm nicht die Bohne. Die leisen Informationen der Ärzte über seinen Zustand kann ich auch prima auf Spanisch machen. Nach der Besuchszeit konnte ich mir nicht verkneifen zu sagen:

»Nele, er kann zur Zeit keinerlei Gerede zu Medikamenten oder einer Verantwortung uns gegenüber gebrauchen, mein Gefühl sagt mir sehr deutlich, dass das der falsche Zeitpunkt dafür ist. Was er momentan braucht ist »Du schläfst Dich gesund. Du hast alle Zeit der Welt (das erste mal in seinem Leben). Wir lieben Dich (wenn sie dabei ist, sonst ich liebe Dich) und wir sind bei Dir.« Punkt. Er darf sich jetzt für nichts verantwortlich oder von irgendetwas gedrängt fühlen. Nur das tut ihm wirklich gut, sonst wäre ja der Blutdruck nicht so deutlich gesunken als sie damit aufhörte.

Nele ist Jochens Schwester und sie ist ein wirklich herzensguter Mensch, aber auf jegliche Korrektur reagierte sie immer schon ziemlich ärgerlich. Nicht mein Problem.

Heute Vormittag um halb elf, kurz vorm Fahren, kriegte ich einen Riesenschrecken, als Tamina in ihrer Box laut zu weinen (nicht zu jaulen) anfing, ich dachte es wäre was mit Jochen und geriet in Panik. Ich weiß nicht, warum sie weinte, aber als ich nach ihr schaute und von der Terrasse wieder ins Haus ging, lag ein totes Küken mit Kopfverletzung auf der Fußmatte. Ich hatte eine Riesenscheißangst, dass Jochen eine Krise oder schlimmer hätte und erst auf der Fahrt erinnerte ich mich an meine eigene Intuition und die sagte mir »bleib ruhig, alles ist unverändert«. Unsere Tiere versuchen mich – jedes auf seine eigene Art – zu trösten. Sie lieben Jochen sehr und sie spüren auch ganz genau wenn etwas nicht in Ordnung ist. Ich reagiere momentan wohl noch viel sensibler als sonst. Einer Freundin schrieb ich davon und sie meinte, ich solle mich nicht zusätzlich verrückt machen, aber das ist für mich ehrlich viel leichter gesagt als getan. Um meine Gefühle wenigstens halbwegs auf ein vernünftiges Maß herunter zu regulieren, brauche ich enorm viel an geistiger Energie, und die ist mir gerade ziemlich ausgegangen.

Katze Tiffany fing eben einen Vogel und ich konnte ihr den zu spät abjagen, er starb binnen zwei Minuten in meiner Hand.

Dabei wissen die Fellnasen ganz genau, dass Vögel absolut tabu und Lagartos (Eidechsen) ungenießbar sind. Klar, ist das ihre Natur, ich weiß das ja, aber so etwas setzt mir gerade richtig zu. Ich streichelte das Vögelchen noch sanft in meiner Hand, so dass seine Seele in Frieden gehen konnte. Ein zweites totes Küken fand ich ebenso; die wilde Henne außerhalb des Hühnergeheges führt jetzt nur noch 6 Küken. Den kleinen Vogel legte ich sanft in der Natur ab und als ich wieder ins Haus zurückkehrte, was lag da auf der Fußmatte vor der Tür? Eine gerade von Tamina frisch erlegte Ratte. Was ist nur mit unseren Viechern los? Denken die, wenn Herrchen nicht da ist und ich auch so wenig zu Hause bin, müssen sie jetzt alle für mich sorgen??? So schlimm es klingt, aber ich musste trotzdem schmunzeln. Gestern Abend schenkten mir die Katzen bereits eine tote Maus und als ich heute nach Hause kam, lag wieder eine mundgerecht portionierte tote Maus im Wohnraum. Aber mir ist heute nicht nach Ratte, Vogel, Küken oder Maus, Nele lud mich stattdessen bei unserem Italiener zum Essen ein und nachdem ich letzte Woche allenfalls von ein bisschen Obst und Rührei gelebt hatte, bestellte ich mir heute ausnahmsweise mal eine Pizza. Mit Ach und Krach schaffte ich gerade mal die Hälfte und nahm den Rest mit nach Hause. Vielleicht wollten meine Viechers in Wirklichkeit nur mit mir tauschen, die Hunde würden sicher mit Begeisterung zulangen, die Katzen eher nicht, denen hole ich morgen mal wieder eine Scheibe frisches Rindfleisch bei unserem Metzger. Meine Mutter rief bei Nele an und fragte ob es uns gut geht und was Jochen macht, sie antwortete ihr wie verabredet.

    Meine gesamten Muskeln fühlen sich derart hart, schwer und schmerzhaft an, als hätte ich den totalen Muskelkater oder wäre in eine dicke Keilerei verwickelt gewesen. Zum Laufen fehlt mir fast die Kraft und mit Sitzen oder Liegen ist es auch nicht viel besser. Mir tun Bauch, Brust und Rücken weh wie noch nie.

10. Juni 2014 – Besuch

Gestern bekamen wir die komplette Diagnose als Bericht, und obwohl ich bisher alles verstanden hatte, haute es mich doch um. Jochens Pupillen sind winzig, sie reagieren schwach, die rechte Seite ist komplett gelähmt, von der linken Seite stehen noch Tests aus. Der Bluterguss war 45 x 27 mm groß und saß direkt am Hirnstamm in der Nähe des Atemzentrums, die von ihm abgegebene Drainagemenge bleibt unverändert hoch.

Klar wusste ich bis auf die Pupillen und die Blutwerte fast alles, aber als ich es dann so schwarz auf weiß vor mir hatte, kam mein nächster seelischer Absacker und das war garantiert auch nicht der letzte, wie ich mich kenne. Ich lasse dann lieber dem Schmerz »freien Lauf« und bekrabbele mich nachher langsam wieder. Alles zu unterdrücken, würde mich garantiert sehr bald platzen und vermutlich andere Dummheiten machen lassen. Ich unterschrieb die Einverständniserklärung für einen Luftröhrenschnitt, damit wollen sie ihm die Atmung auf kürzerem und direktem Wege als über den Mund erleichtern. Seine Chancen, wieder aus dem Koma heraus zu kommen, seien theoretisch ganz gut, weil es ja ein künstliches Koma ist. Die Ärzte wollen versuchen die Komanarkotika langsam zu reduzieren. Sie müssen nochmals die Blutdruckmedikamente verändert haben, damit beim Aufwachen nicht gleich das nächste Problem auftritt.

Als ich nach Hause fuhr und gerade zu unserem Dorf abbog, hupte das Auto hinter mir und ich grüßte automatisch zurück. Mit einem kurzen Blick auf den Wagen erkannte ich die Frau unseres Osteopathen, sie bogen direkt hinter mir auf die Zufahrtsstraße ein und hielten an. Pedro und Macarena stiegen aus, sie hatten ihre kleine Tochter dabei. Die Familie war gerade auf dem Weg zu uns nach Hause, um mich wegen Jochen zu befragen und auch, ob ich Hilfe oder Behandlung von ihm benötigte. Das war wirklich sehr lieb und fürsorglich von ihnen, aber ich habe gar keine innere Ruhe, mich behandeln zu lassen, obwohl meine gesamte Muskulatur schreit und so hart ist wie noch nie, also sagte ich dankend, dass im Moment alles okay ist. Er übersetzte mir einige Blutwerte die ich nicht auf Spanisch kannte.

Die wahnsinnig kleinen Pupillen irritieren mich sehr, die Ärzte meinten von Anfang an er wäre »muy cerrado« (sehr geschlossen).

Ich habe eine Scheiß Angst davor, dass Jochen mich nachher nicht mehr erkennt.

Zwei liebe Freunde kamen 80 km vom Süden der Insel zum Klinikum gefahren, um uns ein wenig aufzumuntern. Das schafften sie bravourös, sie brachten uns zum Lachen, als sie von ihrem 13 Jahre alten Kater »Ricardo« erzählten, der seit seiner Geburt und dem zu frühen Tod seiner Mutter von Hand aufgepäppelt wurde, bei dem aber weder Blasen- noch Stuhlentleerung von selber klappen. Seit 13 Jahren drückte ihm unsere Freundin jeden Morgen Blase und Darm per Hand aus. Und der Kater liebt sein Leben – bis auf die täglichen Entleerungen – die quittiert er stets mit einem lauten »Määähähäh«. Aber es hilft ja nix und drum herum kommt er auch nicht. Dass seine Hinterläufe teil gelähmt sind, hat er im normalen Alltag ganz gut im Griff, aber wenn er sich an einen der Hunde anschleichen will, hört man ihn schon von weitem, weil er über »den Onkel« läuft und die Krallen am Boden schleifen (chrrklick, chrrklick, chrrklick), womit er dann natürlich keinen Hund mehr erschrecken kann und allenfalls einen freundlichen Blick erntet.

Menschen, die jemand in schwierigen Situationen zum Lachen bringen, sind ein ganz besonderes Geschenk des Himmels und unglaublich wichtig für die Seele.

Ich musste meinem unsagbaren Schmerz um Jochen wieder eine gute Stunde »Schreiraum« geben und schrie so lange und so laut ich konnte, seitdem konnte ich auch gar nicht mehr aufhören zu heulen. Ich weiß ja, dass alles seine Zeit braucht, die habe ich unbegrenzt zur Verfügung und grenzenlose Liebe natürlich ebenso, aber es tut trotzdem wahnsinnig weh ihn so zu sehen und es zerreist mich schier. Ich bin in meinem Wesen zwar ein sehr starker, aber auch ein sehr emotionaler, hoch sensibler Mensch und da haut es mich halt reißend um. Ich schreie, wie ich in meinem ganzen Leben noch nie geschrien habe. Erst danach wird es wieder etwas ruhiger in mir und ich kann ganz langsam und häppchenweise anfangen in sehr wenigen und ganz kleinen Mini Schritten zu denken. Jochen ist mein Leben, ich liebe ihn unendlich und ich weiß, dass er wieder ins Leben zurückkommen will. Er lebt und das ist einzig wichtig, ich liebe ihn so sehr wie er mich und den Rest kriegen wir auch noch hin, versprochen.

Das Buch »Neustart im Kopf« wurde mir empfohlen, aber derzeit kann ich außer Märchen für Erwachsene eh nichts lesen geschweige denn verstehen und ein Sachbuch schon gar nicht mehr. Bevor Jochen wieder nach Hause kommt werde ich mir dieses Buch besorgen. Es geht darin um die unwahrscheinlich faszinierenden Reparaturfähigkeiten des Gehirns, auch nach Schlaganfällen oder nach Unfällen.

Gestern brauchte ich geschlagene zehn Minuten, um mich des Vornamens einer sehr lieben Freundin zu erinnern. Den Namen ihres vor wenigen Jahren verstorbenen Mannes hatte ich schnell parat, aber ihrer wollte mir ums Verrecken nicht einfallen, und so geht es mir gerade mit ganz vielen Sachen, daher ja auch die Liste, die gestaltet mir mein Leben doch erheblich einfacher und unproblematischer. Ich weiß ohne auf meinen Ausweis zu schauen nicht mal mehr mein eigenes Geburtsdatum, mein komplettes Wissen aus der Naturheilkunde ist für mich nicht mehr erreichbar, es ist regelrecht verrammelt, fugendicht zugemauert und völlig blockiert. Mein Kurzzeitgedächtnis ist kaum noch vorhanden, was an Wissen und Erinnerungen länger her ist und mit unserem Leben und unserem Beruf zu tun hatte, ebenso wenig. Ich komme mir vor, als wenn sich ein großer Teil meines Gehirns in einer luftdicht abgeschlossenen Schutzblase befindet und darauf habe ich derzeit keinerlei Zugriff und kein Passwort mehr. Es fühlt sich an, als wäre mein Hirn mit zentnerweise Watte vollgestopft. Mein zuvor gutes Englisch stufte sich von selber noch weiter zurück, das hatte ich bereits im Gespräch mit den Ärzten gemerkt, aber erschreckt hat mich das erst richtig, als mir eine liebe Freundin aus Wales schrieb, ich ihren Brief einfach nicht mehr verstand und mir den Text übersetzen lassen musste. Ich registriere all diese Gedanken- und Erinnerungsstörungen jedoch ohne mich davon noch zusätzlich verrückt machen zu lassen. Hat schließlich auch was für sich, nur noch im »Hier und Jetzt« zu leben, ohne große Erinnerungen, es ist mir irgendwie auch egal. Ganz selten öffnet sich für einen kurzen Moment ein winziges Fenster meiner Erinnerung und gibt mir den Hauch einer Ahnung meines Wissens frei, so als wenn man durch den dichtesten Nebel blickt und ahnt, dass sich dahinter etwas befindet. Aber außerhalb dieses Fenster und der kurzen Zeitspanne ist alles andere spurlos im grauen Nebel des Vergessens verschwunden. Logische Gedankenverbindungen und eine Entscheidung zwischen: »Entweder-oder«, sozusagen als zwei Auswahlmöglichkeiten gehen überhaupt nicht mehr, da schaltet sich mein Hirn sofort weg.

Eines dieser kleinen, sich unvermutet öffnenden Fensters war die Spiegeltherapie. Sie läuft ständig in meinem Kopf rum, seit ich weiß, dass Jochen rechts gelähmt ist. Mit der Spiegeltherapie erzielt man bei Halbseitenlähmung oder auch bei amputierten Gliedmaßen sehr gute Erfolge.

12. Juni 2014 – Familiennachrichten

Gestern wurde bei Jochen ein Luftröhrenschnitt durchgeführt. Es war gerade erst eine halbe Stunde her, darum kriegten wir die Narkosenachwirkungen bei ihm noch voll mit, wieder hoher Blutdruck, Herzflattern, krampfhafte Schüttelattacken.

Es dreht mir jedes Mal Herz und Magen um, wenn ich ihn da so liegen sehe, aber es wirkt als ob der Luftröhrenschnitt für ihn eine Erleichterung beim Atmen ist.

Wir ärgern wir uns nach wie vor mit der Krankenversicherung rum, aber das übernahm Nele von Anfang an, weil ich ja auch noch Jochens und meine gesamten Email-Korrespondenz zu bearbeiten habe und meine Verstandesleistung derzeit mehr als zu wünschen übrig lässt. Der Versicherungsmakler will, dass ich mich zwecks Kostenübernahme mit der Sozialversicherung in Verbindung setzen soll. Ich weiß nicht was das soll, ich verstehe auch nicht was die wollen, Jochen war niemals dort versichert.

Endlich fand ich die nötige Kraft, meinen Bruder über Jochens Zustand zu unterrichten, er weiß jetzt Bescheid und meine Mutter muss ich auch informieren.

Sie kann zwar nicht mehr alles verstehen und vergisst auch sehr viel schnell wieder, aber ein intensives Gefühl drängt sie fast täglich anzurufen, und da hilft es nix ihr etwas vorzuenthalten, es macht sie höchstens noch kirre. Mental geht es mir heute gut, ich mache mich ganz entspannt an meine Liste.

Die Ärzte wollten heute die Koma Medikamente zu reduzieren, aber sein Blutdruck sprang sofort wieder hoch, »es ist noch zu früh und zu gefährlich« sagen sie. Jochen ist so stark und er kämpft unglaublich. Jeden Tag rufe ich ihm zärtlich singend unser kleines Liebesspiel ins Gedächtnis »Ich liebe Dich – ich Dich ahauch.« Dabei habe ich die fröhlichste und munterste Stimme, die man sich vorstellen kann. Nachher kann, darf und muss ich heulen wie ein Schlosshund, aber nicht direkt vorher und auch nicht, wenn ich bei ihm bin.

Er öffnete das seit mehreren Tagen geschlossene linke Auge das erste Mal halb und versuchte mich mit der Pupille zu fixieren. Das rechte Auge schaut noch ziellos nach oben in Richtung Schädeldecke. Gestern bekam er meinen Besuch mal wieder nicht mit, danach ging es mir verständlicherweise auch nicht gut.

Mein Herz, meine Nieren und mein Magen reagieren auch angefeuert durch das Verhalten der Krankenversicherung und des Versicherungsmaklers sehr gestresst und lassen mich das auch körperlich sehr kräftig spüren.

14. Juni 2014 – Hallo Schatz, da bin ich wieder.

Letzte Nacht träumte ich von Jochen. Ich befand mich in unserem Lokal mit zwei Servicestationen (wir haben keines, aber es stand stellvertretend für unser gemeinsames Leben, wo wir beide für die gleiche Lebensrichtung arbeiteten und jeder von uns seine eigenen Aufgaben hatte). Jochen war nicht da. Seine Station war verwaist, ich musste alleine arbeiten und versuchen, seinen Part mit zu erfüllen. Plötzlich stand er in alter Frische neben mir und sagte fröhlich: »Hallo Schatz, da bin ich wieder.« Ich wollte ihn noch fragen, wo er denn so lange gewesen sei, aber da wachte ich auf. Seit dem Traum geht es mir ein kleines Stück besser. Ich vermute, dass es lange dauern wird, hoffe aber, dass er wieder halbwegs auf die Beine kommt. Ich liebe ihn so sehr und gemeinsam schaffen wir es! Nun konzentriere ich mich wieder bewusst stärker aufs Gottvertrauen als auf die lähmende Angst, die verständlicherweise auch als ständiger Begleiter vorhanden ist. Meine Mutter und meine Tante informierte ich auch. Mutti verstand halbwegs was passiert war und meine Tante meinte lakonisch »Das wird nix mehr. Ich will Dir ja keine Angst machen (hat sie übrigens auch nicht), aber das wird nix mehr.« Auf meinen Einwurf, dass heute das Wissen um das Gehirn und seine enormen Reparatur Fähigkeiten besser ist als noch vor 20 Jahren bei meinem Onkel meinte sie: »Der Günter hatte drei Monate Reha gehabt und danach konnte er anfangs noch ein bisschen am Stock laufen, aber das kannste mir glauben, das wird nix mehr. Er lebte noch zehn Jahre und saß im Rollstuhl, und wenn Du mich fragst, glücklich war er in der Situation bestimmt nicht mehr, aber ich war halt sehr froh ihn immer noch zu haben«

Sie hatte mich nicht erschreckt, im Gegenteil, ich hörte nur, dass er Anfangs noch ein wenig am Stock laufen konnte. Und ich werde natürlich auch mein Möglichstes tun, um meinen Mann wieder auf die Beine zu bringen. Nur atmen muss mein Schatz bitte wieder von selber und im Moment nicht mehr so gegen alles ankämpfen. Zeit zum Kämpfen haben wir dann noch unser ganzes Leben lang!

Mein lieber Bruder,
von Anfang an heulte ich zwar Rotz und Wasser, blieb aber für mein sonst so quirliges und sprudelndes Wesen erstaunlicherweise noch relativ ruhig. Hatte mich schon gewundert. Mir war klar, dass der Knall irgendwann kommt, nur wusste ich nicht wann.
Es berührt mich zutiefst, mit welch ehrlicher Betroffenheit und Herzlichkeit die Menschen hier mit uns umgehen. Diesen schönen Wesenszug fand ich bei so vielen Menschen in Deutschland nicht mehr, bis ich schon dachte, ich ticke alleine nicht richtig und laufe in einer anderen Spur. Ich mag die Menschen so wie sie sind und als hochsensible Person liegen meine Stärken hauptsächlich im Mitfühlen und entsprechendem Handeln.
Wenn wir einkaufen gehen, setzen wir uns beim Bäcker in El Tanque auf einen Milchcafe. Vor einiger Zeit kam ich alleine in den Laden, sah die Bäckerin telefonieren und während ich wartete, um meine Bestellung abzugeben, drehte sie sich von mir weg und fiel innerlich regelrecht in sich zusammen. Etwa zwei Minuten später zwang sie sich, sich zusammen zu reißen, wandte sich mir wieder zu und ihre Augen drückten pure Angst und einen großen Schock aus. Auf meine Frage was los sei, sagte sie mir, dass ihre Tochter, Mutter von drei kleinen Kindern, soeben von einem Nachbarn der auf Hafturlaub war, vergewaltigt worden war, während der Ehemann der Tochter wegen Körperverletzung hinter Gittern saß. Der Laden war leer, ich nahm sie wortlos in die Arme und sie weinte sich die Seele aus dem Leib. Erst als sie sich wieder beruhigt hatte, kamen die nächsten Kunden und sie war froh den ersten Druck wenigstens etwas gemindert zu haben. Als sie jetzt erfuhren, was mit Jochen passiert war, konnte ich nicht mal den Satz zu Ende sagen, der neue Lebensgefährte der Tochter rannte sofort in die Backstube, Gladys kam entsetzt heraus geschossen und fiel mir total

geschockt in die Arme. Ihre Anteilnahme ist absolut ehrlich und kommt so sehr von Herzen, dass ich mich fast schäme und lernen muss, es anzunehmen.

Bei der Post, beim Metzger, der Bank und selbst beim kleinen Supermarkt fragt jeder, wie es Jochen geht und wie es mir geht und meint es auch so. Die Menschen, mit denen wir in Kontakt sind, sind alles sehr freundliche und herzensgute Leute, die hier noch weitgehend unbeleckt vom Tagestourismus leben.

Als unser Osteopath von Jochens Hirnblutung erfuhr, boten er und seine Frau uns sofort und jederzeit jegliche erdenkliche Hilfe an. Seine Frau bekam während der Schwangerschaft eine große Zyste im Gebärmutterausgang und darum wurde die Geburt mit Kaiserschnitt angesetzt. Nach 56 Stunden Wehen war sie nach der Entbindung völlig erschöpft und konnte nicht stillen, die kleine Maria wollte nicht trinken und Flaschenmilch vertrug sie nicht. Abends um acht kam er zu uns und bat Jochen um Hilfe, die er natürlich auch sofort in Form von einem Magnetfeld und dem für Macarena entsprechenden homöopathischen Mittel bekam. Am nächsten Tag floss die Muttermilch wieder reichlich und Mutter und Tochter wurden schnell wieder gesund. Jochen unterstützte ihn bei seinen Patienten mit Neuraltherapie zur Narbenentstörung und mit Homöopathie bei der Behandlung von Kindern mit Sauerstoffmangel bei der Geburt oder schweren Impfschäden. Wir vermittelten Pedro Kontakte zur Schwermetall Austestung und zu Luvos Heilerde und Jochen war auch bei schwierigen Fällen immer für ihn und seine Patienten mit da. Mein Schatz brachte ihm bei, wie man die meisten giftigen Schwermetalle aus dem Körper ausleiten konnte und er inspirierte Pedro eine zusätzliche Naturheilkundliche Ausbildung in Madrid in Angriff zu nehmen. Beide Männer achten, mögen und respektieren einander sehr. Wir werden ganz sicher auf Pedros Hilfsangebot zurückgreifen um die besten Therapien und Therapeuten für Jochen zu finden.

Im Wartebereich der Intensivstation verbrachte ich in der letzten Woche sehr viel Zeit und oft kommt jemand verzweifelt weinend he-

raus. Ich wartete bis sie mit ihren Angehörigen zu Ende telefonierten, dann erst sprach ich sie an und sie erzählten mir; die eine von ihrer Schwester, die mit Herzproblemen und wenig Hoffnung auf Heilung auf der Intensivstation liegt und die andere, deren fünfjähriger Sohn seit zwei Monaten im hohen Fieberkoma auf der Intensivstation liegt und bei dem kein Medikament mehr anschlägt. Jetzt droht dem Kleinen ein multiples Organversagen. Ich hörte erst zu, dann weinten wir zusammen, trösteten einander und für uns alle ging es wieder ein kleines Stückchen weiter. Manchmal sehe ich die Frauen nicht wenn ich komme, aber plötzlich klopft mir jemand auf die Schulter und fragt, wie es Jochen geht und ich bekomme eine Telefonnummer zugesteckt »wenn ich mal Hilfe brauche«. Das ist auch ganz neu für mich. Sich um das Leid von anderen zu kümmern, macht den eigenen Schmerz zwar nicht kleiner, aber momentan etwas erträglicher.

Wenn ich zu Jochen gehe, kann ich ja nur sein Unterbewusstsein ansprechen, und das tue ich auch ganz gezielt mit fröhlich und liebevoll ausgesprochenen Worten:

Du schläfst Dich gesund. Dein Herz schlägt ruhig, kräftig und gleichmäßig.

Du hast alle Zeit der Welt. Wir sind bei Dir und wir lieben Dich.

Und das wiederhole ich, solange ich da bin. Damit geht sein Blutdruck deutlich runter und er wird sichtbar ruhiger und entspannter.

»Meine liebe Schwester Renate,
als unsere Mutter mich heute morgen in meinem Büro angerufen und mir das von Jochen in ihren Worten erzählte, hatte ich schon etwas Schlimmes befürchtet. Ich bin in Gedanken bei Euch. Ich versuche mir vorzustellen, wie schlimm es ist, an der Seite des geliebten Partners sitzen zu müssen, keine Regung, kein Erkennen, Du kannst nur bei ihm sein und hast keine Ahnung, wie es weitergehen wird.

Es tut mir so leid für Euch beide. Und ich hoffe, dass es den für ihn besten Weg geht. Es wäre schön, wenn es für Euch noch einmal gut kommt und Ihr wieder richtig zusammen sein könnt.

Du spürst, ich ringe nach Worten. In solchen Situationen gibt es nicht viel Sinnvolles zu sagen.«

»Danke mein liebes Bruderherz,
 mühsam errungene Worte sind mir tausendmal lieber und ehrlicher als leicht und locker-flockig daher geplapperte.
 Ihr habt mit dem Tod eurer kleinen Tochter selbst genug Leid erfahren müssen, um zu wissen, dass manchmal nix sagen besser ist, als dummes Zeug zu reden.
 Die körperlich richtig anstrengenden Arbeiten auf der Finca waren vorher erledigt und wenn mir jetzt noch was in die Finger kommt, lasse ich das sowieso liegen, nichts davon ist wichtig. Den Rest teile ich mir in ganz kleine Schritte von jedem einzelnen Arbeitsgang ein. Wenn ich mich nicht gut genug fühle, lasse ich es eh sein, nichts ist eilig. Für Außenarbeiten bin ich in meiner Stimmung auch ein wenig lichtabhängig, wenn die Sonne scheint, habe ich eine wunderbare Energie um draußen zu arbeiten, wenn der Himmel trüb ist, mag ich nicht so gerne raus. Gestern war alles grau und ich ging nach draußen zu den Hunden, da überraschte es mich wie warm es war und ich dachte mir: ›die zwei kleinen Hibiskusbüsche am Parkplatz könntest du eigentlich doch heute schneiden‹ Schere geholt, zwei Hände voll abgeschnitten und ich fühlte mich etwas besser. Dann dachte ich mir: ›nächste Woche soll es laut Wetterbericht immer wieder feinen Regen geben, da mache ich doch besser die nächste Lage wasserdichten Zement in den Blumenkasten‹ und dann wollte ich nur noch die mittlerweile volle Schubkarre zum Kompost beim Wein bringen, aber da war der ganze Weg mit flachen Geranien verwachsen, so dass ich nicht durch kam, also machte ich diesen Weg auch noch frei. Allerdings, aus der Zeit wo ich unbedingt alles JETZT tun muss bin ich glücklicherweise raus und dass mich irgendetwas bedrücken könnte, wenn es nicht gemacht wurde, kannst du auch getrost vergessen. Dafür schreibe ich ja meine To-do-Liste, wozu ich Lust und Energie habe, das mache ich und der Rest wird irgendwann

anders angefasst – und wenn es in fünf Jahren ist (okay, Fenster putzen werde ich wohl doch eher …).

Gestern als ich bei Jochen war, erschrak ich heftig. Beide Augen waren ein wenig geöffnet, der Körper stark nach rechts überstreckt, also er lag halb auf der rechten Seite, den Kopf ganz nach rechts verdreht und die Arme feste nach unten gestreckt. So eine Haltung war mir bisher nur von sehr schweren Hirnschäden, auch von denen die durch eine Hirnhautentzündung wie zum Beispiel nach einem Impfschaden, Zeckenbiss oder Botulinum ausgelöst wurden, bekannt. Sein Blutdruck war runter auf 122, er wird nach wie vor künstlich beatmet und ernährt. Man hatte ihm ein Kissen unter seine linke Rückenhälfte gelegt, um ihm die Position zu erleichtern. Natürlich sprach ich wie immer mit ihm und er bewegte unkontrolliert beide Augen. Ich hoffe und wünsche so sehr, dass er mich erkennt, jedenfalls reagiert er ganz schwach und ungezielt, aber immerhin reagiert er – wenn überhaupt – mit einem sehr verzögerten Blinzeln. Die Ärzte setzten die Koma Narkotika mittlerweile ganz ab und nächste Woche wollen sie versuchen, ihn langsam von der Beatmungsmaschine zu befreien. Wenn auch dieser Schritt geschafft ist, dann kann es ja eigentlich nur noch aufwärts gehen, nicht wahr? Sie sprechen nach wie vor von einer sehr schweren Hirnblutung ›muy muy grave, mal, mal, mal, mal, mal‹ (sehr, sehr schwer, schlimm, schlimm, schlimm, schlimm, schlimm). Normalerweise wäre er ohne diese schnelle und wirklich gute Versorgung garantiert tot gewesen, aber wir beide sind Kämpfer und selbst wenn wir länger brauchen, wir beißen uns beide fest. Zumindest war Jochen vorher so, inwieweit sein ganzes Wesen durch die Blutung und vor allem auch dadurch, dass die Raumforderung des Blutergusses das Gehirn um einen halben Zentimeter zur Seite verschoben hat (alleine das wird lange brauchen, bis es sich wieder normalisiert) dieses geliebte Wesen verändert hat oder ob es überhaupt noch so vorhanden ist, kann ich zur jetzigen Zeit nicht abschätzen.

Ich hoffe das Beste, rechne mit dem Schlimmsten (wobei ich mir, glaube ich, immer noch nicht im Klaren darüber bin, was das in seiner ganzen Bandbreite bedeutet) und ich kämpfe jeden Augenblick, jede Minute, jede Sekunde fürs Optimum.

Meine Schwägerin versteht nicht, dass ich mich mit Sachen wie Spezialrollstuhl oder Krankenbett im Wohnraum auseinandersetze. Oder auch daran denke die Wege vom Schotter zu befreien, damit er irgendwann besser gehen oder ein Rollstuhl überhaupt fahren kann, da gibt es eine Menge zu bedenken. Sie weiß vermutlich, dass Jochen nicht mehr so wird wie vorher, aber sie will sich damit erst auseinandersetzen, wenn es tatsächlich soweit ist. Ich bewundere Menschen, die so etwas können, mir war es nie gegeben. Vielleicht ist es auch meine persönliche Art, mich mit meinen schlimmsten Ängsten auseinanderzusetzen, indem ich mich auf diese Weise an sie gewöhne, nach Lösungen suche und sie mir nach und nach nicht mehr ganz so fürchterlich schrecklich erscheinen. Anfangs dachte ich, der Zustand, in dem er sich jetzt befindet, wäre für ein Leben mit der schlimmste, aber jetzt kann ich nur sagen:

»ER LEBT!!!«

Es ist ja auch erst so kurze Zeit her, seit das passiert ist und er braucht einfach sehr viel Zeit, sehr viel Kraft, sehr viel Geduld und sehr viel Liebe. Jochen ist in seiner Mentalität, mit schwierigen Situationen umzugehen, ähnlich wie seine Schwester. Als ich einen Leitersturz hatte und neben den fünf Brüchen im Fuß und Bein auch einen Wirbel gebrochen und den vierten und fünften Lendenwirbel um zwei Zentimeter nach außen geschossen hatte, wäre ein massiver Bandscheibenvorfall eine echt nette Alternative gewesen. Später, nachdem der Wirbel nach (exakt zweieinhalb Jahren wieder »drin« war, sprachen Jochen und ich mal über die Gefahr einer Lähmung. Er meinte: »Na und, selbst wenn du querschnittsgelähmt gewesen wärst, hätten wir nur alles dementsprechend organisiert und das wäre auch okay gewesen. Ich liebe dich ja schließlich.«

15. Juni 2014 – Nachbarschaftshilfe

Seit heute haben wir Calima (heißer Wind mit Sand aus Afrika) der uns einen traumhaft warmen Sommerabend beschert. Dabei blicken wir auf ein fantastisches Wolkenmeer und es ist einfach unbeschreiblich schön. Auf der Terrasse stellte ich zwei Stühle gegenüber, stopfte mir ein großes Kissen in den Rücken und saß draußen bei den Hunden, bis unsere Nachbarn vorbei kamen um sich nach Jochen zu erkundigen. Von einer Bekannten bekam ich Schuhe und unsere Nachbarn haben so eine große Familie, da passt immer irgendwem irgendwas. Gestern wollte ich im Vorbeifahren nach ihren Schuhgrößen fragen. Ihr Sohn Alexis war da und er erzählte mir ganz stolz, dass er bei der Boda (Hochzeit) eines Freundes der padrino (Trauzeuge) sei und sie gerade den Junggesellenabend feiern. Als er nach Jochen fragte, war es um meine Beherrschung geschehen und ich sagte ihm, was passiert war. Darauf rief er seine Eltern an und erzählte es ihnen. Deshalb standen sie jetzt alle hier bei mir und waren tief erschüttert, dass ich ihnen nichts davon gesagt hatte. Aber ihre Großnichte feierte Erstkommunion und sie bereiteten das Fest mehrere Tage lang liebevoll vor, schmückten alles wunderhübsch und feierten und da platze ich doch nicht mit so einer scheiß Nachricht rein.

Ganz sicher braucht man in solchen Situationen seelischen Beistand, liebe Menschen, die einfach nur mal da sind, und dazu darf ich meinen Bruder, meine langjährige Schulfreundin und meine Schreibfreundin in Katalonien zählen. Und dann muss man sich fast schon selber schützen vor lieben und besorgten Freunden und Bekannten, denen das, was Jochen passiert war, selber so nahe geht, dass sie uns mit täglichen Anrufen noch völlig kirre machen. Am liebsten hätten einige einen vollständigen Bericht wie es Jochen heute geht. Oder andere wollen einfach nur bei Nele oder mir vorbeischauen um uns zu unterstützen.

Nur wir beide verkraften weder pausenlose Nachfragen noch so lieb gemeinten Dauerzuspruch von außen. Wir kommen halbwegs zurecht, solange man uns Zeit zur Regeneration lässt. Und die haben wir nicht, wenn mehrfach täglich von verschiedenen Seiten nach seinem Gesundheitszustand gefragt wird. Das verstärkt nur wieder die Gedanken der Angst und Sorge um Jochen. Dabei spielt es auch keine Rolle, wenn man erklärt, dass es sehr lange dauern wird und wenn überhaupt, nur winzigste Schrittchen in längeren Zeitabständen zu sehen sein werden. Ich verstehe das ja, sie machen sich halt auch große Sorgen um ihn, aber mir fehlt derzeit einfach der kleinste Funken Kraft mit ihnen zu reden, das bisschen, was noch da ist, das brauche ich für meinen Mann, die Versorgung unserer Tiere und den kläglichen Rest zu meinem eigenen Überleben.

Man braucht auch mal Übersetzungshilfe bei einer Diagnose und viel später benötigen wir ganz bestimmt Unterstützung, um die besten Therapeuten zu finden, oder um uns bei der Krankenkasse zu unterstützen. Seelischen Beistand werden wir auch weiterhin brauchen, ganz sicher mehr denn je zuvor. Wir beide sind Frauen, die es von jeher gewohnt sind, ihr Leben zu managen ohne groß um Hilfe zu bitten (obwohl Nele nach 12 Hüftoperationen an zwei Krücken geht), aber wir lernen langsam Hilfe anzunehmen. Nur kann ich im Moment ehrlich sehr wenig mit vier ganz lieben und herzensguten Menschen anfangen, die einfach so mal täglich vorbei kommen möchten, um mich zu »unterhalten« und die denken, Jochen kommt in ein paar Wochen wieder als ganz der Alte zurück. Als ich ihnen sagte, dass das wenigstens ein paar Monate dauern wird und das heißt, nur wenn wir sehr viel Glück haben, da schauten sie mich mit großen und ungläubigen Augen an.

Diese Nachbarn wie auch die Nachbarn direkt unter mir, die haben hier alle nur mehr oder weniger Wochenendhäuschen wo sie auf dem umliegenden Land ihr Gemüse anbauen und sie arbeiten auch ganz normal. Wir verstehen uns mit allen sehr gut, aber direkte Kontakte zu den nächstem Dörfern haben wir weniger, obwohl ich mich immer wieder wundere, wer alles weiß, wer wir sind und wo wir wohnen ... Vielleicht liegt es ja auch mit daran, dass wir nicht mehr als unbedingt nötig durch die Gegend fahren mögen, wir sind hier oben in der Ruhe der Natur und der absoluten Abgeschiedenheit richtig glücklich und zufrieden. Ich werde auch dankbar auf alle wichtigen Hilfsangebote zurückkommen, aber erst, wenn es erforderlich ist und dann fahre ich besser selber bei den Leuten vorbei. In der Zwischenzeit informiere ich sie lieber wenn ich bei ihnen vorbei komme. Da müssen sie in ihrer arg knappen Freizeit wirklich nicht hier herum sitzen und mich damit auch in meiner Arbeit behindern.

Die meisten Menschen scheinen eine gewaltige Angst vorm Alleinsein zu haben und möglicherweise vermuten sie diese Angst auch bei mir. Aber dem ist wirklich nicht so, ich bin überhaupt nicht alleine, Jochen ist ständig bei mir und unsere Tiere sind es auch. Um Nele brauche ich mir diesbezüglich auch keine Sorgen zu machen, sie kommt mental sehr gut alleine zurecht und sie hätte auch viel lieber deutlich mehr Ruhe als ihr jetzt gegönnt ist. Ihre Nachbarn lassen sie noch weniger in Ruhe als mich die meinigen. Wir erleben wirklich sehr viel Zuwendung und Herzlichkeit.

Nele hat auch eine echte Chaotin mit einer großen Seele als Hilfe, die ihr nicht nur hilft, sondern auch sonst alles für sie tun würde. Nieve wollte mir auch sofort hier oben helfen, aber ich würde dabei völlig verrückt werden, alle zwei Minuten »Renata« und dann eine meist belanglose Frage, da kann ich weder arbeiten noch denken noch zur Ruhe kommen und ich brauche meine Energie ganz dringend für etwas anderes. Früher hatten wir auch mal hin und wieder eine ganz liebe Hilfe, aber die machte mich mit dem vielen Geplapper verrückt und ihr ebenfalls wirklich lieber Mann den Jochen mit der kreativen Gartenarbeit genauso. Wenn man nicht direkt dabei stand konnte es schon mal passieren, dass sämtliche neu gesetzten Gemüsepflänzchen herausgerissen wurden weil er sie wegen seines Tunnelblicks als Unkraut wähnte und das größtes Vergnügen seiner Frau bestand darin, unsere Terrasse mit dem Schlauch abzuspritzen. Jetzt habe ich Hilfe, die auf Anruf kommen, wenn sie es einrichten können und ansonsten ist für mich ausschließlich meditatives und ruhiges Arbeiten angesagt. Ich lasse jetzt die Hühner ins Land raus und mische die nächste Schicht wasserdichten Zement für den Blumenkasten an, poco a poco, das hilft mir beim Entspannen.

Gerade hörte ich in den Nachrichten, Michael Schuhmacher hat das Krankenhaus in der Schweiz verlassen und wurde in ein anderes Hospital in der Nähe seines Wohnortes verlegt. Ich machte den Fernseher an und heulte vor Freude! Wenn er es mit seinen schweren Kopfverletzungen schafft, dann wird mein Schatz es vielleicht auch schaffen!!!

Mit Nele kann ich wunderbar zusammen lachen und weinen und wir können uns auch ganz toll unterhalten, uns wird es nie langweilig. Ich erzählte ihr gestern auf der Fahrt zum Krankenhaus von meiner Idee, dieses »Tagebuch« in ehrlicher und unterhaltsamer Weise zu schreiben. Erst war sie davon nicht besonders angetan, aber als ich ihr sagte, dass es auch für Jochen ist, weil er sich an die Zeit im Koma bestimmt nicht mehr erinnern wird, überlegte sie und fand die Idee dann doch sehr gut. Abgesehen davon gibt es kaum etwas darüber zu lesen, wie Angehörige die ganze Achterbahn der Gefühle und Informationen erleben und durchleben. Und natürlich flechte ich auch die jetzt passierenden schönen Geschichten mit ein und es wird ein Mutmachbuch werden.

Jochen würde sagen »Schatz Du hast Recht, tu es!«.

Ich muss nach vorne schauen, alles andere würde meinem Liebling nicht gefallen und erst recht nicht, wenn ich mich in Angst und Traurigkeit vergraben würde.

Heute nahm ich aus den Hundeboxen einen fürchterlichen Verwesungsgestank wahr. Da lag in einer Schlafbox eine bereits mumifizierte große Ratte und in einer anderen eine kleinere, bereits wieder weich gewordene tote Ratte. Eine matschige Maus fand ich noch beim Fensterputzen im hintersten versteckten Winkel bei Jochens Schreibtisch (würguargigittigitt!!!), da kommt echt heitere Stimmung auf, und wenn es nur der Galgenhumor ist, auch dabei wird wenigstens noch geschmunzelt oder gelacht! Zum Lachen brachten uns unsere süßen Vierbeiner immer schon, da bin ich mir ganz sicher, das sind in Wirklichkeit gar keine Hunde oder Katzen, sondern gut getarnte Clowns im Fellkostüm.

Unsere Hunde werden täglich mit Gemüse, Futter vom Metzger und Reis frisch bekocht und ab und an mischen wir auch eine große Dose Hundefutter mit unter den Reis. Die leere Dose ist dann immer ein sehr begehrtes Objekt, das mir sofort begeistert von jedem Hund abgenommen wird. Hat der erste seine Lust daran gestillt, holt sie sich der zweite, der dritte und so fort. Tamina war schon als Welpe äußerst neugierig, vollkommen angstfrei und mit einer ausgeprägten Beharrlichkeit ausgestattet. Sie kam damals zu dem Ergebnis, dass am Boden der Dose, ganz tief unten drin doch genau das sein müsste, was die anderen Hunde nicht erreichen konnten. Ihre Schnauze war schlanker und ihr Kopf schmaler und so gelang es ihr durch einige Verrenkungen mit der Zunge den Boden zu erreichen. Was sie dort in Bodennähe der Dose vorfand, schien ihr sehr zu munden und so zwängte sie ihren Kopf vollständig in die Dose hinein. Als sie wieder raus wollte, musste sie feststellen, dass sie festsaß. Nach vorn und auch zurück ging nichts mehr. Das Mädel war schon immer eine richtig kleine Frohnatur und so marschierte sie einfach stoisch drauflos. Rund acht Meter Luftlinie waren es bis zu unserer Haustüre, zwei kleine Mangobäumchen, ein Kaktus, zwei Wegbegrenzungen aus Natursteinen und einige Canna Pflanzen nicht eingerechnet. Wie sie es schaffte den richtigen Weg einzuschlagen, wissen wir nicht, aber auf einmal klopfte es an unsere geschlossene Haustüre. Als ich öffnete, bot sich mir ein Anblick den ich nie vergessen werde: Tamina klopfte schwanzwedelnd mit dem Kopf **in** der Dose an die Tür. Ihr Kopf war wirklich vollständig in der Dose verschwunden. Nicht mal mehr ein winziges Stückchen Ohr war zu sehen. Ich brach in Lachen aus und prustete unter Tränen »Schatz, Tamina braucht dringend Hilfe – hol die Kamera!«. Während er die Kamera einschaltete, holte ich auf Jochens Rat nicht nur die Blechschere sondern auch den Dosenöffner. Warum den Dosenöffner? Ganz einfach, damit das Mädchen wieder richtig atmen konnte, mussten wir mit dem Dosenöffner erst mal den Boden der Dose öffnen und den Deckel abmachen. Da kam sie zumindest optisch wieder zum Vorschein und strahlte uns freundlich und voller Vertrauen mit dem Schwanz wedelnd an, denn sie war ja in Sicherheit bei Herrchen und Frauchen. Mit der Blechschere setzte Jochen dann hinter dem Hinterkopf an und von prustenden Lachsalven geschüttelt kamen wir langsam und sehr vorsichtig Zentimeter für Zentimeter weiter vorwärts. Hinten am Schädel wurde es dann richtig eng, da verkantete sich die Dose und es ging nur noch millimeterweise weiter. Die ganze Befreiungsprozedur dauerte eine gute Viertelstunde in der Tamina nicht mal den Hauch eines Ansatzes von Unruhe oder gar Angst zeigte, sondern ganz im Gegenteil nur fröhlich und völlig vertrauensvoll geduldig ausharrte bis wir mit der Befreiungsaktion fertig waren.

Solch besondere Erinnerungen kamen mir in den Sinn, während ich die stark »duftenden« Reste ihre Rattenbeute mit angehaltenem Atem und weit von mir gestreckter Schaufel entsorgte und befreiend lachen musste.

Die Ärzte sagen, Jochen hat keine neue Entzündung und kein Fieber mehr und nächste Woche machen sie einen neuen Hirnscan, um zu sehen, ob sich wieder Flüssigkeit angesammelt hat oder nicht. Wenn dann nichts Neues mehr auftritt, wollen sie ihm die Drainage aus dem Schädel ziehen, geschlossen ist sie schon, aber der Schlauch ist noch in seinem Kopf drin. Danach kommt der nächste Schritt, sie werden versuchen, ob er selber wieder atmen kann, das wird noch einmal eine sehr schwierige Phase werden, weil niemand wirklich weiß wie sehr die Hirnmasse des Atemzentrums geschädigt ist oder nicht. Heute besuchten wir ihn zusammen und er lag wieder gerade, hatte beide Augen geschlossen und schlief tief.

Der Arzt erzählte uns, dass er am Morgen beide Augen offen hatte und sich auch mit seiner linken Seite bewegte. Als wir mittags kamen, war er im Ruhezyklus und das geht anscheinend in Wellen vor sich.

Ich hoffe so sehr und von ganzem Herzen, dass er wieder zurück kommt!

20. Juni 2014 – Drainage ist raus

Gestern entfernten sie den Drainageschlauch aus seinem Kopf, nachdem sie nach mehreren Hirnscans keine Flüssigkeitsmengen-Unterschiede mehr feststellen konnten. Gott sei Dank ist nicht mehr (!!!), aber leider auch nicht weniger Flüssigkeit im Kopf. Er liegt nach wie vor im künstlichen Koma und er wird immer noch künstlich beatmet, nur mittlerweile über den Luftröhrenschnitt. Wenn ich Jochen nach einer Narkose (Luftröhrenschnitt, Drainageschlauch entfernen) sehe, dreht es mir jedes Mal schier das Herz und den Magen um, weil er so sehr von fürchterlichen Krämpfen geschüttelt wird. Das soll allerdings »normal« sein, weil das wohl zu den Nachwirkungen der Narkose zählt. Mich zerreißt es nahezu, weil es mir so unendlich weh tut, ihn so zu sehen.

Scheiße, ich bin schon wieder Rotz und Wasser am heulen.

In der halben Stunde Besuchszeit rufe ich ihn bei seinen Kosenamen und nenne meine eigenen dazu, ich erzähle ihm, dass ich ihn liebe und er mich auch und dass ich ihn für immer und ewig liebe. Ich sage ihm, dass er sich gesund schläft und er alle Zeit der Welt dafür hat und dass wir gemeinsam alles schaffen. Ich erzähle ihm, wie sehr die Hunde ihn vermissen und dass Vito jeden Morgen im Schlafzimmer nach ihm sucht. Tango liegt fast nur noch am Tor und schaut drunter durch, als wenn er darauf wartet, dass sein Herrchen plötzlich vor der Tür steht. Und auch, dass Tamina jedes Mal voller Vorfreude auf ihn ins Auto springt, wenn ich nach Hause komme. Unsere Hunde und Katzen riechen ihn alle an mir, aber er ist nicht da und sie suchen ihn. Auch wie sehr die einzelnen Katzen ihn vermissen, erzähle ich Jochen und dass ich ihn über alles liebe und vermisse, er ist meine Liebe, er ist mein Leben, er ist meine Seele und er ist mein Glück.

Seine rechte Seite ist nach wie vor komplett gelähmt, aber er öffnete immerhin schon mal beide Augen, wenn auch ohne ein Zeichen des Erkennens. Er wechselt zwischen Wachkoma (ohne gezielten Blick an die Decke schauen) in Schlafkoma und zurück. Den Wechsel sehe ich als positiv, zumindest hoffe ich das.

Heute lockte, schmuste und rief ich meinen Schatz die gesamte Besuchszeit lang, bis er mich für wenige Sekundenbruchteile direkt anschaute und auf meine Bitte hin, ob er mich erkennt und versteht, seine Augen zustimmend schloss. Seine linke Hand war ständig in Bewegung, und ich fühlte, dass er nach meiner Hand suchte. Ich nahm seine Hand zärtlich in meine, küsste sie sanft und er ließ sie für einige Minuten nicht mehr los. Er drückte meine Hand immer wieder mit dem Daumen. Ob gezielt oder aus Reflex das weiß ich ehrlich nicht, aber ich hoffe einfach aus Instinkt und hoffentlich auch dass er mich vielleicht erkannt hat. Das wünsche ich mir so sehr von ganzem Herzen. Mit Pasitos (Schrittchen) und poco a poco werden wir es schaffen. Ich glaube und vertraue ganz fest auf unsere Liebe, die ihn hoffentlich wieder zurück holen wird. Jetzt können wir nur abwarten und hoffen und seinem Organismus Zeit und seiner Seele die nötige Zuversicht geben, dass das Atemzentrum irgendwann wieder anspringt und er aus dem künstlichen Koma erwachen wird.

Nun, wie es mir geht?

Ich würde sagen, ich passe mich wohl ganz langsam der Situation an.

Meine Nieren blockieren nicht mehr völlig, mein Herz hat sich auch ein klein wenig beruhigt, aber Hunger habe ich, seitdem das passiert ist, sehr wenig und mein Magen macht auch gleich wieder zu, also zwinge ich ihn zu nichts. Vorher naschte ich gerne mal etwas Süßes, das mag ich jetzt überhaupt nicht mehr, sondern wenn überhaupt nur noch Würziges und Salziges. Dafür trinke ich jeden Tag mindestens zwei Liter stilles Wasser und mag auch keinen Tee mehr, der vorher mein Hauptgetränk war. Festes Essen schreckt mich total ab, es ist so, als ob mein Organismus genau fühlt, dass er momentan keine ausreichende Kraft mehr zum Verdauen hat, sondern dass alle restliche Energie für unser Überleben gebraucht wird. Wenn ich Jochen abends besuchen war, machte mir Nele eine Fleischbrühe mit zwei Eiern, das tat mir gut und brachte meine Überlebensgeister ein klein wenig zurück. Selber habe ich nur Appetit auf Eier von unseren Hühnern, überrede mich aber ab und an, wenigstens noch ein kleines bisschen Obst zu essen.

Ich muss schon Gummibänder in die Hosenbunde machen, meine Knochen danken es mir und ich werfe zurzeit eh nur überflüssigen Ballast ab.

Die Menschen hier sind nach wie vor ausgesprochen freundlich, ehrlich betroffen und von Herzen hilfsbereit. Für sie ist es das denkbar Schlimmste, das ich in einer solchen Situation ohne meine Eltern und Geschwister (aber wenigstens mit meiner Schwägerin in der Nähe) lebe und sie bieten mir alle ihre Hilfe an. Ich bekomme ständig von lieben Menschen Einladungen zum Essen und wenn ich mangels Hunger oder Appetit dankend ablehne, wollen sie mich sogar täglich mit gekochtem Essen versorgen oder wenigstens für mich mit einkaufen gehen. Alle Welt scheint zu befürchten, dass ich hier oben alleine verhungere, dabei ist Essen etwas, was mich momentan eher ekelt, aber auf gar keinen Fall anregt. Diese ehrliche Hilfsbereitschaft, die von allen Seiten und teils sogar von Menschen, die man kaum kennt, an einen herangetragen wird, sie erschüttert mich jeden Tag aufs Neue, verwundert und berührt mich immer noch zutiefst. Sie mögen Jochen wirklich gerne und in schwierigen Zeiten hält man zusammen. So einfach ist das. Für mich ist es allerdings etwas, was ich zuvor nicht kannte und das anzunehmen ich gerade lerne.

Unser Bankbeamte, der im Herbst einen dicken »Überweisungs-Bock« schoss (anstatt von 226 € hatte er 22.600 € überwiesen), der kam heute mit Tränen in den Augen auf mich zu und erzählte mir, was für ein wunderbarer, geduldiger und humorvoller Mann der meinige sei. Als es um die Bereinigung dieses Buchungsfehlers ging, hätte Jochen ihn immer wieder beruhigt und alles mit Humor und einem Lachen genommen. Bei ihm hatte er einen sehr dicken Felsbrocken im Brett und einen ehrlichen Platz in seinem Herzen, denn durch Jochens Geduld und seinen Humor (auch als die Bank noch Zinsen für die falsch gelaufene Überziehung von uns haben wollte), gefährdete er nicht seinen Arbeitsplatz, sondern gab ihm immer wieder eine neue Chance zur Korrektur.

Mir ist jetzt schon klar, dass, wenn alles halbwegs überstanden ist, ich zwar nach wie vor die fröhliche, hilfsbereite und freundliche Person sein werde, die ich immer war, aber unverändert oder unbeeindruckt von diesen wunderbaren und aufrichtig herzlichen Menschen gehe ich ganz bestimmt nicht aus der Situation heraus.

Die Arbeit im Haus und auf dem Land hat Zeit und nach Reden ist mir überhaupt nicht, ich telefoniere allenfalls einmal die Woche mit meinem Bruder und schreiben kann ich auch nur mit sehr wenigen Menschen die mir gut tun.

Hach, jetzt habe ich mal wieder reichlich gesabbelt, aber es hilft mir auch wieder ein wenig Ordnung in die vielen überbordenden Gefühle zu bringen.

21. Juni 2014 – Fussballweltmeisterschaft

Endlich habe ich es geschafft, im Auto eine Musikkassette mit Entspannungsmusik zum Laufen zu kriegen. Die vorigen Versuche scheiterten alle, weil – wie ich später schmunzelnd feststellte – die Kassetten zwar ausgepackt, aber trotzdem neu und somit völlig unbespielt waren. Gar nicht übel, kann einem naiven Menschen wie mir schließlich auch mal passieren ...

Erfahrungsgemäß mache ich die Hunde Tamina, Tango und Vito an ihren sechs Meter langen Ketten neben dem Tor und dem Carport fest, denn sobald ich das Tor öffne, betrachteten sie es als freundliche Einladung für einen Kurzausflug und dabei spielt es überhaupt keine Rolle, ob ich nun wegfahre oder gerade erst wieder zurückkomme. Die Hündin Taifa hat dabei als 15 Jahre altes Mädchen eine gewisse Sonderrolle, sie ist so lieb und läuft auch nicht mehr weit aus dem Tor raus, also darf sie dann auch frei herumlaufen. Vito und Tango waren bereits befestigt, Tamina unser American Staffordshire-Mix lag brav neben Tango und so ging ich irrtümlich davon aus sie auch schon fest gemacht zu haben und öffnete das Tor. Yessas, wie ein geölter Blitz schoss sie raus und forderte Tango auf, mit ihr loszurennen, aber det war ja nix. Möchten hätte er schon gerne mögen, aber können tat er nicht. »Mist!« dachte ich mir und »Was soll`s, dann fahre ich den Wagen schon mal raus vor`s Tor«, da kam unser süßer Feger auch schon wieder die Straße herunter gerannt, stürmte vor zu Tango, der angeleint im offenen Tor stand und wollte ihn erneut auffordern mit ihr zu laufen. Sie merkte, dass er ihr nicht folgte und blieb an der Straße stehen. Erst schimpfte ich mit ihr, dass sie zurück kommen soll, aber das animierte sie nun überhaupt nicht, also sprach ich ganz lieb mit ihr und lockt sie »komm Minchen, im muss jetzt zu Herrchen fahren, der braucht mich doch.« Das war wohl das Schlüsselwort und sie kam sofort brav und mit ein wenig schlechtem Gewissen zu mir. Als ich sie an der Kette fest machte bedankte ich mich bei ihr, so wie ich mich sowieso jedes Mal bei den anderen beiden Hunden ebenfalls für ihr Verständnis bedanke. Wenn ich mit dem Wagen durchs Tor bin werden alle wieder los gelassen.

Auf der Fahrt hörte ich dann die Kassette »Song of Healing« und diese sanften Töne waren für mich doch erheblich entspannender als die meiste moderne spanische Musik. Allerdings ein Fußballweltmeisterschaftsspiel mit spanischen Kommentatoren hat auch echt was für sich. Während des Spiels kommt immer eine kurze Werbeunterbrechung von Mercedes-Benz, bei einer Ecke ruft der Kommentator »corrrnerrrrrrrrrrrrrrrrrrrrrrr« und bei einem Tor klingt es dann »goolololololololololololololololololo-lolololoool« bis ihm die Puste ausgeht, oder »tacketackegoltacketackegoltacketackegoool«. Ich ahne zwar sinngemäß was das heißen soll, aber so ganz genau weiß ich es immer noch nicht ... Und da ist ja dann nicht nur der eine Kommentator im Stadion, sondern es sind noch mindestens zwei weitere im Studio und diesen Moderatoren zu lauschen ist nicht minder spannend als das eigentliche Spiel an sich. Wenn der Stadion-Kommentator sich vor lauter Aufregung mit der Stimme fast überschlägt (Tore, nicht gegebene Tore, gegebene rote Karten und nicht geahndete Fouls etc.) und man wirklich glauben könnte, dass er jetzt ernsthaft gesundheitliche Probleme bekommt, versuchen die zwei anderen Kommentatoren im Studio (manchmal auch drei) ihn wieder zu beruhigen. Meist vergebens, denn das Spiel läuft ja unterdessen munter weiter.

Nach einer ruhigen und entspannten Fahrt, bei der ich wegen der spanischen Fußball Weltmeisterschafts Übertragung etliche Male herzhaft kichern musste, kam ich natürlich wieder pünktlich am Wartesaal der Intensivstation an. Bisher wurden wir allerdings erst zweimal pünktlich hereingerufen. Im Schnitt liegt die Verzögerung bei 10 bis 25 Minuten bevor man uns einlässt. In der Zeit lese ich entweder »Die Katze des Dalai Lama« (ein wirklich wunderschönes Buch) oder mache in einer Nische zwischen den Türen ein paar Bewegungsübungen, was mir schmunzelnde Blicke Vorbeigehender einbringt. Sei`s drum, mich stört es jedenfalls nicht und es hilft meinen Gelenken. Endlich durften wir zu unseren Angehörigen rein. Seit dem Traum, in dem Jochen mich mit einem fröhlichen »Hallo Schatz, da bin ich wieder« begrüßte, begrüße ich ihn auch mit diesem so fröhlichen und Mut machenden Satz. Dann kommt der Rucksack mit meinem Trinkwasser und sonstigen »Notwendigkeiten« in die Ecke seines Behandlungsraumes und ich spreche ihn mit langsamen Worten klar und deutlich direkt und liebevoll an. Mittags kommt immer ein Arzt zum Patienten ans Bett, um die Angehörigen auf den neuesten Stand zu bringen und heute war es halt mal wieder der »traurige Doktor«. Zweimal hatte ich schon mit ihm gesprochen und beide Male erzählte er mir, dass bei Jochen die Blutung jetzt nicht mehr so sehr das ganz große Problem sei, sondern die Gehirnmasse, die bei dem Infarkt nicht mehr versorgt wurde und abgestorben ist. Es ist realistisch und ich weiß das ja auch, aber geholfen hat es mir nur insofern, dass ich meine Erwartungen an eine vollständige Genesung nicht mehr so hoch schraube, sondern mich nur voll auf den Punkt »jetzt, hier und den Moment« fixierte. Seine erste Frage heute war wie es **mir** geht – vermutlich um besser abschätzen zu können, wie ich seine nächsten Sätze verkraften würde. Meine Antwort »Auf jeden Fall besser als meinem Mann« ließen ihn auch gleich zur weiteren Information übergehen. »Jochens Gehirnmasse wäre durch den Schlag sehr schwer geschädigt und sie erreichen ihn nicht. Er ist nach wie vor desorientiert und sein Blick geht ins Leere oder an die Decke. Sie setzen mittlerweile auch Physiotherapie ein.« Auf meine Frage: »Aber wichtig ist doch erstmal, dass er wieder selbständig atmet?« meinte er »Oh, er hat den Atemreflex zu einem sehr kleinen Teil wiedererlangt, aber das reicht bei weitem nicht aus um seinen Organismus ausreichend mit Sauerstoff zu versorgen, darum wird er durch die künstliche Beatmung und mit Sauerstoff zusätzlich unterstützt.«

Ich hörte nur, dass der Atemreflex wieder eingesetzt hatte.

Ich vermute mal, dass er mich möglichst schonend darauf vorbereiten wollte, dass Jochen zukünftig ein schwerer Pflegefall sein wird, und ich antwortete ihm: »Mein Mann ist sehr stark und er ist ein Kämpfer. Unsere tiefe Liebe füreinander ist so stark, dass ich ihn da hoffentlich wieder rausholen kann, mir fehlt nur Zeit!«

Er schaute mich ein wenig überrascht an, dann fragte er: »Du brauchst mehr Zeit?«

Ich antwortete: »Ja, eine halbe Stunde täglich ist sehr wenig.«

Darauf er: »Okay, heute bekommst Du eine halbe Stunde mehr, aber das geht leider nicht immer.«

Froh, wenigstens an diesem Tag etwas Zeit gewonnen zu haben widmete ich mich wieder voll meinem Schatz und begann mit meiner rechten Hand seinen beweglichen linken Arm sanft von der Schulter bis zur Hand zu massieren. Für seine Hand nahm ich meine beiden Hände und bewegte und massierte seine Finger, bog sie zusammen und nach außen und ich krabbelte ihn auch sanft in der Handfläche, so necke ich ihn öfters. Dabei fuhr ich mit fröhlichem Reden und kleinen Melodien fort und es dauerte keine fünf Minuten da öffnete er das linke Auge ganz und suchte meinen Blick. Gott, ich habe mich so sehr darüber gefreut, dass ich ihn gleich mit Küssen bedeckte. Dann fragte ich ihn, ob er mich erkennt und wenn ja, soll er nur das Auge schließen. Anfangs ging es sehr zögerlich und es fiel ihm sichtlich schwer, aber er tat es. Jochen schloss das linke Auge für rund drei Sekunden. Ich sagte ihm »Ich liebe Dich.« und fragte, ob er mich auch liebt, er schloss das Auge erneut und dann, als ob er dem Arzt widersprechen wollte, suchte seine linke Hand gezielt nach meiner. Ich gab sie ihm, er hielt sie für einige Minuten fest und drückte sie sogar auf meine Bitte hin. Wirklich, kein Irrtum, wir wiederholten es mehrere Male und ich bin mir ganz sicher dass er weiß, wer ich bin. Er schloss auf jede einzelne Frage zur Bestätigung das Auge – und er versteht mich zumindest heute ein wenig, wenn ich ganz langsam einfache kurze Sätze spreche. Hurrah!!! Ich teilte das auch dem Doktor mit, aber er kann es vermutlich noch nicht nachvollziehen. Der Mann ist mit Sicherheit hoch qualifiziert wie alle, die dort arbeiten und ich zolle jedem einzelnen Pfleger, jeder weiblichen Krankenschwester und jedem männlichen Krankenbruder (ich weiß nicht wie ich sie sonst nennen sollte) und natürlich auch jedem Arzt meinen allerhöchsten Respekt und meine tiefste Dankbarkeit für das, was sie können, was sie alle leisten und für die wirklich außergewöhnlich liebevolle Betreuung dort. Ich persönlich fühle mich nicht imstande, täglich mit soviel Leid, Schmerz und Verzweiflung umzugehen, ich würde dabei vermutlich draufgehen.

Kaum machte ich mich nach der Besuchszeit auf den Weg zum Auto, da kamen die Worte des Arztes mit geballter Macht wie ein Tsunami hinter mir her gerauscht und brachen mit voller Wucht über mich herein, als ich gerade beim Wagen angelangt war. Ich brauchte mindestens zehn Minuten bevor ich überhaupt in der Lage war mich anzuschnallen. Auf der gesamten Rückfahrt liefen meine Tränen pausenlos und doch hatte ich ständig den Satz einer lieben Freundin im Ohr: »Das Gehirn verfügt über ganz enorme Reparatur Fähigkeiten.«

So ist es und jetzt erst recht! Ich kämpfe weiter mit Jochen und um ihn!

Hoppla, in den letzten drei Wochen fragte ich mich schon manches Mal, wie ich mich bei meiner tiefen Verzweiflung und heulenden Traurigkeit nur jemals zuvor für eine relativ starke Frau halten konnte, aber jetzt wurde es mir auf einen Schlag klar. Meine gesamten Reaktionen und Gefühlsachterbahnen waren völlig in Ordnung und für mich als hochsensiblen und sehr emotionalen Menschen ganz normal, aber meine eigentliche Kraft und Stärke besteht darin, stets das Positive zu suchen, niemals aufzugeben und niemals locker zu lassen. Na, wenn es nur das von mir braucht, davon habe ich weiß Gott immer genügend zur Verfügung.

In der folgenden Nacht hatte ich einen weiteren Traum.

Jochen stand mit einem vollen Glas Wasser in der linken Hand und ging zwei Schritte, ohne etwas zu verschütten. Dann nahm er das Glas in die rechte Hand und verschüttete das Wasser in alle Himmelsrichtungen mit völlig unkontrollierten Bewegungen. Mal ganz abgesehen davon, dass er rechtsseitig komplett gelähmt ist und weder ein Glas halten, geschweige denn stehen oder gehen könnte, wurde mir die Bedeutung des Traumes prompt nachgeliefert. Eine Gehirnhälfte wird irgendwann weitgehend »normal« arbeiten, aber in der anderen Gehirnhälfte geht es im wahrsten Sinne des Wortes drunter und drüber. Jochen weiß zurzeit nicht wo oben und unten, vorne oder hinten und auch nicht wo rechts oder links ist. Die mehr betroffene Gehirnhälfte schwabbelte geradezu orientierungslos in seinem Kopf herum, es kommt mir so vor, als würde ihr ein Magnetpol fehlen, an dem sie sich ausrichten kann. Ich werde mal nach unserem kleinen portablen Magnetfeldgerät suchen, das kann ich dann später bei ihm einsetzen, wenn es ihm gut tut.

Als Kind litt ich oft unter Alpträumen und irgendwann, als ich keinen Bock mehr hatte wegzulaufen, fing ich an mich dem zu stellen, was mich so haltlos fallen ließ oder hinter mir her war. Ach Gott, die Lösung oder das Ergebnis war stets so einfach gewesen und meist lag in der Antwort das Wort »Vertrauen« vorne dran. Dieser Traum war direkt vorm Aufwachen und ich hätte ihn vielleicht wieder vergessen, wenn da nicht Jochens fröhliches »Hallo Schatz, da bin ich wieder!« gewesen wäre. Ich besann mich darauf, noch einmal in die Erinnerung zurück zu gehen. Nun vertraue und konzentriere ich mich wieder gezielt auf die Zuversicht und die Hoffnung. An dem Tag erfuhr ich, dass sie angefangen hatten, die Koma Narkotica langsam zu reduzieren. Ich vermute, dass da sein Unterbewusstsein mit mir Kontakt aufnahm. Das Bewusstsein ist natürlich noch nicht wieder da, aber das wäre bei der Schwere seiner Verletzung auch zu viel erhofft. An dem Tag hatte er beide Augen halb auf und er versuchte mich drei oder vier Mal mit der Pupille zu fixieren und zu verfolgen. Ich habe das sehr starke Gefühl, dass er mich wieder erkannt hat, – zumindest hat er auf meine Bitte zu blinzeln, wenn er sich an mich erinnert, jedes mal lange geblinzelt. Das war vorgestern.

24. Juni 2014 – Marathon

Gestern Mittag bereiteten uns die Ärzte darauf vor, dass Jochen mit all seinen Werten mittlerweile einigermaßen stabil sei, und dass sie es langsam versuchen wollen, die Atmung trainingsweise anfangs für eine halbe Stunde von der Maschine weg zu bekommen. Die Atemmuskulatur verringert sich als erstes ziemlich schnell und so wollen sie Jochen natürlich unter ständiger Beobachtung (auch permanenter Kontrolle des Sauerstoffgehaltes im Blut) versuchen zu trainieren, dass die Atmung wieder anspringt und die Atemmuskulatur durch die selbständige Atmung langsam wieder aufgebaut wird. Sie nehmen dann den Schlauch von der künstlichen Beatmung vom Luftröhrenschnitt weg, der Zugang bleibt aber offen und davor legen sie eine Atemmaske mit Zufuhr von reinem Sauerstoff. Das klappte anscheinend gestern Nachmittag so gut, dass sie ihn heute früh nicht wie geplant eine Stunde trainierten, sondern drei Stunden am Vormittag und noch mal drei Stunden am heutigen Nachmittag. Am Abend sah mein armer Schatz sehr angestrengt aus, seine Augen waren geschlossen und als er sie mühsam öffnete, war das Augenweiß rot geädert, es muss für ihn fast schon so etwas wie ein dreifacher Marathonlauf sein. Allerdings, die ersten Schritte von dieser großen Hürde sind genommen! Er hat auch noch sehr große Mühe mich zu erkennen und es dauert immer mindestens eine Viertelstunde bis er mich wirklich sieht und wahrnimmt, aber dann griff er wieder ganz gezielt von selber nach meiner Hand und drückte sie mehrfach. Er kann auch noch nicht steuern, wie er die Hand drücken will, aber er will mir zu verstehen geben, dass er mich erkennt und dass er mich liebt und dann drückt er auch mal mit der Kraft seines linken Unterarmes anstatt mit der Hand. Anscheinend hat er auch begrenzte Reflexe im rechten Arm. Die für ihn zuständigen Krankenschwestern erzählten es mir. Er bewegt ihn nicht von selber, aber auf bestimmte Berührungen oder Bewegungen scheint er minimal reflexartig zu reagieren, ich selber habe es bisher leider noch nicht wahrnehmen können. Die letzte Zeit wurde sein armer Körper immer wieder stark wie von heftigen Stromstößen (fast schon wie bei Elektroschocks) durchgeschüttelt, so dass ich verzweifelt versuchte, ihn sehr vorsichtig liebevoll und tröstend in die Arme zu nehmen und festzuhalten, um ihm wenigstens einen Moment der Beruhigung zu verschaffen. Es tat mir richtig weh und quälte in tiefster Seele, was mein armer Liebling dabei durchleben musste, aber vielleicht waren die Nervenbahnen dabei, sich zu regenerieren, reparieren und wo sie blockiert oder zerstört sind, umzustrukturieren ich weiß es nicht. Für mich grenzt es wirklich an ein Wunder, was da mit ihm und in ihm passiert. Immerhin ist dieser – wie sie immer wieder betonen – sehr schwere Fall einer Hirnblutung heute gerade mal 22 Tage her. Mein Schatz ist unglaublich stark, er kämpft mit aller ihm zur Verfügung stehenden Kraft um sein Leben und ich versuche ihm mit all meiner Liebe zu helfen und zu unterstützen, wo immer ich kann. Ich habe die allerhöchste Hochachtung und den größten Respekt vor ihm, er ist ein wirklich außergewöhnlicher Mann. Und ich liebe ihn unendlich.

26. Juni 2014 – Atemtraining

Die letzten zwei Tage stundenweise Atemtraining mit Sauerstoff-Unterstützung strengten Jochen sehr schwer an, man sah es ihm wirklich an.
Heute sah er einigermaßen entspannt, sehr müde und wahnsinnig erschöpft aus.
Er muss mit dem Trainieren seiner Atemmuskulatur im vergleichbaren Sinne mindestens so etwas wie die untrainierte Teilnahme an einem Ironman-Rennen geleistet haben, einfach Wahnsinn wie ungeheuer stark dieser – mein – Mann ist.
Der zuständige Arzt meinte heute zu uns, dass er – sofern alles glatt geht – irgendwann nächste Woche eventuell auf Station verlegt werden könne, da würde er dann auch mehr Physiotherapie bekommen.

Die meisten Menschen in meinem Umfeld vermuten, dass mir Alleinsein schwer fällt, aber die Zeit, die ich zu Hause «alleine» verbringe, ist nicht im Geringsten alleine, traurig oder gar einsam. Unsere Tiere (vier Hunde, vier Katzen plus Hühner, Hähne und einem Gänsepaar) spüren sehr genau, dass etwas mit ihrem Herrchen passiert ist, sie hören noch besser als sonst auf mich und bringen mich immer wieder unvermutet zum Schmunzeln oder Lachen. Da ist zum Beispiel unsere sehr intelligente wilde Henne «Mama Gaack» mit ihren fünf Küken direkt draußen vorm Haus. Sie brütete außerhalb des Hühnerareals, zwei Gockel halten sich beide für die Väter der Küken und das soziale Verhalten unter ihnen zu beobachten, ist ein echtes Geschenk der Freude; diese Familie darf auch in der Nähe des Hauses bleiben. Aber jeder weitere gefiederte Nachwuchs sollte zur eigenen Sicherheit und später auch zur Schonung unserer Nerven doch lieber in das cirka 1000 qm große und mit Obstbäumen bepflanzte Hühnergehege umsiedeln. Vor drei Tagen stand eine Henne mit ihren sechs Küken, die sie ebenfalls außerhalb des Areals ausbrütete, am Tor und wollte mit ihrem Nachwuchs ins Hühnergehege rein; ein kluges Tier, dahinten gab es schließlich immer Futter und Wasser für alle. Bei der nächsten «wilden» mit vier Küken half ich ein wenig mit dem Wasserstrahl aus dem Schlauch nach, um sie in die richtige Richtung zu dirigieren. Die dritte Henne hatte in einem verwaisten Gemüsebeet gebrütet und zählte vier kleine schwarze Federknäuel zu ihrer Familie. Hier konnte ich die Mutter und ein Baby einfangen, die Glucke klemmte ich mir unter den Arm, das Küken kam in mein Bustier rein, und ich brachte die beiden nach hinten ins Hühnergehege unter den großen Feigenbaum. Ich ging wieder raus zum Gemüsebeet um die anderen zu suchen und da saß ein zweites Küken unten auf dem Boden und die Geschwister drei und vier hockten oben im Beet (keine Ahnung wo die sich versteckt hatten, ich hatte doch alles gründlich abgesucht). Die drei ›Wieweles‹ sammelte ich natürlich ebenfalls sofort ein und brachte sie hinter zu ihrer Mama. Einfach toll, wie sie ihre Mutter am Ruf erkennen und die Mutter ihre Kinder an den Stimmen identifiziert. Und ich bin fest davon überzeugt, dass Hühner zählen können, oder zumindest genau wissen, wenn ein Küken fehlt. Und schwupps, wuselten auf einen Schlag rund 20 piepsende Küken aller Altersklassen unter dem großen Feigenbaum rum, das ist ein so wunderbares und so friedvoll lebendiges Bild! Zugegeben, es gibt auch unter Hühnern und unter Gockeln dumme und schlaue, warum sollte das bei den Tieren denn anders sein als bei uns Menschen? Vor Jahren hatten wir mal eine einfache Biergarten Holzbank als Sitzmöglichkeit im Hühnerzoo stehen, aber die war von der Witterung zerbröselt, darum schauten wir schon seit Monaten im Second-Hand Laden nach einer schlichten Gartenbank aus Kunststoff oder Aluminium. Zwei Wochen, bevor das mit dem Hirninfarkt passierte, fanden wir genau das richtige Teil. Eine schöne Gartenbank aus weißen Kunststofflamellen mit Rückenlehne für 39 €uro – einfach toll. Das war zwar viel Geld für uns, aber hinten in dem Gewusel und vor dem üppigen Feigenbaum so wunderbar und fast schon meditativ sitzen zu können, war es uns einfach wert. Ich bekam die Bank zwar im Auto verstaut, aber Jochen musste separat hinterher fahren. Machte ja nix, wir waren jedenfalls richtig glücklich, endlich das passende Sitzmöbel für unser Hühnergehege gefunden zu haben. Am nächsten Tag wollte er die Bank unbedingt mit mir zusammen nach hinten bringen. Es ging ihm schon länger mit dem ständigen Schwindel nicht gut und ich hätte die Bank auch alleine transportieren können, aber das wollte er nicht. Als wir die Bank dann sicher und gut im Hühnergehege stehen hatten, zauberte er noch einen alten Autoschwamm »zum Abputzen« hervor und setzte sich zu mir. Richtig glücklich waren wir beide und uns fehlte es an nichts. Wir genossen diese wunderbare Stimmung über eine Stunde lang, bevor wir wieder zum Haus gingen. In meiner Freude grinste ich breit über beide Backen und meinte fröhlich: »Siehste Schatz, da können wir noch als Oma und Opa drauf sitzen!«, aber von ihm kam nur ein leises »Hmm«. Er musste da schon geahnt haben, dass es das vorerst letzte Mal sein würde, dass wir dort so glücklich und entspannt sitzen konnten.

In den letzten Monaten gab es öfter mal solche »besonderen Gespräche«.

Es drängte ihn wie mich, nach sehr persönlichen und grundsätzlichen Fragen und Antworten (zum Beispiel, was macht der Überlebende, wenn einer von uns stirbt, welchen Wunsch hat der Verstorbene wie man mit seinem Leichnam verfährt etc.), die wir uns beide auch trauten, zu fragen und zu antworten, und heute bin ich ausgesprochen froh darüber.

Eines Abends nach der Praxis setzten wir uns auf die Terrasse, bei seinem eigentlich stabilen Gartenstuhl war die Armlehne nicht richtig eingehakt und Jochen knallte rückwärts auf eine Stufe drauf, da knackste er sich eine Rippe an. Ein paar Wochen später stolperte er beim Gemüse aussäen über einen Stein und fiel wieder auf die Rippe. Und dann hatten wir kurz darauf einen Autounfall, wo uns einer mit Wucht hinten rein gefahren war weil er Gas mit Bremse verwechselt hat und uns auf zwei vor uns stehende Autos drauf schob. Das ergab dann neben der zum dritten Mal attackierten Rippe zwei angebrochene und stark ausgerenkte Halswirbel, und er konnte auch nicht mehr in die Praxis fahren, geschweige denn dort arbeiten. Da entschieden wir beide die Praxis aufzulösen, denn ohne Jochens besondere Qualifikation konnte und wollte ich die Praxis nicht alleine weiterführen. Jochen verließ ein halbes Jahr lang die Finca überhaupt nicht und er lief auch nicht mehr durch das Land. Einkommen hatten wir gar keines mehr und wir mussten schauen, welche Kosten wir von unserem ohnehin schmalen Haushaltsbudget abspecken konnten. Aber das störte uns niemals, das Wichtigste für uns war, dass wir zusammen sein konnten, für den Rest würden sich beizeiten Lösungen finden.

Mehrere Winter mit heftigen Stürmen und schweren Regenfällen hatten nicht nur den Bäumen, Pflanzen und dem Land ziemlich zugesetzt, sondern brachten kräftige Schäden am Haus mit sich, wo es dann einiges zu tun gab. Da Jochen körperlich nur noch sehr begrenzt einsatzfähig war, kletterte ich aufs Dach, tauschte die kaputten Dachziegel aus, reparierte Risse im Mauerwerk, zementierte jeden einzelnen Dachziegel fest, füllte die Ablaufrinnen zwischen den Dachziegel Reihen mit wasserdichtem Zement auf und strich sie sogar noch mit Asphalt aus. Die Außenwand unseres Hauses besteht aus Natursteinen, (die waren wie hier üblich, ohne jede Isolierung auf die Betonbausteine gesetzt worden) und diese durfte auch nicht grundlegend verändert werden, weil wir in der Vorstufe eines Naturschutzgebietes leben. Die durch den Regen ausgewaschenen, teils mehr als faustgroßen Löcher zwischen den einzelnen Steinen, wurden mit Zement aufgefüllt, geschlossen (was viel mehr Arbeit ist als es sich anhört) und ebenfalls versiegelt. Auch die eingebauten Blumenkästen auf der Terrasse wurden leer geräumt, verputzt und versiegelt. Die Fugen der Terrassenplatten (die einst bei strömenden Regen unter einer improvisierten Plastikplane verlegt wurden – die Plane war mit Leisten an das Terrassendach genagelt worden, auf der anderen Seite band man dicke Steine daran und warf sie über die Brüstung) untersuchten wir mit der Lupe akribisch nach Löchern und schlossen sie mit einem Stein Versiegelungslack. Wie pflanzten Bäume, legten Hochbeete und zwei große Komposte an und reparierten nach und nach von den Hunden demolierte Wasserleitungen. Das alles geschah noch während Jochens angeschlagenen Gesundheitszustand und manchmal platzte es in Angesicht der vielen Arbeit aus ihm heraus, dass er die Finca verkaufen und ohne die viele Arbeit leben wollte. Wenn ich dann sagte »Okay Schatz, dann lass uns die Finca verkaufen, wir beide kommen überall zurecht.«, dann wollte er doch nicht aus unserem kleinen Paradies weg. Ein kleines offenes Fragezeichen blieb darum bei mir, ob er das hier alles nur wegen mir kaufte und behielt, weil ich es von Anfang an so sehr liebte, oder ob er auch gerne hier lebt? Auf meine Nachfrage meinte er: »Aber nein mein Schatz, so ist das wirklich nicht. Stimmt, die Arbeit wurde mir manchmal zuviel, aber gekauft haben wir beide es zusammen, weil wir beide dieses paradiesische Fleckchen Erde lieben und leben tun wir auch deswegen beide hier. So ist es und nicht anders, mach Dir da bitte keinen Kopf drüber.« Mein schlechtes Gewissen löste sich dank seiner Worte nach und nach auf und Erleichterung machte sich wieder in meiner Seele breit. Nach einem Jahr begann er an das Buch »Achsenzeit« zu schreiben, das ist ein toller und sehr unterhaltsamer historischer Roman, der sich um die Lebenszeit von Hippokrates und seine Ausbildung, seine Lehren und alles drum herum dreht. Schon in Deutschland war er jahrelang damit zugange, Bücher zu dem Thema zu lesen, ausgiebige Recherchen anzustellen und hier begann Jochen dann das Wissen in schriftliche Form umzusetzen. Da saß er dann jeden Tag vier, fünf Stunden am Computer, schrieb und lachte vor sich hin und erzählte mir immer wieder davon. Überarbeiten durfte ich es erst zwischen dem Buch »Neurodermitis natürlich heilen« und dem Buch »Der Darm IQ«, »Achsenzeit« gefällt mir sehr, wurde aber bisher noch keinem Verlag vorgestellt. Oh, mein Schatz ist ein so ungemein kreativer, wissender, geistvoller und ausgesprochen liebenswerter Mensch und ich liebe ihn mit all seinen »Macken«, von denen er natürlich behauptet, er hätte gar keine, er wäre sowieso perfekt. Nun ja mein Liebling, da bin ich aber wirklich froh, dass ich Dir da voll und ganz zustimmen kann und für den Rest unseres hoffentlich noch sehr langen Lebens immer ausreichend Liebe, Lebensfreude und Humor in meiner Seele trage.

Unser Kurzhaar Rüde «Tango» ist aus dem Tierheim (wie unsere meisten anderen Tiere auch) und er ist ein rundum verspielter Kerl, der sich aus für uns unerfindlichen Gründen für einen kleinen Schoßhund hält. Er ist ein 45 Kilogramm schweres, pures Kraftpaket mit einer ganz tiefen Seele und er vermisst Jochen ausgesprochen stark, er liebt ihn wirklich sehr. Der Tango balgte gestern mit unserer ältesten Hündin «Taifa» herum. Sie verliert gerade ihr Winterfell und entzog sich bisher erfolgreich meiner Bürsten Kampagne; jedenfalls biss er ihr spielerisch in die Flanke und hatte prompt das Maul voll mit einem ganzen Büschel Haare und da kam er spuckend – pffft, pffft, pffft, pffft, pffft – auf mich zu und wollte zum Trost auf meinen Schoß. »Nix da« rief ich lachend, er sah mit seinem verblüfften Gesichtsausdruck zum Schießen aus und ich musste richtig herzhaft lachen, das tut einfach gut. Rüde «Vito», holten wir vor einem Jahr als 12-jährigen über 50 Kilogramm schweren, trägen alten Herrn aus dem Tierheim, der taute hier wieder richtig auf, wurde fit und glücklich. Auch er sucht Jochen nach wie vor jeden Morgen in seinem Bett. Heute früh bürstete ich ihn wieder. Ab einer bestimmten Stelle am Rücken in Richtung Schwanzwurzel knickte er vor Wonne in den Hinterläufen ein, da wird dann für mich das Bürsten mit Ischiasbeschwerden ziemlich schwierig. Früher zog ich ihn dann am Schwanz hoch, was aber in Anbetracht seines Körpergewichtes auch nicht so leicht war. Heute früh kam ich doch glatt auf eine neue Idee, ich ging mit ihm einfach ein paar Meter weiter zu einer kleinen gemauerte Sitzgruppe und ich hievte sein Hinterteil kurzerhand über einen Sitzhocker. Da hing er nun mit den Hinterläufen knapp über dem Boden in der Luft, wedelte fröhlich mit dem Schwanz und wurde gründlich und ausgiebig durchgebürstet. Anschließend strahlte er mich glücklich an und leckte mir dankbar die Hand. Na also, geht doch auch anders.

Wenn ich erst am Abend zu Jochen fahre, arbeite ich tagsüber auf dem Land und repariere und zementiere Sachen, für die ich nachher wohl eher kaum mehr Zeit haben werde. Ich bin von Natur aus ein sehr fröhlicher und glücklicher Mensch und ich habe in dieser jetzigen Situation zwei grundsätzliche Möglichkeiten. Ich kann mir entweder die ganze Zeit selber leid tun – auch gerade weil Jochen mir so entsetzlich leid tut, es mich wahnsinnig schmerzt und ich eine Riesenscheißangst um ihn habe, aber das würde er erstens niemals wollen und zweitens würde es ihm ganz sicher nicht helfen gesund zu werden. Oder aber ich tanke mit unseren Tieren und bei der Arbeit im Haus und auf dem Land sehr viel Freude und Begeisterung auf und bringe genau dieses Gefühl und diese Stimmung zu Jochen mit. Zumindest hilft es mir mit der mittlerweile etwas langsamer gleitenden Achterbahn der Gefühle zwischen Verzweiflung, Euphorie, Erwartung und Enttäuschung ein bisschen besser umzugehen. Die Ärzte sprechen von drei bis sechs Monaten Reha. Was wir mit der Versicherung – ein ganz besonderes Kapitel – durchkämpfen können, steht noch in den Sternen. Aber wir schaffen alles was nötig ist!

Heute hatten sie das erste Mal seit der gesamten Zeit das Bett in eine »sitzende Position« geändert und Jochen schlief tief. Es war Neles Geburtstag, den wir logischerweise gemeinsam mit Jochen verbrachten. Natürlich wird dabei auch fröhlich gelacht und gescherzt. Eine gute halbe Stunde war trotz ausgiebiger Hand- und Fussreflexzonenmassage keinerlei Regung von ihm zu spüren oder zu sehen, eine Minute, bevor wir wieder gehen mussten, griff er mit seiner linken Hand nach meiner Hand und hielt sie mehrere Minuten lang fest. Das alleine ist schon mehr Glück als ich in den vergangenen letzten Wochen zu hoffen wagte.

Schatz ich liebe Dich unendlich und für immer und ewig!
Vom Bertelsmann Verlag bekamen wir eine handgeschriebene Genesungskarte, da haben vom Chef bis zum beteiligten Lektor alle mit unterschrieben. Das freute uns wirklich sehr.

28. Juni 2014 – Hundeerbe

Es gibt gute Tage und es gibt weniger gute Tage – für ihn wie auch für mich und gestern erwischte ich einen von den fünf Prozent weniger guten Tagen. Ich hatte unruhig geschlafen, stand ziemlich durcheinander auf und fing an, unmotiviert den ganzen Berg frisch gewaschener Hundekissen und Decken zu sortieren und wegzupacken. Vor zwei Wochen waren bei Bekannten innerhalb von einer Woche beide Hunde im hohen Alter gestorben und so »erbten« unsere vier alles. Allerdings nichts so ganz alles, die Katzen reservierte sich vorher ein herrliches Lammfellkissen und deklarierten es einfach zu ihrem Kissen. Auch gut, passt. Immer noch im Schlafanzug – ich sag ja unmotiviert – besah ich die neue Ordnung und mein Blick fiel unweigerlich auf unser gemeinsames Bett. Die Bettwäsche wechselte ich das letzte Mal eine Woche bevor das mit Jochen passierte, es war also mehr als höchste Zeit dafür. Bisher drückte ich mich immer noch darum herum, weil ich instinktiv wusste, dass das ein Punkt war, mit dem ich gar nicht gut klar kommen würde. Okay, also Schritt für Schritt, erst mal die Betten abziehen und dann kann ich ja immer noch überlegen, was ich wieder aufziehe. In den vergangenen Wochen verspürte ich im Schlafzimmer weder Verlustängste, noch vergrub ich meinen Kopf weinend in seinem Kissen, also war es für mich auch nicht erforderlich, beide Betten so zu beziehen, als wenn Jochen da wäre. Ich bin kein Freund von Vorspiegelungen falscher Tatsachen (darum mag ich ja auch keine Soja »Fleischersatzprodukte«) und deshalb war mir klar, dass ich nur mein Bett beziehe. Aber wie? Sicher war ich mir nur, unsere gemeinsame Bettwäsche wollte ich auch nur für uns beide nutzen und so fiel mein Blick auf eine Seersucker-Bettwäsche die Jochen nicht so gerne mochte, weil sie nicht glatt war, die passte jetzt prima. Okay, soweit so gut, aber was machte ich mit seinem Laken? Ich entschied mich für ein einfaches weißes Bettlaken. Als ich fertig war und mir das

Werk betrachtete, wurde mir wieder sehr deutlich und knallhart bewusst, dass Jochen für längere Zeit nicht an meiner Seite schlafen würde und die Tränen bahnten sich einem Wasserfall gleich hemmungslos ihren Weg. Ich lasse sie dann einfach laufen und versuche auch nicht sie zurück zu drängen, ich habe das Gefühl sie reinigen meine Seele und klären meinen Kopf, ich steigere mich da auch nicht rein. Das ist wie ein Überdruckventil für mich und ein Versuch meiner Seele unter diesen Umständen wenigstens noch halbwegs in Balance zu bleiben.

Zur Besuchszeit bei Jochen angekommen, schlief er ganz tief und war ganz weit weg. Ich behandelte ihm die nicht verkabelte Hand und beide Füße mit Reflexzonentherapie und sprach wie immer liebevoll mit ihm. Aber heute kam leider keinerlei Regung von ihm und mir wurde wieder sehr schmerzlich klar, dass es noch lange dauern wird bis mein geliebter Mann wieder zurück kommt. Dass Jochen wieder kommen will, ist Nele und mir völlig klar, das fühlen wir beide und dass es kein einfacher Weg sein wird, wissen wir auch.

Am folgenden Tag räumte ich den nächsten Blumenkasten hinter dem Grill aus und säuberte ihn. Er ist vermutlich einer der Übeltäter, der so undicht wurde, dass die Wand im darunter liegenden Badezimmer Wasserschäden hat. Die erste von sieben wasserdichten Zementschichten trug ich auf und am Abend fuhr ich in die Klinik. Heute war sein rechtes Auge mit Blick ins Leere geöffnet und mit der linken Hand war er am Bett festgebunden weil er sich in seinem Bewegungskampf immer wieder sämtliche Schläuche und Kabel raus zog. Ich möchte ihm so gerne helfen, was er in den Medikamenten-Halluzinationen sieht muss schrecklich sein.

Über Nacht versuchten sie Jochen wieder mit der Sauerstoffmaske vor dem Luftröhrenschnitt von der Beatmungsmaschine weg zu halten, aber um vier Uhr früh war er so erschöpft, dass sie ihn für die nächsten Stunden wieder anschlossen um ihm eine Pause zu gönnen. Als ich ihn besuchen kam, bat ich darum die

Bandage am Handgelenk zu entfernen und auch die Seitenklappe vom Bett senken zu dürfen. Ich bin morgens gerade mal 163 Zentimeter groß und komme sonst kaum richtig an ihn ran, weil sein Bett ja auch ziemlich nach oben gefahren wurde. Beides wurde mir sehr gerne und sofort gewährt. Nach einer halben Stunde öffnete er das linke Auge, sah mich aber nicht an, sondern der Blick ging mit flackernder und nach oben gerichteter Pupille in Richtung Hirn, das rechte Auge schaut in eine ganz andere Richtung und beide Pupillen sind nach wie vor winzig klein. Dann ein kurzer Moment und er schaute mir sehr angestrengt in die Augen, dabei bemühte er sich, den Kopf etwas zu heben als wenn er mich damit besser zu fixieren versuchte. Auf mein glücklich gerufenes »Hallo mein Schatz, ich liebe Dich!« öffnete er die linke Hand, die ich mit meinen beiden Händen vor meinem Gesicht hielt, hob sie selber an und legte sie mir voller Zärtlichkeit an die rechte Wange. Mich haute es schier um. Ich bekrabbelte mich aber schnell wieder, weil mir mittlerweile klar war, dass diese lichten Momente – wenn überhaupt – nur sehr kurz sind und er dann wieder völlig weg kippt. Ich rief ihm fröhlich zu: »Du wirst wieder ganz gesund!«

Er fixierte mich noch genauer und bewegte verneinend den Kopf.

Darauf ich: »Doch und Du schläfst Dich gesund.«

Er bewegte wieder verneinend den Kopf.

Und ich: »Doch mein Schatz, das verspreche ich Dir!«

Es sah so aus, als wenn er etwas sagen möchte, aber er konnte nicht mal selber atmen oder schlucken. Und wenn ihm auch nur ansatzweise sein Zustand bewusst war, würde es für diesen äußerst intelligenten Mann mit dem messerscharfen Verstand nicht einfach sein, sich mit den derzeitigen Umständen auseinander zu setzen. Wir tun wirklich alle alles was in unseren Kräften steht und doch ist er in diesem Kampf der sich in seinem Kopf abspielt, weitgehend alleine. Sein Blick kippte wieder weg nach oben, ich bekam Puddingknie und sackte langsam und leise an der Wand neben seinem Bett runter. Dicke Tränen kullerten lautlos aus meinen Augen. Man half mir auf, setzte mich auf einen Stuhl und brachte mir ein Wasser. Nach einiger Zeit hatte ich mich wieder halbwegs gefangen, verabschiedete mich mit fröhlicher Stimme von ihm und schlich wie ein geprügelter Hund zum Auto zurück. Morgen ist ein neuer Tag und mit jeder Stunde und mit jedem Tag gewinnen wir etwas Leben zurück. Ich behielt vom heutigen Tag in Erinnerung, dass er mich erkannte und von selber meine Wange so sanft und zärtlich mit der offenen Handfläche berührte und dass er an meinen Worten zweifelt, beziehungsweise mir widerspricht. Na prima, damit können wir doch arbeiten und einen richtigen Dickschädel habe ich schließlich auch.

2. Juli 2014 – Hallo mein Schatz

Vorgestern hatten sowohl Nele als auch ich das überaus glückliche Gefühl, dass er uns beide erkennt. Beide Augen waren offen, er schmunzelte uns direkt an, und er suchte mit seiner linken Hand nach Neles und nach meiner Hand. Er reagierte mit Augen schließen oder mit Händedruck auf alles. Soweit es möglich ist, gebe ich ihm bei jedem Besuch Hand- und Fußreflexzonen-Massage. Der Arzt meinte gestern, sie wollten ihn bald auf die Neurologische Station verlegen, natürlich abhängig davon, wie stabil er ist und wie es ihm geht. Wenn sie das tun, dann sind sie sich auch sicher, dass alles klappt, weil er dann ja auch von sämtlichen Schläuchen und Kabeln an seinem Körper befreit wird. Wir fuhren regelrecht euphorisch und überglücklich nach Hause. Heute Mittag war ich wieder da, sie hatten ihn noch nicht verlegt. Er war sehr müde und hatte große Mühe die Augen zu öffnen und mich zu erkennen. Als ich endlich meinte, dass er mich erkannt hatte, drehte er den Kopf von mir weg. Nach einer Weile hob er die linke Hand, die ich bis dahin in meiner hielt, und schob mich von sich weg, nachdem ich ihm sagte, dass ich ihn liebe. Ich weiß wirklich nicht, ob er mich erkannte oder ob er einfach nur sehr müde war. Als die Besuchszeit zu Ende war, kam eine für ihn zuständige Krankenschwester zu uns ans Bett und erzählte mir voller Begeisterung, dass er am Morgen sehr munter war und sie mit der gleichen Mimik wie Nele und mich am Tag zuvor anschmunzelte. Die Logopädische Übung des Lippenspitzens übte sie morgens mit ihm und er antwortete mit derselben. Durch die künstliche Beatmung hatte sich in seinen Atemwegen Schleim gebildet und den konnte er zweimal sehr mühsam abhusten, immerhin, er konnte abhusten.

Auf der ganzen Heimfahrt war ich schon nicht so toll drauf und als ich mit dem Auto daheim vor dem von ihm so liebevoll gestrichenen roten Tor stand, fing ich das erste Mal wieder heftig an zu weinen. Während des Tiere fütterns und Wäsche von der

Leine nehmen kamen die nächsten heftigen Weinattacken, wo sich auch der ganze Seelenschmerz durch ungebremste Schmerzensschreie wieder lautstark eine Bahn schaffte. Körperlich und seelisch völlig erschöpft legte ich mich auf den Boden um ein paar Entspannungsübungen zu machen. Rüde »Tango« schien genau zu wissen wie es mir geht, er kam herein und versuchte mir liebevoll und beharrlich das Gesicht und die Tränen abzulecken und mich zu trösten. Ich musste mich seiner überaus lieb gemeinten heftigen Liebkosung erwehren und er brachte mich nach ein paar Minuten doch tatsächlich zum Lachen. »Mission erfüllt« dachte er sich, ging wieder raus und prompt kam Rüde »Vito« herein um das von Tango angefangene Werk weiter zu führen. Er schaute mich aus seinen klugen goldbraunen Augen tief und sehr nachdenklich an, befand mich für einigermaßen brauchbar und ging – um Hündin »Tamina« den Platz zu überlassen. Danach entschied ich mich, doch lieber noch eine Stunde mit unseren pelzigen Mitbewohnern auf der Terrasse zu verbringen, an ruhige und ungestörte Entspannung war ja jetzt wohl eh nicht mehr zu denken.

Die Sensibilität und die Liebe unserer Tiere und ihre Art mich unbedingt trösten zu wollen und wie sie das auch immer wieder schaffen, ist einfach unglaublich.

4. Juli 2014 – Verlegung

Gestern wurde Jochen von der besonders stark überwachten Intensivstation auf die normale neurologische Station mit verstärkter Pflege verlegt, jedenfalls ist auf dieser Station die Pflege viel intensiver als ich sie aus deutschen Krankenhäusern gewöhnt bin. In dem kleinen Zweibettzimmer mit Balkon und mit Blick auf den Atlantik steht nur ein einzelnes Bett, seines. Aber von dem Blick hat er noch nichts, weil die Jalousien wegen der Lichtempfindlichkeit der Augen und des Gehirns bis auf einen kleinen Spalt geschlossen bleiben müssen. Anstelle eines zweiten Bettes befindet sich in dem Zimmer eine Couch mit graublauem abwaschbarem Bezug, ein dazu passender Armlehnensessel mit Fuß Höckerchen und ein Tisch. Nach wie vor ist er an sämtlichen Infusionen angeschlossen und die Beatmung erfolgt immer noch zusätzlich mit einer Sauerstoffmaske über den Luftröhrenschnitt. Einzig die vielen »Ordensplaketten« – wie ich die Sensoren für die Monitore nenne – entfernten sie und die dazugehörigen Monitore waren auch nicht mehr da, die Werte messen sie jetzt mehrmals täglich mit einem mobilen Gerät. Die Luft hier oben ist deutlich besser als auf der Intensivstation und er bekommt auch wieder Tag und Nacht, verschiedene Temperaturen und Witterungen mit. Was für mich persönlich ganz besonders wichtig ist, ich kann jetzt mehrere Stunden täglich bei ihm bleiben. Heute besuchten Nele und ich Jochen zusammen und taten ihm etwas Gutes. Versuchsweise hatte ich einen »Igelball« dabei, um zu schauen, ob er darauf überhaupt reagiert. Nele saß an seiner rechten, ich stand an seiner linken Seite und wir behandelten ihn auf der einen Seite mit dem Igelball und auf der anderen Seite mit sanftem Streicheln parallel schön im Verlauf der Akupunkturmeridiane außen runter, innen hoch. An den Oberarmen begannen wir, über die Handrücken, Hüften, Beine hinunter bis zu den Füßen und an den Innenseiten der Beine zurück bis zur Leiste. Dann Handflächen und am Innenarm so hoch, wie es mit der jeweiligen Position und den vielen Schläuchen eben machbar war. Das führten wir beide langsam und entspannt eine gute Viertelstunde lang durch, dann öffnete er beide Augen. Als wir ihm den »Igelball« in die linke Hand gaben nahm er ihn voller Begeisterung. Er drückte ihn, griff ihn mit der ganzen Hand, mit drei Fingern, mit zwei Fingern und legte ihn wieder ab wenn er nach ein bis zwei Minuten müde wurde. Gab man ihm den Ball eine halbe Stunde später erneut, nahm er ihn sofort und gerne wieder an. Na das nennen wir doch mal einen anständigen Fortschritt, da können wir drauf aufbauen und weiter machen! Ich hatte mir schon so meine Gedanken gemacht, mit was und wie ich unterstützend eingreifen konnte und die Igelbälle erschienen mir als ein guter Anfang Dass er sie von selber so stark annimmt, hätte ich ehrlich nicht zu hoffen gewagt. Als wir gingen fragte ich eine Schwester, ob ich den Ball hier auf der Fensterbank, an der sein Bett stand, deponieren könne. Ihr skeptischer Blick und die Gegenfrage »Nimmt er den denn überhaupt?« konnte ich freudig und überzeugt mit »JA« beantworten und so wurde mir das Deponieren von therapeutischem »Spielzeug« mit einem freundlichen »Na dann ...« – Achselzucken bewilligt. Ich kenne mich ja, in meinem Enthusiasmus würde ich glatt das halbe Praxisinventar in meinem Rucksack anschleppen – wenn es denn etwas bringen würde – aber viel hilft nicht unbedingt mehr und so beschränkte ich mich auf meine wertvollsten Werkzeuge: meine Hände, meine Stimme und nur ganz wenige ausgesuchte Hilfsmittel. Ich konzentrierte mich auf leises Sprechen, fröhliches Lachen, die seit ewigen Zeiten vertrauten Liebkosungen ins Ohr flüsternd und den die Atmung unterstützenden und regulierenden Text. »Die Atmung wird ruhig, tief und gleichmäßig. Mit jedem Atemzug pulsiert das Leben. Du wirst über Mund und Nase atmen.« Da Jochen seit der Beatmungsmaschine eine heftige Bronchitis entwickelte, ist es für ihn sehr mühsam, den zähen eitrigen Schleim heraus zu bringen. Er drohte jedes Mal fast zu ersticken und musste öfter mit einem langen dünnen Schlauch durch das Luftröhren Stoma abgesaugt werden. Das war eine wirklich sehr schlimme Prozedur für ihn, die immer nahe an Erstickungsanfälle heran ging und so motiviere ich ihn in der Zeit meiner Anwesenheit dazu, dass er versuchte den Schleim mit tieferem Einatmen und Husten selber durch die Luftröhrenöffnung im Hals heraus zu bringen. Mittlerweile schaffte er es auch immer öfter, aber dann blieb der zähe Schmodder oft in der Sauerstoffmaske hängen und er lief Gefahr, das gerade mühsam heraus beförderte Zeug wieder einzuatmen. Also lüftete ich die Maske, säubere die Atemöffnung und entferne den Schleim so gut es ging und konnte ihm dadurch so manche Absaugung ersparen. Beim nächsten Besuch brachte ich einen kleineren Igelball und einen Sisalhandschuh mit. Während er schlief bekam er in jede Hand einen Igelball, den ich alle paar Minuten tauschte. Dabei streichelte ich ihn wieder parallel, nur hatte ich diesmal an einer Hand den Sisalhandschuh an. Die Reflexe der Arme und Beine wurden dabei auf beiden Körperseiten stärker und ich streichelte ihn nach einer Weile nur noch ganz sanft mit den bloßen Händen vom Kopf bis zu den Füßen. Das tat ihm sichtlich sehr gut und er bekam dabei einen so wunderbar zufriedenen und glücklichen Gesichtsausdruck der reines Wohlempfinden und seliges Entspannen ausstrahlte, dass es eine richtige Freude und ein innerliches Jubilieren war. Na, da bleiben wir doch dran und wann immer ich das Gefühl habe, dass es für ihn heute passt, gibt es wieder eine große Streichelrunde.

Als ich abends nach Hause kam und mein Badezimmer betrat, musste ich gleich zweimal hinschauen. Die von uns vor ein paar Jahren eingezogene Holzdecke hatte sich kräftig gesenkt und klaffte mir mit einer großen Öffnung entgegen. Mein erster Gedanke war »Oh NEIN, bitte das nicht auch noch! Das pack ich nicht mehr.« Ich entschied mich die Augen erst mal ganz feste zu zumachen, die Decke mannhaft zu ignorieren und dieses Problem nicht in mein Innerstes hinein zu lassen. Bleibt sie noch hängen, ist es gut und wenn sie von selber runter kommt, kann ich auch nichts dran ändern. Erst am nächsten Abend setzte ich mich auf den Badewannenrand, betrachtete interessiert die Art der Absenkung und suchte nach einer sehr einfach zu bewerkstelligenden Notlösung. Die Wände im Bad waren ziemlich hoch gefliest und der obere Rand bestand aus einer verdickten Fliesen Bordüre. Das Gesamtbild nahm ich in meinem Kopf auf, prägte es mir gut ein und ging schlafen. Am nächsten Morgen fand ich die Notlösung. Über dem breiten Spiegel im spanischen Stil befand sich eine ausreichend breite Lichtleiste und da stellte ich einen leeren Büroordner drauf. Der hielt die Absenkung fürs erste auf jeden Fall noch etwas auf. Wie sagte mein Papa immer: »Du darfst ruhig dumm sein, Du musst Dir nur zu helfen wissen.« Passt doch.

9. Juli 2014 – Alles Liebe zum Geburtstag

Heute ist Jochens 59ster Geburtstag!

Gestern erkannte ich bei Jochens rechtem Zeigefinger und Daumen wiederholt winzige Reflexe. Die Ärzte verhalten sich noch sehr vorsichtig und zurückhaltend, aber mich freut es.

In den letzten fünf Tagen bekam ich bei Jochen von völliger Abwesenheit, abwechselndem Schlaf- und Wachkoma mit starrem Blick an die Decke, bis hin zum wieder deutlich vermehrten Nystagmus (unkontrollierbare Bewegungen eines oder beider Augen) alles mit. Er erhält natürlich unterstützende Medikamente, die das Gehirn zu reparieren helfen und man merkt ihm auch an, wie sehr es in ihm arbeitet und unermüdlich versucht, neue Bahnen und Schaltkreise zu bilden.

Früh um 8.30, für meine Verhältnisse hatte ich sehr lange geschlafen und war erst wenige Minuten oben im Wohnraum, da stand schon unsere Nachbarin Candi vor dem Tor. Das letzte Mal sprachen wir uns am 3. Juli und das war ihr eindeutig zu lang, ihr Mann Antonio feierte heute auch seinen 59sten Geburtstag und die ganze Familie wollten unbedingt alle wissen, wie es Jochen ging. Ich öffnete das Tor, sie wollte mich nicht stören oder mit zum Haus kommen und so sprachen wir am Tor miteinander, bis sie auf einmal mitten im Satz verblüfft stutzte und mit großen Augen ungläubig an mir vorbei sah. Ich drehte mich um, der Anblick war wirklich herrlich, wir waren in einem Meter Abstand im Halbkreis von fünf Küken, der Henne Mama Gaack, einer ledigen Henne und vier Hähnen umringt, die uns alle höchst erwartungsvoll anschauten. Durch Candis Besuch war ich noch nicht dazu gekommen, den Hunden ihr Frühstücks Leckerli und den wilden Hühnern ihr Brot (ein altes Baguette vom Bäcker) zu geben und da folgte mir die ganze Schar Federvieh einfach kurzerhand zum Tor. Man kann ja schließlich nie wissen, ob es heute vielleicht dort vorne Frühstück gibt und sicherheitshalber bringt man sich dann besser im Kollektiv in Erinnerung. Okay, es wirkte, Candi und ich gingen zum Haus und während wir weiter sprachen bekamen die Hunde und die Hühner was sie wollten und was sie schließlich auch jeden Tag so gewohnt waren. Nachmittags versuchten die Hühner, den Hunden immer etwas von ihrem gekochten Futter zu stibitzen, was die sich aber natürlich auch nicht so ohne weiteres gefallen ließen und da konnte es dann schon mal passieren, dass ein Gockel gejagt wurde, wenn er nicht warten wollte, bis die Hunde mit Fressen fertig waren. Hennen und Küken ließen die Hunde in Ruhe, vielleicht stehen die bei ihnen ja auch unter einer Art Welpen- (Küken-) Schutz.

Jedenfalls fuhren Nele und ich seit über einer Woche das erste mal wieder zusammen zu Jochen. Sie war in der Zwischenzeit körperlich einfach nicht mehr in der Lage gewesen mitzukommen. Mit ihren demolierten Knochen fiel ihr die lange Autofahrt sehr schwer, aber an Jochens Geburtstag wollte sie natürlich unbedingt mit. Keine Frage, schließlich feiern wir unsere Geburtstage eh immer zu dritt und warum sollte das jetzt anders sein? Wir betraten sein Zimmer, und das erste was wir sahen war, dass kein Bett drin stand. Auf meine Nachfrage »Wo ist denn mein Mann?«, kam die Antwort »Zur Blutuntersuchung«. Was für eine Blutuntersuchung wussten sie nicht, dass erzählt uns wahrscheinlich irgendwann der Arzt, wenn er die Resultate hat. Vielleicht lagen ja dann auch die Ergebnisse der letzten Magnetresonanz vor, die Bilder mussten sich die Chirurgen und die Radiologen erst anschauen. Da warteten wir natürlich gerne, schließlich machten wir bisher nur die allerbesten Erfahrungen mit der Klinik und dem gesamten Personal. Inzwischen kamen zwei Reinigungskräfte, um das Fenster und die Balkontüre zu putzen, die beiden Damen amüsierten sich königlich über den letzten der drei mitgebrachten Bälle. Eine kleine durchbrochene Plastikkugel in der Größe eines Pingpong-Balles mit einem kleinen Glöckchen drin und – ja richtig – normalerweise war es ein Katzenspielzeug.

Wenn es halt einen positiven Effekt zu erzeugen, passte das auch. Wir lachten herzlich mit und stellten fest, dass da wohl ein ziemlich großer Löwe im Bett lag. Als Jochen von zwei Pflegern zurück ins Zimmer gebracht wurde, hatte er heute das erste Mal seit dem 2. Juni beide Augen ganz geöffnet. Und das Tolle daran war, dass beide Augen einen etwas wacheren Ausdruck hatten, also heute war kein Wachkoma und keinerlei sonstige Abwesenheit in seinen Augen zu sehen. Nein, er freute sich einfach nur über unseren Besuch, und ein breites Schmunzeln zog sich über seine linke Gesichtshälfte. Wir gratulierten ihm zum Geburtstag und die anwesenden Krankenschwestern gratulierten ihm mit einem fröhlich gesungenen »Felicidades« gleich mit und freuten sich wie toll er auf uns reagiert. Von »der Familie, von Freunden, von vielen Menschen, die an ihn denken« richteten wir liebe Grüße an ihn aus, aber wenn wir Namen nannten, kam nur ein Stirnrunzeln (»kenne ich nicht«) und das verwirrte ihn dann nur noch mehr, also beließen wir es bei allgemeinen Grüßen. Nele hatte ihm einen aufklappbaren Bilderrahmen mitgebracht, auf der einen Seite war ein Foto von ihm, auf der anderen Seite eins von mir, er schaute das Bild lange und intensiv an, schien es zu erkennen und nickte langsam. Am Anfang konnte er nur mit Mühe und Not den Namen Nele mit ihrer Person in Verbindung bringen, die Bezeichnung »Schwester« oder ich selber als »Deine Frau« oder »Deine Ehefrau« ging gar nicht, mein Kosename schon. Hundenamen gingen etwas eher als Katzennamen, aber sie verflüchtigten sich auch sehr schnell wieder. Mein Gesicht, meine Stimme und meine Hände riefen wohl die stärkste Erinnerung in ihm hervor. Nach einer Viertelstunde schlief Jochen zufrieden und beruhigt sanft ein, während wir uns leise weiter unterhielten. Nele hatte diesmal einen Text über »Die guten Vorsätze einer Katze für`s nächste Jahr« mitgebracht und leise vorgelesen, herrlich, man sieht manche Fellnasen mit ihren teils typischen und teils sehr untypischen Eigenarten äußerst lebendig vor sich. Einfach schön, mehr davon!

Während zwei Pflegerinnen ihn wuschen und neu betteten warteten wir draußen. So richtig verstehe ich das nicht, dass man draußen warten muss. Klar, um seine Würde zu schützen sagt man. Aber mein Mann ist schwer krank und das sollte für mich als seine ihn liebende Ehefrau nun wirklich kein Problem sein damit umzugehen. Möchte man lieber, dass Angehörige später einen Schock bekommen wenn sie ihren Partner dann zurück bekommen? Das ist in meinen Augen keine sehr sinnvolle Anordnung. Jedenfalls war Jochen anschließend noch auf sanften Schlummer Modus eingestellt und so nahm ich mir das Buch »Die Katze des Dalai Lama« vor und las die nächsten Seiten mit lebendiger Stimmbetonung vor. Das heißt, ich lese nicht nur das Buch vor und »leiere« sozusagen den Text in einem Tonfall herunter. Bei einer Frage wird meine Stimme zu einer Frage, wo gelacht wird, da lacht auch meine Stimme fröhlich und bei allen anderen verschiedenen Variationen die unsere Stimme und die wunderbare Sprache hergibt, ebenso. Dadurch kann ich beim Vorlesen über das Spiel mit der Stimme ein ganz anderes Bild in seinem Kopf erzeugen als wenn er nur eine monotone Stimme hört. Nach einer Weile wurde er wieder wach und haute uns regelrecht aus den Socken. Die drei verschiedenen Bälle lagen neben ihm auf dem Bett, zuerst spielte er mit dem großen, dann mit dem mittleren Igelball und legte beide wieder hin. Danach griff er sich gezielt erst den kleinsten, dann den mittleren und zum Schluss den großen Ball, alle mit einer Hand, hielt sie zusammen hoch und zeigte sie uns, bevor er sie wieder neben sich ablegte. Was er da soeben in seinem Gehirn ohne zu sehen vollbracht hatte, schaffen noch längst nicht alle in seinem Zustand. Hut ab mein Schatz und ein Riesen Kompliment an Dich, Du bist einfach unglaublich toll! DANKE mein Liebling, Du hast uns damit neben dem Du uns erkannt hast, das schönste und größte Geschenk bereitet!!! Als Nele und ich uns nach vier Stunden wieder auf den Heimweg begeben wollten, mochte er uns gar nicht gehen lassen und verblüffte er uns ein weiteres Mal. Jochen hob mittlerweile schon öfter mal den Kopf und spitzte die Lippen, um mir einen Kuss zu geben, aber diesmal griff er mit seiner linken Hand nach Neles Hand und führte sie gezielt an seine Lippen um ihr einen Handkuss zu geben, so wie er es bei ihr früher als kleiner Junge immer machte. Er unterscheidet also auch hier. Mich küsste er wieder auf den Mund und streichelte mir mehrmals zärtlich die rechte Wange. Wir blieben natürlich noch eine Stunde länger, bis Nele nicht mehr konnte und Jochen auch wieder seine Ruhe brauchte. Ich sagte ihm, dass er nicht an der Magensonde und auch nicht an der Sauerstoffmaske ziehen darf, weil beides noch dran bleiben muss, bis er wieder normal atmen kann. Wenn er über Mund und Nase atmen kann, lernt er auch wieder Schlucken und Kauen und dann kommen die blöden Schläuche endlich weg. Er nickte und signalisierte, dass er es für den Moment verstanden hatte. Gott ich liebe diesen Mann so unendlich, er kämpft so stark um wieder zurück zu kommen.

Am nächsten Tag beschloss ich früher zu fahren, es nieselte schon die ganze Nacht und so nutzte ich die Gelegenheit, da ich draußen eh nix weiter arbeiten konnte. Heute erkannte Jochen mich nicht gleich und ich fragte dummerweise eine mir schon gestern recht unglücklich erscheinende Schwester, ob sie bitte seine linke Hand aus der Bandage befreien könne. Sichtlich missmutig machte sie sich auf die Suche nach dem passenden Magneten um den Verschluss zu lösen. Als sie die Bandage vom Bettgestell befreit hatte, wollte sie schon gehen und meine weitere Bitte, auch die Manschette vom Handgelenk abzunehmen um die freiere Blutzirkulation zu gewährleisten, quittierte sie mit einem zwei-Finger-Griff unter die Manschette und meinte lakonisch »Da ist genug Zirkulation«. Ich ließ aber nicht locker und auf meine erneute Bitte, die Manschette doch abzunehmen hielt sie mir glatt einen Vortrag, dass das dann für die Schwestern nachher die doppelte Arbeit wäre ihn wieder zu sichern, damit er sich keine Schläuche rausreißen würde. Freundlich lächelnd antwortete ich ihr, dass ich nun seit fünfeinhalb Wochen jeden Tag komme und mein Mann jeden Tag freundlichst und gerne und jederzeit von jeder gefragten Person befreit wurde Niemals, aber auch wirklich niemals hätte jemand daran auch nur ansatzweise etwas auszusetzen gehabt und selbstverständlich sage ich auch wieder Bescheid, bevor ich gehe. Es gibt einen schönen Spruch, der da heißt:»Sei freundlich zu unfreundlichen Menschen, sie brauchen es am meisten.«

Sie löste die Handgelenkmanschette marschierte missmutig vor sich hin brummelnd davon, während ich mich aufs Schmunzeln verlegte und dachte »Danke für Deine Hilfe, aber Dich muss ich zukünftig nicht mehr belästigen, es gibt auch andere, denen es nicht mehr Mühe – geschweige denn doppelte Arbeit – macht und die sich sogar darüber freuen, wenn ein Patient von seinen engsten Angehörigen liebevoll betreut wird. Sie verstehen auch, dass ich meinem Mann wenigstens in meiner Anwesenheit etwas mehr Freiraum und Aktivierung geben möchte.« Der 2-Finger Griff unter die Manschette erinnerte mich unwillkürlich daran, wie man bei einem Hund mit vier Fingern die Halsband Weite einstellt.

Sobald Jochen die Hand frei hat, benutzt er nach wie vor gerne die Igelbälle abwechselnd oder auch zusammen und als ich mich wieder auf den Heimweg machen musste, schaute ich aus dem Zimmer und just in der Kaffeeküche gegenüber standen gerade drei Pflegerinnen. Meine erste Frage war diesmal, ob es vielleicht eine Art Verlängerung für die Handmanschette geben würde, weil er doch von selber aktiv sein wollte. Darauf traten alle drei Schwestern neugierig geworden an sein Bett und sahen ihm erfreut zu, wie er mit der linken Hand gezielt den roten Igelball ablegte, den gelben ergriff und tastend zwischen den Fingern drehte, bevor er auch diesen wieder ablegte und den kleinen Katzenspielball in die Finger nahm.

Die älteste Krankenschwester verstand sofort, worum es mir ging und lief lächelnd los, kurze Zeit später kam sie mit einer Verlängerung für die Bandage zurück. Jetzt hat er viel mehr Spielraum für seine Hand und kommt trotzdem nicht an die für ihn noch notwendigen Schläuche ran. Ich bin richtig froh und sehr dankbar dafür. Seine rechte Seite ist nach wie vor komplett gelähmt, er hat noch immer etliche Schläuche an und in sich hängen und dann noch mit seiner einzigen mobilen Hand mit kaum möglicher Bewegung gefesselt zu sein, tut mir in der Seele unendlich weh. Ich las ihm wieder aus dem wunderbaren Buch »Die Katze des Dalai Lama« vor und ich bin sowieso der festen Überzeugung, dass er nicht nur dem Klang meiner Stimme lauscht, sondern ab und an den Sinn eines Textes verstehen möchte. Nach dem Absatz:

»Wenn es um unsere Probleme geht, stehen wir alle vor dieser Entscheidung. Wir haben nicht um diese Probleme gebeten. Wir wollen sie nicht. Aber ausschlaggebend ist allein, wie wir damit umgehen. Mit Weisheit können die größten Schwierigkeiten zu den größten Einsichten führen.«

weinte er und man konnte den Schmerz über das was mit ihm passiert war, deutlich in seinen Augen sehen, bevor er die Augen schloss und den Kopf von mir weg drehte. Da nahm ich sein Gesicht liebevoll und zärtlich in meine beiden Hände und sagte leise: »Schatz, schau mich bitte an.«

Er öffnete die Augen und schaute mich direkt an.

»Ich liebe Dich. Ich liebe Dich unendlich und ich liebe Dich für immer und EWIG. Hast Du mich verstanden?«

Er nickte.

»Liebst Du mich und freust Du Dich mich zu sehen?«

Er nickte wieder.

»Du wirst wieder gesund, das verspreche ich Dir! Gemeinsam schaffen wir alles! Ich bin immer bei Dir. Hast Du mich verstanden?«

Er nickte langsam und bedächtig, während er mir weiter nur jetzt mit viel weicherem Blick und ohne Tränen in die Augen sah.

13. Juli 2014 – Hochzeitstag

Heute vor 24 Jahren gaben wir uns im Standesamt in Heiligenberg am Bodensee das JA-Wort. Genauer gesagt war es am Freitag, dem 13. Juli 1990. Und wenn ich so schmunzelnd zurück blicke, waren unsere Hochzeit und das ganze Drumherum genauso lebendig, bunt und turbulent wie unser gemeinsames Leben.

Jochen wurde am 9. Juli 1955 in Kronach (Oberfranken) geboren. Sein Vater, der bei der Grenzpolizei war, bekam als Jochen 14 Jahre alt war, einen neuen Dienstposten in Lindau angeboten. Dort machte mein Schatz sein Abitur, betrieb viele Sportarten sehr aktiv und absolvierte in Lindau und Kempten seinen Wehrdienst. In München studierte er Naturwissenschaften und da schloss er auch anschließend seine Heilpraktikerausbildung ab. Die nächsten Jahre volontierte er in verschiedenen Praxen mit unterschiedlicher Spezialisierung in Deutschland bevor er das Angebot bekam, die Neurodermitispraxis von H.-D. Schwedler in Hamburg zu übernehmen.

In den folgenden Jahren hielt er Hunderte von Vorträgen über die Ursachen der Neurodermitis, ihre Zusammenhänge mit Nahrung, Umweltfaktoren, Epigenetik, Genetik und der natürlichen Behandlung bei Neurodermitis und er war weit über Deutschlands Grenzen hinaus bekannt. Die Stadt Hamburg fand er zwar wunderschön, aber das Wetter war auf die Dauer nicht so sehr sein Ding und so zog es ihn 1989 wieder zurück an den Bodensee.

1960 kam ich in Düsseldorf zur Welt, nach einer frisch beendeten Partnerschaft fand ich eine neue Wohnung und renovierte sie für den Erstbezug. Sechs Wochen später zog ich dort ein und fuhr anschließend zur Erholung an den Bodensee. Dort lief ich am 21. April 1990 dem Mann meiner Träume und meines Lebens sozusagen in die Arme. (Ehrlich, das ist kein Quatsch) Bereits Monate zuvor hatte ich immer wieder von ihm geträumt, wunderschöne strahlend blaue Augen wie kristallklare Bergseen, mit einer ganz großen und tiefen Seele, dunkle Haare und ziemlich groß. Ich sah ihn und von der ersten Sekunde an war ich hin und weg. Liebesgott Amor hatte bei uns beiden wohl gerade keinen Liebespfeil mehr im Köcher, sondern nutzte kurzerhand einen massiven Laternenmast. Die nachhaltige Wirkung war seit jenem Tag für unser Leben, unsere Liebe und auch für unseren gemeinsamen Beruf unvorstellbar gut und einfach umwerfend schön. Als Jochen von Hamburg kam, hatte er ebenfalls gerade eine Trennung hinter sich und dann folgte ein halbes Jahr lang jeden Monat ein Todesfall nach dem anderen, von seinem Vater über einen Onkel, seine zwei besten Freunde und seine beiden Deutschen Doggen Abba und Indra, die er wie seine eigenen Kinder liebte. Eine Woche bevor wir uns trafen, fuhr er mit dem Auto durch die Gegend und schimpfte mit dem lieben Gott was das Zeug hielt: »Hey, Du da oben, ich sag Dir nur eines, Du kannst mit mir alles machen was Du willst, aber wenn Du mir nicht in den nächsten zwei Wochen ne vernünftige Frau fürs Leben schickst, werde ich ernsthaft böse mit Dir.« Eine Woche später tauchte ich wie bestellt auf: Straßenköterhaarfarbe (naturblondbunt) mit blauen Augen. Bei ihm schlug Amors Vorschlaghammer ebenfalls mit aller Wucht zu und nach einer Woche waren wir uns einig, für immer zusammen zu bleiben. Nach zwei Wochen Urlaub kündigte ich meine langjährige Arbeitsstelle und meine neue Wohnung, nach drei Wochen Urlaub fuhr ich nach Düsseldorf zurück, um innerhalb einer Woche alles aufzulösen. In meiner Firma war man über meinen Weggang nicht besonders glücklich und ehrlich gesagt verstanden es vermutlich auch nur sehr wenige, dass ich mich so dermaßen Hals über Kopf verliebt hatte und mein voriges Leben von jetzt auf gleich komplett aufgab, aber ich konnte und wollte einfach nicht anders. Wenn die Liebe einen so voll erwischt, dann geht man doch besser mit offenem Herzen darauf zu als nix zu riskieren. Eine Woche später kam Jochen vom Bodensee hochgefahren und holte mich mit Sack und Pack und meiner Papageiendame »Bonita Bonifatius Ratzeputz« ab. Knapp drei Monate brauchten wir vom ersten Sehen bis zur Hochzeit. Inklusive Umzug, Ummeldung und allem was sonst noch dazugehört. Zwei Tage vor der Hochzeit starb noch mein Trauzeuge (ein Kollege von uns) und ich fragte einen Bekannten aus Düsseldorf, ob er einen Ausweis dabei hätte und ob er mein Trauzeuge sein wollte. Er wollte. Am Abend vor der Trauung gab›s einen zünftigen gemeinsamen bayerischen Junggesellenausstand, bei dem ich auch Leberkäs aß, aber der vertrug sich in der Aufregung vor dem kommenden Tag so gar nicht mit meinem Mineralwasser. Eigentlich wollte ich ja niemals heiraten, an Angeboten mangelte es mir nie, nur irgendwie war ich immer der festen Überzeugung, dass ein Trauschein nichts anderes als einen »Freibrief für schlechtes Benehmen« darstellte, aber bei Jochen konnte ich nicht anders als »JA!!!« sagen. Auf der Fahrt zum Standesamt hatten der Leberkäs und das Mineralwasser vom Vorabend einen heftigen Disput in meinem Magen, mir war speiübel und dabei saßen wir beide im Fond des niegelnagelneuen Autos von Jochens Schwester und ihrem Mann. Ein paar Kilometer ging es noch einigermaßen, aber dann war es doch zuviel und weil ich das Auto nicht voll spucken wollte, presste ich Mund und Nase ganz fest mit der Hand zu, bis wir endlich am Straßenrand standen. Dabei presste ich mir durch den Überdruck dummerweise die Trommelfelle nach außen. Jochen blieb am Vortag mit dem Fuß an einer Leiter hängen, hatte sich den Knöchel verstaucht und außerdem war er auch noch heiser und ich sah durch die heftigen Ohrenschmerzen auch nicht gerade wie eine überaus strahlende und dem feierlichen Anlass entsprechend zurecht gemachte Braut aus. Wir müssen im Standesamt wirklich ein atemberaubend tolles Bild abgegeben haben: Mein Schatz krächzte ein heiseres »Ja, ich will!«, ich selber konnte kaum noch etwas hören, bestätigte und unterschrieb aber auf Verdacht hin alles, weil die Ohrenschmerzen meinen Magen wieder erneut zur Rebellion brachten und ich dringend an die frische Luft musste um meinen noch verbliebenen restlichen Mageninhalt nicht den gepflegten Amtsräumen auszuliefern. Die Standesbeamtin wünschte uns viel Glück, schaute uns beide ein wenig mitfühlend an und drückte mir noch das kleine Blumensträußchen von ihrem Schreibtisch in die Hand, eine wirklich ganz liebe Geste. Unsere Eheringe wurden erst 10 Tage später fertig. Ach ja, feiern taten wir auf dem Ausflugsdampfer »Mainau«, auf dem wir nach einer kleinen Bodenseerundfahrt einen traumhaften Sommerabend im wunderschön beleuchteten Lindauer Hafen erlebten. Die Musiker auf der Hafenpromenade spielten sich mit dem Musiker auf unserem Boot die Stücke zu, ein Segelboot kam langsam mit vollen Segeln in den Hafen gefahren, drehte eine kleine Runde und glitt mit majestätischer Eleganz wieder sanft hinaus. Auch ein großes Floß mit Besatzung und Ausflugsgruppe schaute auf eine Runde vorbei und verließ den Hafen wieder. Die Braut hielt sich gerade noch tapfer mit Pfefferminztee aufrecht. Da kam ein befreundeter Arzt auf die glorreiche Idee, dass ich meine Handflächen nass machen und auf meine Ohren pressen sollte, um durch den Gegendruck die Trommelfelle in ihre eigentliche Richtung zu bewegen. Das probierte ich natürlich sofort aus und »Heureka«, der Braut ging es ab der Sekunde wieder ganz fantastisch und mein überglücklicher Schatz tanzte mich vor Freude fast noch ins Buffet. Das war wirklich eine richtig schön verrückte Hochzeit ganz nach unserem Geschmack und nicht die Bohne langweilig!

Heute, an unserem 24ten Hochzeitstag, nach ausgesprochen glücklichen, zufriedenen, interessanten, kreativen und stets von tiefer Liebe geprägten Jahren, sitze ich mit einer wunderbar duftenden Rose aus unserem Garten in der Hand an seinem Bett und gratuliere Jochen überglücklich strahlend zu unserem 24ten Hochzeitstag. Strahlend auch weil ich ihm Dank des schnellen Handelns und des Könnens der Ärzte, angefangen vom Notarzt über Chirurgen, Radiologen, weiblichen und männlichen Krankenschwestern und Pflegern gratulieren kann, denn er ist am Leben und er kommt mit jedem Tag ein kleines Stückchen mehr zurück.

Jochen nahm die Rose aus meiner Hand und roch intensiv daran, jetzt steht sie bei dem Foto von uns beiden auf seiner Fensterbank. Bei den physiotherapeutischen Übungen zog er heute sogar zweimal kurz den rechten Arm nach innen, immerhin, das ist ja seine gelähmte Seite. Das freute mich riesig.

Gestern früh kam Candi mit ihrem Bruder Manolo vorbei, sie wollten fragen, wie es bei uns mit den Pflaumen aussieht. Sechs große Pflaumenbäume stehen bei uns, fünf gelbe und einen köstlicher blauen. Sie nehmen die Pflaumen mit Kusshand und sie pflücken die Früchte ohnehin selber, aber die brauchen schätzungsweise noch zwei Wochen, bis sie richtig reif sind. Drei der Bäume hängen übervoll und sind eine wahre Pracht. So ganz nebenbei reparierte mir ihr Bruder Manolo die Pumpe von unserem Wassertank.

Am Abend kaufte ich für Jochen einen tragbaren CD-Player und probierte ihn zu Hause aus. Leider schaltete der sich nach ein paar Sekunden aus, und dass bei sämtlichen CDs die ich für ihn aussuchte. Ich werde ihn am Montag erst umtauschen, bevor ich ihn besuchen fahre.

15. Juli 2014 – Der Todestag

Heute früh um 4.00 Uhr ist mein über alles geliebter Mann, mein bester Freund und Gefährte nach relativ kurzer, sehr schwerer Krankheit plötzlich und unerwartet für immer von uns gegangen.
Herz und Lunge verloren den Kampf um sein Leben.
Nele teilte mir die Nachricht am Telefon mit.
Ich fing noch während des Telefonats an zu schreien.
Ich weiß nicht, wie es ohne ihn weitergehen soll.
Die Welt steht still.
Die Hunde bellen, ich sehe sie, aber ich höre sie nicht,
Ein Auto kommt die Straße rauf, ich sehe es, aber ich höre es nicht.
Vermutlich singen auch Vögel, aber ich kann sie nicht hören.
Ich kann auf einmal gar nichts mehr hören.
Die Zeit ist stehengeblieben und das Leben hält den Atem an.
Was ist das? Das ist nicht mehr mein Leben, ich bin auf einen Schlag aus meiner Welt in ein vollkommen fremdes Leben hinein katapultiert worden.
Warum?
Und was tue ich hier?
Das ist doch alles ein ganz böser Traum.
Ich will hier nicht sein.
Ich will zu meinem Mann.
Mir brach gerade mein ganzes Leben, meine Seele und mein Universum einfach und ohne jede Vorwarnung weg.
Ich bin zu Tode geschockt und erstarrt.
Ich kann nicht atmen, bekomme keine Luft mehr und muss doch schreien.
Schreien, einfach nur meinen unfassbar großen Schmerz in die Welt hinaus schreien, und wieder und wieder schreien. Ich kann nicht aufhören zu schreien.
Selbst meine Schreie dringen kaum noch an mein Ohr.

Das kann doch alles gar nicht wahr sein und ich habe nur einen ganz schlechten Alptraum.

Ich will sofort zu Jochen und bin der festen Überzeugung, dass er lebt und mich an schmunzelt, wenn ich zu ihm komme. Ich darf nicht so verheult an seinem Bett erscheinen, er soll mich doch fröhlich sehen.

Ich will sofort zu meinem Mann!

Ich durfte die glücklichsten 24 Jahre meines Lebens mit ihm verbringen und werde ihm immer dankbar sein, dass ich seine über alles geliebte Frau sein durfte.

Er war und ist meine Seele, meine Freude und meine Inspiration.

Sein Lächeln, sein wunderbares Schmunzeln, sein tiefgründiger Humor, seine immerwährende Liebe und seine zärtlichen Berührungen werden mir unendlich fehlen.

Mein Kopf und mein Herz weigerten sich strikt zu glauben, was sie gehört hatten und meine Gedanken flüchten in die Sicherheit der Vergangenheit die sie kannten, um sich vor der unerträglichen Gegenwart und Außenwelt abzuschotten.

Seine Freude und seine Lebenslust werden mir fehlen.

Wir teilten die gleichen Interessen.

Seit dem Autounfall hatte er ständig Probleme mit Kopfschmerzen und Schwindel. Ich löste die Praxis auf und brachte die medizinische Einrichtung in unser Haus.

Viel später, als er sich wieder in den Garten traute, stürzte er über einen Stein, als er ein Huhn von einem Gemüsehochbeet verscheuchen wollte. Das setzte ihm erst übel zu, aber durch den Sturz renkte sich sein beim Unfall böse ausgerenkter Halswirbel wieder ein. In den Jahren darauf ließ er sich von mir mehrmals täglich mit Shiatsu das Genick behandeln, das war die einzige therapeutische Hilfe, die er gerne annahm. Einmal rannte Rüde Tango Jochen spielerisch hinterher und trat dabei hinten auf seine Schlappen. Durch die abrupte Bremsung stürzte er über eine kleine Mauer und prallte mit dem Kopf gegen einen großen

Stein, das machte es nicht besser. Bis zum Schluss widmete er sein ganzes Leben dem Wohl anderer Menschen und er behandelte sehr viele Leute umsonst oder zu einem sehr geringen Preis. Viele, die diese Zeilen lesen, können das uneingeschränkt bestätigen.

Mir half er nach meinem Leitersturz mit Homöopathie und Neuraltherapie, so dass ich heute trotz diverser Brüche in Fuß, Knöchel und Bein ohne jede Operation oder Gips wieder problemlos und völlig schmerzfrei laufen kann. Als ich mit der Hand in einen großen Kaktus fiel, und mein Kreislauf heftig zu spinnen anfing, wurde ich bis zur Übelkeit extrem geräuschempfindlich. Jochen suchte das für mich passende homöopathische Medikament heraus und alles regulierte sich wieder. Nach unserem Autounfall und der Aufgabe unserer Praxis hatten wir nur noch sehr wenig Einkommen, aber das störte uns beide nie, dann minimierten wir eben unsere Ausgaben und stellten alles um. Das wichtigste für uns war immer nur, dass wir beide zusammen waren. Die Lebensversicherung mussten wir kündigen und auch unsere Krankenkasse auf reine Hospital Versorgung umstellen. Schließlich gingen wir sowieso nie zum Arzt. Unsere Tiere wurden von uns nach wie vor sehr gut und sehr liebevoll versorgt, das waren ja schließlich auch unsere Freunde.

Unser Dinkelbrot mit Gofio und Samen backte ich selber und es war für uns schon ein besonderer Luxus hier ein solch leckeres Brot zu bekommen. Oftmals verschenkten wir ein frisch gebackenes Brot an unsere Nachbarn und andere Bekannte und jeder freute sich riesig darüber, schließlich kannte man hier nur das gewöhnliche Weißbrot. Dafür bekamen wir von unseren Feldnachbarn Kartoffeln geschenkt. Die Hühner spendierten uns ihre köstlichen Eier (töten konnten wir niemals eines), Gemüse und verschiedene Kräuter bauten wir selber an und Obstbäume gibt es bei uns auch genug. Wir kochten abwechselnd Jeder das, was er am besten konnte, Fleisch gab es ohnehin nur selten, dann halt noch weniger und mein Schatz hatte niemals etwas daran auszusetzen, sondern sich an allem uneingeschränkt gefreut. Da mein Liebster körperlich außer Gefecht war, versuchte ich mich in vielen Sachen, um mit Kreativität ein wenig Geld in die Haushaltskasse zu spülen. Ich kochte Marmeladen (Tomarillo und Bitterorange), malte und beklebte mit getrockneten Blumen, Konfetti oder kleinen Pelzrestchen Grußkarten und verkaufte sie an Gärtnereien und Blumenläden für zwei €uro das Stück. In der Pralinenherstellung versuchte ich mich ebenso, sie schmeckten köstlich, waren aber für den Verkauf nicht lange genug haltbar. Also schaute ich mich auf unserem Land um, was auf Dauer in ausreichender Menge vorhanden war, was viele Menschen mögen, was länger zu lagern war und da fiel mir unter anderem die bei uns in mehreren Sorten wachsende Aloe Vera auf. Nach vielen Versuchen lernte ich eine ganz fantastische Seife aus ca. 75 % Olivenöl und ca. 25 % frischer Aloe Vera Pflanze herzustellen. Meine ersten Versuche in der Seifenherstellung machte ich mit dem Opuntien Kaktus (dessen junge Blätter gebraten, gekocht oder gegrillt einfach köstlich schmecken, wenn man es denn mal geschafft hat, die Stacheln zu entfernen) und für die Seife probierte ich es auch mit Agavenblättern. Jochen liebte meine Seifen sehr und war regelrecht begeistert davon. Sie wurden oft als kleines Dankeschön für eine Autoreparatur, beim Metzger für Schlachtabfälle für unsere Hunde, als kleines Weihnachtsgeschenk für die Supermarktangestellten oder bei der Post eingesetzt. Ich konnte auch wenige Seifen verkaufen und von dem Geld bestellte ich neue Formen und Düfte. Ich stellte Peeling-Seifen mit schwarzem Sand, gemahlenen Annattosamen, Kurkuma, Heilerde oder Tonerde her. Jochen erfand nach vielen Versuchen eine köstliche Rezeptur für einen unglaublich leckeren Bierlikör, der aus Schwarzbier gemacht wurde. So manche »kreative Geister« versuchten diesen herrlichen Bierlikör zu kopieren, aber da außer Jochen nur noch ich die Herstellungsweise und das Rezept kannten, kam natürlich niemand auch nur im Entferntesten an das Original heran, die Kopien wurden bestenfalls eine fürchterlich süße Bierplörre. Mit dem befreundeten Brauer einer deutschen Hausbrauerei hier in

Tacoronte wagten wir uns dann gemeinsam an Biersekt heran. Ursprünglich wollte der Brauer ein Biershampoorezept erstellen und fragte meinen Mann um Hilfe. Da ich früher auch selber Kosmetik her stellte, fragte ich, »Was wollt ihr denn mit Biershampoo, das gibt es doch schon, macht doch lieber einen feinen Biersekt«. Die beiden Männer schauten sich an und somit war es beschlossene Sache sich daran zu probieren.

Als es Jochen nach ein paar Jahren etwas besser ging, nahm er Kontakt mit verschiedenen Verlagen auf und traf beim Droemer-Knaur Verlag auf offene Ohren. Sie interessierten sich für das Buch »Gesunder Darm, gesundes Leben«. Vom ersten Buch Vorschuss ermunterte Jochen mich, mit den Seifen weiter zu machen und mir wunderschöne Einzel Seifenformen und auch Düfte zu bestellen. Weil das Darmbuch so ein großer Erfolg wurde, folgten die Bücher »Die heilsame Leber- und Gallenreinigung« und »Neurodermitis natürlich heilen« beim selben Verlag. Unsere Lektorin wechselte nach Bertelsmann Integral und wir gingen mit ihr. Dadurch kam das Buch »Der Darm IQ« zustande. Es war der Herzenswunsch von Jochen, ein Buch über die Intelligenz des Bauchhirns und seine enormen Fähigkeiten zu schreiben, weil wir Zeit unserer Praxistätigkeit immer genau damit gearbeitet und den Patienten zur Wiedererlangung ihrer Gesundheit geholfen haben. Ein Buch über das Herz sollte als nächstes folgen.

Vieles, so Vieles davon ging mir auf dem Weg zur Klinik pausenlos durch den Kopf. Neles liebe Bekannte Nieves fuhr uns, weil wir nicht mehr als fahrtüchtig zu bezeichnen waren. Der Leichensaal »Sala de Muerte« lag neben dem Hauptgebäude und ein wirklich netter junger Mann führte uns zu Jochen. Da lag er nun, bis auf den Kopf mit einem grünen Laken zugedeckt, wachsweiß, kalt und steif. In meiner Verzweiflung umarmte, küsste und weinte ich und schwor ihm meine ewige Liebe, immer und immer wieder. Aber es war nur noch die geliebte Hülle von ihm da, seine viel wichtigere Seele hatte den Körper bereits verlassen. Nach dem hiesigen Gesetz müssen Tote innerhalb von 24 Stunden einem Bestattungsinstitut übergeben werden. Ich vermute mal, dass es mit dem wärmeren Klima und der Vermeidung von Krankheiten zusammenhängt. Wir hatten uns noch nicht mal richtig von Jochen verabschiedet, da stand schon ein junger Mann im schwarzen Anzug mit einer Unterlagenmappe im Vorraum. Es war ein Bestattungsunternehmer aus Santa Cruz. Weiß der Teufel, wer den gerufen hatte, wir jedenfalls nicht. Sehr geschäftseifrig, mit gerade noch gebotener Zurückhaltung wollte er gleich den Auftrag für Jochens Bestattung haben und war ziemlich irritiert, als ich ihm erklärte, dass mein Mann nur die aller einfachste Feuerbestattung wünscht und wir ohnehin kein Geld haben. Dabei lag das Formular für den Bestattungsauftrag schon unterschriftsbereit auf seiner Unterlagenmappe und er zückte bereits diensteifrig einen Kugelschreiber. Auf meine direkte Frage nach dem günstigsten Preis druckste er herum:

»Das hängt von vielen Faktoren ab«.

»Aha, und von welchen Faktoren?«

»Na, aus welchem Holz der Sarg ist, ob und wann wir eine Zeremonie für die Familie machen sollen, wann möglicherweise Angehörige zur Bestattung kommen wollen und auch in welche Urne seine Asche kommt, wir hätten hier ein paar wirklich schöne Exemplare.«

»Der Sarg wird doch mit ihm verbrannt, oder irre ich mich da?«

»Ähem, ja.«

»Warum soll ich meinem Mann dann einen mehrere Tausend €uro teuren Sarg aus einem tropischen Edelholz kaufen, der mit ihm verbrannt wird, wenn er das nicht will und ich wie gesagt auch gar kein Geld habe? Also, was ist der günstigste Preis für eine reine Feuerbestattung ohne jegliche Zeremonie? Ich will nur die Urne mit seiner Asche haben.«

Irritiert durch meine sehr direkte Art druckste er wieder rum und fing an mit:

»Dafür sind sehr viele Papiere auszufüllen, und das dauert alles seine Zeit die Genehmigungen und alles zu regeln.«

»Kann ich verstehen, wir leben hier in Spanien und die hiesigen Behörden brauchen viele Papiere. Aber das ist ja schließlich Ihr Beruf, so wie ich den meinen habe. Also, was kostet die Einäscherung?«

Verdutzt geriet er jetzt endgültig aus seinem wohl üblichen Konzept:

»Die reine Einäscherung findet im staatlichen Krematorium statt und kostet 600 €uro, aber das darf nur ein Bestattungsunternehmer veranlassen.«

»Ist schon klar, und was wäre dann der Gesamtpreis?«

Er druckste wieder rum und wand sich regelrecht als er antwortete,

»3.000 €uro Minimum – aber mit allen Papieren und Certificados und was noch so dazu gehört. 600 müssen sofort bezahlt werden und der Rest in ein, zwei Tagen.«

»3.000 €uro? Die haben wir nicht.«

»Wir können Ihnen die Summe finanzieren oder Sie können ja auch ganz einfach einen Kredit bei der Bank aufnehmen.«

»Ich muss erst in unserer Versicherungspolice nachschauen, soweit ich mich erinnere, bezahlen sie die Bestattungskosten zu einem Teil.«

»Welche Versicherung ist das?«

Ich nannte sie ihm.

»Ich frage mal nach.«

Nele und ich schauten uns fassungslos ob solcher Dreistigkeit an und sie meinte leise zu mir:

»Ich finde das sehr teuer dafür, dass die reine Einäscherung gerade mal 600 €uro kostet. Bei meinem Mann war die Urne dabei, sie geben die Asche ja schließlich nicht in ein Weckglas, wenn er verbrannt ist. Wir sollten einmal den jungen Mann hier fragen, ob es auch andere Bestattungsinstitute gibt.«

Unterdessen ging ich auf die Krankenstation um seine Sachen

abzuholen, und mir begegneten einige Krankenschwestern, die ich den letzten Wochen immer sah. Sie mochten Jochen und uns, nahmen mich mit lieben Worten einfach in die Arme, worauf meine Tränen nicht mehr zu halten waren. Für einen Moment gaben sie meiner völlig verzweifelten und verwirrten Seele einen kleinen Raum, sich gehalten zu fühlen.

Unterdessen telefonierte Nieves mit einem ihr bekannten Bestattungsinstitut in Icod de los Vinos um dort nach dem Preis für die Feuerbestattung zu fragen.

Der Sargverkäufer ging vor die Tür um mit unserer Krankenversicherung zu telefonieren, kam zurück und meinte, die zahlen nur für den medizinischen Notfall und nichts für die Beerdigung. Ich hatte da aber etwas ganz anderes aus dem Vertrag im Kopf, und in der Zwischenzeit mit dem netten jungen Mann aus dem Leichensaal gesprochen. Nun wurde der Sargverkäufer richtig drängelig und wollte, dass ich mich schneller entscheide und mit so einer dummen Tour beißt bei mir jeder voll auf Granit. Ich ließ mir seine Telefonnummer geben und verabschiedete ihn gerade noch freundlich und beherrscht.

Mir war hundeelendschlecht. Ich wollte nur noch nach Hause und mich mit meinen Tieren auf der Finca in das tiefste Loch der Welt eingraben und dann einfach nur noch bewusstlos umfallen.

Der junge Mann vom Leichensaal sagte mir vorher, wenn ich den anderen loswerde ruft er sofort ein anderes Bestattungsinstitut an und das tat er dann auch gleich und da waren wir schon ganz normal bei 2.200 €uro für dieselbe Leistung und in dem Augenblick kam Nieves vom Telefonieren zurück und meinte 1.800 €uro kostet es in Icod de los Vinos. Die 600 für das Krematorium müssen wir verständlicherweise direkt bezahlen und den Rest können wir über ein Jahr lang monatlich abstottern.

Dankbar sagten wir natürlich zu. Dann erschien noch Nieves Tochter Sarah, ihre Mutter hatte sie angerufen und sie war extra gekommen, um uns finanziell auszuhelfen, falls es nötig gewesen wäre. Wir mussten ihre Hilfe aber nicht in Anspruch nehmen, sondern schafften es mit dem Geburtstagsgeld meiner Mutter für Jochen und mich, mit Neles Hilfe und sogar Nieves Unterstützung die 600 €uro zusammen zu bringen. Das Angebot von Sarah war wirklich ganz besonders lieb, zumal wir sie bisher noch gar nicht kannten. Wir waren alle völlig fix und fertig. Geistig, seelisch und körperlich. Mit Nele im Rollstuhl, gingen Nieves und ich zurück zum Parkhaus. Wie erschöpft auch unsere liebe Nieves war, sollten wir auf der Heimfahrt noch erleben.

Schon bei der Ankunft am Klinikum gab es eine ausgiebige Diskussion darüber, ihr klar zu machen, dass wir am besten gleich ins Parkhaus fahren, weil dort halt die einzige Möglichkeit zum Parken ist. Aber Nieves wusste es besser und fuhr stur in Richtung Leichenhalle (wo die war wusste sie ungefähr). Natürlich wurden wir angehalten und natürlich war diese Straße ausschließlich für den reinen Krankenhausbetrieb und selbstverständlich mussten wir wieder umkehren und in das Parkhaus fahren. Mein Kommentar: »Das hätten wir auch gleich haben können«, erschütterte sie nicht im Geringsten. Ich musste Nieves dann »nur« noch ein Stockwerk tiefer zu den Behinderten-Parkplätzen lotsen (ich hätte nie gedacht, dass man auch darüber diskutieren kann). Nele hatte ihren Behindertenausweis dabei, für sie sind diese Parkplätze viel einfacher zum Ein- und Aussteigen und zu erreichen. Wir waren darin ja leider schon seit ein paar Wochen geübt.

Eine Bemerkung noch zuvor, auf der Hinfahrt fuhr Nieves schon sehr »sportlich« (so nennt sie das) und das bedeutet Vollgas, Bremsen, Vollgas, Bremsen etc., das war also nix mit sanftem oder vorausschauendem Fahren. Mein Magen war in den letzten Wochen über die erlebten Stresslevel hinaus ohnehin nicht mehr sonderlich belastbar und rebellierte grummelnd vor sich hin. Ich bat sie noch, auf der Rückfahrt langsamer zu fahren, sonst müsste ich kotzen. Und dann ging es mit der Heimreise los und vor allem erneut mit den ausführlichen Diskussionen wie und wo lang. Auf der gesamten Parketage mit den Behindertenplätzen waren gerade mal drei Autos gestanden und die Ausfahrt war exakt gegenüber von unserem Parkplatz. Also ganz einfach, einmal zurücksetzen, fünfzehn Meter nach links fahren und man steht direkt am Ticketschalter mit der Schranke. Nieves wollte aber unbedingt nach rechts und 100 Meter ganz rundherum um die Parkplätze fahren, das wäre doch der richtige Weg, nur dass dort alle fünf m Genickbrecher Bodenschwellen eingebaut waren und Nele eh schon mit Halskrause im Auto saß. Also nicht wirklich unbedingt zu empfehlen. Ich sagte: »Nieves links.«

»Aber ich muss doch hier rechts lang.«

»Fahr bitte links, das geht in Ordnung.«

»Aber ….«

»Bitte fahr links und keine Diskussion, ich kenne den Weg.«

Sie setzte zurück und lenkte den Wagen nach links, aber anstatt nur die paar Meter geradeaus auf die gut sichtbare und ausgeschilderte Ausfahrt zu zuhalten, wollte sie jetzt rechts die Abfahrt, von der die Autos vom oberen Parkdeck runter kommen, hinauf fahren. Ich rief eindringlich »links, links, links,« um nicht in den Gegenverkehr vom darüber liegenden Stockwerk zu kommen und einen Unfall zu provozieren.

Irritiert setzte sie zurück und schaffte es dann doch tatsächlich, den Ticketschalter und die Schranke unfallfrei zu passieren. Genau auf der gegenüber von der Ausfahrt stehenden Mauer, also direkt vis a vis, hing ein einsames, rundes, leuchtend blaues Verkehrsschild mit einem dicken weißen Pfeil nach rechts. Entweder hielt sie es für eine ganz banale Reklametafel oder es war ihr schlicht zu offensichtlich, sie fragte mich »und jetzt nach links?«

»Nein Nieves, jetzt bitte nach rechts und unten an der Kurve erst wieder nach links.«

»Aber von der Straße links sind wir doch gekommen.«

Das Einbahnstraßenschild übersah sie wohl auch geflissentlich.

»Bitte fahr nach rechts und diskutiere nicht mit mir, ich habe keine Kraft mehr dafür. Ich kenne den Weg hier raus momentan besser als Du.«

Uff, sie fuhr endlich nach rechts, mir war hundeelend und zum

Kotzen schlecht. Nele biss auf ihrem Daumennagel rum und schwieg tapfer. Ich lotste Nieves um einen kleinen Kreisel nach links, geradeaus durch einen mittleren Kreisel und beim großen Kreisel wollte sie (warum auch immer) wieder nach links fahren, was bedeutet hätte, dass wir uns schon alleine von der Himmelsrichtung noch weiter von unserem Zuhause entfernt hätten, da mischte ich mich dann vom Rücksitz aus wieder ein. Was Straßen und Orientierung angeht, bin ich auch nicht gerade ein Ass, aber ich hatte in den ersten drei Besuchstagen zwangsläufig alle Möglichkeiten gründlich ausgelotet (es gibt keinerlei Beschilderung) und kannte mich insofern dahingehend aus, dass ich wusste, wie ich am schnellsten auf die Autobahn komme und wie nicht. Um meinen Worten Nachdruck zu verleihen, beugte ich mich nach vorne und zeigte mit dem Arm an ihr vorbei auf die Straße in die wir einbiegen mussten. Das schafften wir dann glücklicherweise auch. Jetzt brauchten wir nur noch geradeaus fahren, im nächsten Kreisel nach links abbiegen und dann noch zwei kleine Schlenker, einen nach rechts und direkt danach nach links und wir waren auf der Autobahn. Also ganz einfach, dachte ich und entspannte mich ein wenig – viel zu früh wie sich schnell herausstellte. Trotz erneuter Ansage und Armzeichen fuhr sie im Kreisel nicht nach links sondern geradeaus weiter und erzählte uns dabei munter vor sich hin plaudernd, dass sie die ganze Gegend hier wie ihre Westentasche kennt.

»Oh Mann«, schoss mir durch den Kopf, »so kommen wir erst übermorgen nach Hause, das überleb ich nicht.«

Mir war einfach nur noch zum heulen elend zumute und Nele widmete sich weiter intensiv ihrem Daumennagel. Die nächsten drei Kilometer ging es schweigend und mit reichlich Bodenschwellen, holprig neben der Trambahn her, inklusive Schlaglöchern, Genickbrechern und der Durchfahrt zweier weiterer Kreisel, bis sie im dritten Kreisel endlich ein Autobahnschild entdeckte. »Hurra, ein Lichtblick!« schoss es mir durch den Kopf und ein paar meiner zäheren Lebensgeister kehrten hoffnungsfroh zurück. Sie fand tatsächlich die Autobahnzufahrt und wie ein aufgedrehter Wasserhahn fing sie wieder an zu reden – über ihre Töchter und wo sie wohnten (meine Ohren schalteten verzweifelt auf Durchzug und Nele kaute innig an ihrem Daumennagel weiter). Nieves veränderte jedoch auch auf der Autobahnzufahrt die Fahrgeschwindigkeit nicht, so konnte sie sich nicht in den fließenden Verkehr einordnen und verpasste es, direkt auf die Autobahn zu kommen. Wir mussten wieder runter fahren, einen Kilometer weiter durch den nächsten Kreisel und wieder rauf auf die nächste Autobahnzufahrt. ›Okay, kann ja mal passieren‹, dachte ich ›was soll`s, jetzt aber!‹ Die nächste Auffahrt nahm sie selbstverständlich wieder mit gleichbleibender Geschwindigkeit und da fuhr dummerweise gerade ein Polizeiauto auf der Einfädelspur. Das dachte aber auch irgendwie überhaupt nicht daran, für sie zu bremsen oder Gas zu geben, so dass sie mit ihrer gleichbleibenden Geschwindigkeit gefahrlos hätte einfädeln können, also dumm gelaufen, wir mussten wieder runter, durch den nächsten Kreisel und wieder rauf auf die nächste Zufahrt. Langsam gewann mein Galgenhumor die Oberhand und mir entfleuchte ein schwaches »Yippih«. Diesmal war uns das Glück hold, es fuhr gerade kein anderes Auto auf der Spur und wir konnten in dieser gleichbleibenden Geschwindigkeit ungestört auffahren. Ich mag mir gar nicht ausmalen, wie sich die Fahrt weiter gestaltet hätte, wenn auch an dieser und an der nächsten und übernächsten Auffahrt immer noch so dumme Autos auf der Spur gewesen wären, die uns nicht von sich aus hätten auf die Autobahn einfädeln lassen. Von nun an ging es in »sportlicher Fahrweise« direkt nach Icod zum Bestattungsinstitut. Dort war bereits alles vorbereitet, Lucy, die Frau des Bestattungsunternehmens ist Nieves Cousine zweiten Grades und da läuft dann hier so manches auf der Vertrauensebene leichter ab.

Wirklich liebend gerne hätte ich mir ein Taxi für die Fahrt nach Hause genommen, aber Nele (ihr Daumennagel war inzwischen abgenagt) und Nieves kannten keine Gnade mit mir, erbarmungslos fuhren sie mich direkt nach Hause. Gut, wir haben es überlebt, aber ganz ehrlich, so schnell steige ich freiwillig nicht mehr in das Auto von Nieves ein. Trotzdem liebe Nieves, ein besonders dickes und liebes Dankeschön für Deine so unglaublich wichtige und von Herzen kommende Hilfe an diesem so verdammt beschissenen Tag!

Jochen ist tot und das müssen wir erst noch verstehen lernen und verarbeiten.

19. Juli 2014 – Aus der Betäubung raus

Inzwischen werde ich langsam etwas ruhiger, arbeite in kleinen Schritten meine To-do-Liste weiter ab, (mehr Kraft als für kleine Schritte habe ich nicht). Dabei bin ich sogar ein ganz klein wenig fröhlich und munter und es geht mir – in Anbetracht der Umstände – noch einigermaßen gut. Auf einmal, wie ein Blitz aus heiterem Himmel kommt so ein saublöder Gedanke wie:
»Mein geliebter Mann ist gerade mal vier Tage lang tot, wie kann ich da überhaupt lachen und fröhlich sein, er wird das alles nicht mehr sehen, erleben und sich daran erfreuen können.«
Ich bekomme schleichende, fiese Schuldgefühle, gegen die ich mich noch nicht wehren kann. Die tun mir gar nicht gut und ich schäme mich fast schon darüber, dass ich immer noch lebe, und dass ich mich trotz seines viel zu frühen Todes noch immer am Leben erfreuen kann. Ich schaue auf seine Urne, die wir gestern Abend aus dem Bestattungsinstitut abholten und sein Foto daneben. Das lässt die Tränen laufen und irgendwie wird mir nach dem Heulen jedes Mal auch ein klein wenig leichter ums Herz. Das Weinen hilft mir auf jeden Fall bei meinem Heilungsprozess. Außerdem finde ich diese schleichenden miesen Schuldgefühle eine echte Schweinerei von meinem Denksystem und ich sehe nicht, welchen Sinn sie haben sollen, außer mich erbarmungslos runter zu ziehen – und das hilft weder der Seele meines Schatzes noch mir. Das nächste Mal werde ich mich mit dem Satz meines Bruders: »Er wird alles durch Deine Augen sehen.«, deutlich schneller wieder einpendeln, oder gleich auf Gegenkurs gehen. SO nicht, und SO schon gar nicht mit mir Du mein liebes kleines verknotetes, gerade arg gepeinigtes und verwurschteltes Hirn! Gestern, als wir die Urne abholten, schaltete es instinktiv erheblich besser:
Wir konnten seine Urne vom Bestattungsinstitut in Icod abholen, Jochen wollte keinerlei zeremonielle Beerdigung. Nele ging es richtig beschissen.

Da schleppte ich den Jochen in der Urne mitsamt Nele zu unserem gemeinsamen Lieblingsitaliener an die Playa San Marcos. Jochen liebte diesen Platz so sehr, ein traumhafter Blick auf Strand und Meer, ein kleines Bierchen, etwas Leckeres zu Essen bei Freunden und er war einfach glücklich. Und genau dort hatten wir dann mit ihm über ihn und seine kleinen Verrücktheiten, seine Liebenswürdigkeiten, seinen Bluzzer (Böhmisch für Dickkopf), seine ganze Art überhaupt erzählt, mit ihm gelacht, mit ihm geschimpft und fröhlich auf ihn angestoßen, anschließend ging es ihr wieder besser und mir auch. Poco a poco wird‹s schon werden, auf jeden Fall befassen sich meine Gedanken bereits öfter mit der Zukunft.

Am Abend kam unser direkter Nachbar Sebastian nach mir schauen. Er hatte uns, als wir die Finca kauften, sehr viel geholfen und gab sich auch bei meinen damals unterirdisch miserablen Spanischkenntnissen die wirklich allergrößte Mühe, sich mit uns zu verständigen. Er trug sehr viel mit dazu bei, dass ich heute die Sprache ganz passabel spreche. Als ich das Tor öffnete, fiel er mir tränenüberströmt in die Arme. Er erfuhr die Nachricht von Jochens Tod am Abend zuvor von einem Freund aus Österreich und konnte auch jetzt erst meine Schreie zuordnen, die er bei der Feldarbeit hörte, als ich am Telefon die Nachricht von Jochens Tod erhielt. Ich schrie so lange und so laut, dass er sich ernsthaft Sorgen machte, dass ich gestürzt wäre und mir weh getan hätte, so dass er in sein Auto sprang, um nach mir zu schauen. Als er ankam, war ich bereits unterwegs. Nele und Nieves hatten mich abgeholt. In den folgenden Tagen kam er jeden Tag vorbei, mal vor und mal nach der Arbeit, aber er traf mich nie an. Er ist anderthalb Jahre jünger als Jochen und Jochen nannte ihn immer seinen »kleinen Bruder«.

Manche Besucher, wie der von meiner Freundin Dora (sie verlor ihren Walter vor drei Jahren), die tun mir unglaublich gut. Wir lachen und wir weinen zusammen, aber überwiegend lachen wir über unsere Männer – oder besser gesagt, über ihre besondere

Art von Humor. Ihre Oma und ihr Opa waren nach langer und glücklicher Ehe innerhalb weniger Monate gestorben und bevor ihr Opa seiner Frau folgte sagte er: »Heißa, sprach Herr Sauerbrot, heißa meine Frau ist tot.«

Auf die arg irritierten Blicke seiner Angehörigen und das halb entrüstete

»Aber Opa!« meinte er nur lakonisch: »Es hilft doch nix, sie kommt nicht wieder.«

Und als die Familie die Urne eines anderen verstorbenen und eingeäscherten Familienangehörigen mit dem Auto abholte, um sie an ihren Bestimmungsort zu bringen, sagte Walter beim Einsteigen ins Auto:

»Jetzt müssen wir aber mit dem Paul ganz besonders vorsichtig fahren.«

Pause, die anderen nickten verständnisvoll, dachten an die Pietät und dann kam:

»…der wurde doch immer so schnell seekrank.«

Ich konnte mir nicht helfen, ich musste so herzhaft lachen, das tat einfach saugut. Andere Besucher, die die ganze Zeit mit großer Leidensmiene nur über den Verlust von Jochen jammern, die tun mir überhaupt nicht gut, Jochen hilft es nicht und mir erst recht nicht.

Zur Präparation des nächsten Blumenkastens holte ich einen neuen Sack wasserdichten Zement aus dem Lager. Beim Öffnen sah ich, dass der Zement weiß war. Der war also ursprünglich für die Wasserschäden im Haus gedacht gewesen, aber es war halt auch der letzte der hier war. Nun ja, dem Blumenkasten ist es wohl schnuppe mit welcher Farbe er gestrichen wird, ich bepinselte trotzdem erst einige Stellen im Wohnraum mit dem weißen Zement um dann dem Blumenkasten einen zweiten wasserdichten Anstrich zu verpassen. Den ganzen langen Morgen ging ich schon mit keiner fröhlichen Stimmung schwanger, als mir ausgerechnet auf der Küchenanrichte balancierend, Jochens verneinendes Kopfschütteln auf mein »Du wirst wieder ganz gesund« einfiel.

Er wusste es damals schon instinktiv, dass die Schäden in seinem Gehirn und deren Auswirkungen zu groß waren und versuchte es mir so mitzuteilen. Ich wollte es nur nicht wahrhaben. Genauso wenig wie bei unserem Schäferhund Jerry der letztes Jahr starb. Jerry pinkelte morgens reines Blut und wir fuhren mit ihm sofort zum Tierarzt. Dort wurde er gründlich untersucht. Jerry lag auf dem Röntgentisch und schaute mich mit seinen klugen braunen Augen bei vollem Bewusstsein an, als mir seine Worte in den Kopf kamen »Es ist vorbei, es ist okay so«. Auch bei ihm wollte ich es nicht wahrhaben und sagte leise zu ihm:

»Nein mein Junge, Du kommst wieder in Ordnung«.

Jerry kämpfte immer wieder mit Geschwüren oder auch mit einer großen sackartigen Arterienerweiterung außerhalb des Fells (das behoben dann Jochen und ich). Jochen meinte, solange etwas nach außen dringt, ist es unproblematischer, schwieriger wird es, wenn sich mal ein Geschwür im Inneren bildet. Das war dann auch so. Jerry hatte einen Tumor an den Nieren, der war geplatzt und seine ganze Bauchhöhle war mit Blut gefüllt. Die Diagnose von unserem Tierarzt, sein Alter, seine Aussichten und Jerrys gedankliche Aussage haben uns dann dazu bewogen ihn sanft in unseren Armen einschlafen zu lassen. Mit den geliebten Tieren geht man oft »menschlicher« um als mit den geliebten Menschen.

Vor vielen Jahren gaben Jochen und ich uns gegenseitig ein Versprechen. Sollte einem von uns ein Unfall oder etwas Ernsthaftes passieren, und derjenige beispielsweise an eine Herz- Lungenmaschine angeschlossen werden, vertrauten wir beide so sehr auf unsere eigene innere Stärke, dass man entweder nach sechs Wochen raus aus dem Koma, weg von der Maschine oder sonst wie auf seinem Weg war, oder aber die Maschinen abgestellt werden sollten. In der am schwierigsten zu erreichenden Ecke über den Küchenhängeschränken fielen mir unvermittelt diese sechs Wochen ein und schlagartig wurde mir bewusst, was ich die ganze Zeit bereits unterschwellig ahnte aber nicht akzeptieren konnte oder wollte. Er kämpfte die sechs Wochen bis zum Schluss wie ein Bär und schenkte sich einfach den weiteren Kampf, vielleicht, weil er selber auch genau spürte, wie schwer die Schäden waren. Die letzten 10 Jahre nach seinem Unfall hatten ihn nach und nach mürber gemacht. Ständiger Schwindel, Kopfschmerzen, Gangunsicherheit und nun auch noch das Bewusstsein, dass seine größte Stärke, sein messerscharfer Verstand und sein enormes Wissen nie mehr da sein würden und noch viele andere Probleme auf uns warten, das ließ ihn vermutlich schneller gehen. Er hatte es wirklich nicht verdient länger zu leiden und ich muss jetzt lernen damit klar zu kommen. An seinem Todestag war meine seelisch, körperliche und geistige Erschöpfung einfach zu groß um überhaupt noch etwas zu spüren, ich fühlte mich nur noch völlig gelähmt und eigentlich tot. Unsere Hunde und Katzen hielten mich allesamt mit vereinten Kräften am Leben, ich hätte nie gedacht, dass ich jemals so etwas sagen würde. Ohne sie wäre ich Jochen sehr wahrscheinlich gleich gefolgt.

Am Tag nach seinem Tod spürte ich das erste Mal die fast körperliche und so ungemein tröstende Anwesenheit seiner Seele. Am nächsten Tag war sie noch viel stärker und länger anwesend und seit seinem dritten Todestag ist sie fast immer da. Ich kann Zwiegespräche mit ihm führen, die helfen mir sehr. Ich frage dann:

»Schatz, bist Du da?« und er antwortet mit »Ja Bärin (mein Kosename), ich bin immer bei Dir.«

Das machte ich natürlich mit dem Zement Pinsel in der Hand auch auf der Küchenanrichte, da wurde mir einiges klarer und wieder linderte ein wenig mehr Leichtigkeit meine Herzschmerzen über Jochens Verlust. Anschließend tappte ich nach der Leiter, durch die nassen, verheulten Augen konnte ich eh kaum richtig sehen, wohin ich griff. Ich goss mir eine frische Tasse Ingwertee ein, setzte mich auf die Terrasse und machte eine Pause, bevor ich mich an den nächsten Blumenkastenanstrich begab. Meinem Bruder hatte ich von diesen »saudummen« Gedanken auf der Küchenanrichte geschrieben, und er ist mir ein wirklich wundervoller Begleiter und Ratgeber. Seine Antwort brachte mich in meinem Trauerprozess wieder ein sehr großes Stück weiter:

Liebes Schwesterchen,
  bevor es in die Ferien losgeht, noch schnell ein paar Worte zu diesen »saudummen Gedanken«. Du beschreibst sie wunderbar, und sie sind ganz typisch für jemanden, der einen sehr lieben und nahe stehenden Menschen verloren hat, aber Du weisst instinktiv auch genau richtig, wie Du damit umgehen musst. Ich möchte Dich darin nur bestärken. Trauer sind Gefühle, und Gefühle sind immer richtig, genauso wie sie gerade sind. Da hat der Kopf überhaupt nix dazu zu sagen. Und da Du eine impulsive, energievolle und wunderbar emotionale Frau bist, sind bei Dir die Gefühle und die typischen Schwankungen noch intensiver als bei vielen anderen. Wut, Verzweiflung, stille Trauer, Vorwürfe und Klagen, und, ja, auch Lachen, Fröhlichkeit und die Lust auf ein neues Leben, auf eine veränderte Zeit – das alles gehört zusammen in der Trauer und wechselt sich in einem bunten Mix ab.
  Das Einzige was sicher ist: Wenn man ein Gefühl zulässt und auslebt, sei es tiefe Verzweiflung oder Lachen und Fröhlich-Sein, dann kommt ganz von allein der Wechsel in ein anderes, vielleicht genau gegensätzliches Gefühl. Kein Gefühl bleibt einfach so, wie es jetzt gerade ist, wenn wir es leben. Wir müssen nur in diesen tiefen, inneren Rhythmus der Gefühle und ihrer Entwicklung vertrauen. Jeder Zyklus den Du durchlebst, verändert bereits etwas an der Gefühlslage. Und der nächste oder übernächste Zyklus von Gefühlen ist vielleicht ähnlich, aber schon ein wenig verändert.
  Trauer entwickelt sich zu einem neuen Leben weiter, wenn wir alle Gefühle, die dazu gehören, so ausleben, wie sie dazu gehören.
  Und das machst Du super!
  Ich wünsche Dir alles Gute und eine lebendige und auch lustvolle Zeit der Trauer, selten wird das Leben so emotional intensiv sein, wie in diesen Zeiten – also lebe Sie! In Liebe verbunden, Frank

Von meiner Schulfreundin Petra kam diese für mich ebenso hilfreiche Antwort:

Hallo liebe Renate,
so ähnlich wie dein Bruder denke ich auch. Meiner Meinung nach entscheidet sich die Seele schon vor dem Eintritt in die nächste Reinkarnation, wann und wie sie sterben wird. Ich bin mir nicht sicher, ob wir da noch wirklich Einfluss haben – obwohl ich auch kämpfen würde!
Die Erkenntnis, dass Jochen sein Leben nicht mehr hätte genießen können mit solchen Einschränkungen, macht euch seine Entscheidung erträglicher. So erging es uns allen mit unseren Eltern auch – der schnelle Tod war dann das kleinere Übel, alles andere wäre Quälerei gewesen (was sich die Seele aber auch vorher hätte vornehmen können, das weiß man ja nicht – dieses Wissen nehmen wir nicht mit in die Menschwerdung, wäre auch zu einfach!).
Ich hoffe sehr, dass dir das hilft, mit dem Schmerz besser umzugehen. Bei meiner Mutter hatte ich ein ausgeprägtes Gefühl des Verlustes und das ist wirklich schlimm. Jochen ist bestimmt immer wieder bei dir und wird dir helfen, bis alles einigermaßen überstanden ist. Was ich sicher weiß: Ihm geht es da, wo er jetzt ist, auf jeden Fall gut. Was wir hier grobstofflich leben, ist dort viel feiner und schöner vorhanden – ich bin schon ganz gespannt, wenn es soweit ist, dass ich dies auch wieder wahrnehmen kann – ich möchte nur keinen liebenden Menschen zurück lassen.
Alles, alles Liebe – ich bin in Gedanken bei dir, Petra

22. Juli 2014 – Verbindungen

Gestern war Nele hier und wir lachen und trauern und reden mit ihm auf eine ähnliche Weise. Jochen schmunzelte jahrelang über mich, dass ich abends, wenn es dunkel wurde, eine Kerze anzündete mit der Bemerkung:
«Damit die guten Geister auch wissen, wo sie zu Hause sind.»
Er mochte es. Ich mache es nach wie vor. Seit er gestorben ist, trage ich unsere beiden Eheringe an einer Kette um den Hals. Wir trugen sie in der Praxis nicht, weil sie uns bei der Therapie störten und wir uns auch ohne Ringe stets eng miteinander verbunden fühlten. Die beiden Ringe sind so unterschiedlich groß, dass meiner genau in seinen rein passt, so dass es aussieht, als wäre es nur ein dicker großer Ring, eine Einheit. Im Laufe unserer Praxistätigkeit bekamen wir von vielen Patienten immer wieder Sachen geschenkt, die unsere Zweier-Einheit symbolisierten.

Von dem Maler Jo Bukowski eine wundervolle Radierung, bei der der Mann stilisiert groß und die Frau (erkennen tut man kein Geschlecht, aber man weiß es instinktiv), mit ihm verschmolzen ist und sie den Kopf an seine Schulter lehnt. Es stellt für mich nach wie vor das schönste Bild einer Einheit dar und ich werde mich niemals davon trennen können. Jemand anderes brachte uns eine Kerze die aus einem Körper und zwei Köpfen mit je einem Docht besteht. Andere Leute schenkten uns zusammen gewachsene Kartoffeln, Karotten oder einmal sogar Äpfel. Mir war nie wirklich bewusst, welchen Eindruck wir beide auf unsere Umwelt machten, bis sich diese ganz besonderen Geschenke häuften. Aber nicht das man denkt, wir hätten vom Tag unseres Kennenlernens im April 1990 nur eitel Freude Sonnenschein, Heiterkeit und Liebe ohne Ende versprüht, da flogen mitunter auch schon mal kräftig die Funken. Entscheidend war dabei immer, dass man den anderen im Herzen seiner Seele immer voll achtete und respektierte und niemals, aber auch wirklich niemals mit seinem Temperament unter die Gürtellinie schoss oder im Eifer des Gefechtes etwas sagte, was einem nachher bestimmt leid tat. Zwei so starke Charakter wie die unsrigen können noch so viel Liebe füreinander empfinden, sie müssen trotzdem erst lernen in einer innigen Zweisamkeit miteinander auszukommen.

Jochen war eine sogenannte Chimäre.

Das heißt, er war ursprünglich im Mutterleib als zweieiiger Zwilling angelegt und sein Zwilling war im Mutterleib gestorben. 18 Jahre später fand man die Überreste in Jochens Steißbein und entfernte sie. Bei einem Schüleraustausch in England, gingen er und die anderen Jungens in der Familie ins Schwimmbad. Nach einer gekonnten Arschbombe vom drei Meter Brett schwitzte er in der Nacht das ganze Laken mit blutiger Lymphe durch. Die Rückfahrt von England nach Lindau verbrachte er abwechselnd auf einer Arschbacke im Zug. Im Krankenhaus operierten sie ihm dann den eigenen Zwilling aus dem Hintern heraus. Hat man auch nicht alle Tage. Man sagt diesen Menschen nach, dass sie eine ganz besondere Energie haben, sozusagen die Kraft der zwei Seelen.

Natürlich hatten Jochen und ich anfangs unsere kleinen Machtkämpfe, und zwar so lange, bis wir beide in unserer chinesischen TCM-Ausbildung waren. So ein Ausbildungswochenende ging stets von Donnerstag bis Sonntag in einem Stück durch und wenn man anschließend mit dem Zug heim fuhr, war der Kopf so voll, dass er die ganze Breite einer Zweiersitzbank einnahm. Eines Tages auf dem Weg zum Essen gesellte sich unser chinesischer Lehrer A Chong zu mir und meinte leise:

«Renate, in Deinem Geburtszeichen ist eine ganz besonders starke Erde und die gleich doppelt. Jochen hat ein ganz besonderes seltenes Gold (Metall) welches Du unter hunderttausend nicht noch einmal findest. Du kannst von Deiner Erde noch so viel darauf geben wie Du willst, sein Gold wird trotzdem immer glänzen. Denkst Du allerdings an den Elemente-Kreislauf (Erde nährt Metall), dann kann etwas ganz besonderes und außergewöhnlich Gutes daraus werden.«

Mir verschlug es seinerzeit schier die Sprache, ganz einfach weil es stimmte und ich beschloss mit mir selber gründlich in Klausur zu gehen. Ich liebte diesen Mann unendlich und ich wollte, dass aus unserer Ehe etwas außergewöhnlich Gutes wird. Zwei Monate Zeit gab ich mir dafür und ich arbeitete intensiv an meinem überschäumenden Temperament. Spätestens ab dann setzte ich meine volle Energie dafür ein, um meinem Mann uneingeschränkt den Rücken zu stärken und ihn voll und ganz zu unterstützen. Dadurch, dass er jetzt keine Kämpfe mehr gegen mich ausfechten musste, konnte nicht nur seine Energie ungeteilt in die richtigen Bahnen zu fliessen, sondern meine noch dazu und dann kam auch schon mein Traum, dass er ein Buch über den Darm schreiben sollte. Er schrieb darauf das Buch »Der Darm Basis der Gesundheit« und das erschien 1994 als großes Hardcover Buch auf eigene Kosten im eigenen Verlag und im eigenem Vertrieb. In unserer Beziehung wurde es immer wundervoller und mit der Praxis und den Büchern und dem ergänzenden Video zum Buch kam Schlag auf Schlag immer mehr Gutes hinzu. Der Droemer-Knaur Verlag brachte seinerzeit das Darmbuch und später auch das zweite Buch »Neurodermitis« in Lizenz als Taschenbuch heraus. Es war toll zu erleben, welch eine Energie frei gesetzt werden kann und wie sie sich um ein Vielfaches potenziert, wenn zwei am selben Strang ziehen und ein gemeinsames Ziel vor Augen haben.

Mich bedrückt momentan eine Sache noch ganz enorm.

Dass er im Krankenhaus die meiste Zeit mit seiner einzigen mobilen Hand ans Bett gefesselt war und nur, wenn ich ihn besuchte von mir für ein paar Stunden befreit werden konnte. Es war ihm nicht möglich sich zu kratzen oder das Auge zu reiben wenn es juckte und das tut mir immer noch so unsagbar weh. Gefangen im eigenen Körper und gefesselt ans Bett. Vielleicht gibt es ja in der Zukunft eine tolle Erfindung die es dem Patienten ermöglicht, seinen Arm zu bewegen, aber je näher man an die Versorgungs-Schläuche heran kommen will, desto stärker wird der Gegenzug. Dabei wollte sich Jochen die Schläuche vermutlich nur ziehen um nicht länger leiden zu müssen. Wenn er schon nicht in meinen Armen gestorben ist, oder ich wenigstens bei ihm habe sein können, um ihn auf diesem letzten Weg zu begleiten, so bin ich ihm doch unendlich dankbar, dass er es noch geschafft hat, sich an seinem Geburtstag von uns zu verabschieden.

Gott-sei-Dank übernahm Nele den kompletten administrativen Kram von Anfang an. Ich wäre gnadenlos untergegangen. Sie denkt auch an Sachen die mir gar nicht einfallen und sie schlägt sich auch weiter mit dem Versicherungsmakler herum, der nach wie vor unseren einzigen Kontakt zur Krankenversicherung darstellt. Diese tollen Versicherungsleute haben sich bis heute (passiert ist es am 2. Juni und heute ist der 22. Juli) noch nicht ein einziges Mal bei uns gemeldet, sondern nur alle paar Tage immer neue und immer mehr Papiere von uns, von der Klinik und vom Notarzt gefordert. Und zwar auch so ganz besonders logische wie **meine** Heiratsurkunde, dass ich berechtigt bin für ihn zu sprechen und dann wollten sie **Jochens** Heiratsurkunde auch noch haben. Macht Sinn nicht wahr? Wir haben dummerweise nur eine. Da nahm sie Nele mit beißend-lächelnder Ironie auf den Arm und schickte ihnen erneut alles doppelt und dreifach zu. Wie heißt es doch so schön «Lächeln ist die freundlichste Art, seinem Gegner die Zähne zu zeigen».

Das fühlt sich für uns an wie reine Zermürbungstaktik. Böse gesagt hoffen sie vermutlich, dass wir irgendwann entnervt aufgeben und die Kosten selber übernehmen, aber da haben sie sich richtig böse geschnitten. Die haben uns in der gesamten Zeit sehr übel zusätzliche Nerven gekostet und zwar in einem sehr arroganten Tonfall, von oben herab und immer schön weiter feste Druck machen. Eine Nachricht von denen und mein Blutdruck springt schlagartig auf über 240 hoch, das tut mir gar nicht gut. Der Tonfall änderte sich erst, als Nele ihnen am Telefon klar machte, dass ihr Bruder um sein Leben kämpft und wir mit ihm kämpfen und es diesen dummen Versicherungsmenschen offensichtlich scheißegal ist. Am liebsten hätten sie es vermutlich gehabt, dass man ihn unterwegs in einer Telefonzelle abgesetzt hätte und einfach vor sich hin sterben ließ ... Das werde ich dieser Krankenversicherung und ihrem Makler niemals vergeben wie sie sich verhalten haben und zwar unter aller Kritik und jeder Menschlichkeit! Die machen einen noch nervlich fertig, wo man seine komplette Energie für den Kranken und den kärglichen Rest für sich und seine Überlebensbewältigung braucht und nicht noch zusätzlich ständig von hü nach hott gejagt werden kann. Ich wünsche ihnen wirklich nichts Schlimmes, nur dass sie selber mal in eine solche Situation kommen und auf genau solche Leute treffen wie sie es sind. Wird ja dann für sie der reinste Klacks sein, das alles ganz nebenbei auf die Reihe zu bekommen. Die tägliche Fahrerei von 150 km war schon anstrengend genug, dazu mussten die Tiere nicht nur mit Futter, sondern auch mit Liebe versorgt werden, sie liebten ihr Herrchen ja auch und vermissten ihn seit dem zweiten Juni ebenfalls sehr.

Nele besuchte ich jeden Tag nach dem Krankenhaus und wir unterstützten uns gegenseitig. Sie war selber sehr angeschlagen und konnte nur alle paar Tage mitfahren und auch das führte noch dazu, dass sie am Ende ihrer Kräfte war und über eine Woche zu Hause bleiben musste. Der neunte Juli war dann die erste Fahrt nach ihrer körperlichen Erschöpfungsphase – und die letzte wo sie Jochen lebend sah und wo er sich auf seine sehr eigene und so wunderbare Weise von uns verabschiedete.

25. Juli 2014 – Hilfreiche Texte

Vorgestern besuchte mich ein ganz lieber Freund von uns (ebenfalls mit Namen Jochen), er konnte Kleidung und Schuhe von meinem Jochen gebrauchen. Ihm hilft es und er trägt Jochens Sachen sehr gerne. Die Schuhe sind zwar eigentlich eine Nummer zu groß, aber das störte ihn nicht »Was nicht passt, wird passend gemacht.« Wir lachten und heulten zusammen und am Abend schleppte er mich zu einem Restaurant. Da warteten als kleine Überraschung für mich auch schon andere Freunde, sie hatten uns zum Essen eingeladen. Es waren wunderbare drei Stunden, in denen reichlich geredet, gut gegessen und ebenfalls viel gelacht wurde. Das tat so gut, ein dickes herzliches Dankeschön an all die Menschen, die sich nicht scheuen, jemanden der trauert auch mal auf ganz andere Gedanken zu bringen! Anschließend bekam ich noch eine ganz charmante Email von dem obigen Jochen, er meinte ich »sehe zwar ein wenig verheult und zerbeult aus, aber ansonsten wäre ich noch prima in Schuss!« Man muss die Komplimente nehmen wie sie von Herzen kommen, es gibt grad keine anderen …

In der Post befand sich ein dicker Umschlag von unserer Verlagslektorin. Als ich ihn öffnete, fand ich zwei persönliche Briefe, eine wunderschöne getrocknete Rose und ein unglaublich tröstendes kleines Büchlein mit dem Titel:

»Der Tod bedeutet gar nichts«.

Beide Lektorinnen von Droemer Knaur und von Bertelsmann schickten mir diesen Brief zusammen mit dem Büchlein. Ich ging zu meinem Bäcker auf einen Cafe leche leche und begann mit zitternden Händen in dem Büchlein mit dem Text von

Henry Scott Holland (1847 – 1918) zu lesen:

Der Tod bedeutet gar nichts.
Ich bin nur still nach nebenan gegangen.
Ich bin ich, und du bist du.
Und was wir füreinander waren,
das sind wir noch immer.
Nenn mich bei meinem vertrauten Namen.
Sprich mit derselben Leichtigkeit,
wie du es immer tatest.
Verändere nicht deinen Tonfall.
Trage nicht Schwermut und Trauer in dir.
Lache über die kleinen Dinge, über die wir
immer miteinander gelacht haben.
Freu dich, lächle, denk an mich,
bete für mich.
Lass meinem Namen den vertrauten Klang,
den er stets gehabt hat.
Sprich ihn aus ohne Rührung,
ohne dass der leiseste Schatten auf ihm lastet.
Leben bedeutet all das,
was es immer bedeutet hat.
Es ist dasselbe, das es immer war.
Die Kontinuität ist ungebrochen.
Was ist der Tod anderes
als ein unbedeutender Zwischenfall?
Warum sollte ich denn aus dem Sinn sein,
nur weil du mich nicht mehr sehen kannst?
Ich warte auf dich,
für eine Weile,
irgendwo ganz in der Nähe,
gleich um die Ecke …
Alles ist gut.

Ich brauchte lange, bis ich diesen wunderbar einfühlsamen Text zu Ende lesen konnte, Tränen ließen die Buchstaben ständig vor meinen Augen verschwimmen.

Diese sanften und doch so herrlich klaren Worte berührten auf eine sehr tiefe und sehr gute Weise meine Seele in ihrem tiefsten Grund. Einen von ganzen Herzen kommenden großen Dank für dieses unwahrscheinlich wichtige kleine Geschenk für mich. So ein Büchlein sollte wirklich jeder, der trauert, bekommen.

Und am besten auch jeden Tag ein wenig darin lesen.

Mein Bruder, mein Cousin, meine Tante und meine Mutter schickten mir Geld, damit ich die Beerdigungskosten auf einen Schlag bezahlen und auch weiter leben, planen und arbeiten kann. Ich hatte sie nicht darum gebeten, sie halfen mir ohne zu fragen und ich bin ihnen sehr dankbar und froh darum. Für uns ist es immens wichtig beim Bestattungsinstitut keine Schulden mehr zu haben Es klingt vielleicht blöd, aber jetzt »gehört« seine Urne uns und damit können wir auch leichter in die Zukunft schauen und sie in Angriff nehmen. Es wäre für unsere Seelen nicht gut gewesen, wenn wir durch die Ratenzahlung ein Jahr lang jeden Monat aufs Neue massiv daran erinnert würden, dass Jochen nicht mehr bei uns ist, denn das wissen wir leider ohnehin viel zu gut. Aber wir sind dem Bestattungsinstitut für diese Abzahlungsmöglichkeit sehr, sehr dankbar, dass sie uns damit eine Chance gegeben haben. Die restlichen Beerdigungskosten konnten wir mit dem Geld meiner Familie auf einen Schlag bezahlen. Jochens Bongotrommeln verkaufte ich beim Second Hand Laden für 100 €. Danach ging es mir so richtig beschissen und wir beide gingen wieder zum Italiener an die Playa San Marcos. Es hilft unseren Seelen immer etwas, dort an diesem Platz bei unseren lieben Freunden zu sitzen. Essen kann ich sowieso allenfalls ein kleines Bruscette, mehr geht beim besten Willen nicht rein.

Mich haut es in regelrechten Tsunamiwellen immer wieder um, dass Jochen wirklich und wahrhaftig tot ist und nie mehr wieder kommen, mit mir lachen, schmunzeln, mich in die Arme nehmen oder »ich liebe Dich« sagen wird.

Er fehlt mir so sehr.

Heute machte ich meine Geldbörse auf und da lugte eine Zeile eines Textes heraus, den er mir einmal zum Geburtstag schenkte. Unter Tränen fischte ich die beiden Zettelchen heraus, die ich seit vielen Jahren stets bei mir trug, heraus. Der eine Zettel war mein Lieblingsgedicht:

Wer Schmetterlinge lachen hört,
der weiß wie Wolken schmecken.
Der wird im Mondschein,
ungestört von Furcht,
die Nacht entdecken.

Der wird zur Pflanze, wenn er will,
zum Tier, zum Narr, zum Weisen
und kann in einer Stunde
durchs ganze Weltall reisen.

Der weiß, dass er nichts weiß,
wie alle anderen auch nichts wissen.
Nur weiß er, was die anderen
und auch er selbst noch lernen müssen.

Wer in sich fremde Ufer spürt
und den Mut hat sich zu recken,
der wird allmählich,
ungestört von Furcht sich selbst entdecken.

*Abwärts zu den Gipfeln
seiner selbst bricht er hinauf,
den Kampf mit seiner Unterwelt
nimmt er gelassen auf.*

*Wer Schmetterlinge lachen hört,
der weiß, wie Wolken schmecken.
Der wird im Mondschein,
ungestört von Furcht
die Nacht entdecken.*

*Wer mit sich selbst in Frieden lebt,
der wird genauso sterben
und ist selbst dann lebendiger
als alle seine Erben.*

Novalis (Georg Friedrich Hardenberg 1772)

Der zweite Zettel war ein kleines Gedicht, das er irgendwo entdeckt und für mich zu einem meiner Geburtstage als passend befunden hatte:

*In Deinem Herzen wohnt ein Engel.
Aus Deinen Augen scheint sein Licht.
Der Engel schützt Dich vor dem Dunkel
und das die Hoffnung nie zerbricht.
Auch wenn Dich manchmal Sorgen plagen
Du bist mit ihnen nie allein.
Du kannst dem Engel alles sagen
denn er wird immer bei Dir sein.
Die Freude wird er mit Dir teilen
er ist ganz nah mit Dir vereint.
Der Engel trägt Dich durch Dein Leben
im Glück doch auch wenn Deine Seele weint.*

Bist Du mal traurig und verzweifelt
der Engel schenkt Dir wieder Mut.
Glaube an Dein Licht im Herzen
und alles wird gut.
Und wenn Du noch immer nicht weißt
wer als Dein Engel spricht
so denke ganz einfach an mich!
Dein Bärchen

Meine Tränendämme brachen.
Ich heulte wie ich seit seinem Tod nicht weinen konnte. Es war ein gutes Weinen.
Ich konnte ihn jetzt erst ein Stück weiter in Frieden gehen lassen und ich wusste, er würde trotzdem bei mir sein. Sicherlich werde ich noch eine ganze Zeit lang brauchen um wieder auf die Füße zu kommen, aber der erste Schritt zu meiner eigenen Gesundung war getan. Erschöpft, ausgebrannt aber innerlich in Frieden mit mir und der Welt ging ich ins Bett und der schon so lange fehlende erholsame Schlaf nahm mich sofort sanft und beschützend in Morpheus Reich mit.
Nele versucht, ob wir wenigstens Rentenansprüche für mich anmelden können, ich kann nicht mal so weit denken. Zumindest fand ich meinen Rentenbescheid und seine Steuernummer, Jochens Rentenunterlagen suche ich noch immer.
Mein Gedächtnis ist nach wie vor schwer auf Abwegen.
Wir wissen bisher auch noch nicht ob die Krankenversicherung die Kosten von Jochens Krankenhausaufenthalt übernimmt. Es kann gut passieren, dass sie seine Beerdigung eher bezahlen als das Krankenhaus. Ein anderer Freund, kümmert sich um den Entlassungsbericht. Ich bin sehr froh und dankbar um diese Hilfe, im Moment würde es mir sehr schwer fallen das Klinikum wieder und wieder zu sehen – das dauert hier mindestens drei Wochen bis dieser enorm wichtige Bericht endlich ausgestellt wird und ohne den geht gar nichts weiter.

Endlich habe ich bei der weiteren Durchsuchung unserer Papiere die Kranken-Versicherungspolice von ihm entdeckt (wäre fast im Altpapier gelandet), Jochen‹s Erkrankung war ein NOTFALL und die HUC ist das einzige darauf eingerichtete Krankenhaus und somit müssen sie die Krankenhauskosten übernehmen. Nur soweit kann ich gerade gar nicht denken, das übersteigt meine Gehirnkapazität völlig und alles wird zu seiner Zeit in Angriff genommen.

Unsere spanischen Nachbarinnen Candi und Lolli pflückten zwei Kisten Pflaumen und fragten mich, was ich denn jetzt mit dem vielen Geld mache, was Jochen als Autor verdient. Mein arg irritierter Gesichtsausdruck muss wohl Bände gesprochen haben. Sie waren der festen Überzeugung, jeder Autor bekommt automatisch 85.000 €uro im halben Jahr, oder wenigstens 3.000 €uro im Monat. Das hatten sie jedenfalls im spanischen Fernsehen über einen Bestsellerautor gehört. Es ging nicht anders, ich prustete vor Lachen los, verschluckte mich und bekam einen Schluckauf. Das muss ich irgendwann mal unseren Verlagsteams bei Bertelsmann oder Droemer Knaur erzählen, die finden das bestimmt auch sehr interessant. Nicht, dass wir etwas dagegen hätten, das hieße ja nur, dass besonders viele tausend Bücher verkauft worden wären. Die meisten populärmedizinischen Sachbücher laufen über mehrere Jahre, aber mit deutlich geringeren Verkaufszahlen als ein Bestsellerroman oder eine Biographie. Nun denn, wir geben unser Bestes, vielleicht kriegen wir das ja auch noch hin. Ich erklärte ihnen, wenn ich 85.000 €uro im halben Jahr hätte, dann wäre bei mir eine Person fest angestellt, die sich um das Land und die schweren Arbeiten oder Reparaturen kümmert und ich selber würde vermutlich weniger Zementsäcke oder Futtersäcke für die Hühner schleppen. Habe sie mal ein wenig aufgeklärt, wie so etwas in der Realität aussieht, worauf sie mir finanziell aushelfen wollten, was ich aber dankend mit Verweis auf die Soforthilfe von meinen Bruder und meiner Familie ablehnte.

Gestern hatte ich für die Abdichtung der Blumenkästen keinen wasserdichten Zement mehr und so überprüfte ich unser Materiallager. Sechs Zementsäcke waren mit der Zeit versteinert, nur einer war noch voll in Ordnung. Puh, da fällt mir aber ein dicker Stein vom Herzen. Den kleinen Zementmischer, der schon viele Jahre treue Dienste leistete, probierte ich gleich aus, die Maschine läuft wie am Schnürchen aber der Mischkübel hat einen über 20 cm langen senkrechten Riss. Ein neuer Kübel muss deswegen nicht gleich sein, erstmal wird der alte repariert. Sekundenkleber Gel in den Riss geschmiert, die Seiten kräftig zusammen gedrückt und anschließend mit Paketklebeband quer und senkrecht verklebt. Das hält erst mal wieder eine Weile. Anschließend mischte ich einen halben Sack normalen Zement mit einem halben Eimer Sand an, legte Tamina und Tango an die Kette (Vito war nicht zu sehen) und ging mit einer kleinen Gießkanne Wasser vor die Einfahrt, um die großen Löcher von der Straße zur Einfahrt mit dem Wasser besser für den Zement vorzubereiten. Die Zementmenge würde zwar nicht ausreichen um die Löcher in der kaputt gefahrenen

Auffahrt genügend zu schließen, aber immerhin, ein Anfang wäre damit gemacht. Die Löcher waren gefüllt, alles sauber geglättet und ich marschierte zufrieden zurück ins Haus. Eine halbe Stunde später kam ein Pickup mit zwei Nachbarn vorbei, tiefe Reifenspuren in meinen frischen Zement hinterlassend. Sie hätten einen sehr großen dunkel gestreiften Hund mit einem hellen Halsband bei sich am Haus gefunden, ob der mir gehört? »Nee«, antwortete ich im Brustton der Überzeugung, meine vier Hunde sind alle hier bei mir. Das war ein gewaltiger Irrtum, wie sich eine Stunde später heraus stellte. Unser alter Herr, der Vito fehlte, er musste wohl unten im Ort sein Herrchen gesucht haben. Ein kurzer Anruf, »dass es wohl doch mein Hund sei, und ob sie bitte so lieb sein könnten ihn mir zurück zu bringen?« In der Zwischenzeit reparierte ich die frischen Reifenspuren mit einer kleinen Schaufel und der Gießkanne mit Wasser. Meine Nachbarn kamen eine halbe Stunde später mit Vito auf dem Pickup zurück, natürlich wieder mitten durch den frisch geglätteten Zement. Froh unser Alterchen zurück bekommen zu haben, nahm ich ihn dankbar entgegen, schnappte mir anschließend Schaufel und Gießkännchen und verwischte abermals die frischen Reifenspuren im Zement. Gerade fertig geworden dachte ich schon an Feierabend, als mir die Hündinnen Tamina und Taifa stritzen gingen, und beide bei der Rückkehr noch einen Schlenker durch den feuchten Zement machten, der schien heute eine nahezu magische Anziehungskraft haben. Auch diese Spuren wurden wieder mit ausreichend Humor, Geduld, Schäufelchen und Gießkanne beseitigt. »Jetzt aber endlich Feierabend« dachte ich mir. Dat war aber auch nix, eine Stunde später kamen die nächsten Besucher aus der Nachbargemeinde durch den mittlerweile halb trockenen Zement, sie hatten erst einen Tag zuvor von Jochens Tod erfahren und waren nur kurz auf Urlaub hier.

Ich glaube demnächst zementiere ich da draußen erst, wenn es dunkel wird und niemand mehr unangemeldet vorbei kommt.

29. Juli 2014 – Playa El Bollullo

Heute erfuhr ich, dass Jochen nicht genug Jahre für eine Rentenanwartschaft zusammen gebracht hatte. Früher sicherte er sich privat und über Versicherungen für das Alter ab, aber nach dem Unfall und der Praxisaufgabe konnten wir diese nicht mehr bezahlen und unsere Ersparnisse gingen für seine und meine Behandlungen drauf. Also die 52 €uro Rente, die auf seinem letzten Bescheid standen, bekomme ich auch nicht. Allerdings können wir wenigstens einen kleinen Teil der eingezahlten Gelder zur direkten Auszahlung beantragen, das ist doch auch schon mal was. Konnte es mir nicht verkneifen, ich musste einfach herzhaft drauflos lachen. Mein Mann war ein Genie. Und er war ein höchst liebenswerter Chaot.

Schatz, ich werde Dich immer lieben, mach Dir bitte keine Sorgen um mich, ich komme schon irgendwie durch. Das Leben ist bunt, prickelnd, lebendig und äußerst interessant. Somit ist es auch an der Zeit die eigenen Fähigkeiten und Möglichkeiten wieder neu zu entdecken und weiter zu entwickeln.

Was Du mir an bedingungsloser Liebe, Seele, Zärtlichkeit, Romantik, Intelligenz, Wissen, Diplomatie und Stärke hinterlassen hast, wiegt unendlich viel größer als alles Geld der Welt! Ich liebe Dich und ich werde Dich immer und ewig lieben!.

Mir fiel auf, dass gerade bei einigen älteren Menschen, die Tatsache, dass wir keinerlei Rücklagen haben und ich auch keine Rente von Jochen bekomme, völliges Unverständnis hervorruft. Kennen müssten sie eigentlich solche Zeiten auch von früher, aber da schüttelt man wohl lieber vorwurfsvoll und verständnislos den Kopf.Dabei brauche ich das gar nicht, ich bin doch gerade erst 54 Jahre jung und Frau genug um für mich selber zu sorgen. Okay, meine Knochen wollen nicht mehr wie ich will und mit dem Kopf und dem Laufen hapert es zusehends, aber der Rest stimmt wenigstens noch halbwegs. Sicher wäre alles deutlich einfacher für mich, wenn ich einen festen monatlichen Betrag zu Verfügung hätte, aber mir darüber jetzt den Kopf zu zerbrechen fällt mir im Traum nicht ein und helfen tut es mir schon gar nicht. Es ist wie es ist und wie gesagt, ich bin jung genug, um mich selber um meine Zukunft zu kümmern.

Außerdem steht für mich mein seelisches und geistiges Wohl im Moment an oberster Stelle. Freunde lachen mit mir, sie weinen mit mir und sie schleppen mich auch hemmungslos zu irgendwelchen Unternehmungen mit. Das ist für mich persönlich viel mehr wert und der Rest wird sich alles beizeiten ergeben. Ein Freund verabredete sich vor zwei Tagen mit mir an der Playa El Bollullo mit der Aussage: »Du musst jetzt unbedingt schwimmen gehen«.

Da war ich dann auch vorgestern. Das war seit 10 Jahren das erste Mal, dass ich überhaupt an den Strand ging. Zwei richtig große Wellen hatten mich erwischt, gründlich durchgewurschtelt, unter Wasser gezogen, mein Haarband vom Pferdeschwanz geklaut und mir zum guten Schluss noch eine kräftige Nasenspülung verpasst. Hatte mich daraufhin mit einem angeschlagenen blauen Knie noch halbwegs würdevoll aus dem Wasser getrollt und anschließend im Kiosk Boquerones (sehr kleine sauer eingelegte Fischfilets) und ein kleines Bier bestellt. Jochen hätte das sicher genau so macht. Allerdings waren diese Boquerones nur in Essig eingelegt und ohne Knoblauch und Petersilie (und von beidem braucht es normalerweise viel, erst dann sind sie wahrhaft köstlich). Die Fische waren einfach nur furchtbar sauer, aber ich aß sie mit Todesverachtung und dem Kommentar:

»Mein Schatz, Du wolltest sie haben, also genieß‹ sie gefälligst auch!«

Der lange und anstrengende Fußweg vom Strand zurück zum Parkplatz war arg heftig für mich, auf dem Weg musste ich bestimmt 10 mal anhalten, mein Herz hüpfte immer wieder ziemlich eilig die Treppen vor mir rauf, ich dachte es springt mir noch aus

Versehen aus der Brust. Diese Bucht stelle ich doch lieber erst mal hinten an.

Ein anderer Freund wollte mich zu einem Ausflug auf die Nachbarinsel einladen »Ich muss geschäftlich nach Gran Canaria fahren, morgens mit der Fähre hin, abends wieder zurück. Magst Du mitkommen, ich lasse Dich dann am Strand raus, fahre im Süden meine Termine wahrnehmen und pick Dich am Abend wieder auf.« Auf Gran Canaria war ich noch nie, es soll dort sehr schön sein. Es hätte mich auch sehr gereizt mitzufahren, aber 17 Stunden unterwegs zu sein ist noch viel zu anstrengend für mich. Wir vertagten es erst einmal.

Manche überlegen bereits eifrig, wie sie mir mit meinen Fähigkeiten zu einem beruflichen Neustart verhelfen können. Ich habe keine Ahnung, weiß nicht mal mehr welches meine Fähigkeiten waren (habs vergessen) und lasse alles in Ruhe auf mich zu kommen. Unterdessen arbeite ich weiter auf dem Land, repariere das Haus, bin mit unseren Tieren zusammen und schreibe mir meine Seele heile.

Vor ein paar Tagen eröffneten sie nach mehreren Jahren Bauzeit und wiederholten Baustopps den neuen 11 km langen Schnellstraßenteilabschnitt von Icod de los Vinos nach El Tanque. Mit Jochen im Herzen fuhr ich diese Strecke von El Tanque aus nach Icod. 89 Familien mussten für diesen Autobahnteilabschnitt ihre Häuser verlassen und wurden teils zwangsgeräumt (sie bekommen pro Quadratmeter Land inklusive Haus gerade mal lächerliche 3 €uro). Von der zerstörten Natur ganz zu schweigen. Natürlich finde ich solche Ungerechtigkeiten richtig schlimm und mir stinkt so etwas ganz gewaltig, aber trotzdem suche ich in allem immer noch etwas Positives, und so wurde ich sogar bei dieser Fahrt fündig. Unvermutet tauchten vor mir zwei aufeinander folgende grüne Ampeln auf, die ich erst gar nicht zuordnen konnte, aber dann kam der 1.250 m lange Tunnel. Die Ampeln waren wohl dafür gedacht, dass falls im Tunnel etwas passieren sollte, man so den Verkehr vorher stoppen könnte. Die Sonne schien bei strahlend blauen Himmel und ich trug eine dunkle Sonnenbrille, aber als ich in den gleißend hell beleuchteten Tunnel reinfuhr, musste ich die Augen zukneifen und die Sonnenblende zusätzlich runter klappen, so hell hatten sie die Lampen aufgedreht!

»Wow!« entfuhr es mir überrascht und ich fing laut an zu lachen.

»Siehste, Schatz, ist genau wie beim Tunnel Santo Domingo, den sie vor ein paar Jahren eröffneten. Das mit den weniger Lampen verwenden, oder dem Regeln der Lichtstärke haben sie anscheinend immer noch nicht so ganz raus wie das geht. Warten wir mal ab, wie lange das so bleibt.« Bei dem anderen Tunnel hatten sie auch erst alle Lampen an und die voll aufgedreht, aber nach ein paar Wochen brannte nur noch jede dritte Lampe und die auch nur noch mit halber Leuchtkraft. Ich muss immer noch grinsen und finde es einfach herrlich wie unkoordiniert hier so manches vor sich geht.

3. August 2014 – Strandaufsicht

Das Schwimmen im Meer tat mir trotz der unfreiwilligen Purzelbäume so was von gut, dass Nele und ich ausmachten, jetzt öfter zusammen schwimmen zu gehen. Sie ließ sich von mir anregen und vorgestern war es das erste Mal soweit. Gegen Mittag gingen wir mit geschulterter Badetasche zur Playa San Marcos runter und suchten nach dem besten Ein- und Ausstieg für Nele. Wenn man ihr eine Hand reicht, kommt sie noch relativ leicht ins Wasser, aber das wieder Rauskommen ist für sie viel schwieriger und alleine unmöglich. Das Rote Kreuz hat bis Ende August täglich zwei Rettungsschwimmer am Strand stationiert. Die haben auch so eine witzige Liege mit drei dicken Rädern und Schwimmpontons an den Seiten. Damit fahren sie gehbehinderte Personen ins Wasser, beziehungsweise holen sie wieder heraus. Dat is zwar eine tolle Idee aber so gar nix für Nele, solange sie selber noch halbwegs stehen und gehen kann, wird sie sich garantiert nicht auf so ein Teil setzen und ins Meer chauffieren lassen, da hat sie ihren ganz eigenen und höchstpersönlichen Stolz. Immerhin tauchte sie 50 Jahre lang und den Rescue-Taucherschein hatte sie auch. Okay, geht heute nimmer, aber ihr Kampfgeist ist nach wie vor ungebrochen.

Wir fragten aber nach, ob man uns nachher wieder aus dem Wasser raus helfen könne. Na klar, kein Problem, der junge Mann vom Roten Kreuz lief gleich los um seinem Kollegen am Ende des kleinen Strandes Bescheid zu geben. Die Stelle, die wir uns fürs Reingehen ausgeguckt hatten, war ziemlich am Rand und wurde im Wasser schnell tiefer. Passte prima und auf der Treppe saß der zweite junger Mann vom Roten Kreuz, der uns mit Argusaugen im Blick und eine leuchtorange Rettungsboje in der Hand hatte. Wir schwammen etwas weiter raus, das Meerwasser war einfach herrlich, so angenehm frisch und leicht, und überhaupt empfanden wir uns dort fast schwerelos. Ein tolles Gefühl! Bei

Wassergymnastik, Wassertreten, Aquajogging und so weiter wurden wir – ohne es zu merken – langsam wieder in Strandnähe gespült. Raus wollten wir aber noch nicht und schwammen zurück in tieferes Wasser. Als wir erneut in Strandnähe trieben, fiel uns auf, dass der junge Mann mit der Leuchtboje in der Hand, aufgestanden war und am Wassersaum auf unserer Höhe stand. Er kam vorher schon ein paar Mal nach vorne, nur bezogen wir das bisher nicht auf uns, jetzt wurde es aber sehr offensichtlich, dass er auf uns wartete. Jedes Mal wenn wir dem Strand näher kamen, stand er bereits parat um Nele aus dem Wasser zu helfen. Das fanden wir echt toll und sehr beruhigend zu wissen. Nach einer Stunde Fitnesstraining entschlossen wir uns dann doch, dem köstlichen Nass für heute zu entsagen, und nahmen Kurs in Richtung Strand. Prompt wartete unser Retter mit der Leuchtboje in der Hand wieder auf uns und kam auch zu uns ins Wasser, um Nele heraus zu helfen. Er hielt sie an ihrer rechten Hand, ich hielt sie an ihrer linken Hand, so weit so gut. Nun ja, ganz so gangsicher war ich derzeit ja auch nicht und so passierte was passieren musste, die nächste Welle spülte den Sand unter meinen Füßen weg. Ich verlor meinen eh schon unsicheren Halt, ging neben Nele auf die Knie, und kam vor Lachen nicht mehr hoch. Der Rettungsschwimmer konnte Neles Hand nicht los lassen und ich saß hemmungslos giggelnd und gackernd im Wasser und schaffte es einfach nicht mehr aufzustehen. Prompt kam ein älterer Spanier vom Strand zu uns gelaufen um mir aufzuhelfen und mich an Land zu geleiten. So eine lachende Viererkette die sich an den Händen haltend Schritt für Schritt aus dem Wasser heraus arbeitete, schien auf die nächsten Zuschauer auch eine höchst erfrischende und belustigende Wirkung zu haben, das Leben ist einfach herrlich hier. Froh über die Hilfe der Rettungsschwimmer, stockten wir die Kaffeekasse der Jungens gegen ihren Willen etwas auf.

In der Apotheke waren die für meine Genesung bestellten Schüsslersalze (Natrium chloratum, Aurum und Selenium) eingetroffen. Das sind die Hauptmittel, die bei Trauer eingesetzt werden. Nieren, Herz, Lunge und überhaupt alles andere auch läuft bei mir immer noch Amok. Erst jetzt, nachdem mein Verstand wieder langsam und in winzigen Schritten anfängt zu arbeiten, kann ich versuchen darauf einzuwirken. Ich will und muss wieder ins Leben zurück finden, so schwer es mir auch momentan noch fällt. Jochen fehlt mir nach wie vor unendlich. Dabei zwinge ich mich schon öfter am Leben außerhalb meiner kleinen Fincawelt teil zu nehmen. An manchen Tagen fällt es mir ein klein wenig leichter, an anderen Tagen geht es gar nicht. Dann gönne ich mir auch den Luxus die Gefühle, wie sie gerade kommen, voll und ganz auszuleben. Mit der Arbeit mache ich mir derzeit keinen Zusatzstress mehr, es wird erledigt was getan werden muss und darüber hinaus höre ich nur auf mein Innerstes, was es mir rät. Mein Leben lang brauchte ich nie viel Schlaf, sechs Stunden waren im Schnitt das Maximum, dann war ich wieder hellwach, jetzt kann es auch schon mal passieren, dass mein Organismus von mir mehr, sogar viel mehr Schlaf fordert und da können es auch schon mal zehn oder zwölf Stunden sein. Danach fühle ich mich zwar immer noch wie erschlagen, aber der Nebel in meinem Kopf beginnt sich ganz langsam zu lichten. Nur mein Gedächtnis ist nach wie vor in einigen Bereichen komplett verschollen. Ich vermute mal, dass das immer noch eine der Auswirkungen von dem ganzen seelischen Stress der letzten Monate ist. Jochen fehlt auch unseren Hunden und Katzen unwahrscheinlich stark. Sie wissen ganz genau, dass etwas sehr schlimmes passiert ist und ich bin mir ganz sicher, dass sie auch wissen, dass Jochen tot ist. Der Tod einer anderen Katze oder eines Hundes war für unsere Familienvierbeiner an und für sich nichts fremdes, dass mussten sie in den letzten Jahren öfter erleben. Wir ließen das verstorbene Tier dann immer über Nacht draußen bei ihnen liegen und alle anderen Hunde und Katzen kamen nach und nach einzeln zu dem betreffenden Tier und verabschiedeten sich von ihr oder ihm. Es war immer sehr berührend sie dabei zu beobachten. Einmal hatten wir eine kleine wunderhübsche dreifarbige Katze namens »Mademoiselle

Kikki« und diese wurde von unserem Schäferhund Jerry innig geliebt. Als sie an F.i.P. (Feline infektiöse Peritonitis) starb (damals wussten wir noch nicht, wie wir es behandeln können), bewachte Jerry tieftraurig ihren Leichnam und ließ über viele Stunden die anderen Tiere sich nicht von Kikki verabschieden. Erst vor der Beerdigung gab er ihre Leiche auch für die anderen Fincabewohner frei und sie kamen alle nacheinander um ihr tschüss zu sagen. Erstaunt waren wir auch jedes Mal wenn wir das verstorbene Familienmitglied am nächsten Tag begruben, da tauchten ohne ein Wort sämtliche Hunde und Katzen unvermittelt auf während wir noch das Loch aushoben. Sie saßen dann jeder so mit ein bis zwei Meter Abstand im Kreis um uns herum, und wohnten still und ohne zu spielen oder sich hin zu legen, der Zeremonie bei. Danach ging für sie das Leben wieder weiter. Nicht alle Hunde lieben alle Katzen und umgekehrt, aber es gibt richtig innige und tiefe Freundschaften unter ihnen, und wenn dann der engste Freund stirbt, leiden und trauern sie ebenso wie wir Menschen. So erging es auch unserer Rudelchefin Tamina, als ihr bester Freund der Siamkater Cristobal Colon zwei Jahre später ebenfalls an F.i.P. starb. Da brauchte sie dann ganz besonders viel Zuwendung und erholte sich erst wieder richtig, als wir den Rüden Tango (unser tolpatschiges Riesenbaby) aus dem Tierheim holten.

Von Jochen konnten sie sich aber nicht verabschieden. Wenn ich aus dem Krankenhaus kam, roch ich nach ihm und sie vermissten ihn. Als er dann gestorben war, fuhr ich kaum noch weg und ich roch vermutlich mit der Zeit auch immer weniger nach ihm. Aber ich wette, dass auch menschliche Trauer für so hochsensible Hunde- und Katzennasen einen ganz eigenen Geruch hat. Sie sehen und sie hören mich weinen, sie hören mich vor tiefstem Seelenschmerz und Verzweiflung lauthals schreien, aber das alleine ist es nicht warum meine Tiere sich so auffallend anders und so außergewöhnlich fürsorglich verhalten. Ich sehe es in ihren Augen, sie machen sich große Sorgen um mich und sie versuchen mir nach Kräften auf ihre Weise zu helfen und mich aufzumuntern. Ohne ihre bedingungslose Liebe und Fürsorge und ohne die Verantwortung für das Wohl und Leben meiner Tiere wäre ich Jochen wahrscheinlich schon längst gefolgt. Ich liebe sie alle und ich bin heilfroh und dankbar, dass sie bei mir sind.

7. August 2014 – Papiersalat

Die Krankenversicherung hat sich immer noch nicht bei uns gemeldet. Wir wissen nicht, ob sie die Krankenhauskosten übernehmen und die Bestattungskosten wurden auch noch nicht erstattet. Vielleicht warten sie ja noch auf Jochens Auferstehung.
Allerdings schafften sie es in ihrer grenzenlosen Dummheit oder Unverfrorenheit doch tatsächlich, auch von meinem vor mehr als drei Wochen verstorbenen Mann, die Krankenversicherungsbeiträge für den Monat August abzubuchen. So viel pietätloses Verhalten ist echt kaum noch zu toppen, ich habe die Abbuchung selbstredend sofort storniert. Nele blies ihnen schriftlich den Marsch und eine Angestellte des Versicherungsmaklers rief sie darauf an und fragte als erstes, »ob ich (Renate) denn in der Krankenversicherung verbleiben würde«. (Toll, nicht wahr?) und zu der gedankenlosen Abbuchung meinte sie lapidar: »Da muss sich wohl was überkreuzt haben.« Merkwürdig, dass sich immer nur etwas zu Gunsten der Konzerne »überkreuzt«, nicht wahr?
Den endgültigen Abschlussbericht des Krankenhauses haben wir mittlerweile erhalten und er umfasst über einhundert Seiten DIN A 4. Nele kopierte ihn und sandte ihn dem Versicherungsmakler per Post zu. Der Postbote kommt allerdings nur zweimal pro Woche und dann lässt man alles erst mal ruhen. Die Bestattungskosten begleichen sie natürlich erst, wenn der Abschlussbericht vorliegt. Außerdem wollten sie zum x-ten Male unsere Ausweise als Kopie haben. Verdammt noch mal, schaut euch doch endlich mal in eurem Saftladen um, die habt ihr das letzte Mal am 17. Juli als vom Notar beglaubigte Kopie per Email erhalten. Und diese Kopien waren ja schließlich auch nicht die ersten die ihr von unseren Ausweisen bekamt! Unsere Ausweise lagen euch schon immer vor und seit dem zweiten Juni schicken wir sie euch quasi alle paar Tage, oder zumindest einmal pro Woche erneut zu.

Mir fehlen ob dieser zunehmend gedankenlosen und flegelhaften Verhaltensweise schlicht die Worte. Das darf doch nun wirklich nicht wahr sein und erst recht nicht im Zeitalter der schnellen Kommunikationsmedien. Das Geld interessiert dabei eher am Rande, es nervt nur ungemein, dass dieser Mist permanent weiter im Raume steht und jegliche Genesung und Heilung stört. Wirklich, es soll euch im Leben nichts Schlimmeres widerfahren, als das, was ihr den anderen antut. In meinem ganzen Leben war ich weder rachsüchtig noch nachtragend, aber die bringen uns so richtig auf die Palme und das, wo mein Herz und mein gesamter Organismus stark angeschlagen sind und ich mit dem heftigen Stress der letzten Monate und der großen Trauer schwer um mein eigenes Überleben zu kämpfen habe. Pfui, schämt euch mal anständig in Grund und Boden, ihr seid nicht einen beschissenen Fliegenfurz besser als die ohnehin schon längst berüchtigten Mistböcke von Vodafone. Die wollten trotz der von denen akzeptierten Kündigung noch drei Monate lang jeden Monat die Grundgebühr von uns einfordern. Ein Sturm knickte im Dezember die für uns zuständigen Sendemasten und weil eh schon Gerichtsprozesse gegen diese Masten liefen, baute sie die auch nach Wochen nicht wieder auf. Unsere fristlose Vertragskündigung akzeptierten sie binnen zehn Minuten und dann versuchten sie trotzdem drei Monate lang weiter die Grundgebühr abzubuchen, was glaubten die eigentlich wie blöd wir sind??? Denen pinkelte mein Schatz mit viel Humor sauber ans Bein. Zwar akzeptierten sie ihre Kündigungsakzeptanz immer wieder, schickten aber gleichzeitig ein Inkassobüro von einer diffusen Adresse und ohne persönliche Daten los, um die von uns jeden Monat aufs Neue stornierten Abbuchungen doch noch zu kriegen. Das war eine ganz miese Betrugsmasche mit der sie sonst wohl gut abkassieren können. Jochen erstellte ihnen seinerzeit zu jedem neuen Schreiben eine Gegenrechnung mit einem jedes Mal 300 € höherem Betrag. Zum Schluss kam er auf 5.400 €, bevor sie sich überlegten, dass sie vielleicht lieber mal ihr Hirn anstelle von ihren automatischen Computerausdrucken anstellen sollten. Diese schmierigen Unternehmen verkaufen ihre angeblichen Außenstände an diffuse Scheinkanzleien in aller Welt, und von denen bekommt man dann alle paar Monate wieder eine bescheuerte und völlig ungerechtfertigte Zahlungsaufforderung ohne Anrede, Namen, Rechnungsnummer etc.. Es gibt mit Sicherheit genügend Leute die ängstlich auf eine von einem ›Anwalt‹ geschriebene Zahlungsaufforderung reinfallen ohne sie auch nur ein einziges Mal genauer betrachtet zu haben. Sagt mal ehrlich Leute, müsst ihr unbedingt alle noch mehr dafür tun um euren mittlerweile weithin als höchst miserabel bekannten Ruf nachhaltig zu verstärken? Habt ihr es wirklich so dringend nötig, dass ihr mit unlauteren Methoden permanent versucht ungerechtfertigterweise Geld von ehemaligen Kunden zu erprellen?

Der Stress der letzten Monate setzte meinem Herzen und meinen Nieren sehr stark zu und ich kämpfe seitdem mit einem sehr hohem Blutdruck (245 : 146) und einem Ruhepuls von 100-120. Ich mache wirklich schon, was mir nur irgend möglich ist, um ihn wieder auf ein Normalmaß runter zu bekommen, aber so ein beschissener Anruf vom Versicherungsmakler macht zurzeit binnen zwei Minuten die blutdrucksenkenden Übungen und Anstrengungen von zwei ganzen Tagen zunichte. Mit solchem Zusatzstress kann ich im Moment überhaupt nicht mehr umgehen, das geht mir massiv an die Substanz. Nele brüllte heute auch das erste Mal am Telefon bei der Angestellten vom Versicherungsmakler so laut, wie sie es noch nie in ihrem ganzen Leben tat. Es langt uns jetzt einfach.

Bei unserem Osteopathen Pedro erhielt ich einen Notfalltermin. Solche Herz-, Brust- und Herzumgebungsschmerzen wie zurzeit hatte ich noch nie in meinem Leben. Ich dachte mein Herz zerreist mir mit dem nächsten Schlag in der Brust oder knallt einfach durch. Er bearbeitete meine das Herz umgebende Muskulatur und den Herzmeridian ausgiebig und jetzt geht es mir etwas besser. Alles ist extrem zugekrampft. Nächste Woche habe ich den nächsten Termin, ich muss unbedingt schauen, dass ich auch körperlich wieder auf die Beine komme.

Nachtrag: seit dem folgenden Tag tat sich bei mir unglaublich viel.

Nicht nur, dass sich mein Herz nach der Behandlung leicht beruhigte und nicht mehr ganz so extrem schmerzt, sondern auch meine Seele befreite sich ein Stück weit und mein Geist öffnete sich ein klein wenig mehr. Ich kann seitdem wieder etwas besser Denken und meine Seele gewinnt an Leichtigkeit zurück. Nach der Notfallbehandlung fiel mir sogar wieder »ein«, mein eigentliches homöopathisches Herzmittel »Cactus« einzusetzen. Die schmerzhafte eiserne Faust ums Herz, die stechende Enge der Brust, der kraftlose und viel zu rasche Puls, die Schmerzen im linken Arm, Brust, Rücken und Bauch, das alles lässt damit nach. Bei mir war alles völlig blockiert und mein ganzes Wissen von der Naturheilkunde war »gelöscht«, so dass ich mir in dem gesamten Zeitraum kaum, oder besser gesagt, gar nicht mehr selber helfen konnte.

Danke Pedro, Du hast den Weg geöffnet!

10. August 2014 – Die »JA-ABER-Teufelchen«

»Du wirst schon noch den Ernst des Lebens kennen lernen …«
Ich weiß nicht mehr, wer mir mal diesen wirklich dummen Satz sagte, aber vielleicht störte es ja seinerzeit diese Person, dass ich es seit vielen Jahren als Privileg betrachte, mein Leben als ein großes Spiel zu empfinden und das Leben mit meinem Mann stets als meine fröhliche »Abenteuerspielwiese«.

Bitte nicht falsch verstehen, Zeit meines Lebens arbeitete ich stets sehr viel, hart aber vor allem sehr gerne. Bevor ich Jochen kennen lernte, teilweise in bis zu zwei oder drei Jobs, um über die Runden zu kommen. In der Praxis ging es dann über weite Strecken mit 60, 80 und bis zu 100 Wochenstunden weiter. Neben der Patientenbetreuung gaben wir Vorträge, Kurse, bildeten Therapeuten aus und Jochen schrieb Bücher über Naturheilkunde. Wir liebten unser Leben so wie es war, und wir lebten beide dafür, Menschen zu helfen und sie über die Gesundheit und die Zusammenhänge mit Umweltschutz, Naturschutz, Tierschutz und dem eigenen Konsumverhalten aufzuklären. Wir haben keine eigenen Kinder, aber diese Aufgaben waren sozusagen »unsere Kinder«.

Mit 24 Jahren floh ich begleitet von Morddrohungen aus meiner ersten Partnerschaft (» …wenn ich Dich nicht haben kann, dann kriegt Dich auch kein anderer«) außerdem wollte er die Katzen umbringen etc. Mein Leben erschien mir damals fürchterlich trist, unfair und sowieso war alles Mist. Ich trank zuviel, rauchte wie ein Schlot, hatte einen Arsch voll Schulden und schimpfte auf meinen damals noch cholerischen und nachtragenden Vater (sorry Papa). Bis ich eines Tages merkte, dass Sorgen auch nach einer Flasche Sherry noch verdammt gut schwimmen können und meine Mutter mir den seinerzeit wegweisenden Satz »Ich weiß gar nicht was Du hast, Du bist genau so wie Dein Vater« an den Kopf warf. O Nein, so wollte ich wirklich nicht werden oder gar sein und so konnte es auch nicht mehr weiter gehen. Da setzte ich mich ganz bewusst hin und überlegte, was ich in meinem Leben wirklich wollte. Geld, Ruhm und Macht interessierten mich noch nie und irgendwie hatte ich auch kein Verlangen nach einer »normalen« Musterfamilie à la »Mann geht arbeiten, Frau bleibt zu Hause …«. Bitte nicht falsch verstehen, ich finde es wirklich bewundernswert wenn sich ein Paar dafür entscheidet eine Familie zu gründen, aber jeder Mensch hat nun mal seine eigene Bestimmung und meine lag einfach woanders, ich war ja schon dauernd auf der Suche nach ihr. Aber was war es dann, was ich für mich in meinem Leben als »wichtig« erachtete? Ich wusste nur eines, ich wollte nicht mehr traurig und auch nicht mehr wütend sein, soviel war mir klar, aber ohne Schatten gibt es bekanntlich auch kein Licht. Nach langen Zwiegesprächen mit mir selber, teils unter Zuhilfenahme eines Zettels auf den ich alles drauf schrieb, fand ich heraus, dass ich Freude empfinden möchte, und dass anderen Menschen Freude zu schenken, für mich das schönste Gefühl ist. Allerdings war es nicht ganz so einfach, einen so kampflustigen Dickschädel wie mich auf eine andere »Schiene« zu bringen. Seelische Verletzungen und ganz besonders nachtragende Gedanken, doofes und auch erlerntes »Erbgut« – brachten mein Seelenheil immer wieder heftig ins Schleudern, da musste ich unbedingt meinen eigenen Weg finden, wenn ich ein besseres Leben wollte. Autogenes Training war ja schon mal ein sehr brauchbarer Anfang für mich, aber bei weitem nicht ausreichend für mein stets überaktives und hochsensibles Hirn. Zwei sehr hilfreiche Vorteile hat mein Charakter. Ein sehr stark ausgeprägtes Gerechtigkeitsempfinden und ich kann kämpfen, zur Not auch gegen mein eigenes Hirn, und diese Eigenschaften nutzte ich damals hemmungslos. Ich nahm mir also ein Blatt Papier, zog mit dem Stift drei senkrechte Spalten und schrieb über die erste »Was stört mich alles?«, man, die wurde vielleicht lang, zum Schluss waren es drei hochkant untereinander geklebte A 4 Blätter. Über die zweite Spalte kam die Überschrift »Warum stört mich das?«, das war die schwierigste Frage, und die Überschrift der dritten Spalte lautete »Was kann ich dagegen tun?«. Diesen Zettel hängte ich an meinem Schrank auf und hatte ihn somit immer voll im Blick. Mit der Zeit und vielem innerlichen Nachforschen stellte ich fest, dass es bei dem, was mich alles störte, ähnliche Grundmuster gab. Und als ich endlich herausgefunden hatte, warum mich etwas störte, war der Weg zum »Was kann ich dagegen tun« die nur logische Konsequenz daraus. Gut, soweit war mir das nun klar geworden, allerdings hatte ich zu dem Zeitpunkt noch einen ganz gemeinen Gegenspieler in mir, nämlich das »JA, ABER« und das hat wahrlich viele Gesichter. Es versaute mir regelmäßig meine zarten Bemühungen ein fröhlicherer und zufriedener Mensch zu sein, da musste unbedingt eine greifende Lösung gefunden werden, ich wollte schließlich Herr beziehungsweise Frau über meine eigenen Gedanken sein und nicht der wehrlose Büttel eines blödsinnigen und völlig nutzlosen »Abers«. Diese »Abers« waren verteufelt hinterhältige kleine Mistviecher, sie zahlten mir meine Miete nicht, machten mich nicht glücklich und am besten ich würde sie mit Trommeln, Trompeten, Karacho und Volldampf rausschmeißen. Das war`s also, ich benannte meine sämtlichen »Abers« in »kleine Teufelchen«! Es gab schwarze (das waren meine eigenen Mistviecher), rote (die gehörten zur Partnerschaft), gelbe (entsprachen in meinem Gefühl dem Neid und der Eifersucht), grüne (bei Unstimmigkeiten unter Freunden) und blaue (die jede noch so kleine Hoffnung bereits im Kern erstickten). Egal welche Farbe sie trugen, eines hatten sie alle gemeinsam, sie kamen immer ganz leise wispernd ans Ohr und jedes mal wenn man ihnen zuhörte, gewannen sie zusehends an Kraft und wurden immer schneller stärker und lauter bis ich nichts anderes mehr hörte, als nur noch diese Teufelchen. Ich sagte Ihnen damals gnadenlos den Kampf an. Ich schrieb sie auf einen Zettel, verbrannte sie und spülte sie ins Klo. Ich schnauzte sie an, warf sie aus dem Fenster und liess sogar alle antreten, stramm stehen und dann warf ich sie durch meine geöffnete Wohnungstür hinaus, immer und immer und immer wieder.

Diese meine eigenen Teufelchen waren furchtbar hartnäckig und so suchte ich nach einem weiteren Weg, der Biester ein für alle Male Herr zu werden und den fand ich auch für mich. Ich schrieb von nun an bei jedem Thema unter der dritten Spalte ein nach meinem persönlichen Empfinden ausgelegtes »Zahlungsabschlussdatum« drunter und bis zu dem angegebenen Tag durfte ich mich über das Thema auskotzen so viel ich wollte, aber ab dem Datum 0.00 Uhr war damit Schluss. Nicht, dass die »JA-ABER-Biester« mich dann rücksichtsvoll in Ruhe gelassen hätten, nene, das wäre doch wirklich viel zu einfach gewesen, nur schenkte ich Ihnen ab dem Zeitpunkt keinerlei Energie mehr, mehr noch, ich verweigerte Ihnen rigoros den Zugriff auf meine Seele, ich schenkte ihnen keine Aufmerksamkeit mehr und hörte ihnen konsequent nicht mehr zu. Das half mir dann endgültig. Jahre später traf ich auf das ganz fantastische Buch »Kraft zum loslassen« von Melody Beatty, damit setzte ich noch mal über zwei Jahre lang täglich nach. Seitdem geht es mir richtig gut und ich kann mein Leben und meine Arbeit unbeschwert als ein wunderbares, hochinteressantes und äußerst buntes Spiel betrachten. Gewisse Fragen, bei denen ich »zu nah vorm Spiegel stand« half mir mein Schatz zu klären. Jochen war nicht nur Zeit seines hier Verweilens auf der Erde mein Seelenpartner, er wird es auch in Zukunft uneingeschränkt bleiben. Es verband und verbindet uns weit mehr als eine »normale« Liebe. Er ist auch jetzt nach seinem Tod bei mir, er ist nicht weg und er ist auch nicht unerreichbar für mich, es fühlt sich mit jedem Tag etwas mehr so an, als wenn ich einen Teil seiner seelischen Kraft von ihm mit übernommen hätte. Ich bin auch wieder deutlich fröhlicher geworden und singe sogar wieder munter vor mich hin (wenn ich doch nur den Text immer wüsste …).

Ein befreundeter Kollege von uns schlug mir vor zukünftig Kurse zu geben.

»*Bei Deinem Background und Deiner Erfahrung würdest Du sicher reichlich Zulauf bekommen.*« Meine erste Reaktion war

›NEIN‹. Jochen und ich hielten sämtliche Kurse (bis auf die Shiatsu Kurse) immer zusammen ab. Selbst als eine Anfrage aus Tokio kam, Kurse vor japanischen Ärzten abzuhalten, wollte er auf gar keinen Fall alleine fliegen. Mein Leitersturz mit den Brüchen in Fuß, Knöchel und Bein und den drei Monaten auf Krücken machten das zunichte. Es wäre aber auch verdammt anstrengend gewesen, innerhalb einer Woche von Teneriffa nach Tokio hin und zurück zu fliegen und dazwischen mit Übersetzer an der Seite Japanische Naturheilärzte und Therapeuten auszubilden. Also ziehe ich mein ›NEIN‹ vorerst zurück und lasse alles in Ruhe auf mich zukommen. In der Zwischenzeit kümmere ich mich weiter um die nötigen Papiere und schau, dass ich gesundheitlich wieder in die Reihe komme. Ich bin der absolut festen Überzeugung, dass sich das für mich Richtige zur rechten Zeit im Leben ergeben wird. An oberster beruflicher Stelle in meinem Kopf steht bisher, meine handgemachte Seifenproduktion auf dem Bauernmarkt anzubieten und daran arbeite ich gerade.

11. August 2014 – Fincasuche

Wie das Leben so spielt, existiert zwischen Himmel und Erde weit mehr, als wir Menschen mit unserem sehr begrenzten Wissen auch nur im Entferntesten ahnen können. Heute war mal wieder so ein Tag, aber lasst mich davon berichten:

Nele und ich waren früh verabredet, um zusammen zum Ayuntamiento (Bürgermeisteramt) von meiner Gemeinde zu fahren, dort wollten wir mein aktuelles Certificado de Empadronamiento (Wohnortbescheinigung) abholen. Da unser Haus an einem Camino (Weg) liegt, erwies sich die Ausstellung meines Scheines als wesentlich schwieriger als gedacht (das konnte nur der in Urlaub befindliche Spezialist durchführen). Mit vereinten Kräften half man mir vor ein paar Wochen, mich zumindest formularmässig korrekt vorzubereiten. Es fehlte also nur noch dieses so wichtige Zertifikat. Nun, das konnte ja wohl nicht weiter schwierig sein, Nele bekam es in inklusive Wartezeit binnen 10 Minuten in Ihrer Gemeinde, also erhoffte ich ähnliches für mich.

Als ich gerade losfahren wollte, tauchte unsere Nachbarin Candi auf, sie hatte mich ein paar Tage nicht gesehen und das war ihr wieder eindeutig zu lange. Nach den üblichen Fragen wie es mir geht und wie es ihrer Familie geht trug sie noch etwas auf dem Herzen. Ihr Sohn Alexis (das ist der, der auch einen Teil von Jochens Schuhen erhielt und überglücklich darüber ist weil er nun keine Rückenschmerzen mehr hat), wollte sich einen gebrauchten Caravan zulegen und sie hätten Probleme einen passenden Stellplatz zu finden. Bei all ihren Hauseinfahrten ging es zu steil bergauf oder bergab, so dass der Caravan mit 7 m Länge dort nicht fahren könnte ohne aufzusetzen. »Ob ich vielleicht einen Platz dafür hätte?« Nun, auf meinem Parkplatz geht es nicht weil da die Autos auch wenden müssen, aber dann fiel mir unser ursprünglicher Grundstückseingang ein, zu dem ein schmaler Weg von vielleicht 15 Meter Länge mit verbrieftem Wegerecht führt. Wir beide gingen also nach hinten, ich zeigte ihr den möglichen, mit Brombeeren überwucherten Platz und das Eingangstor und dann mussten wir beide lachen. Hinter dem Tor auf dem Weg wuchs ein Urwald locker bis 3 m Höhe. Klar, der Weg war seit vielen Jahren nicht mehr benutzt worden, das tat Mutter Natur dafür gründlich. »Wenn Alexis mit dem Caravan hierher will, dann hat er ganz schön viel zu tun«, entfuhr es mir prustend. Candi grinste breit und meinte: »Jaaaha, das hätte er, aber das wäre kein Problem, sie würde es ihm erzählen.« Wir verabschiedeten uns und ich machte mich auf den Weg zu Nele. In Garachico hatten sie für die »Romeria« (Erntedankfest) direkt vor dem Ayuntamiento eine wunderschöne und kunstvoll gestaltete Bühne mit etlichen Obstkörben und Blumendekorationen aufgebaut. Wir mussten ein paar steile Stufen hinauf und wieder hinunter steigen um den direkt hinter der Bühne liegenden Eingang des Rathauses zu erreichen. Der »Spezialist« war pünktlich aus dem Urlaub zurück gekommen und fand sogar nach kurzer Suche meine Unterlagen (o Wunder, o Wunder). Er suchte auch ganz eifrig mein Grundstück, nur konnte er mit meinem Straßennahmen nichts mehr anfangen. Darauf folgte eine erweiterte Suche anhand mindestens 10 Jahre alter Satellitenbilder und siehe da, nach einiger Zeit hatte er die grobe Richtung meines Zuhauses entdeckt. »Siehste, hier ist die Autobahn.«

»Wo?« »Na hier, siehste das nicht?« »Ööh, nee, hilf mir mal bitte.« Von der Autobahn waren auf dem Ausschnitt des Satellitenbildes gerade mal die gegossenen Zementpfeiler von den Straßenunterführungen zu sehen, das war alles, aber nachdem ich sie nun auch erkannt hatte, reichte es für die weitere Orientirung völlig aus. Von da aus mussten wir nur dem Straßenverlauf folgen um unser Grundstück zu finden. Tja nun, mein Straßenname war mal eben so ohne jede Information der Anwohner geändert worden. Nun wurde es einfach, ich war gefunden worden und mein begehrtes Zertifikat lag innerhalb von zwei Minuten vor mir, noch 3,50 €uro bezahlt und dieser Schritt war also auch geschafft.

Wir fuhren weiter in Richtung Puerto de la Cruz, aber vorher musste ich noch Tanken und den Reifendruck überprüfen. Auf dem Weg dorthin fragte mich Nele, ob ich unseren 31 Jahre alten BMW 635 csi behalten wolle, der Wagen wäre doch ein wenig arg groß für mich. Klar bin ich schon einige zehntausend Kilometer mit dem Wagen gefahren, aber da ich mit 163 cm nicht gerade groß bin, brauche ich immer ein Kissen unterm Hintern, um überhaupt über das Lenkrad schauen zu können, ehrlich (und jetzt hört gefälligst wieder auf zu lachen!). Der BMW war jedoch eines der wenigen Autos, in dem Jochen bequem sitzen konnte, ohne mit dem Kopf an das Autodach zu stoßen. Mir ist der Wagen wirklich viel zu groß, aber Jochen fuhr ihn schon Jahre vor unserer Hochzeit und es ist ein wunderschönes Auto mit richtig viel Klasse und Charakter. Ich würde den Wagen ja auch verkaufen, aber wer bietet mir hier auf der Insel für diesen Oldtimer einen vernünftigen Preis an? Ich muss mir von dem Erlös ein anderes brauchbares Auto besorgen und den Wagen nach Deutschland zu schicken kann ich mir nicht leisten. An der Tankstelle kämpfte ich mit dem Spiralschlauch des Reifendruckmessers, als ich auf Deutsch hörte »Kann ich Ihnen helfen? Geben sie dem ruhig 2,5 Bar, das brauchen die Reifen, sonst liegen sie zu breit auf.« Ein junger Mann kam zu uns herüber. Mit einem bewundernden Blick auf das Auto sagte er: »So etwas Wunderschönes wie dieser Wagen wird ja heute gar nicht mehr gebaut. Wenn Sie den mal verkaufen wollen, geben Sie mir Bescheid.«

Ich platze heraus: »Ich muss ihn verkaufen, mein Mann ist gerade gestorben und der Wagen ist einfach zu groß für mich.« Erst erschrak er und drückte mir sein Beileid aus. Ich bedankte mich und wiederholte: »Ich meine das ernst, ich muss den Wagen verkaufen, er ist wirklich zu groß für mich.« Wir tauschten unsere Daten aus und wenn er in einer Woche von seinem Segeltörn zurück kommt, will er sich bei mir melden. Keine Ahnung, ob ein Verkauf zustande kommt, aber gelinde gesagt merkwürdig oder zumindest höchst ungewöhnlich fanden wir diese unerwartete Begegnung auf jeden Fall.

Kaum war ich vom Einkaufen zurück, hatte noch nicht mal das Tor hinter mir geschlossen, da hielt ein Wagen vor meiner Einfahrt, es waren unsere Nachbarn Lolli und Manolo. Sie fragten ebenfalls wegen dem Caravanstellplatz für Alexis und ich erklärte, er müsste nur schauen, ob er durch das andere Tor rein kommt und halt kräftig mit der Motorsense arbeiten. Wir sagten tschüss, ich schloss mein Tor und machte die Hunde los. Kaum 15 Minuten später, ich war noch beim Auto ausladen, stand der nächste Wagen vor der Tür, diesmal mit Candi und Sohn Alexis. Mit einem Maßband bewaffnet gingen wir nach hinten um die Breite des Tores zu überprüfen. Die Größe des Platzes fand er klasse, das Tor müssten sie ein wenig verbreitern, was für die Männer aber auch kein Problem sei, Unkraut mähen auch kein Problem, Wasser und Strom sind dort vorhanden, der Caravan wäre von der Straße aus nicht einsehbar und unsere Hunde passen automatisch mit drauf auf. Über den monatlichen Obolus würden wir uns sicher einig. Seine Mutter sagte ihm gleich, dass ich kein Geld habe und er mir bezahlen soll, was er woanders auch bezahlt.

Witzig, heute früh schrieb ich einer lieben Freundin einen Brief und schloss mit den Worten: »Ich stehe hier nun alleine ohne meinen Schatz, mit dem großen Haus und dem Land und frage mich »wofür das alles?«.

Dann höre ich in Gedanken immer Jochens schmunzelnde Antwort:

»Du bist glücklich hier, warte es ab«.

Ich weiß nicht warum, aber mir ging an diesem Tag folgender Witz nicht mehr aus dem Kopf:

Ein Mann ertrinkt und bittet Gott um Hilfe.

Ein Rettungsschwimmer schwimmt raus.

Der Ertrinkende sagt: »Nein, Danke. Gott wird mich retten.«

Einige Minuten später kommt ein Ruderboot vorbei.

»Nein, Danke. Gott wird mich retten.«

Dann kommt ein Schiff um ihn zu holen.

»Nein, Danke. Gott wird mich retten.«

Zuletzt schwimmt noch ein Baumstamm an ihm vorbei und der Ertrinkende denkt für sich, »das wird mein Gott für mich ganz bestimmt nicht gedacht haben …«

Letztendlich ertrinkt der Kerl und er kommt in den Himmel.

Er fragt: »Gott, warum hast du mich nicht gerettet?«

Gott sagt, »Verdammt nochmal, …ich hab dir zwei Boote, einen Rettungsschwimmer und zu guter Letzt noch einen Baumstamm geschickt.

Was zum Teufel hast du denn erwartet?«

Ich habe meine Seele, mein Herz und meinen Kopf vertrauensvoll für die Zukunft geöffnet. Und nein, ich habe schlicht gesagt überhaupt noch keine Ahnung, was das Richtige für mich ist und wohin es mich führen wird, und was nicht. Selbstverständlich bin ich offen für jede nur mögliche Form von Ideen oder Hilfe, aber ich bin nicht blind und ich verbeiße mich auch nicht in sie.

Es wird kommen, was sein soll.

Schatz, alles wird gut, mach Dir bitte keine Sorgen um mich, ich liebe Dich!

15. August 2014 – Geschichten

Am 12. August starb der wunderbare, begnadete und geniale Schauspieler Robin Williams im Alter von 63 Jahren. Er wählte den Freitod. Das stimmte mich sehr traurig, für mich war er ein ganz außerordentlicher und überragender Schauspieler mit einer ganz großen und tiefen Seele. Er strahlte auch in seinen ernsten Rollen mit einem Lachen, dessen Tränen und Traurigkeit man nur beim »Schauen« hinter die Maske in seinen Augen sah.

Lieber Robin Williams, Du sollst wissen:

»Manche Menschen geben Dir in einem einzigen Augenblick das, wozu andere ein ganzes Leben nicht fähig sind.«

Du hast genau wie mein geliebter Mann den Menschen tausender solcher Augenblicke geschenkt und ich danke Dir dafür!

Ich las mal ein Zitat von ihm, was mich sehr nachdenklich machte:

»Früher dachte ich, das Schlimmste was im Leben passieren könnte, ist am Ende ganz allein zu sein.

Ist es nicht.

Das Schlimmste im Leben ist, am Ende mit Menschen zu sein, welche Dir das Gefühl von Alleine sein geben.«

Robin Williams

Vorgestern war ich bei der Bank um zu schauen, ob meine jährliche Steuer für Haus und Grundstück abgebucht wurde. Anfang Juli war sie fällig. Als ich meinen neuen Kontostand sah, zog es mir fast die Beine weg und ich schnappte noch Luft. Da war eine Summe eingegangen, die ich nicht zuordnen konnte und mir fiel schlagartig meine Freundin »Renatchen« ein. Wir sahen uns zwar nur zweimal in diesem Leben, aber sie trägt ordentlich mit »Schuld« daran, dass ich meine kleinen »Fincageschichten« in der Öffentlichkeit schreibe. Unsere Berliner Freunde brachten ihre Jugendfreundin mit zu uns, als sie gerade hier zu Besuch bei ihnen weilte. Wir sahen uns und von der ersten Sekunde an stimmte die »Chemie« zwischen uns. »Renatchen« (sie ist 25 Jahre älter als ich), litt zu der Zeit bereits an Nierenkrebs, den sie immer scherzend ihren »Untermieter« nannte. Ich schrieb ihr von da an lange Briefe von Hand (Computer hat sie bis heute keinen) und erzählte ihr von den lustigen Geschichten, die bei uns und mit unseren Viechern und auch sonst so passierten. Sie fühlte sich in unserem kleinen Paradies sauwohl und sie liebt die kleinen Schmunzelgeschichten. Wenn sie zur Chemotherapie ins Krankenhaus musste, waren meine Briefe immer mit dabei und so manche Ärzte wunderten sich sehr, wie diese Frau mit den so großen gesundheitlichen Problemen in ihrem Bett saß, las und dabei so herzlich und lauthals lachte. Lesen wollte natürlich jeder diese Briefe, die eine so kranke Frau während der Chemotherapie so zum Lachen und Strahlen bringen konnten. Sie drängte mich immer wieder, diese Geschichten als Buch heraus zu bringen und so vielen Menschen zugänglich zu machen. An ein Buch dachten wir seinerzeit aber gar nicht und so schenkte mir mein Schatz zu meinem 50ten Geburtstag die Homepage »Fincageschichten.de« und füllte sie mit tollen Informationen über unsere geliebte Insel. Ein schöneres Geschenk konnte er mir wirklich nicht machen. Er ließ sich sogar von meiner Freude am Erzählen mit anstecken und schrieb ebenfalls einige Geschichten. Unser Motto lautete bei so manchen Ereignissen: »Nicht drüber ärgern, das macht doch eh keinen glücklich, lieber eine lustige Geschichte darüber schreiben und weiter erzählen!« Mittlerweile gibt es diese Webseite nicht mehr, aber die »Fincageschichten« sind tatsächlich als gleichnamiges Buch erschienen.

Renatchen ist immer noch computerlos und so bekommt sie die neuen Geschichten ausgedruckt und per Brief zugesandt. Es gibt doch nichts Schöneres, als Menschen eine Freude zu bereiten und sie zum Lachen zu bringen!

Inzwischen hat sie eine Niere weniger, die andere mag auch nicht mehr so recht arbeiten und dann drehte sie vor ein paar Monaten auch noch einen saudummen Sturz mit dem Rollator und brach sich dabei kompliziert den Unterschenkel. Sie bastelten ihr eine Metallschiene ins Bein, aber bei der Operation fing sie sich die scheußlichen Krankenhauskeime ein, die ihr seitdem üble Entzündungen bescheren. Weitere Operationen folgten und man nahm ihr die Schiene wieder raus. Jetzt trägt sie seit vier Monaten einen Ringfixateur und der ruft auch wieder üble Entzündungen hervor. Sie hofft innig, das lästige Teil irgendwann in ein paar Wochen los zu werden. Renate ist eine ganz außergewöhnliche, herzensgute, ausgesprochen humorvolle und tapfere Frau mit einem herrlich flapsigen Mundwerk. Ich liebe und bewundere sie aus tiefstem Herzen! Und ich ziehe mit Hochachtung und Respekt meinen Hut vor Dir! Renate, ich werde Dir dafür immer dankbar sein, das hat den Druck auf meinem Herzen erheblich gemindert! Danke!!!

20. August 2014 – Geschwindigkeiten

Es fühlt sich für mich so an, als wenn mittlerweile eine ganz andere, große, tiefe und ruhigere Form der Trauer meine Seele erreicht hat. Im Vordergrund steht nicht mehr der unsagbar schneidende, das Herz zusammen krampfende und die Seele zerreißende Schmerz, der mich die halbe Welt in schlimmster Verzweiflung anschreien ließ. Sondern er wandelte sich jetzt eher in eine ganz bewusste Form der Traurigkeit, dass wir das alles nicht mehr zusammen erleben dürfen und wir uns auch nicht mehr berühren können. Ich schaue dann sein Bild an und in seine geliebten, wunderschönsten blauen Augen der Welt, lese den Text von Henry Scott Holland und merke, dass ich noch nicht imstande bin, ihn flüssig, geschweige denn mit der entsprechenden inneren Leichtigkeit zu lesen. Diese Gefühle lebe ich auch alle aus, wie sie gerade kommen, ich dränge nichts zurück und verkneife mir nichts. Nach einiger Zeit werden sie wieder etwas sanfter, aber der Grundtenor bleibt noch gleich. Ich habe den Eindruck, je mehr wir an administrativen Stressfaktoren aus dem Weg räumen, desto mehr Platz bekommt meine Seele um den Trauerprozess bewusster zu durchleben. Dem Rat meines Bruders »… jedes Gefühl auszuleben und dem tiefen Rhythmus der Seele zu vertrauen ….«, folge ich instinktiv bedingungslos. Ich bin ehrlich sehr froh, dass so wunderbare liebe Menschen um mich herum sind. Sie helfen mir allesamt so sehr, mich mit dem größten und schmerzlichsten Verlust in meinem Leben auseinander zu setzen. Seit ich Jochen kannte, hatte ich nur noch eine einzige Angst, den wichtigsten und wertvollsten Menschen in meinem Leben zu verlieren und das ist verdammt noch mal eingetreten. Jochen starb. Sonst habe ich nichts mehr zu verlieren.

Nele und ich sind dabei, sämtliche Unterlagen für unsere Residencia zusammenzutragen, das Certificado de Empadronamiento gehörte ja auch schon dazu. Biometrische Passfotos brauchen wir noch, die kriegt man nicht im Automaten, dafür mussten wir zu einem richtigen Fotografen gehen. Der nächste Fotograf war in Icod, dort ließen wir Jochens Portrait für das Buch »Der Darm IQ« machen. Es erstaunt mich immer wieder, was für ein ausgezeichnetes Gesichter- und Personengedächtnis die Menschen hier haben. Der Fotograf erkannte mich auf den ersten Blick, fragte gleich nach Jochen und ich hatte große Mühe, dass meine Wimperntusche nicht vor den Fotos verwischte. Da wir schon im Ort waren, erkundigte ich mich bei Optikern nach dem Preis für eine Lesebrille und für eine Computerbrille. Bisher kam ich noch mit den 12 Euro Lesebrillen aus der Apotheke klar, aber da ich bei beiden Augen unterschiedliche Sehstärken habe und bei Müdigkeit das linke Auge immer doll zu schielen anfängt, muss ich mir überlegen irgendwann wieder eine vernünftige, richtig vermessene Brille zum Lesen zu bekommen.

Am Abend kam Heiko (der von der Tankstelle) zu mir um sich den BMW genauer anzuschauen. Vor zwei Tagen durchfleuchte ein kurzer Gedanke mein Hirn »Wir kommen preislich nicht auf einer Ebene zusammen, aber das ist völlig okay«.

So war es dann auch, er dachte an 1.000 €uro, Nele sagte mir etwas von 7.000 €, also auf der Hälfte konnten wir uns auch nicht treffen. Machte aber nix, keiner von uns war deswegen enttäuscht und so setzten wir uns zum Plaudern auf die Terrasse. Im Gespräch stellte sich heraus, dass er in drei Tagen für ein Jahr in die Schweiz zurück kehrt und einen Stellplatz für sein Schlauchboot sucht. Ich rief eine alte Freundin an. Sie meinte sofort: ›Er soll das Boot vorbei bringen, der Stellplatz kostet auch nicht viel.‹ Er war froh und ich freue mich darauf unsere Freundin wieder zu sehen.

In den letzten Tagen hatte ich das Gefühl, dass mein Leben auf mehreren Schienen parallel läuft, nur der jeweilige zeitliche Faktor der einzelnen Bereiche bleibt dabei unabhängig voneinander. Der Behördenkram läuft zwar zäh und stockend, aber wir kommen trotzdem langsam voran. Meine innere Trauerarbeit geht sehr bewusst und in einem ganz ruhigen Tempo weiter. Ansonsten empfinde ich es so, dass der Rest meines Alltagslebens zurzeit die Geschwindigkeit eines Trans Rapid Zuges erreicht, und ich ganz schön aufpassen muss, um die für mich entsprechenden Haltestellen nicht zu verpassen.

Jochens Computer ist auch meine Internetverbindung, ich hänge mit meinem Laptop nur über W-Lan an ihm dran. Aber jetzt spinnt sein Computer komplett. Internet, Email, nichts auf seinem PC geht mehr richtig und bei mir natürlich erst recht nicht.
    Für morgen früh um 10 Uhr konnte ich eine Team Viewer Sitzung mit unseren Computerleuten in Puerto bekommen. Ich bin heilfroh, dass sie es so schnell einrichten konnten.

21. August 2014 – »Natalie!?!«

So alle ein bis anderthalb Jahre schickt die Gemeinde einen Arbeitstrupp los, der die Straßenränder vom Umkraut befreit, hier dürfen sie wegen der Vorstufe des Naturschutzgebietes dankenswerterweise kein Gift versprühen. Diese Leute bekommen zumindest für vier Wochen einen Halbtagsjob und jeder 200 €uro dafür, immer noch besser als gar nix. Jedes Jahr sage ich ihnen, dass sie ihre Autos bei mir vor dem Tor abstellen können, das macht die Sache für sie viel einfacher, weil sie auf der schmalen Straße kaum parken können und somit viel weitere Wege zu ihren Fahrzeugen hätten. Sie säubern die kurze Einfahrtsbegrenzungen mit und als kleines Dankeschön gibt es für jeden von mir eine Tüte meiner handgefertigten Seifen.

Heute war es wieder so weit. In den letzten Tagen konnte ich vom Haus aus verfolgen, wie sich der Arbeitstrupp langsam den Berg hinauf arbeitete. Die Seifentüten waren vorbereitet. Dieses Jahr hatte ich noch eine ganz besondere Bitte auf dem Herzen. Über den Dächern der beiden Werkzeughütten und dem Dach vom Holzlager, waren die Brombeeren so stark gewachsen, dass sie fast einen Meter höher als die Dächer geworden waren und die Triebe über die Dächer hinweg wieder den Boden berührten. Mir fehlt noch die Kraft und die Energie dafür auf den Dächern herum zu krabbeln, alles zu schneiden und zu entsorgen, also fragte ich die Leute, ob mir jemand helfen könnte, natürlich gegen Bezahlung. Carlos, ein junger Mann unter 30, wurde von ihnen für diese Arbeit auserkoren. Er hat eine Frau und einen kleinen Sohn von 3 Jahren, ganz ein stolzer Papa, ich bekam natürlich auch gleich die Bilder seiner Familie auf dem Handy zu sehen. Er schnitt und schuftete in einem Wahnsinnstempo, auf dem Parkplatz türmten sich die abgeschnittenen Brombeerzweige zu riesigen Haufen. Meine zarten Bemühungen, den weit verteilten Brombeerteppich zusammen zu tragen, um ein paar brombeerfreie Laufflächen zu erlangen, vereitelten die sich ständig in meinen Armen, Hosen und Beinen verkeilende Brombeerranken.

Eigentlich war der Team Viewer auf den Computern installiert und muss bei Bedarf nur kurz abgefragt werden, um das jeweilige Kennwort für die entsprechende Sitzung zu erhalten, aber der auf Jochens PC meldete sich heute als fehlerhaft und so musste ich mir den bei »Chip« erst neu herunter laden. War auch eine Premiere für mich, hatte ich noch nie gemacht, klappte aber tadellos und nachdem ich das für die Sitzung nötige Passwort an den Computertechniker durchgegeben hatte, begann der gründliche check von Jochens PC. Somit konnte ich auch wieder Carlos unterstützend zur Hand gehen. Unterdessen lief die Team Viewer Sitzung weiter und Carlos rief so cirka alle 30 – 60 Sekunden »Natalie?!?«, er konnte sich meinen Namen Renate wohl nicht merken, oder ich sah für ihn einfach wie eine »Natalie« aus. Auch egal, bei Bedarf höre ich sowieso auf alles. Auf jeden Fall brauchte er zwei Leitern, Baumschere, Handsichel, Heckenschere und eine andere Pflanzenschere mit langen Schneiden. Dazu zwei Bretter, um auf den Dächern mit der »plancha uralita« laufen zu können ohne sie gleich ganz kaputt zu treten, (das hatte er bei dem Dach vom Holzlager bereits beim draufklettern geschafft). Ich sprang pausenlos zwischen Carlos und dem Computer hin und her, weil meine Team Viewer Sitzung unterdessen ja auch noch lief. Dann war Stillstand auf Jochens PC und auch das Zeichen von der Sitzung war verschwunden. Ein kurzer Anruf ergab, dass sich das Programm aufgehängt hatte und der Computer herunter gefahren werden musste. Also neues Team Viewer Kennwort herunter geladen, telefonisch durchgegeben und die Überprüfung ging reibungslos weiter. Carlos rief wieder »Natalie?!?«. Seine Handsichel hatte sich verselbständigt und mit beobachtenden Blicken auf meinen Computer war ich für die nächste halbe Stunde damit beschäftigt, die Sichel in und unter den bereits abgeschnittenen Brombeerranken zu suchen. Der Trupp draußen machte in meiner Einfahrt eine kurze Frühstückspause, am Tag zuvor hatte ich einen getränkten Orangenkuchen gebacken und verteilte den kurzerhand an die Leute, sie freuten sich riesig. Carlos wollte keine Pause, sondern machte lieber weiter, solange bis er das ganze kratzige Gestrüpp unten hatte. Dabei beließ er es dann auch, zusammen räumen kam irgendwie nicht mehr in Frage, das bleibt wohl erst mal liegen. Er sagte allerdings, dass sie die ganzen Berge abgesäbeltes Unkraut mit einem großen Lastwagen abholen würden, also warten wir halt mal ein paar Tage und lassen uns überraschen. Natürlich erzählte er mir, dass er auch andere Arbeiten macht, vom Malern über Bauarbeiten, Gartenhilfe etc. ›Gut‹, dachte ich mir und flitzte wieder zum Computer, › …für die eine oder andere Arbeit benötige ich eine helfende Hand oder auch zwei‹ und überlegte mir unterdessen einen für mich bezahlbaren Stundenlohn. Aber der interessierte ihn gar nicht, sondern wenn, dann schaut er sich die Arbeit an, nennt mir den Preis den er haben will, und dann könnten wir ja mal schauen, ob wir möglicherweise auf einem Nenner liegen. Ich zeigte ihm die tief herunter hängende Holzdecke im Bad. Die hatte sich ja schon während Jochens Krankenhausaufenthalt gelöst und wurde nur noch von einem wackeligen, mittlerweile arg verbogenen Aktenordner auf dem Spiegel gestützt, der langsam aber sicher nachzugeben drohte. Die einzelnen Panelen waren mit Nut und Fuge ineinander gepasst und auf die Querleisten geschraubt, aber ich bin körperlich nicht annähernd fit genug um das alleine runter zu montieren, da brauche ich wirklich Hilfe. Vor allem sind an den Wänden unterhalb der Holzdecke massive Wasserschäden entstanden und ich bin zwar ehrlich gesagt nicht sonderlich erpicht darauf, zu sehen, wie es unter der Holzdecke aussieht, aber es hilft ja nix ›wat mutt, dat mutt‹. Da geht kein Weg dran vorbei. Ich fragte ihn, ob er mir die Decke herunter holen kann und er meinte »ja«. Dann kam das unvermeidliche aller hiesigen selbsternannten »Spezialisten«: Er wollte die Decke – natürlich ohne überhaupt zu wissen, wie es darunter aussieht – gleich noch mit einer Mischung aus Compaktuna, Kalk und Spezialzement einpinseln und verputzen. Mein Kommentar ... »Nein, wir schauen erst mal wie es darunter aussieht, machen gründlich sauber und dann lassen wir alles erst mal richtig trocknen, ich kenne das Problem bereits seit einigen Jahren.« ...schien ihm genau so wenig eingängig wie mein Vorname.

Am nächsten Morgen um 7 Uhr früh war ich bei Nele, wir fuhren zusammen zur Nationalpolizei nach Puerto de la Cruz, um unsere Residencia zu beantragen. Um den üblichen Parkplatzproblemen zu entgehen, stellen wir den Wagen in einem anderen Stadtteil auf einem Parkplatz ab und erledigen die städtischen Wege mit dem Taxi. Das ist vor allem weniger für uns beide zu laufen. Um viertel vor acht kamen wir bei der Nationalpolizei an, aber die nehmen mit Nummernvergabe nur noch 12 Leute am Tag an um eine Residencia beantragen zu können. Und diese 12 Nummern sind bereits in der Frühe um 6 Uhr restlos vergeben. Was Schikane angeht, haben die einen echten Oberknall und da ist die Behörde von Puerto de la Cruz einsamer Spitzenreiter. Juckte uns aber ehrlich gesagt nicht weiter, irgendwie hatten wir beide nach den reichlichen Horrorerzählungen etlicher Bekannter eh nicht damit gerechnet, und so gingen wir um diese frühe Stunde erst Frühstücken. Ich sagte zu Nele: »Das machen wir nicht noch einmal, wir nehmen uns lieber einen Gestor (so eine Art Steuerberater, der auch solche Sachen macht), der wird uns bestimmt besser helfen können.« Bei meinem Computerladen fuhren wir vorbei damit ich meine Rechnung für die Team Viewer Sitzung direkt begleichen konnte und dort bekam ich dann auch »zufälligerweise« die Telefonnummer von einem deutschsprachigen Gestor, der mir noch aus Praxiszeiten in sehr guter und vor allem sehr angenehmer Erinnerung war. Ich rief ihn sofort an und er sagte uns, dass Puerto diesbezüglich wirklich einen hundsmiserablen Ruf pflegt und ein anderer Bezirk nur für einen »Härtefall« möglich ist. Nun, Nele auf Krücken und nach 12 Hüft-Op's gilt als Härtefall und ich als junge Witwe und ziemlich schlecht zu Fuß ebenso, passt also. Er gab uns an, welche Papiere er benötigt und die entsprechenden Unterlagen schickt Nele ihm vorab per Email. Sie war zwar noch sehr skeptisch, ob das alles auch so klappen würde, aber sie vertraute mir, weil ich ihn ja noch von früher kannte.

Ach ja, Carlos rief später auch an und wollte mir am Sonntag schon mal sein Werkzeug vorbei bringen. »Häh? Was für ein Werkzeug? Du brauchst doch nicht mehr als einen Schraubenzieher oder vielleicht einen elektrischen Schraubenzieher.« fragte ich ihn irritiert. Und er versuchte mir erneut eindringlich ein sofortiges Verputzen der Decke und der Wände nahe zu legen. Nix da, das habe ich schon zu oft mit verschiedenen »Spezialisten« und »Spezialmixturen« hinter mir, diesmal sollen die Decke und die Wände erst richtig austrocknen und die Terrasse darüber muss sich auch erst als vollkommen dicht erweisen, bevor da unten irgendwas verputzt wird, sonst kommt der Krempel spätestens in ein paar Monaten wieder von der Decke geblättert und gepurzelt. Mal schauen, ob er diesmal mein »NEIN« zu weiterbearbeitenden Tätigkeiten meiner Badezimmerdecke verstanden hat ...

25. August 2014 – Residencia

An der Autobahnraststätte »El Bohio« waren wir mit dem Gestor verabredet und das klappte perfekt. Drinnen herrschte ein Höllenlärm, obwohl gar nicht so viele Leute anwesend waren, aber die paar Hanseln redeten ziemlich laut. Wir suchten uns einen Tisch im hintersten Winkel um vorher in aller Ruhe die Papiere durch zu gehen. Unser Motto war: »Lieber 80% an Unterlagen zuviel dabei haben, als 1% zu wenig«, alles was benötigt wurde, hatten wir jedenfalls dabei. Nur die Passbilder waren nicht vonnöten, obwohl es in den Unterlagen vom Konsulat so drin stand. Auch egal, lieber zuviel, als zu wenig. Wir fuhren nach La Laguna rein. La Laguna ist eine wunderschöne alte Universitätsstadt nur die Straßenführung dort ist und bleibt für mich ein Buch mit sieben Siegeln. Als Jochen und ich noch im Urlaub hier weilten, schafften wir es irgendwann einmal irgendwie dort rein zu kommen, aber seitdem trotz mindestens fünf Anläufen nicht mehr. Wir beide landeten immer irgendwo draußen in irgendwelchen Wohngebieten. Der Gestor Simon, fuhr glücklicherweise vor und ich heftete mich wie ein Magnet an ihn dran. Darum achtete ich ehrlich gesagt auch gar nicht darauf, wie wir fuhren, sondern meine Augen hingen fest auf dem silbernen Heck seines Autos, damit er mir in dem dichten Verkehr nicht verloren ging. Fragt mich bitte nicht, wie wir dort hinein gekommen sind, ich weiß es wirklich nicht. Wir ließen Nele bei der Polizei aussteigen und fuhren weiter in das nächste Parkhaus. Kaum trafen waren wir bei ihr ein, kamen wir auch schon dran. Ein netter Polizist prüfte alle Unterlagen, gab den Großteil der Papiere nach kurzer Ansicht an uns zurück und wenige Minuten später hielt ich bereits meine unbefristete Residencia in den Händen. Nele brauchte etwas länger, weil man vor ein paar Jahren bei der Anmeldung ihrer N.I.E. Nummer Familiennamen und Vornamen verdreht hatte und das natürlich erst geändert werden musste. Der Polizist rief in Puerto bei der Nationalpolizei an und schickte sogar eine Email an die los und dann hieß es warten. Wir suchten uns ein kleines Lokal um die Ecke die »Taberna El Pirata«, tranken einen Cafe und aßen ein paar »Montaditos«, das sind lecker belegte (zusammenmontierte) Brote und warteten auf den Anruf aus der Polizeistation. Eine halbe Stunde später bekamen wir Bescheid, dass wir auch die zweite Residencia abholen können, die Änderung wäre vorgenommen worden. WOW, das ging aber schnell! Auch Neles Residencia bekamen wir völlig problemlos und zwar genau so unbefristet wie meine. Das war eine echte Erleichterung für uns, insbesondere nach den ganzen Horrorgeschichten, die wir über die Beantragung einer Residencia in Puerto de la Cruz gehört, gelesen und bei Freunden und Bekannten miterlebt hatten. Mit einem Milchcafe stießen wir zur Feier des Tages darauf an. Das hatte ja prima geklappt, ihn werde ich auch fragen wenn ich mit meinen Seifen auf den Bauernmarkt gehen will. Dafür muss ich beim Marktplatz nachfragen, welche Unterlagen ich alle brauche und wie die Konditionen sind – und ob Marktstände frei sind.

Ein Schritt nach dem anderen und alles in Ruhe, so geht es langsam voran.

27. August 2014 –
Tango tanzt und Pinto zieht ein

Hatte ich eigentlich schon mal erwähnt, dass das Tempo meines »Lebensdrumherum« locker die Geschwindigkeit eines Trans Rapid erreicht, wenn nicht sogar überschritten hat? Gestern früh hörte ich sehr ungewöhnliche Geräusche den Berg runter rumpeln und kaum fünf Minuten später Carlos Stimme, der »Natalie?!?« schmetterte und meine Schiffsglocke am Tor schwungvoll malträtierte.

Ich machte die Hunde fest, öffnete das Tor und da stand er mit einer großen gebogenen Mistgabel vor mir. Ein kurzer Blick den Berg rauf zeigte mir eine LKW-Zugmaschine, die einen größeren Container scheppernd über den Asphalt zog. Und ich Dummerchen vermutete schon, da würde einer mit leeren Metallmülltonnen bergab kegeln spielen. Carlos stürmte mit einem kurzen Gruß an mir vorbei auf den Parkplatz, hob den ersten, mittlerweile getrockneten Brombeerhaufen mit der Mistgabel hoch und transportierte ihn nach draußen an den Straßenrand. In der Zwischenzeit traf der gesamte Arbeitstrupp bei mir ein und nacheinander kamen alle Leute fröhlich lachend auf mich zu und bedankten sich für die Seifen. Der Fahrer des Lastwagens und der Mann, der im Container stand und die Unkrauthaufen mit den Füßen zusammen stampfte, winkten mir ebenfalls fröhlich zu. Carlos schaffte unterdessen die Brombeerhaufen zwei und drei hinaus. Auf einmal wuselte Tango zwischen den Leuten in meiner Einfahrt und dem ebenfalls auf gleicher Höhe stehenden Container-Schleppfahrzeug herum. Er hatte es geschafft, sich unbemerkt aus dem Halsband zu befreien, zugegeben, es war ja auch sehr locker umgelegt. Ich konnte ihn gerade noch am Nackenfell erwischen, hatte aber keine richtige Griffmöglichkeit und er drohte mir wieder zu entwischen, da griff ich kurzerhand mit beiden Händen seinen Schwanz und zog ihn mit aller mir zur Verfügung stehenden Kraft langsam rückwärts zum Tor. Das störte den kräftigen Kerl aber nicht die Bohne, ihn trieb es total begeistert mit allen vier Pfoten auf dem Zement scharrend, weiter vorwärts. Von ehemals gut erzogen und auf mich hören keine Spur mehr, das war alles viel zu interessant für ihn! Auch wenn er seine ganze Kraft in seine Pfoten legte, ich hatte ihn fest im Griff und zog ihn unerbittlich am Schwanz zentimeterweise rückwärts. Immerhin bringe ich noch ein paar Kilo mehr Kampfgewicht auf die Waage als er. Wir beide müssen dabei eine echt gute Lachnummer abgegeben haben, die ganze Mannschaft brüllte johlend vor Lachen und klatschte vor Begeisterung auf die Schenkel klopfend Applaus, bis auf eine junge Frau, die ängstlich meinte: »Um Gottes Willen Senora, pass bloß auf, sonst beißt der Dich noch«.

Da ich gerade schwer schnaufend damit beschäftigt war, den eifrig vorwärts strebenden Tango rückwärts zu rangieren, antwortete Carlos kurzerhand für mich:»Nene, keine Sorge, der beißt die Senora nicht, die kann gut mit ihren Tieren umgehen!« Uff, geschafft, ich hatte es tatsächlich hinbekommen, dass ich Tango rückwärts bis zu seinem Halsband rangieren und wieder fest machen konnte.

Aber kaum schaute ich wieder aus dem offenen Tor raus, da gab es draußen bereits das nächste Palaver. Der LKW mit dem Container nahm die gesamte Straßenbreite ein und von unten kamen zwei Jeeps den Berg rauf. Der Container-Schlepper hob den Container (mit dem Arbeiter hinten drin) an, setzte ein paar Meter zurück und machte für die von unten kommenden Fahrzeuge meine Einfahrt zum Ausweichen frei. Aber irgendwie raffte der erste von unten kommende Fahrer die vorausschauende und sehr logische Idee des Lastwagenfahrers nicht so ganz aufzunehmen und umzusetzen und fuhr nur sehr zögerlich und das auch noch quer auf meine Einfahrt, wo sonst leicht drei Autos nebeneinander drauf passen.

Die Kommentare um mich herum gingen vom fröhlichen »Ach nee, wie kompliziert …« bis zu »Auweia, muss das schwer sein …«

und sorgten für weiter um sich greifende Heiterkeit. Irgendwie schien das nun auch dem quer eingefahrenen Fahrer bewusst geworden zu sein, jedenfalls färbte sich sein Gesicht unter ziemlich verlegenem Grinsen puterrot. Der andere Wagen hinter ihm fuhr nun auch quer in meine Einfahrt und so wurde der Rangierspielraum für alle drei Fahrzeuge ziemlich eng.

Zwei Männer halfen den Fahrern auf allen Seiten den vorhandenen knappen Platz richtig zu nutzen bis sich der Container-LKW wieder bergab in Bewegung setzte und die Autos ihren Weg nach oben fortsetzen konnten. Stehender Szenenapplaus von uns allen begleitete die Szene. Die Container-Schleppmaschine schepperte mit dem etwas weiter unten wieder herunter gelassenen Container rumpelnd den Berg hinunter und der Trupp setzte sich immer noch lachend wieder in Bewegung. Im rausgehen meinte Carlos: »Ich komme dann am Donnerstag um 15 Uhr und bringe meine Frau und meinen Sohn mit.« Er war schon längst weg, als mein Gehirn erst langsam verstand und mir endlich übersetzte, was meine Ohren zuvor vernommen hatten. Carlos, der unter Garantie mindestens alle zwei Minuten »Natalie?!?« ruft, während er im Badezimmer ein Stockwerk tiefer die Holzdecke abmontierte, und seine Frau mit dem 3-jährigen Sohn für die gesamte Arbeitszeit oben auf der Terrasse. Ganz ehrlich? Um Himmels Willen bloß nicht! Nein danke! Wer canarische junge Mütter kennt, weiß, dass sie sich für gewöhnlich sehr schnell langweilen und ihre Kinder (insbesondere die Jungens) für kleine Götter halten. »NEIN !!!!, schoss es mir durch den Kopf, dafür habe ich nicht die geringste Energie und in der körperlichen oder mentalen Verfassung das abzufangen bin ich schon gar nicht. Ich muss ihn dringend anrufen und den Besuch seiner Frau und seines Sohnes absagen. Zeit zum Nachdenken hatte ich allerdings nicht mehr, mein Telefon klingelte, eine liebe Bekannte war dran: »Ich habe einen Hund für Dich.«

»Was für einen?«

»Einen Dalmatiner, einjährig.«

»Rüde oder Hündin?«

»Sterilisierter Rüde, ein ganz lieber Kerl mit schlimmer Vorgeschichte.«

»Hm, eigentlich viel älter als ich wollte, ist er an Katzen gewöhnt?«

»Keine Ahnung, aber er soll noch sehr gut zu erziehen sein sagt sein Besitzer.«

Ooohje, keine Katzen gewöhnt, das ist ein sehr großes Risiko, aber irgendetwas in mir sagte: schau ihn Dir wenigstens an, denn schließlich ist von all unseren Hunden einzig Tamina als Welpe zu uns gekommen, alle anderen stammen aus dem Tierheim und jeder einzelne von ihnen hat ein ganz tolles Wesen.

»Okay, wo und wann?«

»Heute Nachmittag um vier an der neuen Tankstelle bei Icod, ich bringe Dich dann zu der Finca hin.«

Ich beschloss meine Rudelchefin Tamina mitzunehmen und auch auf ihren Instinkt zu vertrauen. Wenn sie ihn ablehnen sollte, war es sowieso gegessen, und wenn sie mit ihm gut klar kam, musste ich sehr genau auf meine innere Stimme hören. Also, vamos a ver. Es ging nach Los Realejos in die »Caseria los Quintos«. Den Namen kannte ich schon seit vielen Jahren, aber ich war noch nie zuvor dort gewesen und so forsch wie Traudl vorfuhr, blieb mir auch diesmal nur wieder mein »magnetischer Haftblick« auf ihrem Autoheck. Auf der Finca angekommen, umstellten vier große Hunde mein Auto mit Tamina hinten drin, aber feige ist mein deutlich kleineres Mädel nun wirklich nicht, American-Staffordshire-Mix halt, diese Rasse nahm man früher zur Bärenjagd mit. Wir durchfuhren ein weiteres Tor, dann kam auch schon Herr Köllmann zu uns, ließ einen wunderschönen Dalmatiner mit durchs Tor und sperrte die vier anderen aus. Ein herrliches Bild, alle vier ausgesperrten Hunde standen neugierig am Tor aufgerichtet und schauten gespannt durch die Gitterstäbe, zwei Boxermischlinge und zwei größere schwarz-weiße Prachtexemplare. Denen passte es überhaupt nicht, dass sie nicht mit hinein durften. »Pinto« hieß der hübsche Kerl, er war sehr schüchtern und verängstigt und knurrte meine richtig gut gelaunte Tamina mehrfach zähnefletschend an, als sie ihn zum Spielen auffordern wollte.

Herr Köllmann war ausgesprochen herzlich und freundlich, nahm sich reichlich Zeit und gesellte sich zu uns. Nach etwa 10 Minuten drehte sich Pintos Stimmung und er begann hinter Tamina her zu laufen. Eine weitere halbe Stunde später spielten und tollten die beiden bereits fröhlich und ausgelassen herum, Pinto versuchte sogar bei Tamina aufzubocken, aber der Junge hat noch gar keine Ahnung wie irre flink und wendig meine Maus ist und was sie nicht will, das lässt sie auch nicht zu, ein tolles Mädchen ist das. Unterdessen erzählte er mir, dass Pinto und ein zweiter junger Hund vor gut einem halben Jahr halb verhungert bei ihnen vorm Tor lagen. Der andere Hund machte sich nach einer kräftigen Mahlzeit über Nacht durch den Barranco auf und davon, aber Pinto ging es viel zu schlecht. Dicker Zahnstein klebte an seinen Zähnen den konnte man in ganzen Plaquen abheben, er stank gotterbärmlich, unzählige Holzsplitter steckten in den Pfoten und er hinkte auf dem rechten Vorderlauf. Sie ließen sie ihn tierärztlich versorgen und als es ihm ein ganzes Stück besser ging, entschied die Rudelchefin seines bereits bestehenden Hunderudels, dass sie den jungen Dalmatiner nicht leiden konnte und die ganze Meute ging auf ihr Kommando auf ihn los und verbiss den Rüden und richtete ihn sehr übel zu. In der Tierklinik musste er mit einem enormen Aufwand wieder zusammengeflickt werden, der hinkende rechte Vorderlauf lag allerdings daran, dass der Knochen nicht mit wuchs als der Rüde größer wurde. Seitdem war der Hund ständig an seiner Seite, um ihn vor erneuten Übergriffen zu schützen, aber das war kein Zustand auf Dauer, weder für ihn, noch für den Hund. Erfahrungen mit Katzen hatte er gar keine, also keine guten und auch keine schlechten. Er vermutete, dass er mit seinem Kompagnon in einen sehr engen Verschlag eingesperrt gewesen war und den beiden Hunden irgendwann die gemeinsame Flucht gelang, weil beide Hunde hunderte von Holzsplittern in den Pfoten hatten. Dankenswerterweise gab man den Hunden und mir viel Zeit sich kennen zu lernen, und in aller Ruhe mein Herz und meinen Bauch zu befragen. Jochen fehlte mir auch dabei so sehr, denn einen neuen fast erwachsenen Hund in ein bestehendes und gut zusammen gewachsenes Rudel aufzunehmen, ist nicht ganz einfach und auch so ein kleines bisschen wie ein Kind adoptieren. Man muss sich im vorneherein bewusst sein, dass man damit auch immer eine ganz eigene Persönlichkeit aufnimmt mit all ihren Schwächen und Stärken. Zumal ich auch nicht wusste, ob und wie er mit meinen Katzen klar kommt und wie sie mit ihm? Aber immerhin bin ich die oberste Rudelchefin und kann und muss ja erziehend einwirken. Auf einmal wuchs in mir das starke Gefühl, dass ich es mit ihm versuchen und ihm eine Chance geben möchte. Eine dicke Hundematratze wurde ins Auto verfrachtet, die Hunde oben drauf gesetzt und er begleitete mich mit dem Auto noch zur Straße in Richtung Heimat (ich hätte mich sonst hoffnungslos verfahren). Mit unruhigem Herzen fuhr ich heimwärts, während sich die beiden Hunde im Fond des Wagens ganz exzellent und völlig entspannt verhielten. Daheim fuhr ich auf meinen Parkplatz und machte beide Hunde im Auto los. Taifa war natürlich überhaupt kein Problem und Tamina sowieso nicht, also nahm ich Vito an die Leine und ging mit ihm hinter Pinto her, der schon emsig das neues Areal erschnüffelte. Der Dalmatiner drehte sich um und knurrte zähnefletschend den freundlichen Vito an, worauf der prompt beleidigt auf dem Absatz die Kurve kratzte (na dann eben nicht!) und mich dabei schwungvoll mit einer weniger eleganten Wendung an der Leine unweigerlich mit sich nahm. Für Pinto gab es ein deutliches »NEIN!« und einen leichten Nasenstüber mit dem Zeigefinger als er knurrte und er hörte sofort auf. Der letzte, und wie ich ursprünglich dachte, schwierigere Hund war Tango. Ich nahm auch ihn an die Leine und ging hinter Pinto her. Zähnefletschen, knurren, »NEIN!« ein leichter Nasenstubser mit dem Finger und Pintos Abwehraggression war sofort beendet. Tango wollte ihn genau so freundlich begrüßen. Pinto ging weiter auf Landerkundung und meine vier ließen ihn komplett in Ruhe. Auf jeden Fall hießen schon mal alle meine Hunde (Tamina, Vito, Taifa und Tango) den Pinto von sich aus freudig »Willkommen«. Erst wollte er nicht viel oder besser gesagt gar nichts von ihnen wissen und war alleine auf dem Land unterwegs um es zu erkunden, das akzeptierten die meinigen und ließen ihn völlig in Ruhe, kurze Zeit später kam er von selber auf den Parkplatz zurück. Eine Stunde nach seiner Ankunft spielte er mit allen ausgelassen, ja sie tollten sogar richtig herum, er war fröhlich, völlig entspannt, thronte majestätisch auf seinem Kissen und »hielt Hof«. (Vito, der ganz große alte Herr findet die neue Hundematratze auch supertoll).

Die Katzen sah er mittlerweile, zeigte aber bisher keinerlei Jagdtrieb. Sie sahen ihn natürlich auch, verhalten sich aber nicht ängstlich sondern nur beobachtend, distanziert und neugierig abwartend. Das lässt hoffen. Ehrlich, der Bursche passt jetzt schon auf und gibt Laut, als wenn er immer schon hier gewesen wäre und das sein seit Ewigkeiten angestammtes Zuhause ist. Drücken wir mal feste sämtliche Daumen, dass alles klappt, dann hätte unser weiß-grau gefleckter mit der schwarzen »Piratenklappe« auf dem rechten Auge einen neuen Platz fürs Leben gefunden.

Ich war wieder in El Tanque unterwegs, beim Osteopath, Post, Bank, Bäcker, Metzger und sämtliche Einkäufe erledigen. Bei der Bank musste ich Jochens Kreditkarte auflösen lassen und meine eigene beantragen. Auf der Post bekam ich zwei Belegexemplare vom Buch »Der Darm IQ«, die sind für die nächste Auflage, und zwei Briefe von unseren Freunden Karin und Rüdiger und von meinem Renatchen waren auch dabei. Die hob ich mir für meine anschließende Pause beim Bäcker auf. Bei einem Glas Cafe las ich die beiden Briefe von unseren Freunden und ich weinte lange Zeit lautlos vor mich hin, konnte einfach nicht aufhören. Es dauerte eine Weile, bis ich mich wieder halbwegs beruhigt hatte und mei-

nen inzwischen kalt gewordenen Cafe leche leche trinken konnte.
Auf einmal wurde ich von einem netten Mann angesprochen, ob ich »mal noticias« (schlechte Nachrichten) bekommen hätte.

Er saß mit seiner Mutter an dem Tisch hinter mir. Ich antwortete ihm, dass mein Mann vor sechs Wochen gestorben sei und ich zwei so wunderbare und liebe Briefe von ganz lieben Freunden bekommen habe. Wortlos griff er mit einer Hand meinen Hinterkopf, drückte mir einen Kuss auf die Stirne und wünschte mir »animo« (nur Mut! Kopf hoch!) und »suerte« (Glück). Neben dem wirklich von jedem von ganzen Herzen gewünschten »animo« und »suerte« gibt es hier noch ein wunderbares Wort, das wir bereits im Krankenhaus und bei sämtlichen Spaniern in der Zeit von Jochens Erkrankung gehört hatten: »no te preocupes« (mach Dir keine Sorgen, sei unbesorgt, sei unvoreingenommen). Diese fünf Worte in Kombination spiegeln so viel Hoffnung, Kraft und Anteilnahme wieder, wie man mit Herz nur sagen kann.

Den Nachmittag verbrachte ich zu Hause mit meinen Tieren. Pinto muss ich noch ständig mit im Auge haben, er entwickelt im Moment eine stärkere Neugier für die Katzen als mir lieb ist. Beim Anblick einer Fellnase, will er unbedingt näher ran, bellt die Katze unsicher an, will vielleicht mit ihnen spielen oder sie gegebenenfalls auch jagen (so ganz sicher ist er sich da noch nicht) und sein gesamtes Rückenfell stellt sich auf. Aber er hört sofort auf ein scharfes »NEIN!« und stoppt. Er ist lernfähig, fühlt sich sehr wohl hier und hängt an mir, also müsste das doch hin zu kriegen sein.

In dem Zusammenhang war es sehr interessant Tango zu beobachten. Immer, wenn Pinto in Richtung einer Katze gehen wollte, stellte Tango sich zwischen die Katze und Pinto und versuchte seine Aufmerksamkeit mit Ohrenknabbern und leichten Spielaufforderungen von den Katzen abzulenken. Nach dem zehnten oder fünfzehnten Mal Ablenken war Pintos Interesse an den Katzen irgendwie erloschen.

Und jetzt wird es lustig werden, Tamina scheint in Hitze zu

kommen. Zwei bis drei hoch begeisterte sterilisierte Rüden umschwirren sie auffallend oft wie Motten das Licht (da war doch mal was mit den Mädels) und sie genießt es ja auch bis zu einem gewissen Grad wie eine kleine Diva. Wenn sie nicht mehr mag, dann sagt sie das den Jungs auch sehr deutlich. Da stehen ihr und mir zwei besonders witzige Wochen bevor.

31. August 2014 –
Carlos »especial« und Hundeherzwurm

Eigentlich wollte ich am Freitag mit den Hunden Vito und Taifa zu unserem Tierarzt fahren, ich würde sie gerne auf den Herzwurm untersuchen lassen, sie sind beide ziemlich kurzatmig geworden. Bei Taifa habe ich den Verdacht, dass ihre Kurzatmigkeit vom Herzen her kommt. Bei Vito eher, weil er immer alle Reste in den Futternäpfen leert und auch sonst nicht gerade ein zartes Elfchen auf Schlankheitstrip ist. Ich hatte aber bisher noch keinen Hund mit Herzwurm und bin da ehrlich gesagt ein wenig überfragt. Taifa ins Auto zu heben war überhaupt kein Problem, aber der alte Sauigel von Vito wollte partout nicht mit. Er drehte »halbe Verweigerungspirouetten« und stemmte sich mit allen vier Pfoten massiv dagegen ins Auto einzusteigen. Dummer Dummian, dummer, ich will Dir doch nix böses! Da mir aber gerade selber die Kraft ausgegangen war, nahm ich nur mein altes Mädchen mit, bei ihr sehe ich ohnehin die höchste Dringlichkeit. Leider bewahrheitete sich meine Befürchtung, sie hat den Herzwurm, der Bluttest war positiv. Jetzt gibt es vier Tage lang Spritzen, dann einen Monat lang morgens und abends je eine Tablette und dazwischen für zehn Tage zusätzlich Tabletten. Ich hoffe, dass wir damit meine Maus wieder auf die Füße bekommen, sie soll ihren Lebensabend schließlich noch ein wenig genießen können und sie ist richtig glücklich hier.

Carlos kam um die mittlerweile gefährlich weiter abgesackte Holzdecke im Bad herunter zu montieren. Anfangs ging es ja noch Schräubchen für Schräubchen, aber da die Unterleisten (das sind die, auf denen die Holzpanelen aufgeschraubt waren), klatschnass wie ein vollgesogener Schwamm und logischerweise bröckelig-bröselig waren und sich infolgedessen das ganze Gehänge immer schneller abwärts bewegte, war auf einmal höchste Eile angesagt. Er brüllte auf dem Badewannenrand stehend und die unaufhaltsam abwärts strebende Holzdecke auf seinen Schultern und Hinterkopf balancierend »Natalie!?!«. Er brauchte schnellstens einen in der Höhe verstellbaren Stützpfeiler, die Last hatte ganz schön Gewicht. Ich verstand zwar nicht das Wort was er genau wollte, war aber immerhin so geistesgegenwärtig zu ahnen was er brauchte. Von den Stützpfeilern standen noch ein paar vor der Tür. Zwei abmontierte Panelen wurden zwischen Decke und Pfeiler gelegt und zusammen schafften wir es die höhenverstellbare Eisenstange nach oben zu schieben und feststellen. Carlos konnte sich wieder aufrichten und tief Luft holen. Aber dann war es auch schon vorbei mit Schräubchen für Schräubchen einzeln heraus drehen. Ruck, zack, rumms ging es jetzt in einem Affentempo fort und er rupfte ohne Rücksicht auf Verluste gleich zwei oder drei Panelen auf einmal aus Nut und Fuge heraus. Wir staunten beide nicht schlecht, als sich ein kleines Wasserrinnsal von der sich weiter neigenden Holzdecke an der Wand lang bis zum Badewannenrand ergoss und dort eine Pfütze bildete. Das war wohl doch keine so tolle Idee von meinem Schatz und mir, zwischen den Halteleisten und den Panelen eine dünne Lage gepressten Schaumstoff einzutackern. Das federte offensichtlich nicht wie gedacht, das Holz ab, sondern zwischen Decke und Schaumstoff entwickelte sich ein ganz eigenes Feuchtbiotop und das weichte natürlich auch die Leisten auf und machte sie morsch. Und was sagt der unverbesserliche Optimist (also ich) dazu? »Was willste bei soviel Dummheit mehr erwarten, immerhin, sämtliche Holzpanelen sind doch unversehrt!«. Es tat mir nur leid, dass mein Liebster sich auch noch mit dieser Arbeit belastete wo es ihm nicht gut ging. Wenigstens bekam er das Badezimmerdesaster nicht mehr mit, das hätte ihm vermutlich noch mal richtig zugesetzt. In diesem schmalen Feuchtraum an der Decke bildeten sich sogar feine Spinnweben oder was auch immer, teils waren sie so dick wie eine Kordel, aber fragt mich bitte nicht was das war, ich habe keinen blassen Schimmer. Die restlichen noch verbliebenen Ecken rauschten unter Carlos Arbeitseifer bald zu Boden und er fing an die Decke mit Besen, Drahtbesen und Maurerkelle zu säubern. Mit der Maurerkelle haute er auch die in der Decke stecken gebliebenen verrosteten Schrauben ab. Es staubte mächtig, stank feucht, modrig und muffig und Carlos rief mir zu: »Senora, raus mit Dir, die Luft ist nicht gut für Dich!«. Recht hatte er ja, also stellte ich mich vor die Tür und zog mir mein T-Shirt über die Nase. Als ich sah, wie viel Zeugs da von der Decke herunter kam, holte ich Müllsäcke damit wir das ganze tolle »Puffermaterial« eintüten konnten. Drei große Säcke voll wurden es. Nun kam sogar der übereifrige Carlos auf die glorreiche Idee, dass man die Decke vielleicht doch erst mal einige Zeit lang trocknen lassen müsste. Er denkt da so an vier Wochen, ich eher an acht Monate, vamos a ver (schauen wir mal).

Endlich bekam ich die Adresse einer sehr guten Heilpraktikerin für Akupunktur. Ihre Praxis ist in Puerto und das liegt noch in meinem Aktionsradius. Ich kontaktierte sie natürlich gleich per mail und kurz darauf kam die Antwort, dass sie gerade auf einer Fortbildung in China sei, aber am 11. September nach Teneriffa zurück kommt und dann nimmt sie sich meiner Gesundheit an. Ich bekomme meinen nach wie vor kriminell hohen Blutdruck selber nicht mehr in die Reihe und benötige ganz dringend medizinische Hilfe und da war in mir der Wunsch nach Akupunktur entstanden.

Samstag früh ging es weiter mit Carlos. Diesmal war der Pool dran. Seit dem letzten Sommer war er nicht mehr benutzt und somit auch nicht mehr gesäubert worden und dementsprechend sah er natürlich aus. Der reichliche Regen im Winter, inklusive Blättern, Ästen und sonstigem was der Wind so alles mit hinein wehte, hatte einen sehr eigenen Lebensraum entwickelt. Als ich die Schmutzwasserpumpe anstellte und den Schwimmer mit der Schnur hoch band um auch den Niedrigwasserstand hinaus zu pumpen, staunte Carlos nicht schlecht. Er hätte auch so ein Teil zu Hause, aber er wusste bisher nicht so recht wozu es gebraucht wurde. Das Poolwasser kann, weil es bei uns keinerlei Chemie enthält, problemlos zum Pflanzengießen verwendet werden. Die restlichen Boden bedeckenden Pfützen schippte er mit einem Eimerchen und einem Kehrblech hinaus. Mit dem Hochdruckreiniger wurden anschließend die Wände und der Boden ausgiebig abgespritzt, aber das über einen langen Zeitraum gewachsene Moos und sonstiges Teichgemüse wollte trotzdem nicht weichen, hartnäckig hielt es sich an den Wänden fest. Feixend lästerte ich: »Das hat man nun davon, wenn man keine Chemie rein tut, aber so ist es mir tausendmal lieber als anders rum!« Na ja, lassen wir es erst mal trocknen und dann schauen wir mal. Bis dahin deckten wir den Pool mit einer großen Plane ab. Da kann zwar der Regen durch (falls irgendwann mal wieder welcher fallen sollte), aber Blätter, Blüten und Staub blieben weitgehend draußen. Der Kerl hatte wirklich ein enormes Arbeitstempo drauf und wollte unbedingt noch die Destille sehen, die musste gereinigt und poliert werden, weil ich versuchen möchte sie zu verkaufen. Erst wollte Carlos am nächsten Tag, also am Sonntag kommen, aber da streikte ich, so gut er auch ist, aber ich brauchte mal wieder einen Tag Pause um mich halbwegs (auch von ihm) erholen zu können. Montag fängt er dann mit der Destille an, das langt völlig.

Kaum war Carlos weg, rief ich Nele an und fragte, ob wir beide ins Meer schwimmen gehen wollen. Klar wollte sie, auch wenn Wochenende ist und wir dann normalerweise den vollen Strand meiden. Wir zuckelten zum Meer hinunter, Nele warf einen Blick über die Brüstung und schreckte zurück. Viele Handtücher und Sonnenschirme in allen Farben und Mustern waren zu sehen, deutlich mehr als an einem Wochentag. Ich schaute ebenfalls runter und meinte nur:
»Was willste denn, wir liegen doch eh nicht am Strand und da, wo wir schwimmen wollen ist doch alles frei.«

»Hmpf, ich weiß nicht so recht.«
»Wir brauchen auch nicht wenn Du nicht willst. Aber denk dran, das Wasser ist so wunderbar schön kühl und herrlich erfrischend.«
»Haste auch wieder recht, weißte was, wir gehen schwimmen!«
Gesagt, getan, wir beide wackelten zum Strand hinunter und sogar unsere Lieblingssitzbank aus Stein war frei. Da saßen wir dann im Badeanzug und bewunderten viele Frauen, die trotz üppiger Leibesfülle Bikinis trugen. Ist schon enorm, was manche für ein phänomenales Selbstbewusstsein haben. Da hätte ich auch gerne eine kleine Scheibe mehr davon! Dann ging es ins Wasser. Es war einfach herrlich! Es ist immer wieder unglaublich schön zu erleben, wie toll, fröhlich und unbekümmert die Menschen hier sind.

Am Montag früh gab es für Vito endgültig keine Ausrede mehr, ich wollte endlich alle meine Hunde auf den Herzwurm testen lassen, dann hätte ich eine Sorge weniger auf dem Herzen. Also, rief ich ihn zum Wagen, verschränkte meine Oberarme unter seinem Brustkorb und hob ihn so zum Kofferraum hoch. Ehrlich, das war bei seinem Gewicht von über 50 kg für mich derzeit echt kein leichter Akt! Aber jetzt hatte er es endlich kapiert und stieg ziemlich unbeholfen von selber ein. Nachhelfen und sein Hinterteil hineinhieven musste ich natürlich trotzdem. Vitos Blutanalyse ergab, dass er negativ ist, also er hat keinen Herzwurmbefall, Yippih!
Nachmittags machte sich Carlos wie verabredet über die Destille her. Der schuftete richtig und wurde trotzdem nicht fertig. Er erzählte mir, dass er und seine Familie in einem Appartement wohnen und dass er bei 180 €uro Monatsmiete bereits seit drei Monaten im Mietrückstand ist. Den Halbtagsjob bei der Straßenreinigung fürs Ayuntamiento hat er auch nur für vier Wochen und danach ist wieder Ebbe im Schacht. Keine rosigen Aussichten. Ach ja, bevor er ging wollte er von mir gerne noch einen ganz

tollen Tipp haben (am besten eine Zaubermedizin) um seinen hyperaktiven dreijährigen Sohn ruhiger zu bekommen.

Ich fragte ihn nur: »Isst er viel Zucker und Farbstoffe?«

»Ja, er isst viel Süßes und er trinkt auch viele »refrescos« (das sind knallbunte Limonaden, die sind so grell und voller Chemie, dass die Kinder von dem Genuss eigentlich schon von alleine im Dunkeln leuchten müssten …) Meine Antwort war: »Am besten hilft: »runter mit dem Zucker und keine »refrescos« mehr, der Zucker aktiviert ihn noch mehr und die Farbstoffe machen ebenso hyperaktiv.«

»Aha, und hast Du kein Medikament um ihn ruhiger zu bekommen?«

»Nein, runter mit dem Zucker und den Farbstoffen.«

Das ist genau wieder einer jener Momente, wo ich diesen unverantwortlichen Süßzeugspanschern in aller Welt mit Wonne kostenlos Nachhilfestunden in ausgiebiger »Watschentechnik« verabreichen würde. Bei soviel Zucker und Chemie braucht man dann nur noch ein paar Jahre in die Zukunft zu schauen, was bekommt der Kleine dann zur Behandlung der Hyperaktivität, kriegt er dann Ritalin oder andere Psychopharmaka verordnet und als weitere Folge des Zucker- und Chemiekonsums welche Krankheit kommt danach, vielleicht Adipositas, Diabetes, Allergien, Rheuma, Depressionen oder möglicherweise noch etwas anderes?

Aber mal ganz ehrlich, die meisten Eltern, die ihren Kindern den ganzen Mist gestatten oder gar kaufen, müssen sich auch mal die Frage gefallen lassen, ob sie noch ganz dicht sind und ihre sämtlichen Tassen sauber im Schrank sortiert haben? Der Eine produziert es, der andere kauft es. Die Nachfrage reguliert das Angebot. Und Menschen die sich für nix weiter interessieren gibt es leider immer noch genug.

Gesunde Ernährung hat in solchen Fällen auch nichts mit einer knappen Haushaltskasse zu tun, dieser Müll kostet schließlich auch ein Schweinegeld und dafür kann man besser frisches Obst und Gemüse kaufen und selber kochen.

In den nächsten Tagen kann Carlos noch bei mir arbeiten, ich brauche Hilfe, körperlich bin ich viel zu schlapp, meine Nieren und mein Herz machen mir ziemlich heftig zu schaffen. Es ist zwar mittlerweile schon etwas besser als noch vor ein paar Wochen, aber so komme ich nicht wieder auf die Füße, mir fehlt massiv die körperliche Energie, darum auch die Akupunkturtermine, da wollen wir meinen Nieren mal einen sanften Schubser geben und mein viel zu flottes Herzchen ein bisserl bremsen. So insgeheim hege ich ja auch die Hoffnung, dass wir meinen Dauerischias links und meine angeschlagene Hüfte rechts lindern können, schauen wir mal.

Am nächsten Morgen waren Tamina und Tango dran die Blutanalyse auf Herzwurm zu machen. Die beiden zusammen machten nicht halb so viel Zores wie der Sturkopf Vito alleine. Testergebnis bei beiden: Negativ! Yippiheiyeah und Halleluja sag ich da nur! Pinto brauchte diese Untersuchung nicht, sie wurde durchgeführt kurz bevor er zu mir kam.

Carlos wurde mit der Destille fertig und fing mit dem Abschmirgeln des Holzhauses an. Morgen hole ich grobes Schleifpapier für die Maschine und Holzlack, mal schauen welche Farbe im Angebot ist, er hat sich gedanklich auf »verde canario« (canarisch grün) eingeschossen, ich bin da wesentlich pragmatischer, genommen wird was gut ist und wofür ich einen vertretbaren Preis bezahlen kann. Bin ich froh, dass endlich alles vorwärts geht, uff.

5. September 2014 –
Flapsige Fehldiagnose, Hundebadetag und Hahnrettung

Heute ging er der erste Buchteil an mein Renatchen raus damit sie »analog« mitlesen kann. Am Abend rief ich sie an, dass Post an sie unterwegs ist. Da kann sie sich schon mal im Voraus auf den zu erwartenden Brief vorfreuen. Als sie ans Telefon kam, machte mich ihre völlig veränderte Stimme sofort stutzig. Sie schnappte nach Luft, entschuldigte sich und erzählte mir, dass sie schon den ganzen Tag am »plärren« wäre. Ich fragte sie: »Mäuschen, erzähl, was ist los?«

»Die nächste Untersuchung des gebrochenen Beines war, und ein sehr junger Arzt, den ich noch nie gesehen hatte, kam zu mir und sagte ›Der Knochen ist völlig morsch, wir müssen amputieren.‹, und das sagte er ganz einfach so und ich dachte nur, das kann doch nicht wahr sein, vor vier Wochen im CT sah doch alles sehr gut aus und ich dachte, die sagen mir heute noch acht oder zehn Tage und dann bekomme ich endlich den Ringfixateur ab und dann fange ich wieder an laufen zu lernen und ich sah mich in Gedanken schon nach Teneriffa fliegen und auf der Finca sitzen mit all den Tieren und der wunderbaren Aussicht und ich war so glücklich und hatte mich schon so sehr gefreut. Das kann doch nicht sein, dass in nur vier Wochen alles so viel schlechter geworden ist, das kann doch nicht sein.«

»Renatchen, Du hattest diesen Arzt noch nie gesehen und er war noch nie mit Deinem Fall betraut?«

»Nein, ich hatte ihn noch nie zuvor gesehen und auch noch nie mit ihm zu tun, das kann doch nicht sein in so kurzer Zeit.«

»Gib nichts auf seine Aussage und glaube ihm kein Wort, sondern schau, dass Du mit Deinen zuständigen Ärzten sprechen kannst, mit denen, die Dich immer behandelt haben. Ich weiß, es ist schwer, solche fürchterlichen Worte im Kopf auszuschalten oder wenigstens so weit wie möglich beiseite zu schieben, aber der Typ hat sich im Umgang mit Dir nicht gerade als besonders qualifiziert oder respektabel erwiesen, also schiebe ihn so weit weg wie Du kannst und nimm Kontakt zu Deinen richtigen Ärzten auf.«

»Ich habe schon meine Ärztin angerufen, sie will morgen vorbei kommen und die will sich auch mit den anderen Ärzten in Verbindung setzen, das kann doch alles nicht sein.«

»Das ist gut so Natchen, und nein, es kann eigentlich nicht sein, wenn die letzten Aufnahmen schon so viel besser waren und Dein richtiger Arzt Dir gesagt hat, dass Du bald diesen lästigen Designerstiefel los wirst. Vielleicht hatte er was verwechselt oder nicht richtig in Deinen Unterlagen geschaut und einfach nur blöd seine ahnungslose Klappe arg zu weit aufgerissen, so etwas hatten wir selber schon bei Jochens Mutter erlebt.«

»Hatte da auch ein Arzt etwas Falsches gesagt?«

»Hmja, so könnte man das wohl auch ausdrücken, das war so ein arroganter und übereifriger Jungspund, der ohne ihre Krankenakte zu kennen und ohne jede weitere Untersuchung einfach mal eben so eine unqualifizierte schlimme Diagnose stellte.«

Was war das denn?«

»Meine Schwiegermutter bekam Tuberkulose als Jochen ein Jahr alt war, und deswegen war sie auch anderthalb Jahre in einer Spezialklinik, sie wurde danach als voll geheilt entlassen. Natürlich musste sie von Amts wegen in all den kommenden Jahren einmal im Jahr ins Hospital gehen und sich untersuchen lassen. Der Befund war jedes Mal negativ. Eines Tages, als sie mal wieder zu ihrer jährlichen Untersuchung im Krankenhaus weilte, riefen wir sie wie jeden Tag aus unserer Praxis an, ob wir ihr später noch etwas mitbringen sollten. Ihre Stimme klang so mutlos, trostlos und war kaum noch vorhanden, wir machten uns wirklich ernsthafte Sorgen. Da meinte Jochen zu ihr: »Nur die Ruhe Mutti, wir sind in zwei Stunden bei Dir und dann sprechen wir mal mit dem Arzt«.

Als wir in unserer Praxis Mittagspause machten, fuhren wir ins Krankenhaus.

Meine Schwiegermutter erkannten wir gerade noch an ihrem Schlafanzug, sie war an einem Tag um 20 Jahre gealtert und völlig in sich zusammen gefallen. Auf unsere Frage: »Mutti, was ist los?« antwortete sie:

»Ich habe Lungenkrebs.«

»Wie bitte, wie kommst Du denn darauf?«

»Ein junger Arzt war hier, der sagte er hätte meine Röntgenbilder gesehen, ich habe Schatten auf der Lunge und ich hätte Lungenkrebs.«

»Haben Sie eine Biopsie (Gewebeprobe) durchgeführt?«

»Nein, der hat sich nur die Röntgenbilder angesehen und das gesagt.'«

Wir waren kaum zehn Minuten bei ihr, da erschien auch schon dieser »tolle« Arzt.

Jochens sonst so strahlend hellblaue Augen wurden schlagartig tiefdunkel und er sprach den Überbringer der Hiobsbotschaft auffallend ruhig und sehr leise an:

»Aha, Sie sind also derjenige, der bei meiner Mutter Lungenkrebs diagnostizierte?«

Der junge Arzt fühlte sich wohl aufgrund Jochens leicht herablassender Mimik und des unterschwelligen Sarkasmus in der sehr leisen Stimme ein wenig ans Bein gepisst und antwortete fast schon aggressiv-hochnäsig:

»Tja, wir sind ja schließlich verpflichtet, den Patienten die Wahrheit sagen!«

»Ah ja, und eine Biopsie haben Sie dann sicher auch durchführen lassen und das Ergebnis liegt Ihnen bestimmt auch schon vor?«

Der junge Mann kam sichtlich ins Schleudern und fing an zu stottern:

»Ähm nein, das haben wir noch nicht gemacht, aber das kommt noch.«

Ein süffisantes Lächeln umspielte Jochens Mundwinkel, aber auch nur die Mundwinkel, der Rest seiner Mimik sprach nicht gerade von freundschaftlichen Gedanken und er fuhr noch leiser als zuvor fort: »Ich gehe mal davon aus, dass Sie sich entweder durch das Studium der ausgiebigen Krankenakte meiner Mutter oder durch ein Gespräch mit ihren sie seit Jahrzehnten behandelnden Ärzten darüber informiert haben, dass sie vor vierzig Jahren Tuberkulose hatte, operiert wurde – was sie sicher auch einwandfrei an der 35 cm langen Narbe am Rücken erkannten, und dass sie jedes Jahr von Amts wegen zur Kontrolluntersuchung hier ist.«

Jetzt wurde es dem allzu forschen Großmaul doch ganz schön mulmig zumute. Er fing an zu stottern und wollte wohl noch einen letzten jämmerlichen Versuch der Schuldabweisung versuchen: »Aber wir Ärzte sind verpflichtet, den Patienten die Wahrheit zu sagen, auch wenn sie noch so unbequem ist!«

Das war für meinen Schatz eine saudumme, unqualifizierte und ignorante Bemerkung zuviel. Er packte ihn blitzschnell mit beiden Händen am Kittelrevers, schob ihn mit einer Bewegung am Türrahmen des Badezimmers 20 cm hoch und sagte mit noch leiserer Stimme während der Typ hilflos mit den Füßen in der Luft baumelte:

»Ich warne Sie. Gehen Sie mit Ihren Patienten menschlicher um. Es ist Ihre verdammte Pflicht, dass Sie sich wenigstens besser informieren, bevor Sie einem Patienten eine so schlechte Nachricht überbringen und dann sollten Sie gefälligst auch in einem ganz anderen Ton mit den Patienten sprechen, als sie hier so wunderbar demonstriert haben. So sind sie es nicht wert diesen Kittel zu tragen, nicht mal auf einem Friedhof. Behandeln Sie die Menschen so, wie auch sie behandelt werden möchten!«

Meine Schwiegermutter quiekte von der Bettkante aus:

»Jochen mach Dich nicht unglücklich, Jochen mach Dich nicht unglücklich!«

Ich rief: »Schatz, lass ihn runter, das ist ein ganz miserabeler Arzt, der ist es nicht wert, lass ihn wieder runter.«

Mutti quiekte japsend weiter:

»Jochen mach Dich nicht unglücklich, Jochen mach Dich nicht unglücklich!«

Und ich erneut: »Schatz, lass ihn runter, der ist es nicht wert die Berufsbezeichnung Arzt zu tragen! Er hat weder eine medizinische noch eine mitmenschliche Kompetenz für diesen Beruf, mach Dir nicht die Finger an ihm schmutzig!«

Jochen war aber zu recht richtig stinksauer, so hatte ich ihn noch nie gesehen. Er sagte leise zu dem mittlerweile sehr unsicher gewordenen, still in der Luft verharrenden Mann am Türrahmen: »Ich gebe Ihnen den sehr freundlichen Rat, mir demnächst besser aus dem Weg zu gehen wenn ich meine Mutter besuchen komme, und nun verschwinden Sie sofort aus meinen Augen!«

Mit diesen Worten setzte er ihn auf dem Boden ab. Ich hatte noch nie jemanden so schnell einen Raum verlassen sehen. Ab diesem Moment verschwand der Arzt bei jedem Krankenbesuch bei dem wir einander zufälligerweise auf dem Gang sahen, auf dem Absatz drehend schlagartig im nächsten Krankenzimmer. Natürlich war an seiner Hiobs-Aussage nichts dran, aber wir brauchten trotzdem mehr als zwei Monate, bis Mutti nach diesem Schock wieder mehr als 200 m laufen konnte. Renatchen lauschte meiner lebhaften Schilderung wie gebannt, nun atmete sie hörbar tief durch und rief erleichtert: »Ich hab's vor Augen, ich hab's richtig vor Augen. Du hast recht, ich mache mich nicht weiter verrückt, sondern spreche erst mal mit allen Ärzten und dann sehen wir weiter.«

Wir beendeten das Gespräch und ich saß fassungslos und tief geschockt vor meinem Computer. Mein Renatchen, diese so liebe und herzensgute Seele, die mir so selbstlos half, soll einen Unterschenkel amputiert bekommen? Das kann doch einfach nicht wahr sein. Mir war hundeelend zumute, Jochen fehlte mir so unwahrscheinlich, unsagbar, ich bekam richtig elendes Bauchweh und mir war kotzübelschlecht, dann schossen mir die Tränen aus den Augen und ich heulte, heulte eine sehr lange Zeit bis sich der Druck in mir langsam wieder abbaute und ich erschöpft nach

Luft schnappte. Gerade hatte ich mal wieder das hilflose Gefühl, als wenn der Zug des Lebens das Renatchen und mich mit rasender Geschwindigkeit überrollt hätte. Unendlich müde ging ich ins Bett und fiel irgendwann dankbar für die Müdigkeit in einen tiefen, traumlosen Schlaf. Am nächsten Morgen nahm ich mir vor, endlich mal wieder alle meine fünf Hunde zu waschen. Normalerweise mache ich das einmal im Frühling und einmal im Herbst, dann haben sie weniger mit Flöhen und Zecken zu tun und es geht ihnen sehr gut. Dieses Jahr fehlte mir die Energie dazu, aber jetzt raffe ich mich auf und fange zumindest einmal an. Fünf Hunde nacheinander stehend zu waschen, sie jeweils nach dem Schamponieren an der Leine liegend warten zu lassen bis der nächste Hund eingeseift war, und dann erst gründlich abzuspülen ist für mich gerade sehr anstrengend. Ich holte mir einen kleinen Dreibeinigen Schemel womit ich mir zumindest einen Teil der Waschaktion etwas bequemer gestalten wollte. Aus langjähriger Kenntnis der bevorstehenden Aktion zog ich mir meinen ältesten »Hundebadeanzug« an, denn nachher würde ich sowieso eine Dusche dringend nötig haben. Taifa musste ich mir zuerst vornehmen, sonst ist sie erfahrungsgemäß verschwunden und ich bekomme sie für die nächsten Stunden nicht mehr zu Gesicht. Man kann mir erzählen was man will, aber die Hunde wissen ganz genau, wenn ein Großbadetag ansteht und sie versuchen sich allesamt zu verkrümeln. Hundedame Taifa ist obendrein hypersensibel und sie kann ich nur erwischen, wenn ich ganz bewusst an etwas völlig anderes denke wenn ich sie hole. Ich schwöre, Tiere können Gedanken lesen! Heute klappte es mit dem »gezielten Wegdenken« mal ganz gut, ich bekam Taifa am Halsband zu fassen und nahm sie an die Leine. Sie sträubte sich auf dem Weg zum Waschplatz ein wenig und versuchte aus dem Halsband zu schlüpfen. Das wäre ihr auch fast gelungen, schließlich ist es ja auch nur sehr locker umgebunden. Aber einmal am Waschplatz angekommen lässt sie die Prozedur lammbrav über sich ergehen. Der nächste in der Reihe war Vito, den juckte sowieso schon seit geraumer Zeit seine Schwanzkruppe. Wie hatte ich da nur auf den dummen Gedanken kommen können, dass er sich über eine Dusche freuen würde? Kaum nahm ich auf dem Schemel Platz, da startete unser größter und schwerster Hund mit Vollgas durch und riss mich an der Leine mitsamt dem Schemel schwungvoll hinter sich her. Gebremst wurde ich bäuchlings der Länge nach von der losen Steinumfassung des einzigen verbliebenen Mangobäumchens. Sagte ich doch, eine anschließende Dusche ist unumgänglich. Mein Gott, was hatte er denn bloß, das Wasser kommt bei den angenehmen Außentemperaturen richtig warm aus der Leitung, schließlich verlaufen die Wasserrohre hier oberirdisch und heizen sich in der Sonne bestens auf. So kann man den großen Kerl ja nicht einmal mehr als »Warmduscher« bezeichnen. Ich brachte ihn wieder in Position, stellte meinen Fuß auf die am Boden liegende Leine, richtete die Spritzpistole auf einen breiten Strahl ein und fing an ihn von der Schwanzkruppe aus gegen den Strich abzuduschen. Ein wohliges und zustimmend tiefes Brummen war diesmal seine Antwort. Endlich schien er Gefallen daran gefunden zu haben, er stand stocksteif und genoss sichtlich die Dusche. Nun wurde er mit einer schönen Massage eingeseift und anschließend auf Warteposition gelegt, dafür konnte Taifa wieder vom Schampoo befreit werden. Als nächsten holte ich mir Tango, der in den letzten Wochen auch vom einen oder anderen Floh geplagt wurde. Er wollte nicht so richtig und lief im lockeren Trab vor mir davon und ich hinter ihm her, aber nach ein paar sportlichen Runden erbarmte er sich dann doch meiner und ließ sich von mir einholen, dann ergab er sich in sein unvermeidliches Schicksal. Einmal das Fell nass gemacht und schon schüttelte er sich ausgiebig, ich sag doch, die anschließende Dusche danach ist für mich unerlässlich. Tango wurde eingeschäumt und ebenso massiert, die nächste gründliche Schüttelaktion folgte auf den Fuß. Jetzt durfte er warten und ich holte mir Vito zum abspülen. Ohne rumgezicke kam er allerdings immer noch nicht, aber als er dann in Position stand, stellte ich die Dusche für eine zusätzliche

Rückenmassage auf den schmalen Jetstrahl und brauste ihn Linie für Linie damit ab. Volltreffer, das war es also was er liebte, er ging auf den Hinterläufen in die Knie und das wohlige, zustimmende Brummen wurde dem Schnurren einer großen Katze im Stimmbruch immer ähnlicher. Als ich mit ihm fertig war und ihn von der Leine löste, wollte er gar nicht mehr weggehen und schaute mich über die Schulter mit einem tiefen, bittenden Blick aus seinen wunderschönen goldbraunen Augen an. ›Frauchen, bitte, noch mal, das war sooooooooooooooooo schööön!‹ Nun denn der Herr, ihr Wunsch ist mir Befehl und Vito bekam eine weitere Runde Wassermassage und das ganz ohne Leine, wer sagt es denn, es geht doch, warum nicht gleich so? Als nächster war Dalmatiner Pinto an der Reihe. Er kam brav mit zum Platz, ich stellte die sanfteste Dusche ein und kaum, dass die ersten Wassertropfen ihn berührten, hüpfte und sprang er irritiert wie ein junges Fohlen. Ich beruhigte den Jungen, redete ihm gut zu und ließ das Wasser mit einer anderen Duschkopfeinstellung ganz langsam laufen, es wirkte, er beruhigte sich sehr schnell wieder und ich seifte ihn ein. Pinto kam er auf Warteposition und ich holte den Tango zum abspülen der Seife. Die Dusche wurde wieder auf breiten Strahl gestellt, das Wasser war weiterhin wunderbar warm. Während des Abspülens schüttelte er sich wieder etliche Male. Komisch, dabei ist er bei Regen überhaupt nicht zimperlich und da macht es ihm offensichtlich auch nix aus, pitschnass zu werden. Ich weiß nicht, wer am Ende des Abspülens nasser war, Tango oder ich. Egal, geduscht wird nachher. Langsam machte sich bei mir Erschöpfung breit, aber den letzten Hund, die Tamina schaffe ich auch noch, jedenfalls ist es mir lieber heute länger durchzuhalten als morgen noch einmal anzufangen. Das Mädchen mochte auch nicht so recht nass werden, dabei kennt sie die zweimal jährliche Säuberungsaktion doch schon seit sieben Jahren. Sie wusste zumindest, dass ihr nichts anderes übrig blieb, als es stoisch über sich ergehen zu lassen. Nass machen und einseifen war einfach und ging schnell, sie ist ja nicht so groß wie Vito oder Tango.

Tamina kam auf Warteposition und ich holte mir den Pinto zum abspülen. Er kam auch ganz brav mit, aber kaum, das die ersten Wassertropfen ihn trafen, führte er einen weiteren kleinen Bocksprungtanz auf. Also auf ein Neues, beruhigen, gut auf ihn einreden und die Dusche wieder ganz langsam mit dem sanftesten Strahl einstellen und ihn ganz langsam und vorsichtig damit in Kontakt bringen. Dann klappte es allerdings ganz prima und er sträubte sich auch nicht mehr weiter, sondern genoss die Massage. Nach dem Abspülen von Tamina hätte ich auch gerne eine entspannende Rückenmassage gehabt, was tut man nicht alles für seine Viecherei … Hatte ich eigentlich schon erwähnt, dass sich jeder Hund, nachdem er fertig war, ausgiebig und glücklich auf der trockenen Erde wälzte und weiter schüttelte? Na dann, wenn‹s Spaß macht, nur zu!

Spät am Nachmittag hörte ich ungewöhnliche und sehr hektische Hahnenschreie und als ich vor die Tür ging um zu schauen was los ist, sah ich wie Pinto und Tango einen Gockel erst von links nach rechts und dann von rechts nach links quer über den Parkplatz jagten. Dann folgte ein ersterbender Schrei des gejagten Hahnes und ich ließ vorsichtshalber einen Brüller los um die beiden Hunde abzulenken. Den Geräuschen folgend entdeckte ich die drei knapp unterhalb der Bodega, wo die Hunde den Hahn »Sir Henry der Fünfte« gestellt hatten. Er lag auf dem Rücken und die beiden Rüden waren kurz davor ihm den Garaus zu machen. Ich schrie, nein brüllte: ›Pinto, Tango NEIN!‹ und sie gingen irritiert ein Stück zurück. Dann schnappte ich mir den völlig erledigten Gockel, klemmte ihn mir unter den Arm und ging mit ihm zurück zum Haus. Dort setzten wir uns auf die Bank vor dem Küchenfenster und beruhigten uns beide zusammen, der Gockel auf meinem Schoß. Das Herz des Vogels raste wie verrückt, meines auch und ich streichelte und beruhigte ihn weiter. Hier konnte ich ihn im Moment nicht wieder frei lassen, soviel war klar. Also klemmte ich ihn mir nach einer Atempause wieder unter den Arm, schnappte mir den Eimer mit den Küchenabfällen und ging mit ihm zum Hühnergehege. Dort setzte ich ihn in einen kleinen Stall rein und schloss die Tür. Er sollte erst mal in Ruhe wieder zu sich kommen. Ich versorgte die Hühnerschar mit frischem Wasser und Futter, scheuchte die Hunde, die immer mit mir ins Hühnergehege gingen, raus und öffnete beim Hinausgehen die Tür der kurzfristigen Unterkunft. Die anderen Hähne im Hühnerareal »Bubbles«, »Hector« und »Plato« waren mit Sicherheit über die Ankunft eines weiteren Konkurrenten nicht sehr glücklich, aber dort standen im Moment seine Chancen wesentlich besser als dermaßen angeschlagen zu seiner Familie zurück zu kehren. In zwei Tagen würde er vermutlich eh wieder bei seinem Clan sein. Hühner haben sehr enge Familienverbände und wenn sie selbstbestimmt leben können, kümmert sich ein Hahn auch sehr intensiv und verantwortungsvoll um seine Küken. Normalerweise geht die Henne vorne weg, sie hat das alleinige »Sagen«, dann kommen die Küken und die Nachhut sichert der Hahn. Er warnt auch vor Raubvögeln und anderen Gefahren und hilft genauso bei der Futtersuche, wo er dann den Kleinen über mehrere Monate zuerst das Futter überlässt – bis hin zu einem halben Jahr, bis die Küken groß genug sind und eigenständig werden. Das Kommando hat in dieser Familie allerdings immer die Henne und sie akzeptiert dann auch nur ihren Hahn in der Nähe ihrer Kinder, gegen andere kann sie ganz schön giftig und aggressiv werden. Es ist wirklich wunderschön so etwas in der Natur beobachten zu dürfen, da geht mir jedes Mal das Herz auf.

Sonntags fuhren Nele und ich auf den Bauernmarkt in Buen Paso. Ich möchte mit meinen Seifen auf den Markt zu gehen und muss wissen, welche Papiere ich dafür benötige. Wir hatten Glück, das Büro war geöffnet und der junge Mann dort sehr hilfsbereit. Die Residencia brauche ich, kein Problem. Dann noch die NIE-Nummer, eine Kopie meines Ausweises, auch kein Problem. Die Standgebühr inklusive Tisch beträgt für das Wochenende 5 €uro, passt auch. Und jetzt wird es lustig. Ich muss einer Association de Artesanias (Vereinigung des Kunsthandwerks) beitreten und eine Prüfung vor der staatlichen Behörde in der Hauptstadt Santa Cruz ablegen. Das heißt, sie wollen wissen, ob ich auch wirklich Ahnung davon habe, wie ich meine Seifen herstelle. Okay, verstehe ich, macht ja auch Sinn, dass ist schließlich dafür gedacht, dass die Bauernmärkte nicht mit billigem in Massen produziertem Zeugs überschwemmt werden. Und wenn ich diese Papiere habe, dann kann ich mit meinen Seifen auf jeden Kunsthandwerksmarkt, jeden Bauernmarkt und jede Kunsthandwerksmesse gehen. Das klingt doch ganz prima und nach rund 30 Jahren Seifenherstellung sollte man ruhig davon ausgehen können, dass ich weiß, wie das geht.

9. September 2014 – Nachdenkliches

Mein Osteopath Pedro ist mit dem Verlauf meiner langsam voran schreitenden Wiederherstellung einigermaßen zufrieden. Nun ja, ich bin ja schließlich auch sehr daran interessiert wieder auf die Beine zu kommen und fitter zu werden, immerhin gehe ich schon zweimal die Woche für eine Stunde im Meer schwimmen und trainiere Aquajogging. Pedro ist sehr gespannt darauf, wie die Akupunktur bei mir anschlägt. Für seine Patienten sucht er einen richtig guten Akupunkteur und die beiden Spanier, die ich auch von Bekannten empfohlen bekam, lehnte er dankend ab mit einem knappen: »Nein Danke, ich will keine Spanier, sondern brauche jemand der mehr Ahnung von der chinesischen Medizin und der Akupunktur hat, als von einem Wochenendseminar oder kurzem Kurs. Es reicht mir für meine Patienten nicht, dass einer gerade mal die Akupunkturmeridiane und ihre Punkte kennt, da ist soviel Wissen mehr dahinter als nur die Nadel auf einen Punkt zu setzen und ich konnte hier noch keinen guten Landsmann darin finden. Wenn Deine Akupunkteurin gut ist, schicke ich meine Patienten lieber in ihre Praxis. Jochen brachte mit sehr viel bei und er öffnete erst richtig meinen Kopf für die Naturheilkunde.«

Im Laufe unserer Praxistätigkeit bildeten wir sehr viele Volontäre aus verschiedenen Heilpraktikerschulen aus und die besten nahmen wir auch in unserer Praxis auf. Es ist halt immer mühsamer seinen eigenen Verstand einzuschalten, aktiv nach den Ursachen einer Erkrankung zu suchen oder auch eine Ernährungsumstellung für eine längere Zeit einzuhalten. In der Colon-Hydro-Therapie bildeten wir rund 200 Therapeuten aus. Es lag nie in unserem Bestreben unser Wissen hinter unseren Mauern zu verwahren, sondern wir teilten es immer gerne mit anderen; schließlich ging es ja nicht um uns, sondern um das Wohl und die Gesundheit hilfesuchender Patienten. Darum schrieben wir die Bücher zur Selbsthilfe, da kann jeder nachlesen, was er oder sie in seinem Leben selber ändern kann. Die Eigenverantwortung ist das Stichwort. Wir werden heutzutage von der Industrie mit so vielen unnützen, überflüssigen und teils auch sehr gesundheitsbedenklichen Zusatzstoffen in der Nahrung und in den Getränken voll gestopft, und die meisten Menschen konsumieren nur noch alles mögliche und unmögliche ohne ihren Verstand einzuschalten und für ihre Gesundheit, unsere Umwelt und unser aller Leben einzusetzen. Kaum einer merkt noch, wie Gier und Sucht nach bestimmten Speisen und Getränken das Leben bestimmen. Die meisten Menschen sind schlicht uninformiert und es interessiert sie auch nicht die Bohne wie oder wo etwas hergestellt wird und unter welchen Bedingungen es zu uns kommt. Es ist für den Großteil der Leute ja schon viel zu anstrengend die Zutatenliste auf einem Produkt zu lesen und nachzuschauen, was diese Stoffe bedeuten und welche Nebenwirkungen sie haben. Internet hat heute jeder Heiopei auf seinem Smartphone und postet auch pausenlos irgendwelche Bilder oder sinnfreien Kommentare durch die Gegend, aber für relevante Informationen sind die meisten wohl wirklich zu blöd. Schade drum, und das ist die Zukunft unserer Art. Arme Erde. Wie heißt doch der schöne Kalauer?

»Treffen sich zwei Erden, sagt die eine zur anderen »Ich habe Homo Sapiens.«

Antwortet die zweite: »Mach Dir nix draus, das geht wieder vorbei.«

An miserable Produktionsbedingungen für die Arbeiter, an den Raubbau in der Natur, die gravierenden und irreparablen Umweltbelastungen, sinnlose und das Leben verachtende Tierquälerei, Energievergeudung durch unnötige überflüssige Produktionsverfahren und viel zu lange Transportwege denken nur sehr wenige. Hoch subventionierte Massentierhaltungfabriken, die ihren »Überschuss« auch noch steuerlich abschreiben können und anschließend die kümmerlichen und krank machenden Reste nach Afrika verkaufen und die dortige Selbstversorgerstruktur zusammenbrechen lassen, daran denkt doch nun wirklich kaum einer, das ist doch in den Köpfen der meisten Leute alles viel zu weit weg. Und das diese Fleischvermehrungsstationen mit verantwortlich für die Krankenhauskeime sind, interessiert auch keinen, Hauptsache Billigfleisch und davon viel. Die Subventionen beenden und eine gesunde Marktstruktur wachsen lassen, das täte allen gut. Dann würde auch wieder mehr auf Klasse anstatt auf Masse geachtet werden.

Am Abend erreichte ich endlich mein Renatchen. Ihr ging es gar nicht gut.

Ihre Ärztin sagte auch, dass das Bein ab muss. Ich war geschockt. Beide wissen wir um die Aussagen Bescheid, aber sie möchte von mir nur eine aufmunternde Geschichte hören und bei meinen vielen Viechern kann ich ihr ja auch jedes Mal eine erzählen, das tut uns beiden gut. Im letzten Jahr brach sie sich bei einem Sturz das linke Bein und man setzte ihr eine Schiene ein. Sie bekam bei der Operation noch völlig gratis eine bakterielle Infektion dazu geliefert, das Metall wurde von ihr auch nicht vertragen und löste zusätzlich üble Entzündungen aus. Im April rangen sich die Ärzte schließlich dazu durch die Schiene wieder zu entfernen und passten ihr dafür den Ringfixateur an. Die Metallstäbe, die quer durch den Knochen gehen, lösten erneut böse Entzündungen aus. Teils wurden die Wunden wurden auch nicht richtig versorgt, dafür gab man ihr aber reichlich starke Schmerzmittel und noch vieles anderes, aber die Heilung unterstützende naturheilkundliche Maßnahmen, die dem Knochen geholfen hätten zu heilen? Nein, natürlich nicht. Es ist ja auch wahnsinnig schwer über den eigenen Tellerrand hinaus zu schauen und vielleicht einmal andere Erfahrungen außer der reinen Schulmedizin zu Rate zu ziehen, nicht wahr? Ich sage ja nichts dagegen, wenn ein Arzt nur sein Fach und nicht auch noch das Fach der Naturheilkunde zusätzlich beherrscht, aber er sollte doch wenigstens soviel Courage und weniger Dünkel haben, dass er dann die entsprechenden Leute, die sich damit besser auskennen als er, mit ins Boot nimmt. Traurig, wütend, deprimiert und enttäuscht ging ich spät in der Nacht zu Bett. An Schlaf war nicht zu denken. Renatchen ist ein zweiter, mir sehr nahe stehender Mensch dem in letzter Zeit sehr Schlimmes widerfährt. Auf einmal saß ich senkrecht im Bett und schrie und heulte laut vor Schmerz und Verzweiflung. Die Trauer um Jochen hatte ich logischerweise noch nicht verarbeitet und er fehlte mir nach wie vor, sie war natürlich auch mit dabei, das war mir schon klar, ich hatte nur noch nie zuvor in unserem Schlafzimmer geweint oder gar geschrien. Das Bett war immer unsere Festung, unsere Burg, unsere Höhle und auch unser Platz der Geborgenheit gewesen. Irgendwann, nach einer guten Stunde, gewannen die Erschöpfung und Müdigkeit die Überhand und ich schlief ausgelaugt, erschöpft und sehr unruhig ein. Am nächsten Tag suchte ich fieberhaft im Internet nach Naturheilkundlich arbeitenden Kliniken, denn ein Arzt oder Heilpraktiker alleine wäre mit Natchens Problemen vermutlich völlig überfordert und sie braucht unbedingt eine Rundumbetreuung. Ich rief sie an und sie war auch wieder besser ansprechbar. Dabei erzählte ich ihr von meinen Überlegungen und sie ging auch gleich dankbar für die Idee darauf ein. Wenn ihre Ärzte ihr schon nicht selber weiter helfen können, dann können sie sich zumindest anstrengen und versuchen einen anderen Weg als eine Amputation für sie zu finden. Ab ist ab und wech ist wech, so ein Bein wächst schließlich nicht mehr nach wenn man kein Axalottl ist. Sie sagt, sie hat die »große Heulerei« erst mal an den Nagel gehängt, klar, zwischendurch kommt in Wellen alles wieder hoch, aber sie hat den Kampf um ihren Haxen aufgenommen. Ich ziehe meinen Hut vor dieser unglaublich tapferen Frau und ich liebe diese wunderbar verrückte Henne!

12. September 2014 – Akupunktur

Heute konnte ich endlich meinen lang ersehnten ersten Behandlungstermin bei der Heilpraktikerin für Traditionelle chinesische Medizin wahrnehmen. Ich bin körperlich, seelisch und mental so erschöpft und kraftlos wie noch nie zuvor in meinem Leben.

Sie studierte neun Jahre lang an chinesischen Kliniken traditionelle chinesische Medizin und macht im nächsten Jahr ihren Doktor darin und ich bin heilfroh, dass ich sie finden durfte. Von der ersten Sekunde an waren wir uns sehr sympathisch und wir kamen sofort auf die zwischen Therapeut und Patient ungewöhnliche persönliche Ansprache, dem »Du«. Am Schreibtisch sitzend sagte sie schon »Man sieht Dir schon so an, dass Herz und Nieren bei Dir sehr angegriffen sind«, dann brauchte sie meine beiden Handgelenke zur Pulsdiagnose. Sie ertastete die unterschiedlichen Pulse mit den Fingern und meinte »Oho, da ist aber einiges ganz heftig durcheinander geraten, Du hast einen ganz massiven Yin Überschuss, ich mache Dir heute eine Notfallbehandlung um die Trauer anders abzuleiten«. War mir ja schon klar gewesen, dass derzeit bei mir ganz Vieles heftig im Argen lag, ich konnte mir auch nicht selber helfen und ich hatte das ungute Gefühl, dass wenn ich nichts unternehme und mir ganz gezielt Hilfe suche, mich alles zu zerreissen droht oder mich einfach regelrecht wegsprengt. Herz, Nieren und ein paar andere Sachen mehr waren heftig aus dem Lot geraten. Sie drückte es mit den sehr treffenden Worten so aus: »Dir wurde durch Jochens Tod das halbe Herz weggerissen und Deine Seele wollte ihm schon folgen. Du bist die ganze Zeit wahnsinnig hoch am Dauerbrennen« dabei legte sie Zeigefinger und Daumen zusammen, und so kurz davor ganz auszubrennen«.

Oh man, wie wahr das war! Nicht nur meine Seele, sondern auch mein Körper wollten Jochen in den letzten Wochen wohl unbewusst folgen. Aber etwas ganz tief in mir will, möchte und muss auch weiter leben. Für einige Zeit hielt sich der seelische und mentale Kampf gerade noch halbwegs die Waage, mit einem winzig kleinen Zünglein mehr in Richtung Leben. Ich habe bisher jeden einzelnen verdammten Tag um mein seelisches und körperliches Überleben gekämpft, ich tue es immer noch jeden Tag aufs Neue und zu guter letzt werde ich auch gewinnen, das weiß ich. Jochen wird mir immer fehlen und er ist für mich unersetzbar. Ich trage ihn tief in meinem Herzen und nehme diese unendlich große und tiefe Liebe zwischen uns auch dankbar in meine Zukunft mit.

Nach der Behandlung ging ich zurück zum Auto und setzte mich hinter das Lenkrad.

Ich nahm nicht einmal die Sonnenblende von der Windschutzscheibe weg, sondern heulte in diesem »Schutzraum« vor der Außenwelt eine Viertelstunde lang, bevor ich mich überhaupt wieder imstande fühlte, langsam nach Hause zu fahren.

Dem ganzen Schmerz um Jochens Verlust konnte ich trotz meiner intensiven Trauer um ihn bis zur Erlangung meiner Residencia nur beherrscht Raum geben. Die letzen zwei Tage davor lief ich schon auf dem Zahnfleisch und mir war völlig klar, dass sich ein massives seelisches und körperliches Zusammenklappen anbahnte, aber ich hatte einfach nicht mehr die Kraft dem etwas entgegen zu setzen. Es war eine sehr lange Nervenzerfetzende und zermürbende Zeit für uns und wir hatten trotz allem noch unwahrscheinlich viel in Gang gebracht und geregelt. Die Krankenkasse ließ bisher immer noch nichts von sich hören und auch seine Beerdigungskosten wurden bis heute noch nicht beglichen. Der richtige Absacker kam auch prompt ein paar Tage später, nachdem wir einen Großteil des ganzen Papierkrames als »erledigt« abhaken konnten. Der seelisch und körperlich rapide Kraftabfall setzte mir noch viel heftiger zu, als ich eh schon vermutet und befürchtet hatte. Ohne die aktive Hilfe meiner Katzen und Hunde hätte ich die gesamte Zeit bisher nicht überstanden und auch jetzt spürten sie ohne ein Wort wie es mir ging und standen mir ausnahmslos alle unglaublich sensibel und liebevoll bei um mir zu helfen, mich zu trösten, mich zu wärmen, und um mir ihre Liebe, ihre Energie, ihre ganz besondere Kraft und ihren Mut zu schenken. Selbst die Katzen, die sich untereinander nicht alle grün sind und wo öfter schon mal die Fetzen fliegen, sind seit Jochens Tod fast schon ein Herz und eine Seele, okay, besser gesagt, sie haben zumindest Waffenstillstand geschlossen. Es ist als hätte sich diese große Gemeinschaft an sehr unterschiedlichen Tieren und Charakteren auf einer seelischen Ebene zusammen geschlossen um mir zu helfen. Ich spüre und sehe das auch und bin einfach nur dankbar darüber, das erleben zu dürfen. Bis zu Renatchens Nachricht mit der drohenden Amputation hatte ich mich vielleicht erst wieder zu fünf Prozent gefangen und so riss mir die schlimme Information erneut die Beine unterm Hintern weg und katapultierte mich mit einem Schlag zurück auf Null. Das Zünglein an meiner Waage drohte zu kippen, mich hielt in den letzten Tagen nur noch die Hoffnung auf den baldigen Termin bei der Heilpraktikerin aufrecht. Ich brauchte jetzt mehr als nur dringend Hilfe. Instinktiv wusste ich noch, was mein Körper und meine Seele benötigten und ich hatte das unwahrscheinlich große Glück diese Therapeutin finden zu dürfen. Die Akupunktur öffnete bei mir im wahrsten Sinne des Wortes sämtliche Schleusen, ich heulte den ganzen Samstag und Sonntag in kurzen Abständen und mit einer solchen Heftigkeit, die mich zwar richtig erschreckte, aber bei der mir auch klar war, dass das ein positiver Effekt der Behandlung war. Sie formulierte es vorher so: »Der ganze Stress und Deine Trauer greifen mittlerweile Deine Organe massiv an, die Trauer muss anders raus.« Ich wusste gar nicht, dass ich noch so viele Tränen und so viel Schmerz tief in mir sitzen hatte.

Am Montag wurde es dann ganz langsam ein wenig ruhiger in mir, das Weinen ließ etwas nach und ein sehr kleiner Teil meiner Kraft kehrte ganz zaghaft zurück.

Interessanterweise verbesserte sich parallel dazu auch mein seit drei Monaten verloren gegangenes Gedächtnis punktuell. Ich bin zwar noch Welten von meinem vorigen Wissenstand und von meiner gewohnten Verstandeskapazität entfernt, aber die Blockaden öffnen sich langsam. Es ist für mich ein Geschenk, das erleben zu dürfen und ich bin ihr unglaublich dankbar für ihre Hilfe!

In vielen Kulturen spricht man von den »100 Trauertagen«.

Jetzt erst beginne ich zu verstehen, warum es diese Zeit braucht und was dabei in einem passiert. Im ersten Drittel der Zeit wollten meine Seele und mein Körper meinem Mann folgen, liebe Menschen und alle meine Tiere hielten mich mit vereinten Kräften gerade noch davon ab. Im zweiten Drittel der Zeit kämpfte ich jetzt selber um mein Überleben, liebe Menschen und alle meine Tiere unterstützen mich weiter dabei. Im dritten Drittel der 100 Tage fasste ich den Entschluss, weiter leben zu wollen und langsam wieder zu gesunden. Ich will meinen Kopf und meine Seele, und ganz besonders auch mein Herz und meine Nieren wieder in Ordnung bekommen, denn so wie es mir zur Zeit geht, komme ich nicht mehr weit in die Zukunft und die ist jetzt wieder mein erklärtes Ziel. Mein Kopf wird mit jedem Tag etwas klarer und es wird zusehends ein klein wenig ruhiger in mir. Herz und Nieren galoppieren langsam nicht mehr völlig verrückt wie eine Herde wild gewordener Elefanten oder Büffel, sondern sie vibrieren mittlerweile nur noch sehr kräftig, aber sie lösen dabei nicht mehr so viel Schmerzen, Angst, Panik und das Gefühl des hilflosen Ausgeliefertseins aus.

Nach der dritten Akupunkturbehandlung bekam ich das erste Mal für ein paar Stunden meine gewohnten, normalen Augenlieder und Augenumgebung zurück. So ganz ohne Schwellungen im Gesicht und ohne zusätzliche tiefe Falten hatte ich mich seit Monaten nicht mehr gesehen. Das lässt mich sehr hoffen.

Nach der Behandlung sollte ich auf Anordnung der Therapeutin noch für fünf Minuten mit den Füßen ins Meer gehen. Wurde natürlich gemacht, auch wenn das Meer in den letzten Tagen ziemlich unruhig und rubbelig geworden war, und da konnte man schon mal eine anlandende Welle ganz schön unterschätzen. Au ja, und wie man die unterschätzen kann, wenn auf einmal eine wesentlich höhere Welle ankommt. Hatte ja noch versucht zu fliehen, aber das klappte auch nur bis das Wasser meine Füße umspülte und ich nicht mehr sehen konnte wo ich hin trat, dann blieb ich doch lieber still stehen. Auch die hochgekrempelten Hosenbeine halfen nicht wirklich, ich wurde bis einschließlich Hintern umspült und kriege noch einen satten Klatscher voll aufs T-Shirt und ins Gesicht. Pitschnass mit den am Leib klebenden salzigen Klamotten trottete ich durch den feinen schwarzen Sand von der Playa San Marcos zu meinem Auto und dachte so bei mir: »Das Yin herunter kühlen soll ich, na wenn das jetzt nicht sogar noch länger und gründlicher kühlt als normal ...«

19. September 2014 – Mutters Stapellauf

Morgen kommt meine Mutter für zwei Wochen hier an. Sie ist mittlerweile 80 Jahre alt und tut sich immer noch ausgesprochen schwer mich einfach nur »sein« zu lassen wie ich bin, das nervt mich schon mein Leben lang und dementsprechend verhält sich auch mein eh sehr angespannter Blutdruck. Aber wir werden uns auf jeden Fall eine schöne und entspannte Zeit machen, schwimmen gehen (sie war noch nie im Meer schwimmen), ein wenig durch die Gegend fahren und das Leben genießen. Und wenn sie mich mal wieder tierisch nervt und gängeln will, dann gibt‹s halt den passenden Deckel zum Topp und dann kann mein Ton auch gerne mal etwas direkter werden. Der Wetterbericht machte uns zwar Hoffnung auf ein wenig Regen, aber irgendwie lösen sich derzeit sämtliche Wolken und Wölkchen in ein sonnenstrahlendes Nichts auf, sobald sie in Inselnähe kommen. Dabei bräuchten wir so dringend Regen, der letzte ist schon etliche Wochen wenn nicht gar Monate her, hab‹s wohl gerade wieder vergessen. Aber wie heißt es doch so schön »jedes Ding hat zwei Seiten« und die schöne Seite am Nicht-Regen ist gerade ein eindeutiges Traumwetter und das wird ohne zu Zögern volle Kanone genutzt. Ouh yeah, mit Muttern ab ins Meer, das wird vielleicht eine Gaudi werden. Ich bereite sie gerade darauf vor, dass am Montag ihre »Erstwasserung« stattfindet. Anfangs hatte sie eine ganze Menge Bedenken, auch weil sie Zeit ihres Lebens keine besonders gute Schwimmerin war und ihre Unsicherheit nach der Hüftoperation letztes Jahr nicht gerade gemindert wurde, aber Nele kam auf die glorreiche Idee den Aquajogging-Gürtel mit zu nehmen und ihr im Wasser umzuschnallen.

Gesagt, getan meine Mutter ging an meiner Hand mit einer leuchtend blauen Badekappe auf dem Kopf und dem umgeschnallten Aquajogging-Gürtel in der gleichen Farbe ins Wasser und hielt sich tapfer immerhin stolze 25 Minuten. Nur das mit der

Koordination von Armen und Beinen klappt nicht so ganz und zwischendurch vergisst sie es auch mal sich zu bewegen, aber das Salzwasser trägt einen Schwimmer doch relativ mühelos und es bereitete ihr richtig viel Spaß. Auf jeden Fall Hut ab vor ihrem Mut und ich finde es richtig toll, dass sie sich mit 80 Jahren das erste Mal in ihrem Leben ins Meer wagt! Nun ja, zugegeben, von selber hätte sie sich garantiert nie hinein gewagt, aber Nele und ich schleppten sie erbarmungslos mit uns. Zu Hause angekommen fiel uns beiden »bösen Weibern« natürlich gleich noch etwas besseres ein, jaja, wir sind immer noch steigerungsfähig und darum nehmen wir beim nächsten mal nicht nur den Aquajogging-Gürtel, sondern auch eine Schwimmnudel (für den Fachmann, das Teil heißt korrekt »Flexibeam«) mit eingehängtem Netzsessel mit, und probieren die beiden Sachen in Kombination aus.

Gesagt getan, beim nächsten Schwimmen traten wir bestens vorbereitet an. Zuerst brachte ich Nele ins Wasser und versorgte dann ihre beiden Krücken im sicheren Abstand von den Wellen etwas weiter oberhalb, anschließend holte ich meine Mutter, die mit sämtlichem Zubehör am Wassersaum auf mich harrte. Ich wartete mit ihr auf einen passenden Moment und der ist dann, wenn sich die Welle zurückzieht und einen klaren Blick auf den Meeresgrund frei gibt. Dann ging es zwei Schritte vor, stehen bleiben, wieder abwarten bis sich die nächste Welle zurück zog und so kam man langsam aber sicher ins tiefere Wasser. Auf Bauchhöhe blieben wir bei der auf uns wartenden Nele stehen, die Mutter und mich in Empfang nahm. Zu Zweit stellten wir sie in Position, drücken mit den Händen die Schwimmnudel mit dem eingehängten Netz unter Wasser und natürlich auch unter ihren Hintern. Jetzt saß sie wenigstens schon mal halbwegs sicher und soff uns nicht mehr ungewollt ab. Der erste Schritt war also geschafft. Dann schnappten wir uns den Aquajogging-Gürtel. Mittlerweile waren wir durch die Wellen automatisch ins tiefere Wasser gelangt und versuchten ihr beide mit den Füßen Wasser tretend den Gürtel umzuschnallen, aber das Teil erfüllte voll und ganz seine ihm zugedachte Funktion und dachte nicht im Traum daran, sich von uns so einfach unter Wasser drücken zu lassen. Also schwammen wir wieder ein Stück in Richtung Strand zurück und zogen dabei Muttern in ihrem Flexibeam-Sessel, in dem sie ja ganz bequem saß, hinter uns her.

Mit festem Boden unter den Füßen konnten wir mit dem Umlegen des Gürtels erneut beginnen. Von rechts und links drückten wir den Gürtel gleichzeitig unter Wasser in Richtung ihres unteren Rückens, dann schoben wir die Gurte am Netzsessel vorbei und schnallten ihn ihr vorne am Bauch zu. Noch ein paar mal zu recht gerückt und geschoben, alles passte und saß ganz ordentlich und ab ging die Reise mit einem kräftigen Schubser in Richtung offenes Meer. Mutters Frage:

»Wo geht es denn da hin, wenn man gerade aus weiter schwimmt?«

beantworteten Nele und ich wie aus einem Mund mit:

»Hinterm Felsen weiter geradeaus geht es nach Florida.«

Da wollte sie dann aber heute doch nicht mehr hin und so blieben wir in dem von Schwimmbojen eingegrenzten Areal. Meine Mutter saß ganz bequem und entspannt in ihrem schwimmenden Rückenpanzer, Hände und Füße paddelten zwar noch immer nicht mit, geschweige denn synchron, aber sie fühlte sich prima und genoss ihren Ausflug ins Meer sichtlich. Zu meiner eigenen körperlichen Ertüchtigung machte ich ein paar kräftige Schwimmzüge weg von ihr und überlies meine Mutter beruhigt dem sanften Spiel der Wellen, als wir auf einmal eine kräftige Frauenstimme vernahmen. »Großer Gott wir loben Dich« und »So ein Tag, so wunderschön wie heute«, bekundeten neben ein paar Volksliedern und weiteren Kirchenliedern ihre höchst zufriedene Stimmung. Die Felswände der Bucht verstärkten diesen Effekt noch und man kann nur sagen, es war ein wirklich sehr interessantes Erlebnis. Nele und ich schauten uns beide völlig verblüfft und ungläubig an und mussten darauf dermaßen loslachen, dass wir uns kräftig verschluckten. Neles trockener Kommentar »Jetzt haben wir eine singende blaue Heulboje.«, half da nicht wirklich unsere Fassung schnell wieder zu erlangen. Meine Mutter bekam natürlich nichts davon mit und sang fröhlich und zufrieden aus voller Kehle weiter, während die Wellen sie langsam aber sicher näher in Richtung der Felsen bewegten. Jetzt wurde es in meinen Augen aber doch langsam Zeit unsere muntere Sangesfee wieder einzufangen und in sichere Distanz zu den Felsen zu bringen. Ich schwamm zu ihr hin und zog sie an der Schwimmnudel rückwärts in einen sicheren Abstand zu den Felsen, während sie munter weiter sang. Als ich sie schon rund zehn Meter gezogen hatte, fiel es ihr langsam auf, dass da hinter ihr jemand zu Gange war, sie drehte sich erfreut um und meinte: »Wie, bist Du auch da?« Jau, das war sehr treffend von ihr bemerkt und wir hatten alle unseren Spaß bis wir nach einer Dreiviertelstunde wieder an Land gehen wollten. Dafür schwammen wir mit meiner Mutter ins bauchtiefe Wasser. Unser gemeinsamer Versuch, sie wieder auf ihre eigenen Füße zu stellen gestaltete sich unterdes nicht ganz so einfach wie wir dachten, immer wenn wir ihr sagten »Mutti, stell die Füße auf den Boden«, hob sie sie an und ihre Beine und Zehen schauten neugierig aus dem Wasser heraus, während ich sie unter den Achseln untergehakt hielt und krampfhaft versuchte das Gleichgewicht zu halten, was in Anbetracht meines ständig durchdringenden Lachreizes nicht so einfach war. Nach vielen kreativen und vom Lachen unterbrochenen Versuchen schafften wir es dann doch noch und wankten schließlich erschöpft in Richtung Land von wo aus uns mehrere Strandbesucher schon seit geraumer Zeit interessiert beobachteten. Da eilte uns unaufgefordert ein älterer Herr zur Hilfe, fasste meine Mutter an ihrer freien Hand und brachte sie sicher mit mir zur Treppe. Dort warteten bereits die nächsten beiden hilfreichen Geister um sie in Empfang zu nehmen, während ich noch mit ihrem kompletten Nichtschwimmer Equipement hinter ihr her krabbelte. Ich brachte meine Mutter zur Süßwasserdusche und half ihr sich vom Salzwasser und dem Sand zu befreien, dann »parkte« ich sie auf einer sonnengewärmten Steinbank und machte mich daran, die im Wasser verweilende Nele hinaus zu begleiten. Das ging wie immer vorsichtig aber problemlos und als sie auf dem Trockenen stand, lief ich los um ihre beiden Krücken zu holen. Nele wollte die Stufen immer alleine hoch gehen, aber sie hatte mal wieder keine Chance, die hilfreichen Geister, die zuvor auch meiner Mutter geholfen hatten, ließen nicht locker und so ergab sie sich in ihr Schicksal Hilfe anzunehmen. Ich half auch ihr beim Abduschen und danach ließen wir uns alle ermattet auf der Steinbank nieder. Der anschließende Besuch beim Italiener war dringend notwendig zum Kräfte auftanken.

Bei meinem nächsten Besuch bei meiner Heilpraktikerin sagte sie mir, dass ihre Schwiegereltern gerade zu Besuch sind und jeden Tag am Strand von Playa San Marcos schwimmen gehen. Gestern hätten sie dann etwas witziges beobachtet.

Zwei jüngere Damen (ich weiß, ich weiß, aber damit waren wirklich Nele und ich gemeint), hätten einer älteren Dame eine blaue Badekappe aufgesetzt, sie untergangssicher verschnürt und dann weit ins Meer hinaus geschubst. Sie sahen jedenfalls alle miteinander so aus, als hätten sie einen Riesenspaß gehabt.«

Mirjams Kommentar war kurz und trocken: »Die kenne ich, ist eine Patientin von mir.«

So schnell spricht sich also immer noch etwas rum, grins ...

Beim nächsten Schwimmkurs bekam meine Mutter ihre Beine wenigstens besser auf den Boden als zuletzt, und die äußerst freundlichen und hilfsbereiten Spanier ließen sich auch diesmal nicht davon abhalten uns aus dem Wasser und die Stufen wieder hoch zu helfen.

Wirklich toll diese große Solidarität und Hilfsbereitschaft, die hier von allen Seiten auf einen zugetragen wird, ohne dass man überhaupt darum fragen oder bitten muss!

26. September 2014 – Armer Vito

Heute wollten Mutter und ich zu meinem nächsten Behandlungstermin fahren und ich hatte bereits die Hunde Tango, Pinto und Vito an den langen Ketten fest gemacht, damit sie keine »spontanen Ausflüge in die Gegend« unternehmen nur weil ich mit dem Auto vors Tor fahre. Wenn ich dann draußen bin und das Tor schließe, mache ich die Hunde wieder von der Kette los, dass sie frei laufen und die Finca bewachen können. Aber diesmal sprintete Vito plötzlich und unvorhersehbar los, wodurch mir die Kette unter die Räder geriet und sich mit seinem rechten vorderen Bein verhakelte. Ich hörte ihn aufjaulen, schaute mich entsetzt nach ihm um und sah, dass der rechte Vorderlauf ab der Schulter im 25° Winkel seitlich abstand.

»Scheiße, Vito, oh nein, das darf doch nicht wahr sein, um Himmels Willen, nein!«

Dachte ich, sprang aus dem Wagen und hievte ohne zu zögern den schweren Hund ins Auto. Also erst zum Tierarzt und dann nach Puerto. In der Tierklinik angekommen war die Sprechstunde vorbei und Manolo, seine Frau und die Tierärzte operierten bereits ihre Patienten. Ich konnte Vito nicht dort lassen, also blieb er im Wagen liegen und ich nahm ihn mit nach Puerto, meine Mutter blieb bei ihm im Auto sitzen um auf ihn aufzupassen, während ich behandelt wurde. Mein lieber dicker, großer Kerl hatte seit dem der Unfall passiert war, keinen einzigen Muckser mehr von sich gegeben und blieb still liegen ohne sich zu rühren. Nach meiner Behandlung, ging es postwendend wieder zur Tierklinik wo er gleich geröntgt wurde. Das Schultergelenk war ausgekugelt und das war schon kompliziert und schwierig genug, vor allem bei einem so großen und schweren Hund, aber es war immerhin kein Bruch. Das sorgte zumindest für eine kleine Erleichterung. Mein Junge wurde narkotisiert und das Gelenk wieder in die richtige Position gebracht. Unser Tierarzt Manolo ist ein richtig toller

Tierdoktor und er und seine Leute gehen auch ausgesprochen liebevoll und fürsorglich mit den Tieren um. Zuhause angekommen ließ ich ihn unter ständiger Beobachtung seine Narkose im Auto weiter ausschlafen bis er von selber daraus erwachte, dann half ich ihm vorsichtig ins Freie. Er lief noch ein wenig wankend mit meiner Unterstützung zu dem dicken Kissen, dass Pinto mit gebracht hatte und legte sich dort nieder um weiter zu schlafen. Am nächsten Tag lief er sehr vorsichtig und instinktiv auch sehr wenig und das Bein blieb sicher im Gelenk sitzen, aber über Nacht musste er ungünstig gelegen haben oder falsch aufgestanden sein, und am Sonntag Morgen sprang der Oberarmknochen wieder aus dem Schultergelenk raus. Ein Tierarzt war trotz aller Bemühungen nicht aufzutreiben. Fressen wollte er eh nicht und das war zumindest in sofern gut, dass er Gewicht verlor, dass musste er in der nächsten Zeit nicht mehr tragen. Als er sich in die Sonne legte, leistete ich ihm eine gute Stunde auf dem Boden liegend Gesellschaft und tröstete und streichelte ihn. Er nahm mir diesen Unfall nicht übel und er wusste ja auch, dass ich ihm ganz bestimmt nicht weh tun wollte, niemals, jamais, never, nunca.

Montag früh waren wir sehr zeitig mit Vito bei der Praxis und Manolo, der eigentlich erst Nachmittags in der Praxis Dienst hatte, wartete bereits und übernahm meinen Jungen sofort mit seinem Team. Er wurde wieder narkotisiert, anders geht es ja auch gar nicht, und immerhin konnte er das Gelenk erneut regulieren, wie allerdings die Bänder aussehen, wird sich zeigen. Unser Tierarzt ist überhaupt kein Freund von Operationen wenn es irgendwie anders geht. Außerdem, ist es bei Hunden dieses Kalibers anscheinend sehr schwierig an dieser Stelle zu operieren, Manolo will lieber abwarten wie es sich entwickelt. Um die Muskulatur zu entspannen und das Schultergelenk zu entlasten, bekam er die rechte Vorderpfote leicht eingeknickt und mit einer Gummikreppbandage hoch gebunden. Mein Hirn rotierte prompt wieder auf der Suche nach einer zusätzlichen Lösung, ich werde es mit dem Kinesio-Tape probieren. Es hält nicht nur sehr gut auf Menschenhaut (wofür es ja entwickelt wurde), sondern auch ganz prima auf kurzem, glattem Hundefell. Unsere Hündin Tamina hatte sich einmal eine komplette Kralle abgerissen. Wir desinfizierten die Wunde gründlich mit Wasserstoff Peroxyd, schmierten dick selbst gemachte Ringelblumensalbe drauf, deckten mit Gaze ab und verbanden die Pfote mit dem Kinesio-Tape. Das klappte ganz vorzüglich, sie knabberte auch nicht an ihrem Verband herum, hatte durch die Elastizität und Atmungsfähigkeit des Materials keinerlei Beschwerden und konnte ganz normal laufen. Alle zwei Tage wechselten wir den Verband, was sie jedes Mal tapfer über sich ergehen ließ und nach zehn Tagen war die Wunde bestens verheilt. Danach bekam sie für die nächsten Tage nur noch einen Mullpuffer der ebenfalls völlig problemlos mit dem Kinesiotape fixiert wurde. Ich will mal schauen, wie ich Vitos Bein unterstützen kann, es muss nur in seinen Kopf vordringen, dass er sein Bein nicht wie gewohnt belasten darf, dann kann er es packen, er ist ja schließlich kein dummer, sondern ein sehr kluger Hund. Mein Junge bekommt jetzt ganz bewusst kein Schmerzmittel und kein die Entzündung bekämpfendes Medikament, damit er durch den garantiert vorhandenen Schmerz selber das Bein schont. Nele nahm meine Mutter in den Loro-Park nach Puerto mit und so konnte ich wenigstens einen Tag lang Luft holen. Ich liebe diese wunderbare und friedliche Stille hier oben auf der Finca sehr und ich bin seit vielen Jahren sehr daran gewöhnt, dass ich nicht pausenlos irgendetwas erzählt bekomme, gefragt werde oder laufend die Zeitung die sie liest kommentiert wird. Jochen und ich waren immer darauf geeicht, dass wenn einer etwas sagte, dann hörte der andere immer ganz bewusst und aufmerksam zu. Wenn wir beide hoch konzentriert an unseren Büchern arbeiteten, konnte auch mal stundenlang kein Wort fallen und meine Mutter (sorry Mutti) redet irgendwie ständig. Dadurch stehe ich wegen so vielen sinnfreien und nutzlosen banalen »Informationen« unter einer permanenten Daueraufmerksamkeitsspannung, das macht mich mental momentan einfach wieder verdammt müde wie ich erschreckt feststellen muss. Außerdem wird mein sich gerade erst langsam regenerierendes Hirn damit noch völlig überfordert und ich vergesse wieder auffallend viel mehr Sachen. Ich bin nach Jochens Tod einfach auch von meiner geistigen Energie her noch nicht wieder ausreichend stabil geworden.

Unser Steuerberater informierte mich, dass mein »carnet de artesania« leider nicht klappt, einzig die Seifenproduktion ist davon ausgenommen, bei jeder Herstellung muss ein Kontrolleur vom Gesundheitsamt anwesend sein. Somit ist die Seifenproduktion für Kunsthandwerkmärkte oder Bauernmärkte ausschließlich für Großbetriebe möglich, von so einem haben sie die (in meinen Augen eher minderwertigen Produkte) ja schon zur Genüge auf dem Bauernmarkt. Da kann ich mit meiner Miniproduktion von 2 kg pro Herstellung nun wirklich nicht mithalten.

Was soll`s es wird sich ein anderer Weg für meine Zukunft finden lassen. Dann soll es jetzt halt einfach nicht sein. Meine knappe Energie und sehr begrenzte Konzentration wird derzeit an anderer Stelle dringender benötigt. In erster Linie um körperlich, seelisch und mental zu gesunden und vielleicht auch um dieses Buch, das mir sehr am Herzen liegt, weiter zu schreiben und die Trauer richtig zu verarbeiten.

Ich erwähnte ja bereits, dass ich durch die ständige Ansprache meiner Mutter gehirnmässig extrem deutlich schneller ermüde und wieder erheblich vergesslicher werde. Die Krönung dieses unangenehmen Zustandes erlebte ich dann am Dienstag. Zum Frühstück setzte ich ein paar Eier zum kochen auf und wusste auch noch, dass sie gekocht hatten, aber danach wusste ich nicht mehr, ob ich den Herd herunter geschaltet oder ausgestellt hatte. Diese Unsicherheit holte mich dann mit aller Macht auf der Behandlungsliege bei meiner Heilpraktikerin ein und mir brannte die Erde unter den Nägeln. Getrieben von einer Scheißangst, dass meinen Tieren oder meinem Zuhause irgendwas passiert sein könnte, rauschte ich regelrecht im Tiefflug nach Hause. Wir kamen vor dem Tor an, ich war zwar erleichtert keinen Rauch und kein Feuer zu sehen, begrüßte aber die Hunde nur ganz knapp, rannte direkt an ihnen vorbei zum Haus, riss die Eingangstür auf und was war? Nichts war, alle Panik war völlig umsonst gewesen, ich hatte den Herd doch komplett ausgeschaltet, nur konnte mich nicht mehr daran erinnern. Mirjam vermutete schon so etwas, mein Hirn und mein Unterbewusstsein durchlebten wohl gerade mal wieder größere Kommunikationsstörungen. Ich lief aus der Küche raus vor die Tür, sah meine Mutter auf mich zu kommen und Tränen der Erleichterung liefen mir über die Wangen. Ich muss mich dringend wieder zentrieren, so einen unnötigen Mist kann ich ja nun gar nicht zusätzlich gebrauchen.

Den nächsten Tag, hatten wir zum letzten schwimmen gehen mit meiner Mutter auserkoren. Das Wasser war inzwischen auf 24° »abgekühlt«, aber das Wetter war einfach fantastisch und so genossen wir unseren mittlerweile üblich gewordenen »Strandaufmarsch« zu dritt und das köstliche Nass in vollen Zügen. Langsam hatten wir uns ja auch schon ein gewisses Training im Anlegen von Muttis »Schwimmpanzer« angeeignet. Mutter wurde von Nele und mir wieder fachmännisch »verschnürt und zurecht gezurrt« und ab ins Meer mit ihr mit Blick in die Ferne in Richtung Florida. Wir schubsten sie schwimmenderweise ins tiefere Wasser, sogar an den Begrenzungsbojen vorbei und paddelten, beziehungsweise schwammen alle ganz entspannt vor uns hin. Nach einer Dreiviertelstunde wurde es meiner Mutter wieder ein wenig frisch um das Popöchen (kein Wunder, sie bewegte sich ja auch heute wieder kaum) und wir zogen sie zurück in Höhe der vielleicht 70 m vom Strand entfernten Bojen. Nele meinte: »Gerda, so bringt das nichts an besserer Bewegung; wenn Renate nix dagegen hat, nehmen wir Dir jetzt die Schwimmnudel weg und Du läufst mit dem Aquajogging-Gürtel an Land.«

Meine Mutter quiekte ängstlich auf ›Das könnte sie nicht und die Ärzte hätten ihr das nach der Hüft-OP doch verboten‹ und so weiter und so fort, aber ich grinste nur breit und antwortete: »Bestens, genau das war auch mein heutiger Gedanke für sie.«

Meine Mutter quiekte weiter ob wir sie umbringen wollen und sie könnte das doch gar nicht, aber wir ignorierten ihre Einwände und beruhigten sie mit:

»Dohoch Mutti (Gerda), Du kannst das und außerdem sind wir ja beide direkt rechts und links hinter Dir und Du behältst doch dabei den Gürtel um.«

Aber das schien ihr auch nicht die gewünschte Entspannung zu geben, eher im Gegenteil. Machte nix, Nele und ich waren diesbezüglich recht erbarmungslos und so öffneten wir gemeinsam erst den Aquajogging-Gürtel und lösten ihn aus dem Schwimmsessel, dann drückten wir zu zweit die Schwimmnudel ein wenig unter Wasser während wir ihr gleichzeitig den Gürtel wieder umlegten. Meine Mutter klammerte sich an die Schwimmnudel, die sie nun vor sich in ihren Händen hielt und die sie jetzt schon gar nicht mehr aus den selbigen geben wollte. Hervorragend sicher verschnürt und bestens vorbereitet schickten wir sie auf ihren Marsch in Richtung Strand. Das mit dem »im Wasser laufen« klappte natürlich anfangs noch nicht so richtig bei meiner Mutter, sie quiekte laufend weiter, dass sie keinen Grund unter ihren Füßen hätte und unser lakonischer Kommentar lautete jedes Mal:

»Wir auch nicht Mutti, lauf einfach weiter.«

Ihre weiteren Versuche Nele und mich davon abzuhalten, sie an den Strand laufen zu lassen, fanden bei uns keine Einsicht und so blieb ihr irgendwann nichts weiter übrig als loszulaufen. Nun streckten sich aber ihre Beine nicht mehr vorne neugierig aus dem Wasser der Sonne entgegen, sondern mitsamt dem Po aus dem Wasser nach hinten hoch. Wir justierten sie aufs Neue und richteten ihre Laufrichtung zum Strand aus. Muttern ergab sich dann doch in ihr Schicksal und begann tapfer zu laufen, erst sehr langsam und zögerlich, dann aber doch von Schritt zu Schritt kräftiger und beständiger. Allerdings entwickelte sie dabei nun so einen enormen Linksdrall, dass wir sie spätestens alle 10 Sekunden wieder in die richtige Zielrichtung drehen mussten, sonst wäre sie wieder in Richtung offenes Meer gelaufen oder hätte sich bestenfalls mit vielen, sehr vielen gelaufen Kreisen nach Stunden dem Strand genähert. Sie wunderte sich weiterhin, dass sie immer noch keinen Boden unter den Füßen hatte, aber wir erklärten ihr, dass sie den erst in Strandnähe bekommen wird und es so weit hier draußen normal sei. Als sie meinte »Ich fange an zu frieren« kommentierten wir das mit: »Dann lauf halt schneller.«

»Das dauert ja ewig und mit dem Laufen kommt man gar nicht vorwärts.«

»Ach was Mutti, das kommt Dir nur so vor, schau mal, welche Strecke Du schon zurück gelegt hast.«

Mit diesen Worten drehte ich sie an ihrem Aquajogging-Gürtel erst in die Richtung der Boje von wo wir gekommen waren und dann wieder zurück in Richtung Strand. Das überzeugte sie dann doch und nun lief sie erstaunlicherweise auch richtig gut koordiniert und mit voller Energie drauf los und wir schafften die restliche Strecke in zehn Minuten. Insgesamt war sie heute 70 Minuten im Wasser, Respekt Madame, Hut ab! Ich brachte sie zu den Stufen, setzte sie dort zum Luftholen ab um Nele aus dem Wasser zu begleiten, weil es ihr nun auch langsam frisch wurde, sie war ja noch etwas länger drin gewesen als meine Mutter und ich. Nele und ich kamen ebenfalls an den Stufen an, als uns wenige Meter entfernt eine Gruppe Spanierinnen fröhlich zugrinste. Sie hatten uns die ganze Zeit aufmerksam und freundlich interessiert beobachtet und zeigten ihren Respekt vor der Leistung der beiden Frauen mit zustimmendem Kopfnicken und breitem Lächeln. Nach einer kurzen Verschnaufpause half ich meiner Mutter, die jetzt ziemlich erschöpft war, die Stufen rauf und während wir beide Arm in Arm zur Süßwasserdusche gingen, streckten alle Damen den rechten Daumen anerkennend hoch. Zu Recht, ich barst vor Stolz auf meine 80 jährige Dame, sie hatte heute eine richtig starke Leistung im Wasser vollbracht, und sich nicht wie sonst so gerne übervorsichtig zurück gezogen.

Mich erschüttert nur, dass man ihr nach ihrer Hüft-OP in der anschließenden Reha oder spätestens in der Wassergymnastik nicht beigebracht hatte, dass man im Wasser ganz hervorragend laufen kann, und dass regelmäßige Bewegung immer noch das beste Mittel ist um möglichst lange möglichst fit zu bleiben.

Am nächsten Morgen war Hühnerfüttern angesagt und meine Mutter wollte unbedingt noch einmal mit ins Hühnergehege gehen. Auf Höhe der Gemüsebeete stutze ich verwundert und lauschte den piepsenden und zwitschernden Stimmchen ganz kleiner Küken und dem lockenden Ruf einer Glucke. Meine Augen suchten in Geräuschrichtung das Unkraut ab und ich entdeckte die erste Glucke mit mindestens 8 Küken. »Okay«, dachte ich noch und schon kam eine zweite Henne mit ihrem Nachwuchs lockend an uns vorbei marschiert, das waren noch mal sechs Küken mehr und schon hörte ich eine dritte Henne mit ihrem Nachwuchs hinter einem Gemüsebeet glucken. Ein kurzer suchender Blick um die Ecke zeigte mir, dass da noch mal elf Küken waren. Da war wohl eine Verabredung zum kollektiven Brüten bei den Damen angesagt, wie sonst hätten die Hühner alle gleichzeitig ihre Eier legen und ausbrüten können? »Oje, oje« schoss mir durch den Kopf, »wie soll ich die bloß alle alleine ins Gehege bekommen?«

Mir kam eine geniale Idee, ich würde heute einfach das Gehege offen lassen, da hinten gibt es Futter für alle und frisches Wasser, vielleicht haben sie Hunger und Durst denn außerhalb des Geheges ist bei dieser langen Trockenheit nichts mehr zu holen. Der Boden war knochenhart, frisches, junges Unkraut gab es auch nicht und Wasser ebenso wenig.

Meine Mutter möchte unbedingt eine Pflanze für Jochen setzen und ich weiß auch einen ganz wunderbaren Platz dafür. Direkt vor dem Haus zwischen zwei Wegen liegt ein kleines Pflanzdreieck und dort stand bis zum letzten schweren Sturm jahrelang ein prächtiger und ungewöhnlicher Hibiskus. Er hatte weiße und pinkfarbene Blüten und manche Blüten waren halb weiß und halb pink. Wir suchten lange in verschiedenen Gärtnereien nach einem Hibiskus, fanden aber nichts Vernünftiges. Blüten hatten sie zurzeit alle durch die Bank keine und die Blütenfarbe konnte man anhand der noch nicht vorhandenen Knospen auch nicht erkennen. Außerdem sollte es eine besonders kräftige und ausreichend widerstandsfähige Pflanze sein. Bei einer der größten Gärtnereien in Puerto fanden wir nach langer Suche und etwas Abseits von den anderen Pflanzen aber dann doch genau das, was wir uns vorgestellt hatten. Ein kräftiger, prächtiger Busch von wunderschönem Wachstum, bei dem man sogar durch eine Knospe die Blütenfarbe, ein freundlich warmes Zitronengelb, erahnen konnte. Das war er, nur der kam in Frage und sonst keiner. Zu Hause angekommen buddelte ich sofort das Pflanzloch, goss es kräftig, holte einen Kübel gesiebter Komposterde und meine Mutter und ich setzten den Hibiskus liebevoll zusammen ein. Dann blieben wir beide noch eine ganze Weile in stillem Gedenken an Jochen stehen.

3. Oktober 2014 –
Jochens fröhliches Abschiedsfest

Heute war es soweit, Nele und ich hatten liebe Freunde und gute Bekannte zu unserem Lieblingsitaliener an die Playa San Marcos zu einem »fröhlichen Abschiedsfest« eingeladen um Jochen an diesem Platz, den er so sehr liebte, gemeinsam ein fröhliches »tschüss« zu sagen. Einige konnten zu ihrem großen Bedauern leider nicht kommen, es war ja ein ganz normaler Arbeitstag. Es war aber auch der einzige Tag, an dem meine Mutter noch da war (am nächsten Tag flog sie zurück) und Jugendfreunde von Nele und Jochen am Abend zuvor ankamen. Trotzdem einige Leute fehlten waren wir immer noch um die 25 Personen, die Jochen sehr gemocht, geschätzt oder geliebt haben. Mit unseren Italienern verabredeten wir, dass sie quer durch die Karte Antipasti hinstellen sollten, Wasser, selbstverständlich anderes alkoholfreies, Wein und Bier gab es sowieso. Die anwesenden Spanier verhielten sich erst sehr zurückhaltend, hier wurden so ziemlich sämtliche Beerdigungen oder daran anlehnende Feste alles andere als »fröhlich« erfahren und mal ehrlich, wer tut sich schon gerne so etwas freiwillig an? Wir wohnten mal einer solchen, naja, wie soll man das jetzt korrekterweise nennen, Trauerzeremonie oder Verabschiedung, bei und da, ach was, am besten ich beschreibe es mal etwas genauer, dann könnt ihr euch besser selber ein Bild davon machen. Ein Nachbar war gestorben und die Familie, Freunde, Bekannte und Nachbarn waren zu dieser »Verabschiedung« eingeladen. Den Toten hatte man an der hinteren Wand des leer geräumten Wohnzimmers im offenen Sarg aufgebahrt und zum Sitzen für den engsten Familienkreis waren alle möglichen verfügbaren Stühle, Sessel und Bänke herbei geschafft worden. Der Rest der Besucher durfte dahinter stehen, da war dann auch die Sicht auf die Ereignisse besser. Zuerst wurde eine langatmige Trauerzeremonie abgehalten, von der wir ehrlich gesagt kaum etwas mitbekamen, aber wir mochten den Mann und darum schauten wir uns das Ganze auch interessiert an. Von der Rede hatten wir zwar kaum ein Wort verstanden, konnten aber aus den Schluchzern, Tränen, und dem Wehklagen der Anwesenden schließen, dass es sehr bewegende Worte gewesen sein mussten. Gerade als meine Gedanken in diesem mittlerweile viel zu heißen und stickigem Raum abschweifen wollten, kamen zwei Arbeiter mit einem ganzen 25 kg Sack Löschkalk herein. Wir beide hatten keinen blassen Schimmer, was die jetzt, in diesem Augenblick wohl damit vorhaben würden, wir konnten uns einfach nichts darunter vorstellen. Wir rätselten noch während der eine Mann den Sack oben an der schmalen Seite vorsichtig mit einem Messer aufschlitzte und der zweite nun auch die untere Sarghälfte auf klappte. Ich kapierte zwar immer noch nichts, aber in Jochens Gesicht konnte ich erkennen, dass er zumindest annähernd etwas erahnte. Bevor ich ihn fragen konnte, was er meinte, was jetzt wohl passieren würde, hoben die beiden Arbeiter den Kalksack vorsichtig hoch und begannen ihn großzügig über der Leiche im Sarg auszuschütten. Dicke Kalkwolken stiegen in Schwaden hoch und hüllten die vorne sitzenden Personen erbarmungslos in einen feinen weißen Nebel ein. So etwas hatten wir nicht erwartet, geschweige denn erlebt. Ich hatte das zwar wirklich gerade mit eigenen Augen gesehen, aber mir fehlte der Glaube. Wegen der näher kommenden Kalkwolke zogen wir uns sicherheitshalber nach draußen zurück und warteten mit einigen anderen Nachbarn und Bekannten draußen vor der Tür um der Familie zu kondolieren. Es dauerte noch ein wenig, aber dann kam auch die Familie hinaus, alle Haare, Kopfbedeckungen und schwarzen Gewänder waren durch die Bank fein mit Kalk bestäubt und so manche Tränenspuren sah man in grau in die fein gepuderten Gesichter gezeichnet. Nachher erfuhren wir, dass das so oder ähnlich anscheinend üblich sei, auch auf den cementerios (Friedhöfen) wo die Verstorbenen in die Wände eingemauert wurden, kippte man vorher noch eine volle Ladung Kalk zur schnelleren Verwesung des Leichnams in den Sarg hinein und dann erst schob man den Sarg in das Loch in der Wand und verschloss die Grabkammer. Diese Form der Bestattung war doch etwas sehr gewöhnungsbedürftig für uns, dann lieber gleich verbrennen lassen empfanden wir beide übereinstimmend. Und wenn man jetzt noch bedachte, dass vom Großteil der weiblichen Hinterbliebenen für sehr lange Zeit (manchmal auch für den Rest des Lebens) nur noch schwarze Kleidung getragen wurde, Fensterläden geschlossen, Vorhänge zugezogen, sämtliche Spiegel im Haus verhängt, ständig zum Friedhof gerannt und ab da großteils nicht mehr gelebt wurde bis man irgendwann irgendwie nur noch die eigene verbleibende Lebenszeit hinter sich gebracht hatte, ogottogottogott o graus. Das schreckte mich ehrlich zutiefst ab.

Nun war ich mal wieder gründlich von unserem Fest für Jochen abgeschweift, aber das macht nichts, es sollte auch nur ein kurzer Ausblick in eine uns immer noch streckenweise fremde Kultur sein.

Gerade weil sie Jochen alle sehr mochten und sich wenigstens auf diese Weise von ihm verabschieden wollten, waren sie gekommen. Es gibt ja schließlich auch ansonsten keine Beerdigung und keine Trauerzeremonie für ihn und so ist dies die einzige Möglichkeit in gemeinsamer Freundesrunde an ihn zu denken und ihn und sein Andenken zu feiern, und mit wem kann man das besser als mit den Menschen die ihn wirklich sehr mochten. Eine Bekannte fragte mich, ob jemand eine Rede über Jochen halten würde, aber DAS hätte mein Schatz um nichts in der Welt gewollt, genauer gesagt, das wäre ihm schon zu Lebzeiten mehr als unangenehm gewesen. Er liebte eine fröhliche Runde mit tollen Leuten, gutem Essen, etwas Feines zu trinken, wunderbare Oldies im Hintergrund und vor allem gute Gespräche, so kannten wir ihn alle und genau so wollten wir ihn heute auch fröhlich verabschieden.

Also wandte ich mich an die versammelte Freundesschar, hieß alle herzlich Willkommen, dankte ihnen in Jochens Namen für ihr Erscheinen und sagte, dass wir uns sehr darüber freuen und jetzt dem Jochen einen fröhlichen Gruß schicken wollen, also hoch die Gläser und ein Salud auf Jochen! Wir stießen alle auf ihn an, prosteten ihm fröhlich zu und vor meinem inneren Auge erschien Jochens richtig glückliches und sehr zufrieden strahlendes Gesicht, seine Seele war ganz nah bei uns und er freute sich sehr über das fröhliche Fest ihm zu Ehren.

Die Unterhaltung kam auch problemlos zwischen Leuten, die sich bisher noch nicht kannten, in Gang und dann kamen schon die Antipasti. Teller mit Käse, Schinken, italienischer Salami, verschiedenen hausgemachten Kroketten, angerichtetem Mangold, Spinat, gegrillten Sardinen, eingelegten Auberginen und anderen Gemüsesorten, verschiedenen Pasta-Gerichten auf happenweise portionierten Cannelloni und vieles mehr (o Gott war das viel Essen). Beim Festmahl und zwischendurch wurden Anekdoten und Erinnerungen mit Jochen erzählt, wie er zum Beispiel mal die Herstellung einer Paella über drei Stunden per Video aufnahm und wir Frauen, die natürlich nicht die ganze Zeit stumm bleiben wollten, geschweige denn konnten, waren dabei ständig am giggeln. Das inspirierte oder gar erfreute unseren Meisterkoch, Regisseur und Kameramann in einem in dem Moment zwar nicht gerade sonderlich, bremste uns aber deswegen auch nicht. Das Video war für Nele bestimmt, die seinerzeit noch in Deutschland wohnte und die sein Paellarezept nachkochen wollte. Klar, Jochens Paella war spitzenklasse und auch das Nachkochen gelang ihr später bestens, aber das mit dem still sein während der Aufnahme klappte beim besten Willen nicht. Am Schluss musste er dann trotzdem mit uns (oder vielleicht auch über uns verrückte Hühner) lachen. Das Video erhielt Nele nie, es war meinem Schatz wohl doch nicht gut genug gelungen um es ihr zu schicken, aber sie bekam das Rezept und die Herstellung von ihm und damit klappte das Paella-Nachkochen dann auch bestens. Oder, wie wir immer mit Freunden Billard spielten. Selbstverständlich ausnahmslos »Männer gegen Frauen«, wobei viele der Frauen noch niemals zuvor einen Billard-Queue in der Hand hatten, geschweige denn wussten, wie er zu halten oder zu stoßen war. Die Grundgriffe zeigte ich ihnen und forderte sie nur munter auf» ...und jetzt einfach drauf hauen!«, was die Frauen dann auch mutig und enthemmt taten; während die Männer sich stets zu strategischen Beratungen zurück zogen um den taktisch jeweils bestmöglichen Stoß zu besprechen. Das Dumme daran war nur, dass wir Frauen es überhaupt nicht darauf anlegten zu gewinnen, bei uns stand einzig der Spaß an der Freud im Vordergrund und den hatten wir in wirklich reichem Maße. Allerdings stöhnten die Männer jedes Mal augenrollend auf, wenn zufälligerweise einer unserer Stöße ausgerechnet besser als erwartet oder von uns auch nur im Entferntesten gehofft, richtig traf und erst recht, wenn wir Frauen (manchmal auch mit der ungeplanten Hilfe unserer Männer) gewannen. Dann gab es eine ausgelassene Runde fröhlich juchzender Damen zwischen 40 und 70 Jahren mit einem herrlich ausgelassenen Indianer-Siegestanz rund um den Billardtisch. Da taten uns unsere besiegten Männer fast, aber auch nur fast schon wieder ein bißchen leid. Ich setzte mich abwechselnd zu verschiedenen Freunden um eine Weile mit ihnen zu plaudern und manche ließen ihren Tränen hemmungslos freien Lauf. Dann weinten wir zusammen und danach lachten wir wieder zusammen. Jochen war ein toller Mann, er fehlte uns allen sehr, und wir werden ihn auch zukünftig weiterhin in sehr guter und sehr positiver Erinnerung behalten. Er war eine großartige Bereicherung für unser aller Leben und ich wünsche jedem Menschen der von dieser Erde geht, dass seine Familie ihm oder ihr irgendwann auch einen fröhlichen Abschied geben mag. Dafür muss man beileibe nicht in ein Restaurant gehen, sondern kann gemeinsam mit Freunden auch ein Picknick auf der grünen Wiese oder in einem Heuschober veranstalten, oder wenn derjenige oder diejenige ein begeisterter Sportler war, kann man auch gemeinsam mit dem Fallschirm abspringen, Boot fahren oder egal was auch immer veranstalten. Hauptsache mit vielen fröhlichen Gedanken und einem herzlichen Lachen im Gepäck und an einem seiner/ihrer Lieblingsplätze. Das tut nicht nur den Seelen der Hinterbliebenen gut, sondern entlastet die Seele des Verstorbenen zusätzlich. Unsere spanischen Freunde tauten unterdes nicht nur völlig auf, sondern sprachen Nele und mich sogar mehrmals total begeistert an, dass dieses Fest so eine wunderbare Idee war, an einen lieben Verstorbenen zu denken, und dass das viel besser sei, als die Art wie sie hier eine geliebte Person verabschiedeten und ihm oder ihr nahezu endlos nachtrauern und nachweinen. Wenn sie mal sterben, möchten sie für sich selber auch viel lieber so ein fröhliches Fest haben. Zugegeben, ganz so üblich ist diese von mir gewählte Form auch nicht in Deutschland, aber für uns war es genau richtig und vielleicht hilft es manchen, durch das aktive und direkte Vorleben ein ganz klein wenig, dass sich etwas sehr schwer zu ertragendes zum Positiven hin verändert.

Unserer liebe Philippinische Freundin Nenita erzählte ich, dass Nele und ich am 22. Oktober, an Jochens 100sten Todestag an der Playa San Marcos seine Asche dem Meer übergeben werden und ihm ein Licht auf die Reise mitgeben wollen. Das ist eine sehr alte buddhistische Tradition die Nenita natürlich sehr gut kannte, und sie war von der Idee total begeistert, nur meinte sie, »Auf den Philippinen geben wir dem Verstorbenen immer ein ganz flaches Teelicht ohne Metallhülse auf eine Seerosenblüte und setzen es dann in einen kleinen Fluss oder ins Meer und schicken alle unsere guten Gedanken für seine Seele mit auf den Weg.«

Nenita ergänzte noch: »Ein Seerosenblatt geht natürlich auch wenn man keine Blüten hat, zur Not geht auch ein Bananenblatt oder etwas anderes das schwimmt. Hauptsache, das Licht kann ein Weilchen ungestört brennen. Auch ein kleiner Ballon aus Seidenpapier, an dem unten das Teelicht befestigt wird geht genauso gut.« Stunden später machten sich die ersten auf ihren teils langen Heimweg, aber kein einziger ging mit traurigem Herzen, sondern alle waren richtig fröhlich und glücklich bei diesem Fest zu Jochens Ehren dabei gewesen zu sein. Das genau war es, was wir uns für Jochen und für uns alle so sehr gewünscht hatten. Es war ein tolles Fest und ich selber fühlte mich wieder ein Stückchen leichter. Danke Freunde, dass ihr dabei wart!

Am nächsten Nachmittag ging Muttis Flug zurück nach Düsseldorf und ich brachte sie selbstverständlich zum Flughafen. Ihre zwei Wochen Urlaub waren wieder viel zu schnell rum, aber sie war einfach nicht mehr gerne länger weg von zu Hause.

Ab Sonntag beginne ich meine aktive gesundheitliche Regeneration mit einem halben Liter frisch gepresstem Karotten-Kartoffel-Gurken-Tomaten-Ingwersaft und einem halben Liter frisch gepresstem Apfel-Birnen-Mango-Papayasaft täglich. Seit das mit Jochen passiert war, konnte ich nicht mehr regelmäßig essen und wenn, dann war das, was ich zu mir nahm auch nicht immer optimal. Es ist nun mal ganz einfach, wenn ich wieder gesund werden möchte, muss ich selber eine ganze Menge dazu tun.

Es wird ganz bestimmt noch lange nicht so sein, dass wir keine Tränen mehr um Jochen weinen, aber wir haben unser Leben für die momentanen Umstände wieder einigermaßen im Griff und gehen mutig und mit offenen Herzen in die Zukunft voran. Etwas anderes hätte er niemals gewollt.

Die erste Tuina-Behandlung bei meiner Heilpraktikerin folgte. Mein Becken war von dem Leitersturz und seinen Folgen immer noch vertikal verdreht und die Nerven am unteren Ende der linken Kreuzbeinplatte seitdem doof entzündet, auch wurde alles in den letzten Monaten durch die viele Autofahrerei noch schlimmer, deshalb nahm Mirjam mich, nachdem ich bei ihr nicht mehr in der akuten Notfallbehandlung sein musste, endlich in die Tuina-Behandlung. Wow! Kann ich da nur sagen, wow! Ich wusste gar nicht mehr, wohin man meine Beine und restlichen Körperteile noch alles verbiegen konnte, und was sich dabei alles frei zu knacken begann, enorm, enorm, enorm! Seit der ersten Behandlung lief ich schon viel gerader und mein rechter Fuß zog auch nicht mehr so massiv nach innen, einfach phänomenal, danke Mirjam! Nun freue ich mich schon mal auf den Muskelkater der danach kommen soll. Passt alles prima.

Am nächsten Morgen wurde ich vor meiner Tür nicht nur von den sonst üblichen Verdächtigen, sondern auch von einer gluckenden wilden Henne mit acht wuscheligen kleinen Küken empfangen. Ein paar Tage habe ich ja noch um sie einzufangen, aber diese Kükenmama ist sehr schlau und es braucht erfahrungsgemäß Stunden bis ich nicht nur die Küken in einer großen Kiste eingefangen und diese dann immer fünf bis zehnmeterweise weiter in Richtung Hühnergehege transportiert hatte, damit die Glucke auch ihren Babys in der Kiste folgt.

9. Oktober 2014 –
Kreative Mäusejagd
und das Märchen von der traurigen Traurigkeit

Nach meiner zweiten Tuina-Behandlung spürte ich, wie sich mein ganzes Gestell zunehmend zu korrigieren begann. Mein rechtes Bein steht nach wie vor in der richtigen Position, langsam kann auch der innere Beckenring weiter korrigiert werden, und die Nervenentzündung am unteren Ende der Kreuzbeinplatte wird ganz gezielt mit Vitamin B und Nervenspritzen von Pascoe behandelt. Das alles waren noch Restschäden, die durch den Leitersturz vor gut zweieinhalb Jahren entstanden, und die mir trotz den exzellent verheilten Brüchen das Liegen, Stehen, Laufen, Sitzen und auch das Autofahren sehr unangenehm machen. Es geht also im Gesamten langsam aufwärts, ich bin so froh.

Eigentlich wollten wir wieder im Meer schwimmen gehen, aber der letzte Vollmond hatte den Wellengang gefährlich hoch und heftig beeinflusst. Der nächste sportliche Ertüchtigungsversuch scheiterte ebenfalls an den viel zu starken und unkalkulierbar hohen Wellen. Also schoben wir das Schwimmen auf, unsere Gesundheit gefährden mussten wir ja schließlich nicht um wieder fitter zu werden.

Am Abend trug ich der Glucke ein zurückgelassenes Küken nach, aber am folgenden Morgen waren es vor meiner Haustür vier Küken weniger. Es ist schade, aber um diese Jahreszeit ist alles knochentrocken und das Brot, das ich täglich vor dem Haus füttere, oder der Rest vom Hundefutter ist nun mal nicht wirklich ausreichend um jetzt Babys groß zu ziehen. Wir hatten mal 16 Hühner und Hähne direkt ums Haus herum, und so sehr ich diese hoch intelligenten und sozialen Vögel auch liebe, aber was zu viel ist, ist einfach zu viel und hinten im Hühnergehege ist jeder Federnachwuchs willkommen, aber bitte nicht mehr direkt ums Haus herum. Jedenfalls serviere ich der gesamten Hühnerschar in der Zeit von Frühling bis Herbst jeden Tag eine ganze Papaya mitsamt Kernen. Die Papaya hilft nicht nur gegen Parasiten und Würmer sondern bei Hühnern stellen die Kerne auch noch ein natürliches und äußerst gesundes Verhütungsmittel dar. Die Gockel fraßen nur noch das Fruchtfleisch, die Ladys alles. Jochen hatte sich wegen der pausenlos ums Haus herum krähenden Hähne sogar mal eine Edelstahlzwille besorgt und schoss mit getrockneten Kichererbsen über die Hähne hinweg, was die auch noch ganz witzig fanden, denn wer wird sonst schon mit so leckerem und nahrhaften Futter bombardiert, zumal die Kichererbsen in jede erdenkliche, nur nicht in die gewünschte Richtung flogen. Die Hähne scheuchende Wirkung der Zwille setzte dann aber auf eine andere Weise ein. Jochen hielt die Zwille in der Eingangstür stehend für alle Vögel sichtbar hoch, die Hähne schimpften laut was das Zeugs hielt, aber sie verzogen sich auch augenblicklich in die Ferne. Eine andere Verteidigungsvariante entdeckte er mit seiner Schreckschusspistole. Wenn sie ihm den letzten Nerv raubten, setzte er Heulerpatronen ein, zielte zwei, drei Meter hinter die Vogelgruppe und schoss die Patrone so ab, dass sie natürlich kein Tier traf oder gar in Gefahr brachte. Die Hähne stoben laut schimpfend davon um aus sicherer Entfernung weiter zu schimpfen. Aber Hauptsache sie waren nicht mehr so nah am Haus und krähten nicht mehr stundenlang ununterbrochen, weil immer einer dem anderen antworten muss und einer auch immer das letzte Wort haben will. Gefährdet oder gar verletzt haben wir natürlich niemals ein Tier.

Einmal, ich reparierte gerade auf dem Dach kaputte Dachziegel und er arbeitete unten im Wohnraum an einem Buch, da gingen ihm die permanent direkt vorm Fenster krähenden Hähne so stark auf den Keks, da vergriff er sich wohl arg in der Patronenwahl. Ich hörte den Schuss, nur es fehlte das anschließende Heulen. Ich wunderte mich noch und dachte, die Patrone wäre vielleicht ein Blindgänger gewesen, aber weit gefehlt. Eine beißend scharfe Wolke kroch über das Dach zu mir hoch, so dass ich mich nach Luft ringend auf den Dachfirst setzen und husten musste, als von unten auf der Terrasse ein krächzender Laut meinen Namen rief: »Schatz, bist Du in Ordnung?«

Stimmlich nicht besser beisammen krächzte ich zurück:

»Ja, alles okay, was war das denn?«

»Ich habe mich vertan, das war eine Pfeffergaspatrone.«

Begleitet von weiteren Hustenanfällen musste ich dermaßen laut und herzhaft lachen, dass ich einige Mühe hatte mich auf dem Dach zu halten. Mit diesen Pfeffergaspatronen machten wir ja schon einmal Erfahrungen. Hinter unserem amerikanischen Kühlschrank (ohne Eiswürfeldingsbums in der Tür) hatte es sich nach den Geräuschen eine ganze Mäusefamilie gemütlich eingerichtet. Wir hörten sie nicht nur rascheln und piepsend unterhalten, auch unsere vier Katzen saßen stundenlang vor dem Kühlschrank, aber die Nagetiere dachten nicht mal im Traum daran ihr bequemes Nest zu verlassen, bis Jochen eines Tages auf eine zündende und wie er meinte geniale Idee kam. Er band sich ein großes Tuch vor Mund und Nase, scheuchte alle Viecher und mich aus Küche und Wohnraum raus, griff sich die Schreckschusspistole und eine Pfeffergaspatrone, stellte sich todesmutig vor den Kühlschrank und rief laut:

»Kommt raus, ihr seid umzingelt! Ergebt euch!«

Die Mäusekens gaben sicherheitshalber lieber keinen Mucks von sich. Er rief noch einmal:

»Kommt raus und verschwindet in der freien Natur, das ist eure letzte Chance!«

Ich bekam derweil draußen vor der Tür Bauchweh vor Lachen. Ein dritter Warnruf und dann folgte der Schuss mit der Pfeffergaspatrone, Jochen sprintete zu mir raus vor die Tür und einen kurzen Moment später hörte man das leise plopp, plopp, plopp fallender Mäusekörper. Auf einmal schlug sich Jochen mit der flachen Hand vor die Stirn und rief: »Mensch bin ich vielleicht blöd! Jetzt liegen die Mäuse vermutlich ohnmächtig hinten im Kühlschrank und wir haben sie immer noch nicht draußen. Die sind zwar jetzt bewusstlos, aber nachher werden die wieder wach und wohnen dann munter weiter in unserem Kühlschrank.«

Reingehen und nachschauen konnten wir aber auch noch nicht, dieser beißend scharfe Gestank von der Pfeffergaspatrone blieb mit einer gewissen Hartnäckigkeit noch eine ganze Weile in der Küche stehen, obwohl alle Türen und Fenster weit geöffnet waren. Nach einiger Zeit trauten wir uns dann doch wieder in die Küche, zogen und schoben mit vereinten Kräften den Kühlschrank aus seinem Umbau heraus, ich krabbelte und quetschte mich in die hinter ihm frei gewordene Lücke, holte tief Luft und ging auf alle Viere runter und was sah ich? Nichts, nicht eine einzige Maus oder wenigstens ein Schnurrhaar war zu entdecken. Die mussten alle noch in der Verkleidung stecken und da kam ich nicht rein. Unverrichteter Dinge arbeitete ich mich mit Jochens Hilfe wieder aus dem Eck raus und wir schoben das Kühlgerät ein wenig desillusioniert an seinen Platz zurück. Ich schwöre, die Mäusefamilie war nach dieser Knall- und Pfeffergasattacke ob unserer mangelnden Gastfreundschaft so erbost, dass sie allesamt mit Kind und Kegel ihre Koffer packten und auf nimmer wiedersehen auswanderten. Jedenfalls vernahmen seit dem Zeitpunkt weder unsere Katzen noch wir etwas und tot waren sie auch nicht, denn das hätte man nach einiger Zeit garantiert gerochen.

Die mittlerweile einkehrende und langersehnte Ruhe lässt mich nicht nur langsam entspannter und innerlich etwas ausgeglichener werden, sondern sie lässt auch die noch nicht zu Ende gelebte Trauer um Jochen wieder in voller Stärke aufsteigen. Fast täglich kommen mir für ein bis zwei Stunden hemmungslos die Tränen um meinen geliebten Mann. Ich möchte dann nur noch alleine mit ihm sein und weinen dürfen. Das hilft mir sehr und danach geht es mir wieder etwas besser. Ich bin ihm unendlich dankbar für die vielen wunderbaren Jahre und vermisse ihn, sein Lachen und seine Zärtlichkeit, mit einer ganz anderen, weicheren aber auch volleren Intensität als so kurz nach seinem Tod. Er fehlt mir immer noch unendlich.

Jetzt, wo ich wenigstens schon mal den einen oder anderen kompletten Tag für mich, ganz alleine mit meinen Tieren auf der Finca habe, tanke ich auch wieder mehr Energie auf. Es langt sogar für kleinere Arbeiten die mich körperlich nicht so stark belasten und bevor ich richtig müde werde, höre ich lieber auf mein Gefühl und meine innere Stimme als mich gleich wieder völlig auszupowern. Diese Kräftebalance zu finden und zu halten ist nicht einfach, bisher lebte ich doch immer in einer ständig sprudelnden und üppigen Energiefülle, aber so körperlich, seelisch und geistig angeschlagen war ich auch noch nie zuvor in meinem Leben. Jeder sagt mir, dass alles seine Zeit braucht, die Worte vernahm ich wohl, aber sie drangen bisher nicht in mein Inneres ein. Ich war wohl zu sehr davon ausgegangen, dass ich einen ganz eigenen, völlig anderen Rhythmus habe. Das stimmt ja auch im Großen und Ganzen, nur forderten die Monate seit dem 2. Juni ununterbrochen sehr viel körperliche Substanz, seelische Kraft und geistige Energie. Wenn es nur die körperliche und geistige Energie gewesen wäre, das hätte ich noch einigermaßen locker wegstecken können, aber die schwer angeschlagene und vor Verzweiflung und tiefem Schmerz schreiende Seele hatte alle anderen bis dahin noch halbwegs vorhandenen Kräfte einfach fort gewischt und mir schlicht die Beine unterm Hintern weggezogen.

Als Jochen noch auf der Intensivstation lag, las ich ein wunderbar berührendes Märchen für Erwachsene und das fand tief in mir ein offenes Herz, es heißt

*»**Das Märchen von der traurigen Traurigkeit**« von Inge Wuthe*

Es war eine kleine alte Frau, die bei der zusammengekauerten Gestalt am Straßenrand stehen blieb. Das heißt, die Gestalt war eher körperlos, erinnerte an eine graue Flanelldecke mit menschlichen Konturen.

»Wer bist du?« fragte die kleine Frau neugierig und bückte sich ein wenig hinunter. Zwei lichtlose Augen blickten müde auf. »Ich ...ich bin die Traurigkeit«, flüsterte eine Stimme so leise, dass die kleine Frau Mühe hatte, sie zu verstehen.

»Ach, die Traurigkeit«, rief sie erfreut aus, fast als würde sie eine alte Bekannte begrüßen.

»Kennst du mich denn«, fragte die Traurigkeit misstrauisch.

»Natürlich kenne ich dich«, antwortete die alte Frau, »immer wieder einmal hast du mich ein Stück des Weges begleitet.«

»Ja, aber ...« argwöhnte die Traurigkeit, »warum flüchtest du nicht vor mir, hast du denn keine Angst?«

»Oh, warum sollte ich vor dir davonlaufen, meine Liebe? Du weißt doch selber nur zu gut, dass du jeden Flüchtigen einholst und dich so nicht vertreiben lässt. Aber, was ich dich fragen will, du siehst – verzeih diese absurde Feststellung – du siehst so traurig aus?«

»Ich ...ich bin traurig«, antwortete die graue Gestalt mit brüchiger Stimme.

Die kleine alte Frau setzte sich jetzt auch an den Straßenrand. »So, traurig bist du«, wiederholte sie und nickte verständnisvoll mit dem Kopf. »Magst du mir erzählen, warum du so bekümmert bist?«

Die Traurigkeit seufzte tief auf. Sollte ihr diesmal wirklich jemand zuhören wollen? So oft hatte sie vergebens versucht Gehör zu finden.

»Ach, weißt du«, begann sie zögernd und tief verwundert, »es ist so, dass mich offensichtlich niemand mag. Es ist meine Bestimmung, unter die Menschen zu gehen und eine Zeitlang bei ihnen zu verweilen. Bei dem einen mehr, bei dem anderen weniger. Aber fast alle reagieren so, als wäre ich die Pest. Sie haben so viele Mechanismen für sich entwickelt, meine Anwesenheit zu leugnen.«

»Da hast du sicher Recht«, warf die alte Frau ein. »Aber erzähle mir ein wenig davon.«

Die Traurigkeit fuhr fort: »Sie haben Sätze erfunden, an deren Schutzschild ich abprallen soll.

Sie sagen »Papperlapapp – das Leben ist heiter«, und ihr falsches Lachen macht ihnen Magengeschwüre und Atemnot.

Sie sagen »Gelobt sei, was hart macht«, und dann haben sie Herzschmerzen.
Sie sagen »Man muss sich nur zusammenreißen« und spüren das Reißen in den Schultern und im Rücken.
Sie sagen »Weinen ist nur für Schwächlinge«, und die aufgestauten Tränen sprengen fast ihre Köpfe.
Oder aber sie betäuben sich mit Alkohol und Drogen, damit sie mich nicht spüren müssen.«

»Oh ja«, bestätigte die alte Frau, »solche Menschen sind mir oft in meinem Leben begegnet. Aber eigentlich willst du ihnen ja mit deiner Anwesenheit helfen, nicht wahr?«

Die Traurigkeit kroch noch ein wenig mehr in sich zusammen. »Ja, das will ich«, sagte sie schlicht, »aber helfen kann ich nur, wenn die Menschen mich zulassen. Weißt du, indem ich versuche, ihnen ein Stück Raum zu schaffen zwischen sich und der Welt, eine Spanne Zeit, um sich selbst zu begegnen, will ich ihnen ein Nest bauen, in das sie sich fallen lassen können, um ihre Wunden zu pflegen.

Wer traurig ist, ist ganz dünnhäutig und damit nahe bei sich.

Diese Begegnung kann sehr schmerzvoll sein, weil manches Leid durch die Erinnerung wieder aufbricht wie eine schlecht verheilte Wunde. Aber nur, wer den Schmerz zulässt, wer erlebtes Leid betrauern kann, wer das Kind in sich aufspürt und all die verschluckten Tränen leerweinen lässt, wer sich Mitleid für die inneren Verletzungen zugesteht, der, verstehst du, nur der hat die Chance, dass seine Wunden wirklich heilen. Stattdessen schminken sie sich ein grelles Lachen über die groben Narben. Oder verhärten sich mit einem Panzer aus Bitterkeit.«

Jetzt schwieg die Traurigkeit, und ihr Weinen war tief und verzweifelt.

Die kleine alte Frau nahm die zusammengekauerte Gestalt tröstend in den Arm. »Wie weich und sanft sie sich anfühlt«, dachte sie und streichelte zärtlich das zitternde Bündel. »Weine nur, Traurigkeit«, flüsterte sie liebevoll, »ruh dich aus, damit du wieder Kraft *sammeln kannst. Ich weiß, dass dich viele Menschen ablehnen und verleugnen. Aber ich weiß auch, dass schon einige bereit sind für dich. Und glaube mir, es werden immer mehr, die begreifen, dass du ihnen Befreiung ermöglichst aus ihren inneren Gefängnissen. Von nun an werde ich dich begleiten, damit die Mutlosigkeit keine Macht gewinnt.«*

Die Traurigkeit hatte aufgehört zu weinen. Sie richtete sich auf und betrachtete verwundert ihre Gefährtin.

»Aber jetzt sage mir, wer bist du eigentlich?«

»Ich«, antwortete die kleine alte Frau und lächelte still. »Ich bin die Hoffnung!«

15. Oktober 2014 – Die Traumeiche

Heute früh wachte ich mit einem unvergesslichen und wunderbar intensiv farbigen Traum auf. Ich war bei meinem persönlichen Lebensbaum, einer mehrere hundert Jahre alten Trauben-Eiche die alleine als Solitär auf einer Anhöhe stand. Ich schaute mir zuerst ihre Hauptpfahlwurzel an, die ab dem Baum in Männeroberarmstärke tief ins Erdreich hinein ragt. Auf 15 m Tiefe war die Wurzel immer noch so stark wie ein kräftiger Männerunterarm. Tief und gut und gesund verwurzelt war ich also, das war schon mal prima. Dann blickte ich in das Herz des Stammes und in die innere Brennkammer meiner Nieren-Energie. Kalt war es in den Monaten zuvor dort geworden, die restlichen drei nussgroßen, erkaltenden Glutstückchen wärmten nicht mehr und drohten auch bald zu verlöschen. Dann sah ich, wie zwei Hände die verbliebenen Glutstückchen liebevoll und vorsichtig aus ihrer kalten Umgebung heraus hoben und mit Energie und Nahrung versorgten. Die linke Hand gehörte zu meiner Heilpraktikerin und TCM-Therapeutin die mit Akupunktur und Zusatzbehandlungen nicht nur mein Nierenyin wieder aufbaut und meine Seele stärkt, sondern auch sonst meine Knochen und Unfallrestschäden wieder ein Stück mehr reguliert. Die rechte Hand gehörte zu anderen Kollegen und lieben Wesen mit denen Jochen und ich schon lange im herzlichen Kontakt standen und die mich auch jetzt durch die Zeit begleiteten. Diese Menschen tun wirklich alles um mir zu helfen und mich wieder auf die Beine zu stellen und ich danke es ihnen indem ich meine Kräfte weiter sammele, zentriere, registriere, vieles selektiere, auch verändere und mich ganz langsam aus der lähmenden Kälte der gefühlsmäßig bodenlos tiefen Schockstarre befreie und mit vorsichtigen Schritten wieder ins Leben zurückkehre. Das ist ein Prozess der nur in der Ruhe und mit der Zeit entstehen kann und dabei beginnen sich in mir neue Wege zu zeigen und andere Wege verändern sich. Damit hatte für mich auch eine Zeit des Wandels begonnen. Auf dem Papier war ich jetzt gerade mal ganze 54 Jahre alt und somit in den besten und stärksten Jahren meines Lebens angelangt. Ich bekam Zeit geschenkt um mich neu zu orientieren und für mich heraus zu finden, wo meine Stärken und Fähigkeiten liegen, welche bis dahin vorhandenen eigenen Eigenschaften ich nicht mehr benötige und welche ich weiterhin stärken möchte. Mit Ballast gebe ich mich nicht mehr ab, der erschwert sonst nur das leichtfüßige laufen und man kann sich niemals frei bewegen. Mein Blick wanderte im Traum hoch in die Baumkrone, wo die Trauben-Eiche vor Jahren einige voll begrünte Äste abgeworfen hatte (das machen diese Bäume manchmal, wie wir Menschen das auch können wenn sich unsere Lebenssituation grundlegend ändert) und mein Blick blieb verwundert an einer zuvor immer ein wenig lichten Stelle hängen. Ich traute meinen Augen kaum, dort spross saftiges, üppiges und frisches Grün, die vormals lichte Stelle würde vermutlich schon in wenigen Monaten nicht mehr zu sehen sein. Ich musste fröhlich grinsen, mein Baum treibt kräftig aus und das im Herbst! Andere, neidige Geister würden vermutlich noch »im Herbst meines Lebens« dran setzen, obwohl ich mich allenfalls im Spätsommer und somit auch in der Zeit der Ernte befinde. Aber da pfeif ich mir eine fröhliche und kecke Melodie drauf, ich befinde mich im aktiven Wandel, im Wandel zu mir und zu meiner Kraft und dieser Prozess ist nicht nur lebensnotwendig, sondern immens wichtig für mich und meine Weiterentwicklung. Es gilt meinen Weg für meine Zukunft heraus zu finden, tief in mich hinein zu horchen was ich will und was ich nicht will, zu selektieren, auszuschließen oder auch einfach mal etwas ganz Neues auszuprobieren.

Jochen‹s Energie war in diesem Traum ständig anwesend und während des gesamten Traumes schwebten mir genau fünf Worte im Kopf herum:

»Sei glücklich, denk an mich.«

Jochen starb heute vor genau drei Monaten um vier Uhr früh. Er zeigte mir nicht nur in diesem Traum liebevoll worauf es ihm für mich ankam, und er bestärkt mich in all dem, was sich in mir entwickelt und langsam reift.

18. Oktober 2014 – Kissenschlacht

Der Scheck für Jochens Bestattungskosten war bei unserem Versicherungsmakler eingetroffen. Am Nachmittag holte ich ihn dort ab. Immerhin das war doch schon mal eine gute Nachricht, über die Krankenhauskosten verhandelte die Versicherung noch immer mit der Klinik. Später traf ich mich mit Bekannten, sie wollten meinen BMW anschauen um mir bei einem eventuellen Verkauf zu helfen. Allerdings hatten sich nach der insgesamt etwas längeren Standzeit des Wagens, bei einem Einkaufshalt die Bremsen festgefressen und die Reifen waren schon lange in einem äußerst miserablen Zustand. Das zugeschweißte Schiebedach wurde bemängelt, das machte man bei der Neulackierung des Wagens und ändern konnte ich es jetzt eh nicht mehr, also was soll‹s. Reifen und Bremsen waren mir natürlich auch klar, der Mechaniker der beiden meinte ich hätte vorne links ein gebrochenes Federbein. Die Empfehlung lautete, ich solle kein Geld mehr in den Wagen stecken, froh sein wenn ich noch tausend €uro dafür bekäme und mir ein entsprechend kleines altes Auto für den Preis zulegen. Sie fanden den Wagen als ausgesprochen gefährlich zum fahren, boten mir auch ein Auto von ihnen an um sicher heimfahren zu können und empfohlen mir einen Reifenhändler in der Nähe von Icod, der höchstwahrscheinlich auch meine Reifengröße besorgen könnte. Zwei Jahre lang suchten Jochen und ich schon ohne Erfolg nach neuen Reifen, das war doch zumindest mal einen Versuch wert! Das war alles wirklich sehr lieb und hilfsbereit von unseren Bekannten, mein Bauch sagte mir, dass ich ohnehin neue Reifen brauchte (der linke Vorderreifen hatte schon ausreichend Risse um die Felge herum und konnte jederzeit platzen). Um die Bremsen machte ich mir ehrlich gesagt weniger Sorgen, die würden sich sicher bald lösen und dafür kam den Wagen in unsere Werkstatt. Es wurde Zeit für die Behandlung bei meiner Therapeutin und ich verabschiedete mich herzlich von den beiden als der Mechaniker mich noch lieb anschaute und meinte: »Fahr bitte ganz vorsichtig, es wäre wirklich sehr schade um Dich!« Das fand ich richtig süß von ihm.

Mirjam und ich machten beim letzten Termin aus, dass wir nach der Behandlung mit ihrem Mann zusammen essen gehen. Für mich war es das erste Mal seit vierundzwanzig Jahren, dass ich ohne Jochen am Abend wegging. Natürlich war es ungewohnt, aber auch toll und die Zeit mit den beiden herrlich erfrischend und anregend für mich. Wir unterhielten uns prima und speisten super in Puerto de La Cruz im Restaurant »La Compostela«. Ein junger Farbiger Sänger kam zum für ihn vorbereiteten Platz für seine tägliche Lifemusik. Dann wurde es für meine zu guten Ohren sehr unangenehm laut und eine Unterhaltung war auch kaum mehr möglich. Kurz darauf trafen fünf sehr jugendlich gekleidete Damen um die siebzig ein, sie nahmen neben dem Sänger Platz und entpuppten sich kurze Zeit später als seine größten Groupies, es war einfach schön und amüsant ihnen zuzuschauen. Nach einer Weile aber wurde es uns dreien viel zu laut und wir zogen es vor unseren Aufenthalt nach »Freddinos« Eisladen zu verlegen, wo ich ein wirklich köstliches Sesameis genoss. Als wir wieder bei unseren Autos an kamen, legte sich Mirjams Mann unter mein Auto und schaute sich sicherheitshalber das besagte Federbein an. Alles war in Ordnung, nur die Gummimanschette war gebrochen, da fiel mir aber ein sehr großer Stein vom Herzen. Ich bin ihm richtig dankbar dafür, dass er extra noch mal nachgeschaut hat um sicher zu gehen, dass ich gut nach Hause komme. Ich stieg erleichtert ein und was soll ich sagen, die Bremsen hatten sich auch wieder gelöst! Auf der Heimfahrt fühlte ich mich im BMW so sicher wie in Abrahams Schoß, es war einfach wunderbar befreiend und am Montag schaue ich bei dem Reifenladen vorbei.

Seit Sonntag mache ich die Sahnediät mit Creme fraiche und frischer geschlagener Sahne ohne Zusätze wie Caragen, anderen Stabilisatoren oder irgendwelcher sonstiger unnötiger Zusätze. Wahnsinn, im gesamten Umkreis von 30 km bekomme ich nur in einem Deutschen Supermarkt in Puerto eine »Edeka Bio Schlagsahne« ohne alles! Es ist erschütternd, wie sehr diese scheiß Industrie auch die einfachsten und besten Nahrungsmittel immer wieder verpanschen muss. Eine reine, frische und unbehandelte Sahne ohne jegliche Zusätze ist sogar in der Lage Frühgeburten für eine gewisse Zeit sehr gut durchzufüttern, dass sie proper wachsen und gedeihen. Dafür muss sie nur geschlagen und gefüttert werden. Auch dafür benötigt man keinen Industriemüll in Form von Pulverfutter welches die meisten Kinder eh mehr schlecht als recht und mit schmerzenden Blähungen vertragen. Upps, ich stelle gerade erfreut fest, das mein Gesundungsprozess Fortschritte macht, ich kann mich wieder so richtig schön über die Lebensmittelindustrie und andere Mensch-, Tier- und Umweltschädigende Konzerne aufregen, das ging monatelang gar nicht mehr. Nun denn, wie heißt es doch so schön: ›nix ist unnütz und alles hat zwei Seiten‹. Hauptsache mein Kampfgeist erwacht jetzt auch wieder in weiteren Bereichen.

Am Montag früh kam ich vom Schlafzimmer nach oben in den Wohnraum und meine Hunde tobten auf den ersten Blick fröhlich und ausgelassen auf der Terrasse herum.

Auf den zweiten Blick wurde ich allerdings stutzig. Was war das denn nur da draußen für helles Zeug auf dem Boden? Neugierig geworden ging ich raus und mich traf fast der Schlag. Die gesamte Terrasse war über eine Länge von mindestens sechs Metern dicht mit kleinen Schaumgummistückchen übersät. Ratlos und ein wenig vor den Kopf geschlagen blickte ich auf das Chaos und dachte in ersten Moment an die viele unnötige Zusatzarbeit für mich, darum schimpfte ich auch mit den glücklich in den Schaumgummiflocken herum tollenden Vierbeinern. Selbst unser alter Vito thronte höchst zufrieden in dieser weichen Pracht. Tango, Vito und Pinto schauten mich immer noch glücklich und ein klitzeklein wenig zerknirscht an. Man sah ihnen an, dass sie zwar richtig viel Spaß hatten, aber dass ihnen aufgrund meiner

Reaktion auch klar geworden war, dass diese Aktion nicht gerade jubelnde Begeisterungsstürme höchster Kategorie bei mir hervor rief. Mein nächster Gedanke war, Ojeh, da hatte der Pinto vermutlich das Kissen in seiner Box aufgemischt«. Wieso ich gerade ihn im Verdacht hatte? Nun, weil er das in seinem jugendlichen Übermut bis zu meinem Anschiss schon öfter angefangen hatte und weil er auch schon eine Stuhlauflage in der Reißen hatte, seitdem fehlt ihr eine große Ecke. Aber sein Kissen sah ganz okay aus und meine Augen und mein Hirn gingen weiter auf Spurensuche bis ich einen größeren verwurschtelten Lappen zwischen all den wunderbar verteilten Schaumgummiflocken entdeckte. Ich nahm ihn auf und mir wurde schlagartig klar, welches Teil meine »Süßen Monster« voller Enthusiasmus auseinander genommen hatten, nämlich eins von den zwei 60 mal 80 cm großen Sofakissen. Am Abend zuvor saß ich mit dem Kissen im Rücken auf der Terrasse, las ein Buch und vergaß das Kissen draußen beim wieder ins Haus gehen. Also war ich selber Schuld! Immer noch ein wenig »angefressen« schaute ich meinen Hunden in die Augen und sie sahen mich dermaßen glücklich, liebevoll, dankbar und auch ein klein wenig schuldbewusst an und dann ging es natürlich nicht mehr anders, ein unwiderstehliches Schmunzeln zwang sich in meine Mundwinkel und erreichte ohne Umwege mein Herz. Ich konnte einfach nur noch herrlich unbekümmert und von ganzen Herzen über das Chaos lachen. Da fielen mir wieder meine eigenen Worte ein, immer wenn Jochen sich über eine Situation ärgerte, sagte ich zu ihm: »Schatz, nicht ärgern, sieh es positiv und schreib ne Geschichte drüber!« Seine anfänglichen Blicke lagen dann stets irgendwo zwischen Unverständnis, Ärger, dem Beginn zu Verstehen was ich meinte, bis zum »jetzt hab ich's kapiert«, dann gab er mir einen Kuss und ging an seinen Computer um eine Geschichte zu schreiben. Mit den Jahren schrieben wir beide viele solcher Geschichten und so schenkte Jochen mir zu meinem 50. Geburtstag eine Homepage mit Namen fincageschichten.de wo viele unserer Geschichten rein kamen. Er füllte die Seite für mich sogar mit vielen Hintergrundinformationen über unsere geliebte Insel. Darüber freute ich mich mehr als über alles andere auf der Welt, Gott war das ein tolles Geschenk und mal wieder ganz typisch für meinen wunderbaren Mann, auch wenn es diese Webseite heute nicht mehr gibt, sind einige der Geschichten in das Buch »Fincageschichten« gewandert.

Unterdessen suchte ich mir einen alten Stoffbeutel und begann die Schaumgummiflocken zusammen zu sammeln. Mit dem Besen versuchte ich der Lage wenigstens halbwegs Herr zu werden, während Tango und Pinto nur noch gebremst in den Schaumgummiflocken herum tollten und Vito in seiner majestätischen Größe selbstverständlich erneut mitten drin und drauf Platz nahm.

Das Zusammenkehren mit dem Besen ging ja noch ganz gut, aber das Aufsammeln mit dem Kehrblech hingegen erwies sich als nicht besonders hilfreich, es fielen beim einschütten in den Stoffsack mehr Flocken daneben als in den Sack rein. So legte ich das Kehrblech nach kurzer Zeit zur Seite und griff einfach nur noch mit der Hand zu, das ging deutlich besser. Zwischendurch stopfte ich die Flocken mit einer Hand immer ein wenig tiefer in den Beutel und verteilte sie gleichmäßiger. Vito wollte, trotzdem ich mit dem Besen direkt um ihn herum kehrte, einfach nicht weichen, er schaute mich nur höchst vorwurfsvoll an. Seines erachtens nach war meine Behandlung eines alten Herrn ungebührlich. Das störte mich aber nicht die Bohne und ich sammelte die Schaumgummiflocken, die durch die aufkommenden Windböen immer wieder auseinander stoben, weiter Hand um Hand auf. Anscheinend wurde meine lästige Beharrlichkeit dem Herrn dann doch langsam unbequem und er stand auf um endlich seinen Platz zu wechseln. Flink griff ich wieder Hand um Hand zu und der Sack füllte sich schnell. Um dem Nachschub ein wenig Platz zu verschaffen stopfte und drückte ich die Flockenmenge weiter zusammen, bis der Sack endlich mit einem sanften und erlösenden Ruck der Länge nach platzte und sich die Schaumgummiflocken erneut über die Terrasse ergossen, ich musste einfach nur noch lachen. Eine entsprechend große Plastiktüte fand sich nach kurzer Suche, da stopfte ich die nunmehr schlappe Hülle hinein und begann erneut den Sack zu füllen; bis zum letzten Flöckchen klappte es diesmal und schließen konnte ich ihn auch noch. Na also, geht doch, warum nicht gleich so?

Am offenen Ende stülpte ich eine zweite Tüte drüber, klebte beide zu und räumte sie weg.

22. Oktober 2014 –
Jochens Meerwasserung und das Loslassen

Den Kampf mit dem Schicksal können Freunde für und mit uns kämpfen; Seelenkämpfe müssen wir allein ausringen.
Karl Ferdinand Gutzkow

Seit gestern schiesst mein Blutdruck ohne zusätzlichen äußeren Anlass wieder durch die Decke. 225:125 und ein Ruhepuls von 100-120 ist wirklich nicht mehr als angenehm oder gar ungefährlich zu bezeichnen. Meine abgrundtiefe Abneigung gegen chemische Blutdrucksenker und Betablocker hatten mich diese allenfalls kurzfristig akzeptierten Notfallpräparate wegen heftiger Nebenwirkungen schnellstens wieder absetzen lassen weil damit ohnehin nicht die Ursache behoben wurde. Herz und Nieren laufen wegen der noch nicht verarbeiteten Trauer nicht rund und meine rechte Hüfte machte mir die letzten Tage auch wieder spürbar mehr zu schaffen. Der rechte Fuß zieht wieder massiv nach innen und ich humpele stark. Auch die durch den Leitersturz ausgelöste Stauchung im Lendenwirbel und die dadurch entstandene permanente Nervenentzündung machten mich erneut verdammt inmobil. Mist, dabei war alles so viel besser geworden! Ein, zwei Nächte in falscher Position geschlafen und ich werde in meiner Beweglichkeit zurück geworfen. Völlig egal, wie alt ich auch werde, so jedenfalls konnte meine Zukunft nicht aussehen. Ich werde wütend auf meine angeschlagenen Knochen und da Wut auch nur eine Energie, wenn auch eine sehr mächtige war, beschloss ich diese Kraft für mich zu nutzen. Ich legte mich auf den Boden und fing an ein paar Dehnungs- und Bewegungsübungen zu machen. Klar tat das richtig übel weh und es erforderte eine enorme Menge an Energie und Disziplin um das, nach was mein Körper verlangte, durchzuziehen. Nach einer Stunde hartem Training fuhr ich zur nächsten Tuina Behandlung bei meiner Heilpraktikerin. Ehrlich, sie schüttelte schon ein wenig den Kopf über meinen sturen Willen und mich, doch kaum wieder zu Hause angekommen trieb es mich gleich noch eine Stunde weiter zu machen. Es knirschte und knackte mittlerweile ganz schön heftig in meinem Gebälk wo sich lange einfach gar nichts mehr rührte, geschweige denn noch was zu hören war. Vom Training aufgepuscht und trotzdem hundemüde und erschöpft ging ich ins Bett, ich bewegte die Hüften im Liegen weiter nach links und rechts, kippte das Becken abwechselnd seitlich hoch, vor und zurück, legte noch ein paar Beckenbodenübungen drauf und dann streckte ich die Beine im Wechsel in die Länge und das rumpeln in meiner Hüfte und in meinem Lendenwirbel wurde erst immer stärker und auf einmal hörte es in der angeschlagenen rechten Hüfte ganz auf. Sicherheitshalber legte ich noch ein paar Übungen drauf, aber kein Rumpeln war mehr zu spüren oder zu hören. Müde und erschöpft drehte ich mich auf den Bauch und schlief sofort ein. Tagsüber sind meine Nieren immer noch sehr arg gestresst und geben, egal wie viel ich trinke, den Urin nur sehr zögerlich und tröpfchenweise ab. Erst in der Nacht entspannen sie dann und ich muss fünf bis sechs Mal aufstehen um Wasser zu lassen. So auch in dieser Nacht. In meinem Unterbewusstsein hatte sich in der langen Zeit der körperlichen Beeinträchtigung schon eine gewisse vorsichtige Schonhaltung eingeprägt, die funktionierte auch zuverlässig im Halbschlaf. Sonst wäre ich auch bestimmt das Eine oder Andere mal auf die Nase gefallen weil mir schlicht der Halt gefehlt hätte. Als ich aber in dieser Nacht vorsichtig aufstand, blieb ich erstmal verblüfft an der Bettkante stehen, wartete bis ich ganz wach war und ging dann langsam und im vollen Bewusstsein auf die Toilette. Die Hüfte war drin! Vom Klo zurück ins Bett legte ich mich wieder auf den Bauch und in dieser Nacht, bei jedem weiteren Gang zur Toilette spürte ich, dass die Hüfte immer noch saß. Am Morgen konnte ich ausschlafen und als ich aufstand, war die Hüfte immer noch drin, aber jetzt spürte ich die über Jahre verkürzten und schief gestellten Muskeln, die sich logischerweise erst wieder neu formieren mussten. Wer schon mal einen heftigen Muskelkater hatte, nehme den locker mal zehn und hänge noch je einen Zentner Blei an jedes Bein, dann weiß man in etwa, wie sich an diesem Tag meine Beine anfühlten. Ich konnte kaum noch laufen. Ein Kollege, der früher Radsportprofi gewesen war, gratulierte mir zur Einrenkung und meinte »passt schon Renate, die Muskeln strecken sich wieder«. Na dann ...

Dabei war doch heute Jochens hundertster Todestag und Nele und ich wollten seine Asche nach der buddhistischen Tradition dem Meer übergeben und seiner Seele auch ein Licht für die Reise mit geben. Jochens und meine Philosophie geht sehr in Richtung Taoismus, darum auch diese wunderschöne Geste seiner Seele an diesem Tag ein liebevolles Geleit zu geben. Für die Zeremonie nahm man normalerweise eine Seerosenblüte und setzte ein Teelicht ohne Metallhülse drauf. Dann ging man zu einem Bach oder Fluss, setzte die Seerosenblüte mit der brennenden Kerze auf die Wasseroberfläche und bedankte sich beim Verstorbenen für die gemeinsame Zeit sagte ihm, dass er sich nicht um uns zu sorgen braucht und uns los lassen darf, wie auch wir ihn loslassen werden.

Einen Bach oder Fluss gab es auf Teneriffa nicht, aber dafür haben wir diesen wunderbaren großen, weiten Atlantik vor der Haustür. Das Meer hat bekanntlich seine Tücken. Wir achteten auf die Gezeiten, denn bei Flut das Licht und die Asche zu »wassern« wäre nicht gerade von Vorteil, demnach mussten wir auf eine fortgeschrittene Ebbe achten. Zudem hatten wir in den letzten Wochen einen sehr hohen Wellengang, der letzten Samstag von einem kräftigen Sturmtief gekrönt wurde. Heute wurde laut Wetterbericht wieder der erste Tag mit moderateren Wellen erwartet. Mit der frisch gerichteten Hüfte suchte ich zu Hause nach wunderschönen Blumen für die Lichtteller von Neles verstorbenem Mann und für meinen geliebten Schatz. Wunderschöne Bougainvillea Blüten in Kupfer und Magenta, zartgelbe Blüten von Siefmütterchen und die sommerwarmen, dottergelben Blüten der Tagetes sorgten für ein fröhliches Bild. Nele gab noch die wunderschönen und herrlich duftenden Blüten des Frangipani Baumes hinzu. Bei den Kerzen mussten wir uns an dem ständigen Wind orientieren und da hätte kein Teelicht auch nur eine Sekunde gebrannt, es wäre sofort ausgeblasen worden. Also fiel die Wahl auf kleine Grablichter die zwar nicht schön, aber immerhin etwas Windgeschützter waren. Größere Seerosenblüten gab es um diese Zeit leider auch keine und Bananenblätter als Ausweichmöglichkeit hatten wir auch nicht. Die letzte Alternative wären noch zu engen Röhren zusammen gerollte Zeitungen gewesen, die man mit einem Faden oder Strick zu einer Art Floß verbunden hätte, aber das ergab sich auch nicht, so besorgte Nele zwei Blumenuntersetzer und ich kam von daheim mit meiner Heißwachsklebepistole, mit der ich früher witzige und kreative Steinfiguren bastelte, angerückt. Pistole angewärmt, einen Klecks Wachs genau in die Mitte des Tellers platziert und feste gedrückt bis der Wachs erkaltet war und die Kerze und den Teller gut zusammen hielt. Zweiter Teller ebenso, dann dekorierten wir die beiden Teller liebevoll mit all den wunderschönen Blüten die wir in Gedanken an unsere beiden Männer gesammelt hatten. Klar war diese Lösung nicht das gelbe vom Ei, zu mehr reichte leider unsere Kraft nicht mehr und es war uns seelisch sehr wichtig. Die letzten Tage versuchte ich immer wieder Jochens Urne vorsichtig aufzuschrauben, ich war damit sogar schon vor der Werkstatt von Mirjams Mann, aber weil gerade Mittagspause war, fuhr ich unverrichteter Dinge weiter. Langsam beschlich mich der Verdacht, dass die das Teil zugeschweißt oder zugeklebt hatten, ich kriegte die verdammte (pardon) Urne nicht auf. Also ließ ich sie schon vor ein paar Tagen ganz bewusst bei Nele. Zum einen, dass Sie sich auch von der Büchse mit seiner Asche drin verabschieden konnte, und zum anderen, dass ich sie an dem entscheidenden Tag nicht zu Hause vergessen würde. Ich bin nach wie vor wahnsinnig vergesslich und auch meine Erinnerung kehrte noch nicht wieder zurück. Mein Englisch verbesserte sich zwar minimal, aber von meinem einst sehr guten Wissen über Naturheilkunde kann ich derzeit auf maximal ein bis zwei Prozent zurück greifen. Und das auch nur über Stichworte wie Durchfall oder Neurodermitis, dann öffnete sich bei mir das entsprechende Fenster mit dem Zugang zu dem Wissen und dieses entsprechende Fragment mit den Information steht mir zur Verfügung, aber es schaffte keine Verbindungen zu den einzelnen Schubladen, das ist schlicht noch zu anstrengend für mich und dann schaltet sich mein Hirn jedes mal wieder blitzschnell weg. Das Kurzzeitgedächtnis ist auch noch katastrophal, ich vergesse alles sofort wieder, auch was ich mir extra aufschreiben wollte um es nicht zu vergessen und wenn ich es mal schaffte doch etwas aufzuschreiben, weiß ich nachher nicht mehr wo der Zettel ist oder was der Text bedeutet. Nele holte Jochens Urne und ich fragte sie, ob sie vielleicht wüsste, wie man das Teil öffnen könne, ich hätte mich schon wer weiß wie darum bemüht, aber ich bekomme die Dose einfach nicht auf. Jetzt lacht nicht, aber der Dosenöffner wäre in meinen Gedanken fast auch schon eine mögliche Option gewesen. Sie schaute erst die Urne an, dann schaute sie mich an, schaute wieder die Urne an und meinte schließlich: »So schwer kann das doch nun wirklich nicht sein, gib mir doch bitte mal ein ganz normales Messer aus der Besteckschublade.«

Ich suchte nach einem Messer und reichte es ihr. Sie nahm es, setzte an dem silberfarbenen Deckel an und fing an leicht zu hebeln. Ich schaute ihr dabei mit offenem Mund zu. Beim zweiten Ansatz klappte es problemlos und mir entfuhr:

»Ach sooo geht das, und ich drehte mir die ganze Zeit einen Wolf an dem Deckel!«

Ohjeminéh, mein sonst so gut brauchbares praktisches Denken lockte mich die ganze Zeit auf eine völlig falsche Fährte. Das musste man auch erst einmal können! Erleichtertes Lachen meinerseits honorierte ihre Aktion. Wir suchten eine entsprechend starke und vor allem dichte Plastiktüte um die Asche umzufüllen, damit ich sie problemlos transportieren konnte. Die beiden

Blütenteller mit den Kerzen kamen in eine andere Tüte und alles zusammen in meine Badetasche. Wir gingen erst mit der einsetzenden Ebbe runter ans Meer. Kein Mensch sollte sehen können, was wir da für uns so kostbares in unserer Tasche trugen, das war schließlich unsere sehr persönliche Angelegenheit. Wir hatten noch viel Zeit und so beschlossen erst schwimmen zu gehen. Die beiden Steinbänke, auf denen wir bisher immer irgendwo mitten zwischen den Spaniern einen Platz fanden, waren heute beide voll und ganz belegt. Die eine, mit einem komplett ausgebreiteten Handtuch von: erratet doch mal von wem? Natürlich von einer deutschen Touristin! Und ich dachte bis dahin immer, dass das mit der Handtuchplatzreservierung unserer Nationalitätsgenossen eine leicht übertriebene Geschichte sei, aber weit gefehlt, auf meine höfliche in Spanisch formulierte Frage, ob wir mal bitte kurz das Handtuch etwas beiseite legen können um uns umzuziehen, antworte die Dame knapp und sehr abweisend in Deutsch: »Nein, da sitzt mein Mann, der ist nur mal eben weg.«

Dabei konnte sie deutlich erkennen, dass Nele mit zwei Krücken vor ihr stand und sich schwerlich im Sand umziehen konnte. Sehen mochte sie es wohl nicht, denn sie drehte den Kopf von uns weg und rauchte weiter. Ich antwortete auf Deutsch, aber ganz bewusst nicht zur Ihr gewandt: »Wow, bei dem Umgang mit Behinderten wundert mich in unserem Land ehrlich gar nichts mehr – nur noch, warum die Deutschen als Urlauber im Ausland im Allgemeinen und auf Teneriffa im Besonderen immer noch beliebt sind.«

Nele mischte sich freundlich aber bestimmt ein (gut so, ich hatte gerade Luft geholt um meine Antwort entsprechend zu erweitern): »Lass nur Renate, es gibt überall sehr nette, hilfsbereite und vor allem höflichere Menschen.« Im selben Moment sprang von der Nebenbank ein Mann hinzu und räumte schnell zwei Rucksäcke weg, die bis dahin die halbe Bank blockierten. Er war ebenfalls ein Landsmann von uns und so hob sich die dumme Tusse mit dem hilfsbereiten Mitmenschen wenigstens wieder auf.

Wir holten unser Handtuch raus, setzten uns drauf und begannen uns auszuziehen, unsere Badeanzüge trugen wir schon unter unserer Straßenkleidung. Danach verstauten wir die Sachen in der Badetasche und klappten das Handtuch bis auf eine kleine Ecke an der Rückenlehne wieder zusammen, schließlich wollen sich ja hier noch mehr Leute hinsetzen. Komisch, aber die Spanier begegnen uns durch die Bank alle sehr viel hilfsbereiter und manchmal haben wir hier auch den Eindruck, dass jemand mit einer körperlichen Behinderung fast schon selbstverständlich eine Art besonderen Hilfs- und Freundlichkeitsbonus von seiner Umwelt entgegengebracht bekommt. Die Losverkäufer der Lotterie »Once« zum Beispiel sind alle Körperbehindert, oder wie hier die offizielle Bezeichnung heißt: »Minosválidos«, was in der wörtlichen Übersetzung soviel wie »weniger Wert« bedeutet. Aber ehrlich, davon merkten wir in den ganzen Jahren hier nicht das Geringste, eine automatisch höhere Hilfsbereitschaft den hilfsbedürftigen Personen gegenüber aber ganz sicher. Als wir ins Wasser gingen, spürten wir sehr deutlich die durch den hohen Wellengang entstandenen »Berge und Täler« im Sand, bei einen Schritt stand man noch bis zum Bauch im Wasser, beim nächsten hatte man keinen Grund mehr unter den Zehen und beim übernächsten Schritt stand man auf einer unterirdische Anhöhe im nur noch Hüfthohen Wasser. Eine gute Stunde blieben wir im Wasser, es war einfach befreiend obwohl mir vom gestrigen Training heute die Muskeln auch im Wasser noch richtig gemein weh taten. Anschließend gingen wir zu unserem Italiener, da fiel uns das »charmante Deutsche Pärchen« in den Blick. Sie saßen beide auf der Bank und die Frau hatte zum Schutz gegen die Sonne ein Handtuch über ihre Beine gelegt. Wenn die Sonne schon so stark auf der Haut brannte, war es bereits um einiges zu spät und das Handtuch half dann auch nicht mehr einen Sonnenbrand zu verhindern, der Zug war dann bereits abgefahren. Noch etwas später zog sich die Frau ganz in den Schatten zurück und der Mann lag auf der Bank. Nun ja, ein jeder wie er‹s braucht, ein anständiger

Sonnenbrand war den beiden auf jeden Fall sicher. Regte sich da vielleicht ein Fünkchen Mitgefühl in mir? Nöö.

Mit den Augen suchten wir nach einem guten, stillen Platz für Jochens »Wasserung«. Den ersten Versuch starteten wir am abgesperrten Teil der Strandpromenade. Bei näherer Betrachtung erwies sich dieser Platz aber als viel zu gefährlich. Die Betonplatte war von den Wellen unterhöhlt und zur Hälfte abgebrochen und die Wellen waren an diesem Teil der Bucht deutlich tärker als hinten beim Strand. Wir mussten nach einem anderen Platz Ausschau halten und entdeckten auf der gegenüber liegenden Seite der Bucht eine Treppe die bis zum Meer reichte. Mir hätte der Platz ja ganz gut gefallen, aber Nele hatte Bedenken wegen der Badegäste. Wir wollten keinen Ärger und beschlossen die Asche hinter der Hafenmole direkt ins offene ungeschützte Meer zu entlassen. Am anderen Ende der Bucht kam Nele mit ihren Krücken nicht weiter und setzte sich auf einen Felsen um auf mich zu warten. Ich nahm die beiden Tüten mit der Asche, den Blumen und Lichttellern aus meiner Badetasche. Dann begann ich über die riesigen Steine die als Wellenbrecher dienen, meinen Weg um die Mole herum zum Meer zu »turnen«. Anfangs jonglierte ich noch relativ leicht mit den beiden Tüten und mit meinen heute gar nicht sicheren Beinen von Stein zu Stein und über die Abstände zwischen den Felsen bis ich mich endlich hinter der Mole befand, mit dem offenen Meer vor mir. Jetzt musste ich nur noch heile runter zum Wasser kommen. Die letzten Steine waren eine ganze Kategorie schwieriger zu begehen, und ich musste mir jeden einzelnen meiner Schritte erst sehr genau ausgucken und den zweiten und dritten gleich dazu, wenn ich nicht ausrutschen oder gar stürzen wollte. Noch waren die Steine wenigstens trocken und nicht nass oder rutschig. Weit wollte ich auf diesem mittlerweile ziemlich gefährlich gewordenen Abschnitt wirklich nicht mehr mit den beiden Tüten durch die Felsen krabbeln und so suchte ich die nächstbeste Möglichkeit für den kurzen Abstieg. Die Steine in Wassernähe waren durch Algenbewuchs ziemlich glatt und rutschig, schwarze Krebse eilten flink vor mir davon, ich war ihnen wohl nicht ganz geheuer – konnte ich gut verstehen. Ich schüttete die Tüte mit Jochens Asche über einen Felsen direkt am Wasser aus und streute zwei Hände voll Frangipaniblüten über seine Asche. Mit den nächsten Wellen holte sich der Atlantik seine Asche und die Blumen. Unter Tränen und stoßweisen Schluchzern bedankte ich mich bei Jochen für seine grenzenlose Liebe und Zärtlichkeit in den vielen Jahren, ich dankte ihm für alles, was ich von ihm und durch ihn lernen durfte und auch für alles, was er an meinen Fähigkeiten heraus gelockt hatte und was mich in meiner eigenen Entwicklung immer sehr viel weiter brachte. Ich war ihm so unendlich dankbar für jede einzelne Sekunde die ich mit ihm verbringen durfte. Ich liebe ihn und habe ihn immer wahnsinnig geliebt. Er war und ist mein Ein und Alles.

Ich versprach ihm, dass er sich keine Sorgen um Nele und mich machen muss, ich werde meinen Weg für die Zukunft finden. Ich sagte ihm, dass er uns loslassen und seinen Weg gehen kann und dass wir ihn auch loslassen werden.

Die Stelle an der ich gerade hockte eignete sich nicht um dort einen oder gar zwei Teller mit den Lichtern hinzustellen, aber ein paar Meter weiter befand sich ein kleiner flacher Felsvorsprung, der für beide Teller ausreichte. Vorsichtig wechselte ich meine Position, die Steine waren verdammt glitschig und gefährlich rutschig und wieder huschten schwarze Krebse blitzschnell vor mir weg und stieben eilig in ihre Verstecke. Die Blüten auf dem ersten Teller richtete ich zurecht, zündete die Kerze an, und stellte ihn auf den Felsvorsprung, dieser Teller galt Neles Mann. Ich schickte ihm liebe Grüße von uns beiden und wünschte ihm auch alles Liebe und Gute für seinen weiteren Weg. Den zweiten Teller dekorierte ich ebenso wunderschön während ich mit Jochen weiter sprach und seine Kerze anzündete. Kaum hatte ich den zweiten Teller auf den Felsvorsprung gestellt, da kam trotz der stark fortgeschrittenen Ebbe eine sehr große Welle, kippte in einem einzigen Augenblick beide Blütenteller und zog sie mit sich ins Meer. Pitschnass blieb ich vor Schreck und Schock erstarrt hocken und sah fassungslos auf die umgedreht schwimmenden Teller inmitten der vielen wunderschönen Blüten. Die Kerze für Jochen sollte doch unbedingt noch ein paar Minuten brennen um ihm auf seinem Weg ein Licht zu sein. O mein Gott, NEIN, das konnte und durfte doch nicht wahr sein.

Das stoßweise Schluchzen erstarb in meiner Kehle und mir blieb die Luft weg.

Die Zeit stand still, ich hörte und sah nichts mehr, ein rasender Schmerz bohrte sich erneut in mein Herz und drohte mich schier zu zerreißen.

Fassungslos und wie gelähmt blieb ich dort mehrere Minuten lang bewegungslos hocken bis mir meine innere Stimme immer eindringlicher und lauter werdend zurief, mich schon regelrecht anbrüllte:

»Renate Du musst sofort hier weg, der Platz ist viel zu gefährlich!«

Da kam ich erst wieder langsam zu mir, erhob mich, blickte mich kritisch um und suchte nach einem sicheren Aufstieg durch das glitschige Gestein, noch nie war ich so dankbar für den festen Halt in Ecco Schuhen wie jetzt. Mühsam war der Weg zurück, meine Beine zitterten und schlackerten heftig, kaum noch kontrollierbar und jedes einzelne wog mindestens 5 Zentner. Die innere Stimme flüsterte mir beharrlich intensiv zu: »Prüfe jeden Schritt genau, achte darauf wo Du Deine Füße hin setzt, Du darfst nicht abrutschen.«

Und so trieb mich diese innere Stimme unerbittlich vorwärts, weg von diesem gefährlichen Platz. Das war auch gut so. Endlich, es kam mir wie eine Ewigkeit vor, erreichte ich die ersten trockenen Felsbrocken und von da ab wurde es zunehmend besser und sicherer zu gehen. Meine Beine zitterten vor Anstrengung wie Espenlaub. Die innere Stimme wurde mit jedem weiteren Schritt wieder leiser und leiser und hörte schließlich ganz auf als ich in Sicherheit war. Nele saß noch wie zuvor unverändert auf dem

Stein als ich bei ihr ankam, dabei musste ich meinem eigenen Empfinden nach, mehrere Stunden lang weg gewesen sein. Ich war so fertig mit der Welt, ich wollte jetzt nur noch schleunigst nach Hause, meine Tiere versorgen und meiner Seele Ruhe geben.

Als ich am nächsten Morgen aufwachte, fühlte ich mich körperlich, seelisch und geistig wie zerschlagen. Aber immerhin waren meine Beine einen Tick besser geworden und die Hüfte saß noch drin.

Mir ging die Welle, die sich die Teller mit den viel zu kurz brennenden Kerzen vorzeitig geholt hatte, nicht mehr aus dem Sinn.

Ich fühlte mich so furchtbar schuldig.

Unendlich schuldig.

Schuldig, den falschen Platz gewählt zu haben, schuldig, dass er nicht mehr lebte und ich immer noch hier war.

Schuldig, dass ich es nicht geschafft hatte ihm ein Licht auf seinen Weg mit zu geben.

Schuldig, dass ich trotzdem dankbar dafür war, dass er nicht länger leiden musste obwohl er mich damit zurück ließ.

Schuldig, dass ich noch lachen und mich des Lebens freuen konnte obwohl er nicht mehr da war.

Über mir brach eine endlose Welt voller Schuld zusammen und ich ließ es vollkommen wehrlos geworden zu.

Eine kaum zu durchdringende zähe, tiefe und klebrige Dunkelheit breitete sich langsam und unaufhaltsam in meiner Seele aus.

Das war nicht gut, nein, das war es wirklich nicht.

Meine innere Stimme, oder nennen wir es mal meinen inneren Beobachter, der mich mein Leben lang mehr oder weniger still kommentierend begleitet, sah das natürlich auch und die leise Stimme in mir formulierte einen erstaunten Gedanken: ›Aha, so muss sich also eine waschechte Depression anfühlen, nein, das ist gar nicht gut und da sollten wir mit mir auch nicht hin‹.

Und damit überließ sie mich, diesem schrecklichen und zerstörerischen Gefühl der Schuld. Ich weinte den ganzen Tag und die halbe Nacht bis ich vor Erschöpfung einschlief. Der nächste

Morgen fühlte sich immer noch richtig beschissen an, bis es meiner inneren Stimme anscheinend reichte und sie in meine gerade vor Selbstmitleid und Trauer um Jochen zerfließende Seele hinein raunte:

»Seit wann hängt denn bei Jochen das Licht seines Weges von einer Kerze ab?

Er hatte doch wahrlich mehr als genug Licht in seinem Herzen und in seiner Seele um nicht nur seinen Weg zu leuchten. Gib ihm doch noch von Deinem Seelenlicht und Deiner Liebe dazu und sein Weg wird taghell wie mit Flutlicht ausgeleuchtet sein.«

Langsam, fast zögerlich ließ ich diesen Gedanken zwar zu, aber ich war noch nicht bereit dazu ihn ganz umzusetzen. Am Abend war mein nächster Termin bei Mirjam, und das war auch gut so. Mein Blutdruck hatte sich in noch gefährliche Höhen von 245:145 hinauf geschwungen, mein Darm blockierte, die Nieren hatten dicht gemacht und egal wie viel und was ich trank, ich konnte tagsüber nur noch tröpfchenweise pinkeln, außerdem machte sich durch den schwachen Flüssigkeitsdurchfluss eine Entzündung am Ausgang der Harnröhre unangenehm bemerkbar. Sie sah mich an, schaute mich noch genauer an und sagte: »Der Jochen ist noch ganz stark hier bei Dir, hast Du ihn noch nicht losgelassen?«

Treffer, das war es also was mich so lähmte.

Ich hatte ihn noch nicht los gelassen und ich hatte auch eine regelrechte Panik, eine unbeschreibliche Scheißangst davor, aber das wollte ich ihm wirklich nicht antun, dafür liebte ich ihn doch viel zu sehr. Das hatte er wirklich nicht verdient, niemals.

Ich wusste jetzt, was ich als nächstes zu tun hatte. Ich ging nach Hause, setzte mich auf die Terrasse und horchte tief in mir drinnen nach, warum mir das Loslassen von Jochen so wahnsinnig schwer fiel. Es fühlte sich für mich so an, als hätte ich ein riesengroßes, endlos tiefes, pechschwarzes leeres und eisig kaltes Loch in meinem Bauch, das verzweifelt versuchte, jeden noch so kleinen Funken von Jochens Leben, Liebe, Wärme und Erinnerung zu erhaschen und für immer zu bewahren. Dabei klammerte ich mich unbewusst an die trügerische Hoffnung, dass ich auf diese Weise all die kleinen und großen Momente unserer Liebe und unseres Lebens festhalten und für immer und ewig in mir konservieren könnte. Aber das schlimme daran war, je krampfhafter ich versuchte alles an Erinnerungen zu sammeln und zu speichern, desto weniger füllten sie das große, schmerzende, kalte, leere und schwarze Loch in meinem Bauch auf. Es tat so unglaublich weh und die einzige große Angst, die ich in meinem Leben je hatte, nämlich Jochen zu verlieren, wuchs und wuchs und wuchs wie ein alles zu ersticken drohendes Pilzgeflecht weiter in mir. Es musste etwas passieren, sonst würde ich weder in meiner Seele, noch in meinem Herzen und auch nicht in meinen Nieren gesunden. Mein Körper und meine Seele forderten von meinem Geist geradezu aggressiv eine faire, ehrliche, liebevolle und aufrichtige Handlung für mich ein. Klar gesagt, es gab auch für mich ein Leben vor meinem Mann, es gab das schönste Leben mit ihm und auch wenn ich es noch nicht glauben, wahr haben oder sehen wollte oder konnte, es würde in Zukunft auch wieder ein Leben ohne meinen geliebten Mann geben. Und weil Selbstverleugnung niemals authentisch ist, ist sie auf Dauer auch nicht überlebensfähig, darum blieb mir nur eines übrig:

Ich musste Jochen in Liebe los lassen.

Gewusst, gesagt und getan sind immer noch verschiedene Paar Stiefel und dafür bedarf es liebevoller und konsequenter Arbeit an sich selbst um sich aus der im Moment bequemer erscheinenden Position heraus zu bewegen, und so nahm ich den Gedanken für den heutigen Abend zwar in mir auf, aber viel mehr war ehrlich noch nicht drin. Der nächste Tag war ein Regentag, das optimale Wetter für einen solchen inneren Arbeitsprozess, ich versorgte meine Tiere und setzte mich unter das schützende Dach meiner Terrasse um meinen Gedanken und Gefühlen ungestört freien Lauf zu lassen. Dann sprach ich Jochen direkt an, das hatte ich seit kurz nach seinem Tod nicht mehr getan: »Schatz, bist Du da?«

Er war da und er hörte mir aufmerksam und liebevoll zu.

»Mein lieber Schatz, mein über alles geliebter Mann. Ich danke Dir für Deine grenzenlose Liebe, Dein herzliches und verschmitztes Lachen, Dein stets heiteres Schmunzeln und Deine große Zärtlichkeit in all den Jahren. Ich danke Dir für alles, was ich durch Dich und von Dir gelernt habe und auch wenn momentan nicht mehr alles parat ist, ich habe bestimmt nichts davon vergessen und ich werde all das, was Du in mir an Fähigkeiten und guten Eigenschaften gesehen und gefördert hast, voll leben und weiter entwickeln, sowie ich auch neue Eigenschaften, Charakterstärken und Fähigkeiten entwickeln werde. Ich danke Dir für Deine unglaublich große Kraft, Stärke und für Deinen Mut auch mit schwierigen Situationen zurecht zu kommen. Ich habe daraus gelernt und ich weiß, dass ich von jetzt an selber wieder genug Kraft, Stärke und Mut haben werde um mein eigenes Leben wieder aktiv in meine Hände zu nehmen und meine Zukunft zu meistern. Ich habe jetzt keine Angst mehr vor meinem Leben ohne Dich und das, was da noch auf mich wartet, ich gehe offen und neugierig darauf zu. Mach Dir bitte keine Sorgen mehr um mich, ich werde wieder gesund und ich werde das Leben mit all seinen Konsequenzen annehmen und freudig begrüßen. Ich finde schon meinen Weg.«

Für die nächsten zwei Stunden erzählte ich ihm von meinem, unserem Buch, das ich gerade schreibe und auf jeden Fall veröffentlichen werde, von möglichen Ausbildungen, die Freunde mir vorgeschlagen, aber die bei mir bisher noch nicht »geklickt« hatten, ich erzählte ihm auch davon, dass ich im Frühjahr hoffte, dass jemand aus dem Bekanntenkreis bei mir auf der Finca ein paar Wochen Urlaub machen und meine Tiere betreuen könnte, weil ich von ganzen Herzen mir sehr wichtige Menschen (das Renatchen, meinen Vater mit seiner Partnerin Uschi, meine Mutter, meinen Bruder in Zürich und wenige alte Freunde und Verwandte) in Deutschland besuchen möchte und sie aufgrund ihres Gesundheitszustandes nicht mehr in der Lage waren hierher zu kommen. Alles erzählte ich ihm, auch, dass ich mir vor zehn Tagen die Haare um 20 cm abschneiden ließ und mich auf einmal beim Einkaufen eine verrückte Idee überkam, mir neue Dessous zu kaufen. Zum Schluss sagte ich ihm voller Liebe und aus voller Überzeugung: »Schatz, ich liebe Dich und ich danke Dir für alles und ich lasse Dich jetzt los. Gehe bitte in Frieden Deinen Weg weiter.«

Endlich hatte ich es von ganzen Herzen gefühlt und gesagt. Ich hatte nicht mehr gesagt »Ich werde Dich los lassen, sondern ich lasse Dich jetzt los«.

Ich hatte ihn in Liebe los gelassen.

Ich werde diesen wunderbaren Mann selbstverständlich weiter lieben und weiterhin unendlich dankbar sein für seine Liebe und die vielen tollen Jahre mit ihm, und das ist auch ganz Ordnung und vollkommen normal. Jemanden loszulassen bedeutet doch nicht, dass wir die Zeit mit ihm oder ihr auslöschen müssen. Das wäre in meinen Augen absolut daneben und völliger Blödsinn und da ist es mir auch so was von egal, was ach so große und neunmal gescheite psychologische Richtungen ihren Therapeuten für die Arbeit mit Trauernden empfehlen, da pfeif ich doch nur sehr herzlich drauf, das fühlt sich in mir gar nicht gut, richtig und schon gar nicht gesund an. Ich hatte Jochen losgelassen, hielt ihn nicht mehr fest und werde ihn immer lieben, alles andere ist dumme graue Theorie Einzelner die in meinen Augen keinen blassen Schimmer von der Realität haben.

Der größte Fehler der Menschheit ist,
etwas aus dem Kopf zu entfernen,
was im Herz nicht gelöscht werden kann.

Anónimo

In meinem Herzen, in meiner Seele und in meinem Kopf breitete sich ganz langsam etwas Ruhe aus. Die Nacht zum Sonntag schlief ich tief, erschöpft und traumlos. Das Erwachen am Sonntag war jedoch gar nicht schön. Mein Ruhepuls raste weiter um die 100–120 herum, der Blutdruck spann jetzt völlig, sämtliche meiner Muskeln fühlten sich leer und kraftlos an und die Welt erschien mir nur noch dumpf, grau und leer, das Regenwetter spiegelte diesmal ganz hervorragend meine innerste Stimmung wieder. Ich schaffte es von meinen Muskeln her kräftemäßig nur noch mit allergrößter Mühe meine Tiere zu versorgen und ansonsten lag mein Bewegungsradius gerade noch im Rahmen zwischen meinem Schreibtischstuhl, dem Stuhl auf der Terrasse und dem Sofa. Aufs Klo konnte und musste ich auch nicht mehr. Ich schlief jetzt fast pausenlos sehr viel wie betäubt und traumlos. Ich verstand die Welt nicht mehr. Ich hatte doch Jochen ganz und gar los gelassen, das fühlte ich genau, warum ging es mir dann jetzt so richtig hundeelend und schlecht??? Ihn gedanklich zurück zu rufen kam mir jedoch nicht in den Sinn, ich hatte ihn endlich loslassen können und das war auch gut so. Der Montag war nicht ein Deut besser. Ich entschloss mich die Sahne-Creme fraiche Kur zu beenden und langsam in die normale Ernährung überzugehen. Das heißt, eins nach dem anderen, nicht alles auf einmal und wenigstens für zwei Wochen keinerlei Kohlehydrate. So etwas machte mir nichts aus, ich bekam nur das erste Mal seit das mit Jochen passiert war, richtig Hunger (keine Gelüste) auf eine warme Gemüsemahlzeit ohne Kartoffeln, Reis oder Nudeln. Gemüse hatte ich sowieso kein vernünftiges im Haus, ich hatte ja in den vergangenen fünf Monaten außer vielleicht mal einem Rührei oder Spiegelei nichts selber gekocht und auch nichts Sonstiges zubereitet, das musste also bis morgen warten, bis ich wieder einkaufen gehen konnte, es war mir grad eh noch wurscht.

GRUNDSTIMMUNGSWECHSEL
27. Oktober 2014 – Lebe, Lache, Liebe

Mirjam erzählte ich, dass ich Jochen ganz bewusst losgelassen hatte und von meinem ansonsten ziemlich anstrengenden Wochenende. Dann fragte ich sie: »Ich verstehe das nicht, warum geht es mir dann jetzt trotzdem so miserabel?«

Sie blickte mich freundlich aber ernst an und antworte: »Du hast Jochen los gelassen, das stimmt. Und jetzt hat Deine Seele erkannt, dass sie alleine ist. Was erwartest Du von Dir? Sie braucht noch Zeit, sich daran zu gewöhnen, geh‹ bitte lieb mit Dir um und lass Deiner Seele Zeit sich neu zu finden.«

Das saß.

In mir tauchte ein Gedanke auf.

Wenn ich nach dem Verlust meiner großen Liebe schon solche heftigen Probleme seelischer, geistiger und körperlicher Natur bekommen hatte, wie mochte es dann wohl jemandem gehen, der seinen Partner in der gemeinsamen Lebenszeit nicht so innig geliebt, respektiert und geachtet hatte und leider genau so wenig von seinem Partner geliebt, geachtet und respektiert wurde? Ich glaube ganz ehrlich, nicht unbedingt besser. Klar erlebte ich schon genügend Leute, die nach einer unguten Partnerschaft einfach nur noch froh waren, dass der ungeliebte Partner endlich das Zeitliche segnete oder sich trennte. Aber richtig glücklich und von einer schweren Last befreit wirkte dann trotzdem nur selten jemand auf mich. Viele schürten ihre Verachtung, ihren Hass und ihre Wut auf den anderen nach dem Tod oder der Trennung noch kräftig weiter und sie erschienen mir stets sehr verbittert, verhärmt, verhärtet und nahezu versteinert. Es muss wahnsinnig schwer sein, mit solch einem unglücklichen und unbefriedigenden Gefühl leben zu müssen und seine Seele nicht richtig befreien zu können – oder leider in vielen Fällen auch gar nicht erst befreien zu wollen. Der Weg aus diesem unglücklichen Zustand heraus wird dann oft – je nach Geldbeutel – mit Kaufrausch, einer wie auch immer gearteten Sucht oder auch der fast zwanghaften Suche nach der verlorenen Jugend begangen, aber auch das bringt keinem eine echte Befriedigung auf Dauer. Ich wünsche jedem Menschen, dass er oder sie sich in Frieden und Liebe voneinander zu verabschieden vermögen. Das macht auf die Dauer wesentlich glücklicher als ungguten Gefühlen in sich Raum zu geben.

Mit großem Appetit plünderte ich den Obst- und Gemüseladen, kaufte frische Khaki, Birnen, Äpfel, Galia Melone, Papaya, Brokkoli, Blumenkohl, Kürbis und grüne Bohnen ein. Zu Hause war gleich die Khaki fällig, dann nahm ich mir den Kürbis vor. Gewürfelt und gedünstet war er einfach himmlisch!

Meiner Seele ließ ich die Zeit, die sie benötigte und erwartete auch nichts mehr von mir. Das war eine völlig neue und unbekannte Erfahrung für mich.

Am nächsten Morgen fuhr ich mal wieder zur Post und Einkäufe erledigen. Ein ganz lieber Brief von meinem Renatchen war angekommen, man hatte ihr ein Stück Knochen aus der Hüfte in den nicht heilen wollenden Unterschenkel eingesetzt und das ganze Bein mit einer kompletten Schiene von der Hüfte abwärts versehen. Die arme Maus, wenn ich nur daran denke, dass sie damit ja auch raus aus dem Bett und hinein den Rollstuhl und rüber aufs Klo und zurück muss – ich kann sie auf die Ferne leider nur ganz lieb drücken und ihr sagen, dass ich im Frühling kommen will. Das baut sie seelisch auf und sie freut sich riesig auf meinen Besuch. In der Post befand sich auch ein großer, dicker Umschlag vom Droemer-Knaur-Verlag. Den hob ich mir für den Besuch beim Bäcker auf, ich wollte dort sowieso Halt machen. Hühnerfutter hatte ich bereits besorgt (keine Ahnung, wann ich wieder die Kraft habe sie ins Gehege zu transportieren, die 40 kg Hafer bringe ich ja schon 6 kg-eimerchenweise nach hinten. Beim Bäcker bestellte ich mir einen Cafe leche leche (ich weiß, ich weiß, aber heute war es mir grad auch noch egal), setzte mich auf meinen Lieblingsplatz und öffnete den Umschlag. Unsere Verlagslektorin, die mir nach Jochens Tod bereits das wunderbare Büchlein von Henry Scott Holland sandte, schickte mir die in diesem Jahr im Knaur-Verlag erschienen zwei Neuausgaben zum Thema Trauer und eine liebe Karte » …in der Hoffnung, dass sie mir helfen und wieder Licht in mein Leben bringen mögen«.

Das erste Buch, sprang mir aus dem Umschlag regelrecht entgegen, als wenn ich nur darauf gewartet hätte. Es heißt »Lebe lache liebe« und ist von Christina Rasmussen. Es ist fantastisch, sehr einfühlsam, verständnisvoll, toll geschrieben und um Welten besser als alle noch so gut meinende, aber trotzdem graue und meist realitätsferne Theorie! Ehrlich, in meinem Leben wäre ich niemals auch nur im Entferntesten von selber auf die Idee gekommen mir ein Buch über Trauerverarbeitung zu besorgen, so weit reichte mein Denken einfach nicht, ich war zu sehr im eigenen Prozess gefangen. Aber ich bin sehr dankbar für diese außergewöhnliche Unterstützung. Im Cafe schlug ich die erste Seite auf und war sofort von dem Buch gefangen. Ich las und las und las in einem Rutsch durch bis Seite 62 und die ganze Zeit liefen mir still Tränen der Erleichterung übers Gesicht. So etwas war mir auch noch nicht passiert. Das brauchte ich zur Zeit wohl dringend und ich beschloss nach Hause zu fahren und dort ungestört weiter zu lesen. Auf der Terrasse setzte ich die Lektüre gleich fort bis zu dem Punkt an dem es heißt: »Können Sie sich daran erinnern, wie Sie einmal jemanden aufgemuntert haben?« (Jawohl, sehr gut und sehr oft!) »Genau diese Art von Mitgefühl bitte ich Sie jetzt, sich selbst zu schenken.«

(Scheiße! Das war es!)

Ich musste das Buch weglegen und heulte auf der Terrasse weiter, was das Zeugs hielt. Diesmal nicht aus Trauer um Jochen und auch nicht aus Angst oder Schmerz, sondern alleine darüber, wie hart ich in den letzten Monaten mit mir selber umgegangen war. Ich wollte stark sein, vor mir selber keine Schwäche zeigen und alles erledigen. Ich erwartete sogar von mir, dass ich diese so fürchterlich schlimme Trauerphase um Jochen schneller verarbeiten könnte. Von liebevollem Mitgefühl für mich keine Spur. Meine Seele und mein Geist arbeiteten in den letzten Monaten nicht nur höchst aktiv, sondern trugen auch zu einem meine Gesundheit noch weiter schädigenden Verhalten bei. Ich rauchte zu viel, aß schlecht, einseitig und unregelmäßig. Gut, das Essen kommt jetzt langsam wieder und das Rauchen reduzieren ist auch schon in Arbeit, Alkohol trank ich überhaupt keinem mehr. Und wenn es auch nur ein halbes Bier war und das noch mindestens zur gleichen Menge mit Wasser verdünnt wurde, besonders gut war es vermutlich nicht für mich, obwohl ich nach Wasser oder Tee überhaupt nicht mehr pieseln konnte, aber nach dem verdünntem Bier wenigstens etwas. Poco a poco con pasitos (Stück für Stück mit kleinen Schritten) kriege ich mich nach und nach wieder in die Reihe.

Irgendwo weiter hinten in dem Buch steht, dass ich mir meine Zukunft ausmalen und in Wort und Schrift definieren soll. Okay, da bin ich bei und mache mir bereits häufiger Gedanken darüber. Nun, wenn das Energiepotential, wodurch ich so krank wurde, wieder ungestört in meine Gesundung fließt, dann wird das eine ziemliche Menge Energie sein, die sich da frei setzt … Wird wohl auch langsam wieder Zeit. Am besten ich schreibe Naturheilkunde mit auf meine Wunschliste, vielleicht wird ja damit mein momentan noch verschüttetes Wissen wieder etwas zugänglicher.

In den dreieinhalb Monaten seit Jochens Tod arbeitete ich sehr hart mit mir, so dass ich das subjektive Gefühl habe, es seien schon an die zwei Jahre vergangen. In der ganzen Zeit ging ich keinem Gefühl, keinem Gedanken und keiner Emotion aus dem Weg oder hatte versucht mich vor ihnen abzulenken und zu verstecken. Durch den für mich so ungemein wertvollen Tipp meines Bruders ließ ich mich auf alle, aber auch wirklich auf alle Gefühle ein. Nun war es also an der Zeit mich neu zu formieren und zu finden.

Es ist schon verrückt, wie so zutreffende Bücher oder Texte ein ganz spezielles, auf den Punkt genaues Timing haben können. Das hat wohl alles eine sehr eigene Dynamik die zu verstehen mir ehrlich gerade zu hoch ist.

Einige Schritte des Fünf-Stufen-Programmes aus dem Buch setzte ich in den vergangenen Wochen bereits instinktiv um. Und nun verstand ich endlich auch, dass ich ganz tief in mir drin, sozusagen im innersten Kern meiner Seele, sehr gesund »tickte« und dass ich möglicherweise nur schneller mit der Arbeit an und in mir war, als viele Menschen, die sich jahrelang stumm und wie gelähmt in ihrer Trauer und um sie herum bewegen. Die Zeit, die man mit der Trauer um einen geliebten Menschen verbringt ist nicht entscheidend, wichtig ist letztendlich, dass und wie man wieder ins Leben zurück findet.

Mit dem Buch in Gedanken und dem Gefühl, dass ich jetzt liebevoller, geduldiger und freundlicher mit mir umgehe, ging ich ins Bett.

Und jetzt kommt's:

Am nächsten Morgen ging es mir nicht um Welten, sondern um ganze Galaxien besser! Ich trat auf die Terrasse hinaus und schmetterte der Welt ein »Goood Morning America, good morning mi vida« (Guten Morgen Amerika, guten Morgen mein Leben) entgegen. Meine Hunde schauten mich ein wenig ratlos aber freundlich an, ihnen fiel meine deutlich bessere Stimmung sofort auf und sie freuten sich einfach nur darüber. Vielleicht auch nur bis zu dem Moment, in dem ich anfangs mit noch brüchiger und danach mit langsam kräftiger werdender Stimme anfing sämtliche, den neuen Morgen begrüßenden Lieder zu singen, von denen ich wohl noch stückweise die Melodie aber keinen Text mehr kannte. Macht nix, das war mir grad sowas von egal und es hinderte mich auch nicht daran fröhlich weiter zu singen und zu lachen und meinen in der letzten Zeit brach liegenden, neu aktivierten Frühsport um ein ausgelassenes Tänzchen auf meiner Terrasse zu erweitern. Dabei bemerkte ich, dass meine körperliche Kraft wieder zurück kehrte, der Blutdruck war von selber auf 160

: 80 und der Ruhepuls auf 70 gesunken. Na also, geht doch! Meine Muskeln waren auch wieder alle da wo sie hin gehörten und so transportierte ich heute nacheinander zwei Säcke Hühnerfutter mit der Schubkarre die Rampe runter ins Hühnergehege.

Es ist ein Wahnsinn, was die Psyche alles auslösen kann, man kann sich damit echt mal locker selber um die Ecke bringen.

Ein großes und dickes DANKE an alle, die mir geholfen haben.

Ich bin auf dem Weg in mein neues Leben.

Wie ein altes Sprichwort schon sagt:

Man braucht nicht viel Kraft um etwas fest zu halten.
Man braucht viel Kraft um etwas loszulassen.

(Kann ich nur Bestätigen.)

30. Oktober 2014 – Katerpanik

»Der Mensch findet die größte Freude in dem,
was er selbst neu findet oder hinzulernt.«

Thomas von Aquin

Meine zurückkehrende Kraft ist wundersamerweise immer noch vorhanden, der Blutdruck stabilisierte sich langsam von selber im mittleren Bereich, Darm und Nieren laufen besser, fast so als wären sie niemals zuvor so arg gestresst gewesen. Es gab zwar noch einiges bei mir zu regulieren und zu reparieren, aber so durfte es ruhig weiter gehen. Mir ging es nicht nur seelisch, sondern auch körperlich um Welten besser als in den ganzen Monaten zuvor, geschweige denn als in den vergangenen Tagen. Mein Bauch fühlt sich auch wieder viel wärmer und freundlicher an, er tut auch nicht mehr so weh, mein Bauch gehört wieder zu mir.

Abends brach auf der Terrasse ein Tumult mit hektisch bellenden Hunden los. Ich sah einen weißen Katerbauch verzweifelt an der Scheibe hoch springen. Dahinter konnte ich Pinto auf Jagdmodus erkennen. Ich sprang auf, brüllte aus voller Kehle in Panik um meinen Kater was das Zeug hielt: »Hey! Pinto! Aus! Verdammt noch Mal! Scheiße! Um Himmels Willen! Hey! Aus!« Und schon war ich auf der Terrasse. Pinto erwischte ich gerade noch am Schwanz, als er irritiert von meinem Gebrüll von der Verfolgung des Katers abließ. Ich hasse das wie die Pest, aber er bekam von mir eine Abreibung und ich zwang ihn in Wolfsmanier zu Boden um ihn daran zu erinnern, wer hier der Boss ist, dann machte ich das Halsband ein Loch enger und legte ihn an die Kette beim Tor. Mein Herz raste wieder in vollen Umdrehungen bis zum Anschlag auf der Galopprennbahn. Ich hatte eine Höllenangst um meinen Kater Ulysses, ich dachte, er wäre das an der Scheibe gewesen. Hektisch griff ich nach der Stablampe und lief laut seinen Namen rufend in den Garten, schaute in die Bodega, um den Pool herum und suchte in meinem Schlafzimmer weiter. Ulysses fand ich nicht, dafür aber Kater Korbinian, der völlig verängstigt und verstört unter meinem Bett hockte. Ojeh, mein scheues kleines Korbi-Baby war also der weiße Bauch an der Glastür gewesen, aber wenigstens sah er im Licht der Taschenlampe körperlich unversehrt aus. Auf dem Bauch liegend versuchte ich ihn mit zärtlichen und schmusenden Lauten unter dem Bett hervor zu locken, was mir langsam und mit vielen Rückzügen seinerseits gelang. Er kennt mich sehr gut, ich bin sozusagen seine Ersatzmama seit er schwer krank und gerade mal vier Wochen alt mit seinem Bruder Ulysses hier ankam. Der kleine Kerl liebt mich genau so wie ich ihn und er vertraut mir. Das Vertrauen zu mir ließ ihn endgültig unter dem Bett hervor kommen und plötzlich und ohne sie zu rufen, tauchten die beiden anderen Kater Merlin und Ulysses auf, beschnüffelten ihn und schleckten ihn ab. Mir fiel ein Stein vom Herzen, alle waren in Ordnung und Korbinian war froh, die beiden zu sehen. Erleichtert ging ich wieder nach oben, alle Kater folgten mir alle auf den Fuß. Pinto bleibt über Nacht an der Kette, morgen werde ich mit ihm arbeiten und wir schauen mal wie er sich dann macht. Ich möchte den Hund hier behalten, er ist ein toller Wachhund und ich habe ihn sehr gerne, aber er befindet sich noch im schwierigsten Flegelalter und er muss in sein kluges Köpfchen rein kriegen, dass Katzen für ihn für immer und ewig absolut tabu sind, da verstehe ich überhaupt keinen Spaß.

Mit Freunden trafen wir uns zum essen. Es war ein unglaublich schöner und entspannender Abend, den wir mit einem kleinen Stadtbummel durch mir völlig unbekannte Gassen in Puerto de la Cruz fortsetzten. Zum Abschluss gab es heute eine Kugel Ferrero-Eis beim Italiener. Das Leben ist wunderbar!

In mir kehrt langsam eine friedliche und tiefere Ruhe ein, ich stehe nicht mehr permanent an der Stufe zum Weinen. Mein Kopf wird langsam etwas klarer.

Meine ersten offiziellen Besucher auf der Finca kommen morgen, ich backe ein Dinkelbrot mit Gofio. Es tut mir zurzeit alles einfach nur gut.

Ganz langsam bekomme ich einen minimal besseren Zugriff auf mein Wissen aus der Naturheilkunde und der Ernährung. Es ist ein tolles Gefühl und bringt Licht in meine Erinnerung.

8. November 2014 – Kleine Schritte

Geh nicht die glatten Straßen.
Geh die Wege, die noch niemand ging.
Damit Du Spuren hinterlässt und nicht nur Staub.

Antoine de Saint-Exúpery

Ich verlasse jetzt immer öfter bekannte Wege und fahre auch völlig neue und mir absolut fremde Strecken um irgendwohin zu gelangen, das bereitet mir richtig Spaß.

In den letzten Jahren konnte Jochen ja kaum noch und schon gar nicht mehr weit fahren und so passte ich meine Bedürfnisse selbstverständlich seinen Möglichkeiten an. Meine lange Jahre freiwillig stark reduzierte Neugier auf das Leben und allem was dazu gehört entdecke ich gerade wieder neu und heiße sie »Herzlich Willkommen«.

Um mein Gedächtnis wieder zu bekommen trainiere ich mit Übungen auf NeuroNation.de. Ein Abo kann ich mir nicht leisten, aber einige Übungen sind kostenlos und ich suche weitere Denksportaufgaben. Kreuzworträtsel ist nicht das was ich damit meine, sondern welche die das Hirn in seiner Gesamtheit mehr fordern. Matheübungen geben noch gar nicht und Geschichte oder Medizin auch nicht, aber mit der Sprache krieg ich gefühlt langsam wieder etwas Boden unter den Füßen. Außerdem futtere ich gerade mit einer Leidenschaft Unmengen von Sonnenblumenkernen und Pistazien, da hat sich ein richtiger Heißhunger drauf entwickelt, genauso wie auf unsere Eier. Sind alle wichtigen Stoffe drin, die ich so brauche.

Die geistige Aufnahmefähigkeit bessert sich langsam und mein Gehirn scheint sich ab und an ansatzweise in seiner mir von früher gewohnten Form zu zeigen.

Das tut mir sehr gut und macht mich fröhlich.

Die durch die Amnesie sehr extrem reduzierten Englischkenntnisse kehren ganz langsam zurück und ich konnte die ersten Briefe mit unserer Walisischen Freundin Julie austauschen. Das ging die letzten Monate gar nicht mehr, ich hatte einfach nicht mehr verstanden was sie mir schrieb. Dabei schrieb sie überhaupt nicht anders als zuvor und trotzdem war es auf einmal alles viel zu schwierig und kompliziert für mich geworden, ich las die Worte, aber verstand den Sinn des Textes nicht mehr. Und um bei einem sehr kurzen Brief unter 10 Zeilen gleich fünfzehnmal die mir fehlenden Wörter im Wörterbuch nachzuschlagen fehlte mir jegliche Energie. Ich antwortete ihr im aller einfachsten und aller schlechtesten Englisch und sie verstand mich Gott sei Dank. Jetzt klappt es von Brief zu Brief wieder besser mit dem verstehen können. Ich frische alte Freundschaften auf und treffe mich verstärkt mit Menschen, für die ich mir vorher nicht immer genügend Zeit nehmen konnte, oder genommen habe. Ich liebe Jochen nach wie vor und das wird sich auch niemals ändern, aber ich habe ihn auch los gelassen und muss mich somit wieder meinem eigenen Leben zuwenden. Mein Leben geht weiter und das sogar, wo ich sehr lange dachte, dass es mit Jochens Tod zu Ende wäre und mich zeitweise nur noch meine Verantwortung für meine Tiere und ihre Liebe davon abhielt, ihm seelisch und körperlich zu folgen. Vermutlich wird mein zukünftiger Lebensweg ein anderer sein, ich bin noch dabei ihn auszuloten, zu erfühlen und zu erkunden. Dabei helfen mir auch viele Kontakte die ich teils schon ewig lange kenne und teils auch ganz neue, die Jochen nicht kannten, die auch noch nie von ihm gehört hatten und mich jetzt als die alleinige Person wahr nehmen, die vor ihnen steht. Das ist nach so vielen gemeinsamen Jahren und einer gemeinsamen Aufgabe von uns beiden ebenfalls eine völlig neue Erfahrung für mich. Anfangs fühlte ich mich davon überfordert, aber da es ganz tolle Menschen sind, konnte ich mich auch trauen aus meinem kleinen Schneckenhaus heraus zu kommen und in mir selber nachhorchen, was ich mit meinem zukünftigen Leben anfangen will und werde.

Mein neu entfachter Wille zu leben ist wieder da und ich spüre, dass er weiter wächst und stärker wird als je zuvor. Ich wachse langsam innerlich.

Vor einer Woche fehlte mir nur mal gute Musik.

Unser großer CD-Wechsler funktionierte schon länger nicht mehr und so holte ich die CDs raus, baute ihn alleine ab (das war echt nicht einfach mit der kompletten Stereoanlage oben drauf und die Elemente wiegen auch ganz schön viel), schleppte ihn ins Auto und brachte ihn zu einem Reparaturservice, dass sie ihn sich mal bitte anschauen mögen. Mittlerweile bekam ich ihn zurück, da blockierte nur ein Kugelschreiberteil die Mechanik. Gereinigt wurde er auch gleich mit und für ganze 35 €uro kann ich wieder tolle Musik hören. Ich baute ihn am selben Abend wieder auf, bestückte ihn am nächsten Morgen mit den CDs und was soll ich sagen, den ganzen Morgen lief ich lachend, singend, pfeifend und tanzend durch die Gegend.

Mit einer Freundin verabredete ich mich und da wir beide endlich einmal Zeit zum ausgiebigen Plaudern hatten, konnten wir unseren sehr fruchtbaren Austausch bei ihr zu Hause um ein paar Stunden erweitern, bis es dunkel wurde und ich nach Hause musste um meine Tiere zu versorgen. Früher wäre ich allenfalls mal am Vormittag für eine oder höchstens mal zwei Stunden alleine unterwegs gewesen und niemals erst in der Dunkelheit heim gekommen.

Unserem alten Freund Sasan lief ich nach Monaten beim Bäcker über den Weg. Er hatte bis jetzt noch nichts von Jochens Tod gehört und vermisste ihn. Wir unterhielten uns und nach einer Weile schaute ich ihn an und fragte:

»Sasan, hast Du mal gemalt?«er antwortete: »Ja, aber das ist schon lange her.«

»Mit welchen Materialien hast Du gemalt?« »Mit Ölfarben.« »Malst Du jetzt noch?«

»Leider nein, ich möchte schon sehr gerne wieder malen, aber da muss ich mir erst eine neue Leinwand und Farben und Pinsel kaufen und momentan fehlt mir einfach das Geld dazu.«

»Trink Deinen Cafe aus und fahr hinter mir her.« »Wohin?«
»Zu mir.«

Zu Hause angekommen schleifte ich ihn in den Wirtschaftsraum, wo er zwei neue Leinwände in die Hände gedrückt bekam (eine weitere habe ich mir behalten) und dann zog ich ihn hinter mir her zu einem Schrank in dem Jochens sehr reichlicher Vorrat an Ölfarben lagerte. Jochen kaufte mal einem Laden für Künstlerbedarf, der aus Altergründen schließen musste, so ziemlich alles an Ölfarben, Aquarellfarben, Künstlerkreiden und Leinwänden ab um selber zu malen. Er malte auch wunderschöne Bilder und sie hängen auch bei uns im Haus, aber diese Menge an Farben werde ich in diesem Leben niemals nutzen. Darum bat ich Sasan, dass wir doch bitte zusammen alle fünf Kisten nach oben tragen und er sich auf der Terrasse in Ruhe raussuchen kann, was er alles gebrauchen kann. Erst wollte er nur die fünf Grundfarben haben, weil er sich doch alles daraus zusammen mischen kann, aber ich schaute ihn an und fragte: »Sasan, sag mir doch mal bitte, wie oft ist Petrolgrün oder Cadmiumgelb da?«

»Das eine mindestens drei-, das andere mit Sicherheit wenigstens vier mal.«

»Dann nimm Dir doch bitte von allen doppelten Farben je eine Tube mit. Jochen würde sich ganz bestimmt darüber freuen.«

Erst wollte er nicht, aber dann lies er sich überzeugen und sammelte sich eine Kiste voll Ölfarben zusammen. Den Rest konnten wir auf drei Kisten verteilen und ich habe wieder etwas mehr Platz im Schrank. Es fühlt sich immer sehr gut an, wenn man einem anderen Menschen eine echte Freude bereiten kann.

Am nächsten Morgen schickte er mir eine Mail:

»Liebe Renate,
kaum war ich zu Hause angekommen, ließen mir die Leinwände

keine Ruhe mehr und ich habe gleich mit einer Bleistift-Vorzeichnung angefangen.
tausend Dank dafür und tausend Dank an Jochen!«

Na also, wer sagts denn, es geht doch …

Bei meinem nächsten Besuch in Puerto fuhr ich mit unserem BMW und auf dem Rückweg blockierten die Bremsen erneut. Auf der Rückfahrt meldete ich ihn in unserer Werkstatt zur Inspektion und Reparatur an, jetzt bin ich auch so weit, dass ich solch an sich banale Sachen wieder ohne Verzögerung angehen kann.

Mein Kopf wird zunehmend klarer und freier von Blockaden und Ängsten.

Die Zukunft hat viele Namen.
Für die Schwachen ist sie das Unerreichbare.
Für die Furchtsamen ist sie das Unbekannte.
Für die Tapferen ist sie die Chance.

Victor Hugo

So definiere ich meine Zukunft:
Ich werde ein sehr glückliches, zufriedenes und in jeder Hinsicht ausgefülltes Leben führen und es auch mit allen Sinnen genießen.

Ich werde auch zukünftig weiter schreiben und versuchen Menschen zu helfen.

Ich werde finanziell unabhängig sein und mein eigenes Geld verdienen.

12. November 2014 – Seelenbalsam

Den ganzen Morgen tigerte ich schon sehr unruhig hin und her, gestern Abend wünschte ich dem Renatchen für ihren heutigen Untersuchungstermin noch ganz viel Glück und ich sagte ihr auch, dass alles gut wird und sie ihr Bein behalten kann. Ich wusste, dass sie heute früh abgeholt wurde und verschiedene Untersuchungen anstehen. Um drei Uhr nachmittags, ich wollte mich gerade zum Essen hinsetzen, da klingelte das Telefon. Ich sah Renatchens Nummer und ging sofort ran. Mein:
»Erzähl schon Maus, was haben sie gesagt?«
ging in einem aus tiefstem Herzen kommenden Jubelschrei unter:
»Juchhuuuuu, das Bein bleibt dran, das Bein bleibt dran, das Bein bleibt dran, ich bin so dankbar und so froh und einfach nur noch glücklich! Das Bein bleibt dran, hast Du mich gehört Natchen?«
Wie hätte ich diesen überwältigenden Freudenausbruch überhören sollen, ich war vor Freude und Glück nur gerade so hingerissen, dass es mir glatt die Sprache verschlagen hatte, und das will bei mir schon einiges heißen. Also kam was bei mir in einem solch erlösenden Moment unweigerlich kommen musste, ich schluchzte vor tiefster Erleichterung los während sich parallel dazu ein langer juchzender Freudenschrei lachend durch meine Kehle arbeitete und begleitend zum Freudeschluchzen an Raum und Stimme gewann. O mein Gott, wie sehr teilte ich Renates tiefe Erleichterung von ganzem Herzen und dabei plumpsten mir die halben Alpen samt dem hiesigen Teide von meiner Seele. Renate lachte und fuhr glücklich weiter fort: »Am 24sten bekomme ich die Schiene endgültig ab und ab dann darf ich auch das Bein wieder voll belasten, dann geht es gleich in die Reha und mein Doc hat gesagt, dass ich auf keinen Fall »die Starke« markieren soll, sondern wenn sie mir eine Verlängerung anbieten, soll ich sie

auch unbedingt annehmen. Er meint ich hätte ja nur noch »Knochenspargel« was bei einem Gewicht von leider nur noch 46 kg nicht ausbleibt. Ach Du ahnst ja gar nicht, wie glücklich ich bin!«

»O doch, und ich genau so! Und Dein Arzt hat völlig Recht, wenn er sagt, dass Du unbedingt auf Verlängerung der Reha gehen sollst! Mädel, bald kannst wieder fleissig trainieren um auf Deine eigenen Füße zu kommen!«

»Ja was glaubst Du denn, woran ich die ganze Zeit gedacht habe? Wenn Du mich im Frühling besuchen kommst, will ich mit Dir links herum Walzer tanzen.«

Ich grinste breit und antwortete lachend:

»Na das wird was geben, ich sehe schon uns beiden alten Hennen links herum Walzer tanzen und auf dem Wiener Opernball fegen wir die Tanzfläche von den Debütantinnen und Debütanten frei weil wir einfach so viel Platz brauchen. Dann legen wir noch zusätzlich eine elegante Stepptanznummer aufs Parkett, dass denen hören und sagen vergeht. Okay, ich kann weder Walzer links herum geschweige denn steppen, aber das bereitet doch unserem ausgelassen fröhlichen Tanzvergnügen kein Hindernis, nicht wahr?« Renate musste dieses Bild auch vor Augen haben, denn sie kam aus dem Lachen nicht mehr raus.

»Du ahnst ja gar nicht, wie sehr ich mich jetzt auf die Reha und die Physiotherapie freue und dann kann ich mir endlich mal wieder was anständiges zu Essen machen und muss nicht Sorgen haben, dass mir beim nächsten Wurf in die Pfanne das Ei wieder ganz woanders landet als geplant.«

Wir arbeiten darauf hin, dass wir uns im Frühling sehen können.

Meine fast schon euphorische Stimmung hielt auch noch den nächsten Tag an, aber am darauf folgenden Tag wurde mir wieder sehr schmerzlich bewusst, dass Jochen am 15. November gerade mal vier Monate tot war und die Trauer um ihn holte mich ohne jede Vorwarnung wieder mit voller Wucht ein. Ich merkte es erst anfangs nicht mal sofort, wir hatten viele Wolken, es regnete reichlich und bei so einem Wetter war ich ohnehin meist etwas mehr in mich gekehrt. Genau dann schlich sich die Trauer ganz leise und unbemerkt in mein Denken und in mein Herz hinein, färbte meine Gedanken und meine Stimmung dunkel, lähmte sie fast und machte mir mein Herz erneut bleischwer und traurig. Dieses Gefühl tut mir aber, wie ich ja mittlerweile aus reichlicher Erfahrung weiß, gar nicht gut und so wählte ich den für mich besten Weg, ich ging wieder direkt auf die Trauer zu und war bereit sie zu durchleben. Das half mir in den vergangenen Monaten stets am besten. Auf youtube suchte ich mir von der Gruppe »Pur« das Lied »Du bist meine Königin«, das spielte Jochen mir als eine seiner vielen Liebeserklärungen zu meinem Geburtstag ab – und von der Gruppe »Silbermond« fand ich ebenso bei youtube das Lied »Ich habe einen Schatz gefunden«, das ich für ihn einmal an seinem Geburtstag im Radio bestellte.

Die beiden Lieder legte ich mir parallel auf den Computer, hörte jedes jeweils mindestens fünfzehn mal abwechselnd an und heulte dabei Rotz und Wasser, was meine arg schmerzende Seele nur her gab. Es tat zwar verständlicherweise wahnsinnig weh, weil damit natürlich auch all die wunderbaren und schönen Erinnerungen an unser gemeinsames Leben wieder voll an der Seelenoberfläche kochten und brodelten, aber mit dem Sinken meines inneren »Tränenspiegels« kehrten erst eine tiefe Erschöpfung und später eine angenehmere und friedliche Ruhe bei mir ein. Der eigentliche Todestag hielt sich noch einigermaßen im halbwegs guten Stimmungslevel, am Abend wurde mir dann allerdings doch klar, dass da noch einiges mehr an Seelenschmerz aus mir heraus wollte und ich suchte mir die beiden Lieder wieder hervor. Dann benötigte ich jedoch nur noch jeweils fünf Liedwiederholungen um mein kleines verwundetes Seelchen liebevoll in die Arme zu nehmen und ein Stückchen mehr zu heilen.

PUR »Du bist meine Königin«

Als ich damals am Ende war
hast Du mich langsam aufgebaut
Du hast mir zugehört oft nächtelang
den neuen Anfang wahrgemacht.

Dann hab' ich Dich in mich eingesaugt
mit Augen, Haar und Haut
Ich war die Kerze, die die Flamme braucht
Du hast mich angezündet und gelacht
Und dann kam die Liebe
Und sie wuchs ganz leise
Und zog ihre Kreise
Dann kamen die Jahre
Und die Zeit, sich klar zu machen,
was man will.
Ich hab' sogar Deine Macken lieb
auch wenn es davon ›ne Menge gibt
Und weil das so ist, gibt's ein
Dankeschön dafür
Na, klar ein Liebeslied von mir

Du bist
Noch immer meine Königin
Noch immer meine Beste
Noch schlimmer hat Dich keiner lieb
hoffentlich, wer weiß
Für immer
Geh'n Dir manchmal die Pferde durch
dann bring' ich sie schon zum steh'n
Und wenn die Welt sich scheinbar um
mich dreht
läßt Du mich meine Grenzen seh'n

Wir kennen uns beide
von der dunklen und der
strahlenden Seite
Wir wünschen uns beide
daß die Liebe bei uns bleibt
Ich hab's Dir nicht immer zugetraut
und ich hab' ziemlich viel Mist gebaut
Doch Du kannst immer noch
das Gute in mir seh'n
und jede Krise besteh'n

Du bist
Noch immer meine Königin …

Manchmal bist Du viel zu laut
dann wieder unvergleichbar lieb
Du bist ein ehrlich schlechter Diplomat
der mich im Ernst zum Lachen kriegt
Und wenn alles gut geht bleibst

Du mir
Für immer meine Königin
Für immer meine Beste
Noch schlimmer hat Dich keiner lieb
immer noch, oh ja
Für immer
(songtexte.com)

Silbermond Das Beste

Ich habe einen Schatz gefunden,
und er trägt deinen Namen.
So wunderschön und wertvoll
mit keinem Geld der Welt zu bezahlen.

Du schläfst neben mir ein
ich könnt dich die ganze Nacht betrachten
sehn wie du schläfst
hörn wie du atmest,
bis wir am morgen erwachen

Du hast es wieder mal geschafft,
mir den Atem zu rauben.
Wenn du neben mir liegst,
dann kann ich es kaum glauben,
dass jemand wie ich
so was schönes wie dich verdient hat

Refrain:

Du bist das Beste was mir je passiert ist,
es tut so gut wie du mich liebst
Vergiss den Rest der Welt,
wenn du bei mir bist

Du bist das Beste was mir je passiert ist,
es tut so gut wie du mich liebst
Ich sag's dir viel zu selten,
es ist schön, dass es dich gibt.

Dein Lachen macht süchtig,
fast so als wär es nicht von dieser Erde.
Auch wenn deine Nähe Gift wär,
ich würd bei dir sein solange bis ich sterbe.

Dein Verlassen würde Welten zerstören,
doch daran will ich nicht denken.
Viel zu schön ist es mit dir,
wenn wir uns gegenseitig Liebe schenken.

Betank mich mit Kraft,
nimm mir die Zweifel von den Augen
erzähl mir 1.000 Lügen,
ich würd sie dir alle glauben,
doch ein Zweifel bleibt,
dass ich jemand wie dich verdient hab.

Refrain:

Du bist das Beste was mir je passiert ist,
es tut so gut wie du mich liebst
Vergiss den Rest der Welt,
wenn du bei mir bist

Du bist das Beste was mir je passiert ist,
es tut so gut wie du mich liebst
Ich sag's dir viel zu selten,
es ist schön dass es dich gibt

Wenn sich mein Leben überschlägt,
bist du die Ruhe und die Zuflucht
weil alles was du mir gibst,
einfach so unendlich gut tut

Wenn ich rastlos bin,
bist du die Reise ohne Ende
deshalb leg ich meine kleine große Welt
in deine schützenden Hände

Refrain:

Du bist das Beste was mir je passiert ist,
es tut so gut wie du mich liebst
Vergess den Rest der Welt,
wenn du bei mir bist.

Du bist das Beste was mir je passiert ist,
es tut so gut wie du mich liebst
Ich sag's dir viel zu selten,
es ist schön dass es dich gibt

Ich sag's dir viel zu selten,
es ist schön dass es dich gibt
(aus songtextmania.com)

17. November 2014 – Feingefühl kann Luxus sein

Manchmal frage ich mich allen Ernstes, was manche Leute noch im Hirn haben und was sie dazu bringt, einem gerade in einer nach wie vor hochsensiblen Phase so ausgesprochen dämlichen Bockmist zu schreiben wie gerade von einer anderen vor Jahren verwitweten Bekannten geschehen:
Zitat: »Ich weiß ganz genau, dass ich im Alter sehr einsam sein werde. Und ich werde es mit Gelassenheit tragen.« Zitat Ende
Ganz ehrlich? Scheiß drauf!!!
Prima, echt toll gemacht!!!
Gerade hatte ich wieder zwei sehr intensive Trauertage durchlebt und am Abend des zweiten Tages kam auch noch diese beschissene Mail hier an. Nein, ich habe nicht die geringste Angst mit meinen Tieren alleine zu wohnen und ich bin weiß Gott auch nicht einsam oder gar gelangweilt und auch meine Zukunft schreckt mich nicht, sondern macht mich nur neugierig, interessiert und positiv gespannt. Aber diese zwei bescheuerten Sätze hatten mich unnötigerweise noch schmerzlicher spüren lassen, dass mein geliebter Mann nicht mehr an meiner Seite ist und auch in Zukunft nicht mehr sein wird. Diese saudummen Zeilen hatten mich nur richtig wütend gemacht und ich antwortete entsprechend rabiat. Danach kam in der Antwort die »kleine Abwandlung« zurück, man hätte ja nicht gedacht, dass mich »so ein kleiner Satz« verletzen könne und man würde es dann halt in »Allein anstelle von Einsam« umwandeln und wenn ich mal in das Alter komme, würde ich schon noch verstehen, was man damit meint ...«. WIE bitte??? Den Satz mit dem Alter kann man bei mir auch gleich mal getrost stecken lassen, den kenne ich bereits seit Jahrzehnten zur Genüge und noch mal ganz ehrlich, er kotzt mich einfach nur noch an.
Kein Mensch hat jemals mein Leben gelebt und braucht mir wirklich nichts über das Alter, vergangene Jugend, Arbeit, Zeit

miteinander und füreinander und die für mich wirklich wichtigen Momente in meinem Leben zu erzählen, also besser man lässt solch grenzenlos dumme Sprüche bei mir einfach bleiben oder schluckt sie unausgesprochen hinunter wenn man nicht prompt die darauf passende Antwort erhalten will. Schließlich ist auch niemand auf meinen Lebenspfaden gewandelt und darum erwarte ich auch von keinem, dass er/sie sich in mich hinein versetzen kann, aber ein wenig gegenseitiger Respekt und Achtung – auch in der Wortwahl – dem anderen gegenüber wäre mitunter schon angebracht. Ich haue schließlich auch keinem meine Trauer um die Ohren oder schiebe sie dauernd wie ein großes Leuchtplakat vor mir her. Natürlich akzeptierte ich die folgende Entschuldigung auf meine noch harschere Antwort als zuvor, aber ich halte auch nicht mehr im Geringsten meinen Mund und schlucke es einfach hinunter wenn mir etwas so bitter aufstößt. Und das ist dann nicht mehr mein Problem, damit müssen sich dann die betreffenden Personen selber auseinander setzen.

Ich bemühe mich jeden einzelnen Tag mit der dem Leben gebührenden Achtsamkeit und Aufmerksamkeit zu erleben und das ist nicht immer einfach.

Ehrlich, es gibt so unglaublich tolle Menschen, ohne die ich hier und heute nicht mehr sitzen und schreiben würde. Ich kämpfe nach wie vor um jeden Tag, um meine Gesundheit, um meine Zukunft und um mein Leben in meiner Zukunft.

So einen gedankenlosen Schrott brauche ich beileibe nicht. Auf der einen Seite ist es ohnehin schon schmerzhaft, traurig und schlimm genug, wenn sich jemand nach dem Verlust einer geliebten Person so furchtbar verloren und fern dem Leben fühlt, aber letztendlich muss auch jeder einzelne von uns seinen eigenen Weg aus der Trauer heraus finden und nach einem schweren traumatischen Verlust erst wieder langsam in sein neues Leben finden. Und das ist wahrlich kein einfacher oder gar leichter Weg. Reinhold Messmer formulierte es sehr treffend:

»Ich hoffe weiterhin fähig zu bleiben, neue Träume zu finden.«

Einsamkeit ist etwas sehr trauriges und schreckliches, aber das muss wirklich niemand als Zukunftsperspektive haben. Schock und Trauer können einen binnen Sekunden unendlich weit von sich selber weg schießen, da braucht man oftmals verständnisvolle und liebevolle Hilfe Außenstehender.

»Der erste Schritt zur Veränderung ist der, Menschen zu helfen, mit sich selber wieder in Kontakt zu kommen.«

(Virginia Satir)

Oder wie es Ben Furmann so treffend für den darauf folgenden Schritt formulierte:

»Wir müssen nur lernen zu verstehen, dass man die meisten Schwierigkeiten in Chancen umwandeln kann.«

Je nach den eigenen Fähigkeiten kann man jederzeit in irgendeiner Form sozial tätig werden und den Menschen helfen, denen es noch schlechter geht als einem selber.

Man kann kostenlos lernschwachen Kindern Nachhilfe geben oder seine freie Zeit mit anderen hilfsbedürftigen Menschen teilen. Seniorenheime, Tierheime, Leihoma/-opa, Babysitter, grüne Damen im Krankenhaus, Vorleserunden oder kleine Freundschaftsdienste in der Nachbarschaft schaffen Verbindungen und sehr oft wunderbare soziale Kontakte die man sonst so sicher nicht kennen gelernt hätte. Mit kleinen Gruppen durch die Botanik zu streifen, neues Wissen zu erlernen und sein Wissen über Fauna und Flora weiter zu geben ist genau so wertvoll, wie anderen Menschen zu zeigen, wie man Blumen- und Gemüsesamen aufzieht oder einen anständigen Eintopf zubereiten kann. Für viele ist auch das Wohnen in einem Mehrgenerationenhaus eine echte Alternative. Da leben Jung und Alt zusammen und können sich gegenseitig respektieren und unterstützen, das tut allen Seiten ausgesprochen gut. Ein weiterer und in meinen Augen ganz besonders wichtiger Aspekt in Punkto seelischer Zufriedenheit und innerer Fülle ist die aktiv gelebte Kreativität. Wird die allen Menschen zugängliche und ganz eigene Kreativität gesucht und gelebt, dann ist sie ein sehr starker Motor, eine kraftvolle Inspiration und löst tolle und anhaltende Glücksgefühle aus. Aktive Kreativität hat eine sehr eigene Dynamik, sie belebt und bereichert das Leben ungemein.

Derzeit regnet es ungewöhnlich viel und lange, das muss der Rest eines stark abgeschwächten Hurrikanausläufers sein. Da werden die kurzen Regenpausen schleunigst genutzt um die Hühner zu versorgen und mich sogar für ein paar entspannende Minuten auf die Bank zu setzen und diese wunderbare Stimmung im Hühnergehege aufzunehmen. Und was entdeckten da meine überraschten Augen?

Mein Apfelbaum steht in voller Blüte, wir haben Mitte November durch und mein erster Apfelbaum blüht wieder wunderbar voll, ist das nicht toll?

Das sind die so wunderschönen und unbezahlbaren Momente die die Seele wieder ein wenig mehr mit Freude aufpolstern.

23. November 2014 – Herzmeditation

In den letzten Tagen hatte der Regen wieder um einiges mehr an Stärke gewonnen, tiefer liegende Gebäude stehen innerhalb weniger Minuten mindestens kniehoch unter Wasser und selbst auf einer so flachen Insel wie Lanzerote befinden sich Teile der Hauptstadt Arecife »Land unter«. Es hat so viel und so heftig geregnet, dass der wasserdichte Zement auf den erst vor kurzem bestrichenen Stellen im Wohnraum wieder abblättert, das Wasser in dünnen Rinnsälen durch den alten zugemauerten Kamin und unter der Tür langsam durch eine Fliesenfuge hinein lief. Stört mich aber alles nicht, auch das geht wieder vorüber.

Endlich fand ich die innere Ruhe um mit bewusstem Atmen und Visualisation gezielte Herzmeditationen durchzuführen. Am besten und am einfachsten zur Ruhe zu kommen kann ich, wenn ich dafür sämtliche störenden Nebengeräusche wie Fernseher, Radio, Telefon, Handy und auch die Türklingel ausschalte und mich dann völlig ungestört auf mich selber konzentrieren kann. Dabei sitze ich sehr bequem auf einem Stuhl mit den Füßen flach auf dem Boden, oder ich lege mich entspannt hin, grade so, wie es mir angenehmer ist. Man kann auch eine Entspannungsmusik auflegen oder wenn man die Stille lieber mag, ist das genauso in Ordnung, einfach so wie es einem am besten zusagt. Nun beginnt man sich auf eine ruhige und tiefe Atmung zu konzentrieren. Wenn man so seinen Rhythmus gefunden hat, lässt man vor seinem inneren Auge eine Farbe entstehen, optimal für eine Heilung des Herzen wäre ein goldgelbes Licht (man kann sich natürlich auch Sonnenschein vorstellen) oder auch eine grüne Farbe. Mit jedem Atemzug versucht man jetzt diese Farbe weiter in sich hinein zu atmen, in Richtung des gesamten Brustkorbs. Wenn dieser Schritt geschafft ist, versucht man mit seinem Herzen Kontakt aufzunehmen und schenkt ihm seine liebevolle Aufmerksamkeit. Sollte man dabei einschlafen, ist das auch in Ordnung, dann haben Körper und Seele genau dies jetzt gebraucht.

Bis dahin ging es nach ein paar weniger konzentrierten Versuchen ja noch relativ einfach, aber als ich dann Kontakt mit meinem seelischen Herzen aufgenommen hatte, sah ich, dass es immer noch ganz traurig und tief unten in einem kleinen im Herzen zurückgezogenen Eckchen hockte. Das tat mir wirklich richtig weh und leid, dass mein Herz soviel gelitten hatte und so klein und so verletzt und so unendlich traurig geworden war, wo ich doch mein Leben lang ein sehr großes, offenes und fröhliches Herz für alles und jeden hatte. Mit tieferen Atemzügen wollte ich ihm wieder Licht und die Farbe zuführen, aber das klappte zu meiner Verzweiflung überhaupt nicht. Ich konnte nicht tief atmen, geschweige denn durchatmen, heftig aufbäumende Schluchzer hinderten mich bei jedem Atemzug daran richtig Luft zu holen. Ich war irritiert, das war nicht mehr alleine die Trauer um Jochen, sondern da musste noch etwas anderes drin stecken. Also fragte ich mein Herz was denn da immer noch so dolle schmerzt. Als Antwort kamen alte Bilder und Verletzungen aus der Kindheit und Jugend hoch, die sich mit der starken Trauer um meinen geliebten Mann zu einem riesengroßen gemeinsamen Schmerz verbunden hatten. Ich ließ die vielen verwischenden Bilderfetzen wie einen Film an meinem inneren Auge vorbei ziehen, pickte mir ein deutlicheres heraus und schaute mir die Situation an. Dann machte ich das Einzige, was mir in dieser Situation als hilfreich erschien. Ich übte mich darin dieser Situation, den dabei beteiligten Person wie auch mir selber zu verzeihen. Anfangs fiel es mir überhaupt nicht leicht, aber mit jedem Atemzug gelang es mir zunehmend etwas besser. Die Atmung wurde mit der Zeit immer ruhiger und tiefer und mein kleines in der Ecke meines Herzens hockendes seelisches Herzchen wuchs mit jedem bewussten Atemzug. Der Schmerz wurde weniger und bis der schlimmste Teil nachließ. Meine Meditation war zu Ende und ich kam von selber wieder heraus. Ich fühlte mich wieder ein Stückchen leichter ums Herz. Ab dem Moment war mir klar, dass da noch ein weiteres Stück meines Weges in meine Zukunft vor mir lag und ich übe mich jetzt fast täglich in dieser Meditation.

Vor über dreißig Jahren hatte ich sowohl Autogenes Training als auch Meditation gelernt, aber es war mir in den letzten Monaten nicht mehr möglich gewesen sie alleine durchzuführen. Dabei ist das eine ganz wunderbare Methode um wieder Ruhe und Frieden in seinem Innersten zu finden. Außerdem kann man, wenn man gelernt hat, das »Licht« mit jedem Atemzug in seinem Körper zu ziehen, damit eine sehr gute Selbstdiagnose durchführen und die Gesundung fördern. Dabei zieht man das Licht in Gedanken mit jedem Atemzug nicht nur bis in den Brustkorb hinein, sondern nach und nach durch den gesamten Körper bis es aus jedem einzelnen Finger und Zeh wieder hinaus fließen kann. Wo sich dunkle Stellen befinden, liegt eine Blockade vor und die kann man auflösen, indem man langsam und konzentriert so lange genau dort hinein atmet, bis sie sich irgendwann ganz mit Licht auffüllt und der Energiefluss nicht mehr gebremst wird.

An manchen Tagen geht es mal besser und an anderen Tagen weniger gut.

Auch habe ich nicht jeden Tag die Zeit oder Muße diese Meditation durchzuführen, aber ich bin wieder auf den Geschmack gekommen und das ist gut so.

27. November 2014 – Sintflut

Renatchens Schiene ist endlich ab, das untere Ende hatte ihrem Bein längst keinen Halt mehr gegeben, sondern wackelte munter wie ein Entenschwanz. Jetzt sind noch zwei offene Löcher im Bein aus denen pausenlos Blut und Lymphe austritt. Das eine Loch wurde durch die ständige Reibung mit der Schiene ausgelöst und die Ärzte nahmen Abstriche von den Wundflüssigkeiten ab. Damit legten sie Bakteriekulturen an um zu schauen welche Bakterien sich in den Wunden befinden. Sie hoffen sehr, dass es kein aggressives Bakterium ist, denn das wäre dann bei dem neu eingesetzten Knochenstück richtig problematisch. Wir können nur abwarten bis die Kulturen ausgereift sind und wir die Ergebnisse bekommen. In der Zwischenzeit versuchen sie mit Antibiotikasalbe die Wunden zu heilen, aber es suppt ständig weiter raus. Ich habe ihr jetzt mal Maluka Honig oder auch den bei den Medizinern besser bekannten Medihoney empfohlen, der wird ganz speziell bei tiefen Wunden zur besseren Heilung eingesetzt.

Der BMW befindet sich seit dem letzten Mal wo die Bremsen auf der Heimfahrt blockiert hatten, in der Werkstatt und so nahm ich dem Corsa von unseren Freunden um zu meiner Therapie nach Puerto zu kommen. Auf der Hinfahrt hatte es schon richtig heftig geschüttet, so dass ich sehr vorsichtig und im ersten Gang den Berg hinunter fuhr. Das klappte auch alles völlig problemlos, auf der Strecke konnte ich einige Stellen sehen, wo Steinschlag ungeschützte Wasserleitungen getroffen hatten und das Wasser in breiten Bächen zusätzlich über die Straße lief. An dem Einsatz der Bau- und Straßenfahrzeuge auf den Straßen unterwegs konnte man erkennen, dass die bergab rauschenden Wassermassen weiter unten noch heftigere Probleme ausgelöst hatten, die Schulen waren an dem Tag wegen des Unwetters geschlossen, aber das erfuhr ich alles erst später. Auf der Heimfahrt waren viele Stellen aufgrund der nicht mehr abfließenden Wassermenge trotz sehr langsamer Geschwindigkeit hart am Aquaplaning und in einer lang gezogenen Rechtskurve bemerkte ich, dass das Lenkrad auf gerader Strecke einen starken Rechtseinschlag hatte, obwohl der Wagen ohne zu mucken weiter geradeaus fuhr. Das fühlte sich für mich aber gar nicht mehr sicher an und ich fuhr auf dem Heimweg gleich mit dem Corsa bei unserer Werkstatt vorbei. Der BMW war fertig repariert und so konnte ich die beiden Autos nahtlos tauschen. Ich hatte echt sehr viel Glück gehabt, das Kugellager von der Lenkstange war gebrochen gewesen, das hätte gerade bei unseren kurvenreichen Strecken richtig böse ins Auge gehen können. Da hatten wohl gerade mal wieder ein paar Schutzengel ein kräftiges Auge auf mich geworfen. Danke.

5. Dezember 2014 –
Von wegen alleine und nix los in der Wildnis

Immer wieder höre ich von Bewohnern der Touristenurbanisationen, dass es ihnen hier oben bei mir viel zu einsam wäre und sie diese paradiesische Ruhe nicht aushalten würden. Gott sei Dank kann ich da nur sagen.

Dabei verstehe ich überhaupt nicht, was die unter Einsamkeit verstehen und wozu ich laufend irgendwelche stressigen Menschen um mich herum erdulden soll – nur um vielleicht besser und homogener in deren Vorstellung von Sozialgefüge hinein zu passen? Nö, hab ich keinen Bock drauf. Ich bin weder einsam noch alleine, sondern lebe nur unabhängig und möglichst im Einklang mit der Natur und mit meinen Tieren. Meine Hunde bewachen Land und Haus draußen, meine Katzen wachen im Haus (ehrlich, ich habe richtige Wachkatzen die auf mich aufpassen und mich bewachen wenn ich Abends vor die Haustür gehe oder wenn ich schlafe) und so hat hier jedes Tier seine Aufgabe und ich natürlich die meine, alle gut zu versorgen und ihnen ihre unbegrenzte Liebe zurück zu schenken.

Ich telefonierte gerade über skype mit einem Freund, als sich mein vierbeiniges Wachpersonal laut am Tor bemerkbar machte. Und zwar anders als wenn sonst ein Spaziergänger, auf dem Feld arbeitender Bauer, Reiter mit ihren Pferden, Bekannte oder Freunde vorbei kommen und dann hörte ich das feine hohe Stimmchen eines sehr kleinen Hundes mit einem großen mutigen Herzen (zumindest vor dem Tor) und ich dachte darum auch gleich an einen ausgesetzten Welpen, was immer mal wieder vorkommen kann. Die Rüden Tango und Pinto machte ich fest, öffnete das Tor und ließ meine Chefhündin Tamina frei laufen, damit sie das kleine Wesen schneller finden kann und ihm oder ihr die Scheu vorm menschlichen Kontakt nimmt. So dachte ich zumindest und so handhaben wir es bei ausgesetzten und meist auch ziemlich verschreckten Tieren immer, aber diesmal traf ich auf etwas völlig anderes.

Ich trat vor die Einfahrt, sah aber niemanden und meine sonst so zuverlässige Tamina marschierte ohne mich eines weiteren Blickes zu würdigen bergab, während von der Straße oberhalb meiner Einfahrt das hohe Stimmchen mutig weiter kläffte.

Gut 50 Meter weiter oben sah ich eine sehr junge Frau und zwei kleine aufgeregte Rehpinscher. Ich fragte laut auf Spanisch, ob alles okay sei, da kam sie mir entgegen gelaufen und rief mir schon von weitem zu, dass ihre Schwester gefallen sei. Eine Schwester sah ich aber nicht und so holte ich mir meinen Schlüssel und lief mit der jungen Frau den Berg hoch, aber ich sah immer noch nichts. Erst als wir direkt auf ihrer vorigen Höhe standen, zeigte sie auf die abschüssige Böschung neben der Straße. Dort hockte etwa einen Meter unterhalb von uns und gut drei Meter vom Asphalt entfernt eine zweite junge Frau bis tief über die Ohren in den Brombeeren drin. Ein Blick genügte um blitzschnell zu erkennen, dass sie ohne Hilfe von außen nicht mehr da heraus käme, wobei mir schleierhaft war, wie sie da überhaupt hinein gefallen sein konnte. Einige Brombeerranken hatten sich in ihren Haaren verheddert und streiften ihr Gesicht, sie hockte käseweiss und wie versteinert in dem kratzigen Gestrüpp drin und gab keinen Ton von sich. Ihre Schwester meinte aufgeregt, wir müssten versuchen sie mit einem Teppich da heraus zu holen. Mit einem Blick machte ich mir ein Bild von der Situation und kam schnell zu dem Schluss, dass ein Teppich da keine große Hilfe wäre, denn sobald der mit dem Körpergewicht belastet würde, würde er aller Wahrscheinlichkeit nach zusammen klappen und durch die Brombeerranken hindurch zum Boden durchrutschen. Ein Brett als Hilfsmittel verwarf ich ebenfalls sofort, weil die Strecke zu ihr stark abschüssig war und das Brett ins Rutschen gekommen wäre und nicht nur die Brombeerranken rechts und links sondern auch alle weiter unten sie zusätzlich attackiert hätten. Eine Tür wäre da schon eher geeignet gewesen, aber eine lose Türe hatte ich nicht und meine eingebauten Türen waren allesamt viel zu schwer und wir hätten sie auch zu zweit kaum herausholen und transportieren können. Mein Kopf arbeitete fieberhaft nach einer besseren und vernünftigen Lösung suchend während ich die abgestürzte junge Frau fragte, ob mit ihr sonst alles okay sei. Sie bejahte sehr leise und ich beruhigte sie auf Spanisch, dass wir ihr helfen werden wieder heraus zu kommen, wir müssten nur etwas holen und ob wir sie maximal fünf Minuten alleine lassen können, wir hören sie aber auf jeden Fall wenn sie uns ruft. Sie bejahte leise und mit ihrer völlig aufgelösten Schwester ging ich zum Haus zurück, mir war gerade eine richtig gute Idee gekommen. Also soviel war mit klar, es musste eine große dicke, stabile Fläche sein, über die sie über die Brombeerranken heraus krabbeln konnte und da fiel mir glücklicherweise Pintos Hundematratze ein, die ich für ihn mitbekommen hatte. Die Hundematratze war schnell gegriffen, dazu noch drei Paar dicke lange Lederhandschuhe, die ich immer benutze um im Garten der Brombeeren Herr zu werden und so bewaffnet machten wir uns wieder auf den Weg den Berg hinauf. Bei ihrer Schwester angekommen wuchteten wir das große Teil über die Wasserleitung und schoben es so nahe wie möglich an die verunfallte Schwester heran, dann bekam sie das längste und dickste Paar Handschuhe und man konnte zusehen, wie langsam wieder etwas Leben in sie zurück kehrte. Da sich die Brombeerranken aber auch in den Haaren und in der Kleidung des abgestürzten Mädchens verheddert hatten, schickte ich ihre Schwester auf die Matratze um ihr da heraus zu helfen. Sie war die leichtere von uns beiden und ich sicherte sie von hinten ab, indem ich sie an ihrer Kleidung und einem Fuß fest hielt. Klar wären ein Gurt oder zumindest ein Strick als zusätzliche Sicherung noch gescheiter gewesen, aber daran hatte ich in dem Moment echt nicht gedacht und es ging auch so sehr gut. Auf dem Bauch liegend befreite sie mit Handschuhen bewaffnet ihre Schwester von den Ranken in den Haaren, der Kleidung an Rücken und Schultern, so dass diese sich wieder halbwegs bewegen und aufstehen konnte. Es erwies sich als großer Vorteil, dass ihre Schwester sie bereits auf der Hundematratze in Empfang nahm und mit ihrem eigenen Gewicht auf der Matratze die Brombeerranken weiter herunter drückte. So konnte sie ohne größere Schwierigkeiten auf das dicke Kissen drauf krabbeln und schaffte mit einem kleinen Sprung unter Zuhilfenahme meiner freien Hand den Schritt zum Asphalt. Ein wenig blass um die Nase und mit zitternden Gliedern hockte sie sich auf einen größeren Stein am Straßenrand, während ich ihrer mutigen Schwester wieder herunter half und unser großes Rettungshilfsteil anschließend mit ihrer Hilfe aus dem Gestrüpp heraus zog. Die beiden kleinen Rehpinscher, die während der ganzen Aktion aufgeregt kläfften, waren auf einen Schlag total ruhig geworden und beide saßen ganz eng und völlig still bei dem verunfallten Mädchen. Sie wollte keine weitere Hilfe, niemanden anrufen, nicht mit ins Haus kommen und auch nichts trinken, nur sich in Ruhe erholen und dort sitzen bleiben und so schaute ich mir zumindest an, was ich soweit sehen konnte und zog ihr einige Stacheln aus den Füßen und Beinen. Ihr Puls war durch den Schrecken ein wenig schneller, aber im normalen Level. Sie trug trotz frischerer Temperaturen offene Sandalen, keine Socken und Leggins die knapp unter dem Knie aufhörten. Allerdings war sie in Anbetracht der Brombeersträucher in die sie hinein gestürzt war und der Entfernung von der Straße, bis auf ein paar Kratzer und einem dicken Schrecken nahezu unversehrt geblieben. Hilfe wollte sie aber keine weitere und jemanden telefonisch benachrichtigen auch nicht. Ihre Schwester und ich vergewisserten uns, dass mit ihr alles soweit okay war und dann ließen wir sie mit den beiden glücklichen Rehpinschern auf dem Stein sitzen und brachten zu zweit die Matratze samt Handschuhen zurück zum Haus. Außer Sichtweite von ihrer Schwester stellte sie die Matratze ab und fing haltlos an zu schluchzen. Das war gut so, der Schreck und die große Angst um ihre Schwester mussten jetzt einfach raus, bis zu diesem Moment hatte sie tapfer einen kühlen

Kopf behalten und mutig alles zur Rettung ihrer Schwester getan, aber jetzt, wo es glimpflich überstanden war, meldeten sich ihre Nerven massiv und sie brauchte selber Hilfe. Ich ließ die Matratze fallen, nahm sie wortlos in die Arme wo sie richtig zu weinen anfing und heftiges Schluchzen ihren ganzen Körper erschütterte. Nach wenigen Minuten hatte sie sich wieder einigermaßen bekrabbelt, half mir mit einem verlegenen Lächeln die Sachen hinein zu bringen, wollte aber auch nichts trinken und so holte ich das Fläschchen mit den Bachblüten Notfalltropfen, gab es ihr mit und sie und ihre Schwester sollten jeweils 5 Tropfen unter der Zunge zergehen lassen, das würde ihnen beiden gut tun und die körperlichen und seelischen Nachwirkungen des Schreckens mildern. Zwei Minuten später klopfte es wieder an meinem Tor und sie brachte mir das Fläschchen zurück, strahlte mich glücklich an, fiel mir noch einmal um den Hals und verschwand mit einem leisen »Gracias y adios« und einem knappen Winken die Straße rauf. Ich rief ihr noch auf spanisch »Viel Glück und ihr wisst ja wo ich wohne« hinterher und ging grinsend und ihnen nach winkend wieder ins Haus zurück. Das Mädel hatte wirklich wahnsinnig viel Glück im Unglück gehabt und zu verdanken hatten die beiden es ihren Hunden, dass diese meine Hunde aufmerksam machten worauf ich ja schließlich erst neugierig wurde. Also Langeweile und Einsamkeit sehen bei mir anscheinend irgendwie etwas anders aus als bei anderen und ich finde es prima so!

Als ich mal mit einer Freundin zu einer Hesse-Lesung ging, trafen wir dort auf Bekannte. Irgendwann rutschte mir im Pausengespräch heraus, dass wir beide zwei richtige »Sahneschnittchen« sind. Meine Freundin stimmte mir verdutzt lachend zu (die sieht aber auch mit ihren 69 Jahren supertoll aus, hat ein ganz wunderbares Wesen, ist lebensklug und ausgesprochen humorvoll). Die Reaktion unserer Bekannten auf diese Aussage zu beobachten war absolut köstlich. Die Mimik reagiert nun mal viel schneller als der Kopf denken kann und es ist gar nicht so einfach blitzschnell die bereits herab gerutschte leicht echauffierte Versteinerung der Gesichtsmuskulatur wieder anzuheben und millimeterweise hoch zu schaufeln. Mir bereitet so etwas immer noch einen Heidenspaß wenn die Leute mal tüchtig aus ihrem gewohnten Denk- und Erwartungshaltungsschema heraus gerissen werden. Hach, ist das schööön!

9. Dezember 2014 –
Dezemberblues und Überraschungsbesuch

Das trübe und regnerische Wetter der letzten Wochen ließen mich wieder zunehmend trauriger werden. Dieses langsam herunter ziehende und lähmende Gefühl schlich sich so unbemerkt in meine Seele, dass es mir wie schon gesagt, anfangs gar nicht bewusst wurde. Beim heutigen Einkauf im Supermarkt sah ich all die Sachen, die hier jedes Jahr ab Anfang Dezember in den Geschäften zu erhalten sind und die Jochen so gerne mochte. Verschiedene Käse und sehr wenige spezielle Wurstsorten die es sonst das ganze Jahr nicht gibt und auch mal ein geräuchertes Lachsfilet, das mochte er besonders gerne. Es traf mich richtig in der Seele und ich schaute, dass ich schnellstens aus dem Geschäft raus kam. Das mir gerade erst in diesem Moment wieder voll bewusst gewordene Gefühl der Trauer und auch seine massiv auftretende Heftigkeit, dass Jochen nicht mehr da war, erschreckten mich sehr. Ich war fest davon überzeugt gewesen, dass ich diesen Bereich der Trauer bereits hinter mir gelassen hatte. Dieses triste Gefühl was mich da beschlich, war zwar sehr traurig, aber doch auch wieder anders als noch vor wenigen Wochen, irgendwie etwas sanfter und stiller, so wie sich ein mit Wolken verhangener Himmel auch ganz anders anfühlt als ein ebenso dunkler Himmel aus dem gleich ein kräftiges Unwetter entspringt. Auf der Heimfahrt lieferten sich die erneut stärker empfundene Trauer um Jochen mit einer für mich sehr wichtigen chinesischen Lebensweisheit einen heftigen Kampf.

»Lächle und sei gewiss, alles ist gut so wie es ist.«

Wenn die Trauer mich während der Heimfahrt über die neue Schnellstraße wieder unter ihre mittlerweile schon zu gut bekannten düsteren Schwingen nehmen wollte, rief ich mir ganz bewusst Jochens ansteckendes Lachen, sein kluges, liebevolles Wesen und seine Liebe vor Augen und parallel dazu das Bild von ihm, wie er im Krankenhaus lag. Mir war voll bewusst, dass dieser hochintelligente Mann nicht mehr selber atmen oder schlucken konnte und auch, wie schwer die Gehirnmasse in dem dafür zuständigen Bereich geschädigt war. Dass er vermutlich nie wieder hätte sprechen können, damit hätten wir ganz sicher gut umgehen können. Die rechtsseitige Lähmung wären wir gemeinsam mit den entsprechenden Therapien angegangen, das machte mir auch nicht die größten Sorgen. Ich kannte die Problematik aus meinem engsten Familienkreis von meinem Onkel, nur dass er noch selber schlucken und atmen konnte. Der überlebte eine schwere Hirnblutung und nach drei Monaten intensiver Reha konnte er anfangs sogar noch ein wenig am Stock laufen und »Hallo« sagen, aber er benötigte dennoch mehrmals täglich Hilfe durch regelmäßige medizinische Betreuer und Krankenpfleger. Nachdem Jochen gestorben war, sagten mir sowohl meine Tante, als auch unsere Familie, dass mein Onkel zwar noch zehn Jahre gelebt hätte, aber dass er trotz der reichlichen und innigen Liebe der ganzen Familie und der besten Versorgung die er tagtäglich erhielt, nicht wirklich glücklich gewesen war und dass sein Tod für ihn eine Erleichterung war. Genauer gesagt, sowohl für ihn, als auch für die Familie, die ihn nach wie vor innig liebte. Wir wussten nicht, ob sich Jochen jemals auch nur ein wenig erholt hätte oder ob er zukünftig ein schwerer Pflegefall geblieben wäre, obwohl er zuvor so stark war. Er wählte diesen Weg für sich und er war sich ganz sicher, dass ich mich mit der Zeit aus der Trauer heraus arbeiten und aktiv ins Leben zurück kehren würde. Eines wusste ich ganz gewiss, wir hatten die lange gemeinsame Zeit, die uns beiden geschenkt worden war, zum überquellen mit Liebe, Wissen, Kreativität und für uns wichtigen Aufgaben gefüllt und täglich voll ausgekostet. Mein Gott, das war doch so unglaublich viel wofür wir beide uns bedanken konnten und nichts worüber ich weiterhin trauern musste. Ich war so dankbar für all das, was wir gemeinsam erleben und leben durften und so haderte ich auch nicht mehr mit dem, was wir nicht mehr an gemeinsamer Zeit zusammen haben konnten und was wir uns beide für unsere weitere Zukunft gewünscht hätten. An diesem Tag entschied ich mich ganz bewusst meine große Trauer um Jochen abzuschließen und mein Leben und meine weitere Zukunft froh, dankbar, neugierig und offen anzugehen.

Die chinesische Lebensweisheit, sowie unsere große Liebe und die tiefe Dankbarkeit für alles in unserem Leben erfahrene, hatten über meine tiefe und große Trauer um meinen geliebten Mann gesiegt. Ich erinnerte mich an folgenden Satz:

Du wirst niemals richtig glücklich sein,
wenn Du ständig an Dingen festhältst,
die Dich traurig machen.

Ein Kollege nahm spontan mein Gästezimmer-Angebot an und tauchte mit einem Last-Minute-Ticket hier auf. Leider war die Witterung nicht so optimal, es war recht frisch mit Nieselregen, aber was soll‹s, hier fährt man meist nur ein paar Kilometer weiter oder über einen Berg und mit etwas Glück findet man dort ganz anderes Wetter. Ganz schön kühl war es trotzdem im Haus, die beiden Marmorheizplatten schafften bei dem großen Wohnraum keine ausreichende Wärme und so beschlossen wir, den seit ein paar Jahren ruhenden finnischen Specksteinofen anzuheizen. Brennkammer und Rohre wurden gründlich gesäubert, das Zündelmaterial aufgeschichtet, aber bevor ich im Außenkamin ein Lockfeuer entzünden konnte, entfachte Helmut bereits drinnen das Feuer. Trotz eilig eingeworfener Zeitungen und dem schnell nachträglich entfachten Lockfeuer wollte der im Specksteinofen entstandene Rauch nicht durch den Schornstein abziehen, sondern suchte sich höchst eigenwillig und sehr kreativ neue Wege.

Um das Kaminbauwerk optisch noch ansprechender zu gestalten, kleidete unser bildschönes Meisterwerk der Ofenbauerkunst eine elegant geschwungene Sitzbank, unter der verlief das Rauchabzugsrohr direkt in den Außenkamin. Das heißt, der Rauch musste erst von der inneren Brennkammer nach oben steigen, dann rechts an der Seite zwischen der Brennkammer und der Außenhülle wieder nach unten um in das Rauchabzugsrohr zu gelangen. Also eigentlich ganz einfach.

Den extra für den Specksteinofen gebaute Außenkamin setzte man intelligenterweise direkt an die Natursteinmauer, und der erwies sich bereits beim ersten Anheizen als spendabler und höchst kreativer Rauchverteiler. Man mauerte sehr intelligent die schmalen Betonsteine direkt an die Außenmauer, und so qualmte es munter aus jeder einzelnen Natursteinfuge heraus – und das über die gesamte Höhe des Kamins. Von einem anständig leitenden Luftabzug nicht die entfernteste Spur. Dafür stand der Wohnraum unter dicken beißend wabernden Qualmwolken die einem nicht nur die Sicht sondern auch die Luft nahmen, so dass wir im tiefsten Winter sämtliche Türen und Fenster aufreißen mussten um nicht zu ersticken. Obendrein »suppte« eine braune Brühe beim Einheizen aus mehreren Zementfugen heraus. Freunde empfahlen uns seinerzeit, dass es zumindest ganz brauchbar wäre, wenn man außen eine Ofenklappe einbaute. Das würde nicht nur den Zugriff in den Kamin erleichtern, sondern man könnte dann auch ein gescheites Lockfeuer machen um den kalten Kamin vorzuheizen, so dass er besser zog. So was musste so dummen Städtern wie uns beiden natürlich gesagt werden, das wussten wir nicht. Die Ofenklappe kam beim nächsten Flug im Handgepäck mit. Wegen der mehr als besch…eidenen Abdichtung gegen falsche Zugluft konnten wir aber schlecht den ganzen Kamin wieder einreißen und erst mal in aller Ruhe die Hauswand verputzen, also überlegte ich mir eine andere Lösung, als Jochen wieder nach Deutschland fuhr. Ich suchte sehr lange und sehr gründlich nach einem vernünftigen Ofenrohr mit einem ausreichenden Durchmesser, aber die gab es hier seinerzeit noch nicht aus Metall. Es gab nur dickere PVC-Rohre und die taugten für meinen Verwendungszweck überhaupt nicht und so nahm ich ein schmaleres weiß lackiertes mit 12 cm Durchmesser mit. Das führte ich von oben in den Schornstein

ein und setzte es unten auf eine passende stabile Holzplatte in entsprechender Höhe. Anschließend kippte ich mehrere Schütten frisch angerührtem Zement von oben in den Kamin, so war das Ofenrohr nach dem Trocknen fest zementiert und es entstand eine zugdichte Platte. Und siehe da, es funktionierte nach entsprechender Trocknungszeit tatsächlich ganz hervorragend und unser finnischer Specksteinofen heizte absolut bombig und rauchfrei!

Irgendwann schwang unsere Haushaltshilfe ein paar mal zu viel und zu heftig den blöden runden Wischmopp (ich kann die Dinger sowieso nicht ausstehen) und haute mit dem die-Ecken-rund-putzenden-Teil mehrere Löcher in das flexible Rauchabzugsrohr unter der Kaminbank rein, keine Ahnung wie sie das schaffte, aber auf jeden Fall mit viel Schwung und Kraft. Das Rohr wurde zwar wieder umständlich ausgetauscht und sie darauf hin gewiesen, dass sie dort nicht putzen sollte, aber das konnte sie sich wohl doch nicht merken und so entstanden die nächsten Löcher die Jochen und ich dann in anbetracht der vielen Arbeit des Rohrauswechselns mit feuerfestem Silikon gründlich verschmierten und abdichten, das hielt dann für die nächsten Jahre bombendicht. Not macht bekanntlich erfinderisch und improvisieren will auch gelernt sein.

Den Rauchabzugshelm zwecks der Windabweisung brachten wir beim nächsten Besuch mit hierher, da wurden wir am Flughafen in Deutschland nur noch gefragt, ob wir da vielleicht ein Kunstobjekt ausführen wollen, was wir natürlich herzhaft lachend verneinen konnten. Soviel also zur Vorgeschichte unserer ausgebufften Heiztätigkeit mit dem finnischen Specksteinofen auf den Kanarischen Inseln.

Jetzt war es aber so, dass man hier mitunter über mehrere Winter gar nicht heizen musste weil es dafür einfach zu warm war und so benutzten wir den Kamin natürlich auch nicht regelmäßig. Als unser Kollege jedenfalls jetzt hier und heute das Feuer im Kamin ohne Lockfeuer im Außenkamin anschürte, konnte der Rauch durch den nassen und kalten Kamin nicht richtig oder besser gesagt gar nicht hoch ziehen, sondern drückte sofort nach innen in den Kamin zurück und prompt zeigten sich in dem geriffelten flexiblen Rauchabzugsrohr unter der Ofenbank die nächsten Löcher aus denen es munter heraus qualmte, – wie hätte es wohl auch anders sein sollen.

Die Kordelabdichtung in der Ofentür war anscheinend auch nicht mehr ganz so dicht wie vor ein paar Jahren. Wir hatten zwar eine neue Kordel gekauft, aber die hatte ich sinnigerweise mal wieder so gut versteckt, dass ich sie garantiert auf Anhieb wieder finden würde. Erfahrungsgemäß finde ich das besonders gut und sicher Versteckte leider niemals zur rechten Zeit wieder und so klebten mein Schatz und ich damals die alte Kordel wieder notgedrungen mit feuerfestem Silikon ein.

Helmut und ich hofften mit einem stärkeren Lockfeuer dem Schornstein genügend einzuheizen, so dass der Rauch besser abziehen konnte, aber auch das erwies sich als anständiger Trugschluss. Es qualmte jetzt wie aus reinem Widerspruch nur noch heftiger aus allen Löchern, dem geriffelten Ofenrohr unter der Steinbank, der Ofentür und sämtlichen Fugen heraus. Mit einer Taschenlampe bewaffnet legte er sich neben der Sitzbank auf den Boden und klebte eine Schicht Klebestreifen nach der anderen über die Löcher im geriffelten Rauchabzugsrohr, damit war das große Loch zwar erst mal mehr oder weniger dicht, aber der Rauch kam weiterhin aus den allerkleinsten Löchlein heraus weil er sich in den Rillen beharrlich einen neuen Weg suchte. Notgedrungen mussten wir wieder sämtliche Fenster und Türen weit aufreißen um nicht zu ersticken. Das brachte jetzt zwar logischerweise die dringend notwendige frische Luft hinein und der Rauch zog mit der Zeit auch ab, aber wärmer wurde es deswegen leider immer noch nicht. Dumm gelaufen sagt man wohl dazu ... Für diesen und den nächsten Tag vertagten wir das Projekt »Specksteinofen wieder in Gang bringen« erst mal bis auf weiteres. Am übernächsten Tag war es immer noch arg frisch draußen und so machten wir zu zweit den Ofen wieder sauber, schichteten das Zündelmaterial wieder ordentlich auf, ich bestückte den Schornstein außen mit Zeitungspapier und sogar einem Fidibus zum anfeuern, das Lockfeuer brannte draußen jedenfalls schon mal richtig gut. Jetzt sollte es dort den Kamin gut vorheizen und anschließend würde der Specksteinofen im Wohnraum angezündet. Nööö, dat war diesmal och nich besser, janz ehrlich nicht.

Aber immerhin, diesmal erkannten wir unser abermals schief laufendes Unterfangen schneller, und ebenso, dass sich das auch heute nicht von selber bessert. Und so angelten wir die qualmenden Holzstücke mit einem überdimensionalen Grillbesteck aus dem Kamin, legten sie auf ein großes Blech und stellten dieses auf der Terrasse in einer Pfütze ab. Es regnete leise vor sich hin, aber weder die Pfütze noch der Regen minderten das heftige Qualmen und so goss ich noch eine ganze Gießkanne Wasser drüber, aber selbst dann brauchte es noch Zeit um ganz zu verlöschen.

In der Nacht kehrte ein weiteres kleines Stück meiner Erinnerung zurück. Ich erinnerte mich des Gasofens, der seit Jahren in der Bodega stand und bisher nur ein einziges Mal für ein Fest genutzt wurde. Am nächsten Morgen suchte ich das Teil und fand es auch auf Anhieb. Eine volle Gasflasche war Gott sei Dank auch da und nach einigen Versuchen den ungewohnten Reduktor auf die neue Gasflasche zu montieren klappte es verblüffenderweise auf einmal. Keine Ahnung wie und warum, aber Hauptsache der Gasofen brannte und verbreitete eine herrlich wohlige Wärme. Warum waren Jochen und ich da nicht früher drauf gekommen? Auch wenn Hellmut es mir noch nicht so recht glauben mochte, aber der Specksteinofen funktionierte über Jahre hinweg wirklich ganz fantastisch. Man heizte ihn im Grunde genommen einmal richtig an, schmiss vor dem Zubettgehen noch einen dicken Holzklotz rein und am nächsten Morgen hatte es noch so viel Glut, dass man auf diese Weise problemlos weiter feuern konnte bis zur nächsten Wärmeperiode.

Mit den ersten Sonnenstrahlen machten wir Tabula Rasa auf dem Land und rodeten was uns an Unkraut in die Quere kam.

Die vom Nachbarn durch den Zaun wachsenden Brombeeren gingen postwendend ordentlich zusammen gerollt und gefaltet mit freundlichen Grüßen über den Zaun retour. Der Gartenhäxler war wieder einsatzbereit und die aufgeweichte Erde gab jetzt auch die Brombeerstrünke mitsamt ihren Wurzeln viel leichter frei als im Sommer, wo die Erde knochenhart und trocken war. Langsam lichtete sich ein Teil des Landes und die ersten Obstbäume wurden von den daumendicken bis zu neun Meter langen durch sie und über sie hinweg wachsenden Brombeerranken befreit. Nach so einer Aktion sehe ich typischerweise immer so aus, als hätte ich soeben inbrünstig mit einem ganzen Rudel wilder Katzen gekämpft. Dabei bin ich vom Scheitel bis zur Sohle zerkratzt und blutig und meine Kleidung ist meist zerrissen, aber das juckt mich nicht. Wo gehobelt wird, fallen nun mal Späne und ich gehörte irgendwie schon immer zu den Leuten, die nur ein Kochrezept zu lesen brauchen und in dem Moment bereits die ersten Arbeitsflecken auf dem frisch gewaschenen T-Shirt haben.

Nee, ich mach‹ nu mal keine halben Sachen, bei gar nix, niemals nich.

22. Dezember 2014 – O Du fröhliche

Für Helmuts Rückflug nach Deutschland kamen wir spät los auf die Fahrt zum Flughafen, darum musste ich ein wenig mehr Gas geben um pünktlich zum Abflugtermin anzukommen. Anfangs ging es ihm ja noch ganz gut mit der Fahrerei, aber in den Kurven nach dem Erjos Pass hinunter nach Santiago del Teide, sah ich mit einem Seitenblick auf meinen Beifahrer, wie er sich ein wenig blass um die Nase mit beiden Händen am Haltegriff fest klammerte. Ich mäßigte mein Tempo nur minimal, der Abflugtermin rückte rasend schnell näher und ich kenne die Strecke ziemlich gut, darum musste mein armer Kollege während der Fahrt noch etwas weiter leiden. Am Flughafen angekommen checkte er als letzter auf seinem Flug ein. Zum Abschied bat er mich etwas langsamer und entspannter heim zu fahren, was ich auch gerne tat, war ja schließlich keine Eile mehr nötig um irgendwo pünktlich anzukommen.

Heiligabend mochte ich ehrlich gesagt noch nie besonders und dazu kann und konnte ich dieses ganze dämliche kommerzielle Weihnachtsgedönse nicht ausstehen. Jedes Mal sehe ich wieder aufs Neue höchst befremdet, wie sich die Leute um hässliche, kitschige, unnütze oder wahllos gekaufte unpassende Geschenke reißen um sie anderen Leuten alle an einem vorgegebenen Tag aufzudrängen, damit man dann seine alljährliche Weihnachtspflicht erfüllt hat. Viele Menschen nehmen sogar einen Kredit bei der Bank auf, damit sie auch ihren Kindern all die Sachen kaufen können, die auf deren Wunschliste stehen. Das geht von teuren Sportschuhen über das neueste I-Phone bis hin zu sehr leistungsstarken Computern, die sie außer für Computerspiele gar nicht nutzen. Dann gibt es jedes Mal speziell bei den Jugendlichen reichlich Tränen und Theater weil sie eben dieses Teil was sie sich in den Kopf gesetzt haben, unbedingt haben wollen und bei den

Eltern, weil sie nicht wissen, wie sie einem dreizehnjährigen einen Laptop für fünfzehnhundert €uro finanzieren sollen. Bei getrennt lebenden Elternpaaren spitzt sich die Situation noch zu, weil jeder glaubt seinen Kindern wegen der besonderen Umstände etwas Besonderes geben zu müssen und kaum einer mal auf die Idee kommt es mit mehr Zeit, Aufmerksamkeit und gemeinsamen Unternehmungen zu versuchen. Die meisten Leute sind überhaupt nicht froh oder gar fröhlich wenn sie für jemand anderen ein Geschenk aussuchen, es geht den meisten doch nur noch darum, irgend ein Soll oder Muss in einer bestimmten Preisklasse zu bedienen. Sich ehrlich Gedanken machen über die zu beschenkende Person und was ihr wirklich gefallen und gut tun könnte, tun die allerwenigsten. Dieses »Geschenke auf Kommando verteilen« und rein an der Fresserei orientierte Weihnachten widert mich seit ich denken kann einfach nur an. Mit achtzehn Jahren klinkte ich mich aus diesem für mich so abstoßenden und wahrhaft lächerlichen Kommerztrubel aus und seitdem nehme ich Weihnachten keine Geschenke mehr entgegen und mache in dieser Zeit auch keine Geschenke, einzige Ausnahme jemand hat genau in dieser Zeit Geburtstag.

Dabei kann ich durchaus sagen, dass ich die bunten Lichter in der dunklen Jahreszeit sehr gerne mag und auch die Adventsmärkte finde ich mit all ihren Gerüchen und den Kunsthandwerkbuden richtig schön, aber es ist doch viel wichtiger eine schöne und vertraute Zeit miteinander zu verbringen, als an den Festtagen opulente Festmähler zu verschlingen bis die Organe wegen Überlastung streiken. Und anschließend nur noch hastig und übereifrig ganze Geschenkberge zu öffnen ohne sich mit den erhaltenen Sachen auseinandersetzen oder daran erfreuen zu können. Viel lieber streifte ich mit meinem Partner oder alleine durch die Natur oder spazierte durch eine Stadt. Das war dann immer eine sehr schöne eigene Stimmung und ein wunderbares Erlebnis.

Diesen Weihnachtsabend baten Freunde mich sehr darum wenigstens zum Nachmittagskaffee zu ihnen zu kommen und ich dachte mir, warum eigentlich nicht, das sind ganz tolle und liebe Menschen und ich fühle mich sehr wohl bei und mit ihnen, also buk ich als Mitbringsel eine große Dose meiner Lieblingsplätzchen. Bis zum Sonnenuntergang war es den ganzen Tag herrlich warm und wir standen mit ein paar netten Leuten zusammen auf der Dachterrasse bis es frisch wurde und wir uns nach drinnen verkrümelten. Die Zutaten für eine normale Plätzchenmenge stehen vorne und wem sie so gut schmecken wie mir und allen anderen, sind die Mengenangaben in Klammern für eine größere Anzahl gedacht.

Sandröschen:
200 g (500 g) Butter
20 g (50 g) selber aromatisierter Vanillezucker
150 g (375 g) Mehl
80 g (200 g) Kartoffelmehl oder Mondamin
20 g (50 g) Kochkakao

Für den Guß:
150 g Puderzucker
3 gestrichene Teelöffel Kaffee-Extrakt
3 Esslöffel Wasser

Butter schaumig rühren, nach und nach den Vanillezucker dazugeben. Kartoffelmehl oder Mondamin, Mehl und Kakaopulver mischen und unter die Schaummasse rühren. Von dem Teig Häufchen auf ein mit Backpapier ausgelegtes Backblech geben (ich mache es mit zwei Teelöffeln). Nach dem backen die Plätzchen sofort vom Blech lösen und mit dem Guß überziehen. Die beste Backtemperatur hat sich bei
160° Umluft und
25-30 Minuten

Einschubhöhe Mitte erwiesen.

Guten Appetit!

Ich stelle mittlerweile immer gleich die große Menge her (das sind die Mengenangaben in Klammern), die Plätzchen sind bei allen die den Geschmack von Kakao und Kaffee lieben, sehr begehrt. Kleiner Tipp am Rande, anstelle von Industrievanillezucker stecken in einem schmalen Twist-off-Glas immer einige Stangen Vanille drin und das Glas wird mit Haushaltszucker oder Rohrzucker aufgefüllt. Das aromatisiert den Zucker wunderbar und ich kann damit komplett auf den künstlich aromatisierten Vanillezucker verzichten.

31. Dezember 2014 – Silvester

Das Jahr ist heute um Mitternacht endlich rum.
Mittags gingen Nele und ich an die Playa San Marcos und genossen dort unseren persönlichen Jahresabschluss. Anschließend fuhr ich nach Hause zu meinen Tieren und sie ging zu sich nach Hause um mit ihrer kleinen Katze zusammen das alte Jahr ruhig zu verabschieden. Weihnachten interessierte mich wie gesagt, seit meiner Jugend ehrlich noch nie, für mich hatte Silvester immer eine viel stärkere und sehr eigene Bedeutung. Ich wollte Silvester immer nur mit den Menschen verbringen, mit denen ich auch das folgende Jahr zu teilen gedachte. Wenn ich also vor hatte, im kommenden Jahr einen Partner zu verlassen, dann wollte ich auch nicht mehr Silvester mit ihm feiern. Und wenn ich jemanden sehr gerne mochte oder liebte und auch das folgende Jahr mit ihm verbringen wollte, verbrachte ich natürlich auch Silvester mit ihm. Und in diesem Jahr war der Mensch mit dem ich blind in jedes weitere neue Jahr gegangen wäre einfach nicht mehr da.

Mein Blutdruck erklomm bereits zwei Tage vorher erneut Höhen jenseits der 200 und meine Nieren machten auch wieder spürbar dicht. Diesmal brauchte ich aber nur noch zwei Tage um zu registrieren, dass mir meine Psyche unbewusst wieder kräftig zusetzte. Ist doch schon mal ein echter Fortschritt zu den vergangenen Monaten und ich wusste auch, wo ich ansetzen musste um mich selber wieder ein zu regulieren.
Ich entschied vorher, dass ich das Jahr in aller Stille und alleine Revue passieren lassen wollte um mich ganz bewusst und dankbar von seinen vielen Ereignissen und den sehr tief gehenden Gefühlen zu verabschieden. Monat für Monat ging ich rückblickend in meinem Kopf einzeln durch und betrachtete sie mit der vollen Achtung und Aufmerksamkeit die ihnen gebührte. Natürlich konnte ich mich nicht mehr an alles genau erinnern, aber das

spielte auch keine Rolle, denn alles was in meinem Hirn und in der Seele hängen geblieben war, war für mich wichtig und von Bedeutung. Es gab auch in diesem verflixten letzten Jahr so viele wunderbare Momente die ich erleben durfte und ich auf die legte ich meinen Blick ganz bewusst, denn ich wollte das neue Jahr mit einem guten Gefühl in meinem Herzen und in meiner Seele begrüßen können.

Vor vielen Jahren las ich mal einen wunderschönen Rat für ein glückliches Leben und seitdem bemühe mich auch ihn auf meine eigene Art zu beherzigen:

»Fülle ein Glas mit Notizen all der schönen Dinge, die passieren. Und dann, am Neujahrstag, leere das Glas und sieh, was für ein unglaublich tolles Jahr das war.«

Das Glas nahm ich zwar nicht immer zur Hand, aber ich gewöhnte mir an, lustige Geschichten oder verrückte Begebenheiten die mein Herz erfreuten und mich schmunzeln oder laut lachen ließen, aufzuschreiben. Oft notierte ich in dem Moment nur eine Überschrift und schrieb die eigentliche Geschichte erst zu einem späteren Zeitpunkt auf, aber die Überschrift reichte für gewöhnlich völlig aus um mich sofort wieder voll an die Geschehnisse zu erinnern. Sie standen dann mit all ihren Details taghell und absolut plastisch vor meinen Augen, wie in meinem eigenen kleinen Privatkino. In meiner reich gefüllten inneren »Schatztruhe« gibt es einen schier unerschöpflichen Vorrat an amüsanten und ungeschriebenen Geschichten und sobald ich Zeit und Muße habe, werde ich sie bestimmt zu Papier bringen.

Wenn ich jetzt also ganz bewusst zurück blicke, was ist mir nun am Ende von diesem letzten Jahr an Erinnerungen und Gefühlen im Herzen, im Kopf und vor allem in der Seele geblieben? Das erste Gefühl das sich mir bei dieser Frage spontan und mit einem fröhlichen Hüpfer zeigte, war die Freude. Eigentlich verblüffend, da war nicht die Trauer um Jochen an erster Stelle, sondern die Freude. Diese unbändige übersprudelnde Lebensfreude, die ich seit so vielen Jahren und auch die ersten Monate in diesem letzten Jahr sowohl mit Jochen tagtäglich zusammen erleben und erfahren durfte und die ich auch während seiner Erkrankung und nach seinem Tod weiterhin erleben und erfahren darf. Es ist die Freude alles sehen, riechen, hören, fühlen, tasten, schmecken, empfinden und verstehen zu dürfen und dass das, was mir da mit jedem Tag meines Lebens geschenkt wurde und wird, keineswegs selbstverständlich ist und ich alles mit allen Sinnen annehmen, wahrnehmen, genießen und leben darf. Es ist für mich eine große Freunde die meine Tiere mir jeden Tag schenken und natürlich auch eine sehr große Freude liebe Menschen um sich zu wissen. Ich genoss das Gefühl der Freude mit ihren vielen kleinen Bildausschnitten und konnte sogar jetzt in der Erinnerung breit grinsen.

Von der Freude ging das nächste Gefühl nahtlos in eine wunschlos tiefe Zufriedenheit über. Ich brauchte nichts mehr und weder ein neues Handy noch ein neues Auto oder der neueste Fernseher hätten meine Zufriedenheit vervollkommen können. Ich musste nichts mehr hinterher rennen, auch nichts mehr erreichen, durfte jeden Tag mit kindlicher Neugier begrüßen und konnte mich hemmungslos und ohne jeden Ereignisplan einfach über die kleinsten Kleinigkeiten freuen. Diese tiefe Zufriedenheit ist so ein unbeschreiblich schönes und ausfüllendes »Wohlfühlen«, dass da dankenswerterweise in mir wohnt und sie macht mich einfach glücklich.

Alleine dafür, das erleben zu dürfen, bin ich unendlich dankbar.

Dann erst meldete sich das so wahnsinnig intensive Gefühl der tiefen Trauer um Jochen lautstark zu Wort. Beim Tod eines Tieres, Verwandten, Freunden, oder bei einer herben Enttäuschung oder Liebeskummer trauerte ich jedes mal, aber das Gefühl, das ich im letzten halben Jahr durchleben musste und durchlebt habe, kannte ich dankenswerterweise vorher noch nicht. Das

Leben hatte mich bis zu diesem Zeitpunkt davor verschont. So ein schwerer Verlust war mir noch nie im Leben widerfahren und es beraubte mich fast sämtlicher psychischer, mentaler und körperlicher Lebensenergie.

Nur dank der intensiven Hilfe mir sehr wichtiger Menschen, dank meiner Tiere und ganz besonders dank der großartigen voll engagierten Hilfe wunderbarer Therapeuten überlebte ich diesen schweren Schock überhaupt.

Die tiefe, alles zerreißende Trauer durchlitt ich mit jedem Mikrometer meiner Seele bis auf den Grund, starb seelisch und körperlich fast mit und durfte mit der Zeit und nach vielen Tränen ganz bewusst beginnen den so schwierigen Schritt zurück ins Leben zu gehen. Ich gebe es ehrlich zu, anfangs konnte ich mir überhaupt nichts mehr vorstellen, nicht mal mehr ein Weiterleben. Da wäre es mir wesentlich einfacher erschienen die Zeit auf ewig anzuhalten und für immer in dem tröstlich dumpfen und die Außenwelt komplett abschirmenden Gefühl der Trauer zu verharren. Meine Tiere und die Verantwortung die ich für ihr Leben und ihre Gesundheit habe, ließen mich jeden einzelnen Tag überleben. Auch konnte und durfte ich erkennen, wie sich die Menschen in meinem Umfeld regelrecht den Arsch aufrissen und sich intensiv bemühten, mich im Leben zu halten und mich mit den unterschiedlichsten Bereichen an die Hand nahmen um wieder ins Leben zurück begleiteten. Selbstverständlich war das jedenfalls alles nicht für mich.

Wut, Zorn oder Ärger auf Jochen und besonders über seinen Tod verspürte ich nie, ich wusste, dass er Zeit seines Lebens alles getan hatte um vielen Menschen wieder zur Gesundheit zu verhelfen und genauso um mich glücklich zu machen und dass er bis zum Schluss alles was ihm möglich war, gegeben hatte.

Jetzt war es an mir, meinen mir möglichen Teil zu geben und wieder in mein Leben zurück zu finden. Das war das Mindeste, was ich meinem geliebten Mann, allen lieben Menschen und Tieren um mich herum »schuldig oder verantwortlich« war.

Alles andere wäre – pardon – ziemlich selbstsüchtig und unfair gegenüber allen mitfühlenden Herzen und helfenden Wesen gewesen.

Ich musste also langsam wieder ins Leben zurückfinden.

Der bewusste Schritt nach einem schweren Trauma zurück ins Leben zu gehen ist viel schwieriger als die meisten Menschen es sich vorstellen können. Dieser Schritt, oder besser gesagt es ist eher eine ganz klare Entscheidung mit vielen kleinen Schritten, entscheidet nachher letztendlich auch darüber, ob und wie man weiter leben wird, oder ob man sich in einer ständigen Endlosschleife der Trauer befindet.

Das Gefühl der Trauer war extrem schmerzhaft, lähmend, den Atem raubend, das Herz zersprengend, beißend, scharf und dunkel, also wirklich nichts was gelockt hätte es weiter erleben zu wollen und trotzdem war es so unglaublich schwierig gewesen, da wieder heraus zu kommen.

Wie der Erfinder der »Positiven Psychotherapie« Nossrat Peseschkian, der deutsche Neurologe, Psychiater und Psychotherapeut einst sehr treffend feststellte:

Gesund ist nicht derjenige, der keine Probleme hat, sondern derjenige, der in der Lage ist, mit ihnen fertig zu werden.

Das nächste und immer und überall vorhandene Gefühl das nun bei dieser Jahresrückschau hoch kam, war das sehr intensive und tiefe Gefühl der Dankbarkeit.

Eine große Dankbarkeit dafür, dass Jochen nicht noch länger leiden musste und ihm wie auch mir trotz unseres gemeinsamen Verlustes so vieles erspart geblieben war.

Dankbarkeit für die wunderbarsten, liebevollsten, romantischsten, inspirierendsten und kreativsten Jahre meines Lebens, die ich mit ihm erleben durfte.

Dankbarkeit für alles was ich in meinem Leben erfahren und erleben durfte und auch eine große Dankbarkeit es beizeiten verstehen zu dürfen.

Dankbarkeit für die reiche Liebe, das einfach-da-sein und mit-fühlen was mir sowohl durch unsere Tiere, als ebenso durch ganz tolle Menschen zuteil wurde.

Dankbarkeit hier in Frieden leben zu dürfen und nicht wegen meiner Rasse, Religion, Sprache, meinem Geschlecht, meiner Nationalität oder schlicht wegen kommerziellen Interessen meiner Freiheit beraubt, gejagt, verfolgt, getötet, gefoltert, verstümmelt oder missachtet zu werden.

Dankbarkeit auch dafür, dass ich hier und heute und jetzt leben darf.

Dankbarkeit dafür dass ich rechnen, schreiben, lesen und lernen durfte und immer noch darf und dass ich in meinem ganzen Leben keinen Krieg, keine großen Naturkatastrophen und keinen Hunger erleben musste.

Dankbarkeit auch dafür, dass ich frei durch die Welt reisen, mich beständig weiter bilden und mir nicht nur eine eigene Meinung bilden und sondern sie auch öffentlich äußern kann.

Es war ein sehr tiefes Gefühl von Dankbarkeit, dass mich dieses Leben so überaus reich und üppig mit so Vielem beschenkt hat. Ich war einfach dankbar noch hier und jetzt und heute am Leben sein zu dürfen.

Dankbar, so vielen tollen Menschen in meinem Leben begegnet sein zu dürfen und so viel von jedem einzelnen annehmen zu können.

Dieses Leben ist ein sehr kostbares Geschenk und ich werde versuchen es weiter zu geben.

Mit dem Gefühl der Dankbarkeit ging die Empathie Hand in Hand einher, also das Mitgefühl für andere Lebewesen und da war es bei mir völlig egal, ob es sich dabei um Menschen, Tiere oder um die Natur handelt.

Als uns 2008 der große Waldbrand auf Teneriffa verschonte, saß der Schrecken darüber noch ziemlich tief, wir flohen ja mit allen Hunden und Katzen in zwei Autos ans Meer und verbrachten zwei Nächte außer Haus teils auf Parkplätzen und teils auf den Feldbetten einer Freundin. Löschhubschrauber flogen hier damals in den ersten Tagen des Feuers nicht, die waren gerade auf Gran Canaria und der Insel La Palma zum Löschen unterwegs.

Wie sich später herausstellte, war das Dorf unter uns bereits geräumt worden als unser Schäferhund Jerry mitten in der zweiten Nacht Alarm schlug. Uns hatte man glatt vergessen zu evakuieren. Der Wind drehte wie jeden Abend zu uns herunter und vier Brandherde bewegten sich gleichzeitig den Berg hinunter in unsere Richtung. Futter und Wasser hatten wir auf der Flucht für alle Tiere mit dabei, aber für uns selber vergaßen wir in der Hektik etwas mitzunehmen. Andere Feuerflüchtlinge, die ebenfalls in Garachico am Hafen ankamen, versorgten uns mit heißem gezuckertem Kaffee, damit rechneten wir beim besten Willen nicht und das überraschte uns extrem positiv. Man bekam Gott sei Dank das Feuer nach einigen Tagen unter Kontrolle und schließlich auch gelöscht, aber kurz darauf brannte es ganz fürchterlich in Spanien, Portugal und in Frankreich, aber am allerschlimmsten in Griechenland. Mit den betroffenen Menschen und den Tieren die dort um ihr Leben und Hab und Gut kämpften, hoffte und litt ich noch viel stärker als früher wenn es sonst irgendwo auf der Welt brannte. Ich glaube, wenn man selber etwas traumatisches erlebte, kann man sich erheblich besser in andere Menschen hinein fühlen und bekommt fast schon automatisch eine andere, viel persönlichere und intensivere Sicht auf die Ereignisse.

Allerdings können fehlende Empathie in Kombination mit Überheblichkeit und offensichtlichen Triumphempfindungen mich auch ziemlich garstig und wütend machen und die entsprechenden Leute gründlich, anständig und nachhaltig zusammen scheißen lassen. Als am 11. September 2001 das Flugzeugattentat auf die Twin Towers in New York verübt wurde, erfuhren wir das von unserem Nachbarn und seiner Frau. Mein Kopf und mein Herz weigerten sich damals strikt zu glauben, dass Menschen absichtlich so etwas Schlimmes tun könnten. Ich war der festen Überzeugung, dass das ein Computerfehler gewesen sein musste, der dieses schreckliche Unglück auslöste. Nach einer Weile konnte ich aber die Augen vor den grausigen Tatsachen nicht mehr verschließen und ich reagierte zutiefst verzweifelt und stinkwütend ob so großer Bösartigkeit, Skrupellosigkeit, menschenverachtender Arroganz und dummdreister Ignoranz. Nächtelang schlief ich nicht und löcherte meine Seele mit nicht zu beantwortenden Fragen. Dann tauchten drei Tage später hier mal wieder die Zeugen Jehovas auf, die uns schon in den letzten Wochen regelmäßig einmal die Woche heimsuchten. Anfangs kamen immer zwei Frauen um sich mit uns zu »unterhalten«, aber da sie bezüglich ihrer Glaubensgemeinde nichts bei uns bewirken konnten, wurde die eine Frau nach kurzer Zeit gegen einen netten Mann ausgetauscht. Auch die weiteren Gespräche verliefen wie gehabt nett und interessant, aber nach wie vor ohne die geringste Tendenz von uns diese Sekte an einem ihrer Gesprächsabende aufzusuchen. Bis die lieben Leutchen dann doch ungeduldiger wurden und sie auch die zweite Frau gegen einen weiteren Mann austauschten, diesmal setzten sie einen energischen bayrischen Wadenbeißer auf uns beide an, aber auch der konnte mit uns keine Erfolge beim »Jüngerfang« vermelden. Jochen und ich philosophierten und diskutieren schon immer sehr gerne, und das mit ausreichend Wissen, viel Herz und Leidenschaft, und zwar mit allen Richtungen und über alle Bereiche. Mir war von jeher völlig schnuppe welcher Religion jemand angehört, der Mensch der da drinnen steckt interessiert mich nun mal mehr als jede noch so tolle Theorie und wenn einer eine Religion als Leitpfad oder Verhaltenskrücke für sein Leben benötigt, dann passt das doch für sie oder ihn. Hauptsache man lässt mich damit in Ruhe und Frieden und respektiert meine Ansichten ebenso. Als ich noch nicht aus der Kirche ausgetreten war lautete mein Konfirmationsspruch, den ich mir damals selber wählte:

»Wer zur Quelle will muss gegen den Strom schwimmen.«
Von jeher verhandelte ich lieber mit dem Chef als mit dem Bodenpersonal und mein Kirchenaustritt war somit vorprogrammiert. Das beinhaltete für mich logischerweise auch mich zukünftig keiner anderen religiösen Gruppierung anzuschließen oder gar unterzuordnen. Dafür bin ich nicht anpassungsfähig, obrigkeitshörig, oder gar gehorsam genug um mich bei religiösen Gemeinschaften jedweder Couleur wohl zu fühlen oder gar mein Leben mit ihnen teilen zu wollen, nicht mal ansatzweise im Entferntesten. Jedenfalls erschienen diese beiden Männer drei Tage nach dem fürchterlichen Attentat wieder bei uns und erwischten mich immer noch völlig verstört, verzweifelt, hochgradig wütend und explosiv geladen. Dann ließ dieser saudumme empathielose Wadenbeißer in einem verdammt überheblichen Tonfall raus, › … dass jetzt die Endzeit gekommen wäre und die Menschen in Massen in »ihre Kirche« strömen würden weil sie den göttlichen Halt bräuchten und schließlich nur mit ihrer Glaubensgemeinschaft nach ihrem Tode ins Paradies gelangen würden. Und das würde ja auch alles nur an den fanatischen Dogmatikern liegen, dass die Welt so im Argen liegt und wenigstens jetzt alle bei ihnen in ihrer Glaubensgemeinschaft zum »einzigen richtigen« Glauben finden würden.‹ Ich stutzte, schaute ihm verblüfft und völlig verständnislos in das so selbstverliebt und überheblich lächelnde Gesicht, holte tief Luft und fragte ihn zweifelnd aber immer noch sehr höflich, ob das sein einziges Anliegen und seine größte Sorge sei? Nicht einmal in diesem Moment schnallte es diese total verpeilte Type, dass es mitunter durchaus angeraten wäre, einmal straff inne zu halten, kurz nachzudenken und vielleicht lieber mal das hämische Maul zu halten, anstatt weiter zu schwadronieren, sondern er war purer Triumph und reine Überheblichkeit in Personalunion. Das brachte bei mir das Fass endgültig zum überlaufen und ich holte noch einmal tief Luft bevor ich antwortete:
»Wow, das nenne ich dann mal eine echt starke Aussage!«
Er schaute mich irritiert an.

»Ehrlich, das wirft für mich ein völlig neues Bild auf die Gemeinschaft der Zeugen Jehovas.«

Er verstand überhaupt nichts mehr und warf einen fragenden Seitenblick zu Jochen. Der zuckte nur lakonisch mit den Schultern während ich in dieser Stimmung natürlich nicht mehr zu bremsen war. Ich fuhr fort:

»Ich kann diese Aussage nun so überhaupt nicht nachvollziehen. Bei all dem was ich in meinem Leben von den Zeugen Jehovas kennen lernte – und ich hatte etliche als Patienten in meiner Behandlung, könnt ihr doch ohne Dogmatismus und Fanatismus überhaupt nicht existieren. Ihr braucht wie jede andere dogmatische Religion oder Gemeinschaft feste Regeln, ihr braucht eine einzige Lehre der ihr fraglos und kritiklos folgen könnt, folgen müsst und folgt und alles andere ist für euch der falsche Weg. DAS nennt man Dogmatismus. Klar seid ihr absolut überzeugt davon, das ihr die alleinige Wahrheit und Weisheit mit nem gigantischen Schaumlöffel gefressen habt, und ihr versucht auch die Leute bei euren Besuchen penetrant freundlich aber massiv und beständig wie eine gewöhnliche Drückerkolonne für eure Sekte zu werben. DAS nennt man auch fanatisch. Was bliebe denn überhaupt noch von eurer Sekte übrig, wenn es bei euch keinen Dogmatismus und keinen Fanatismus mehr geben würde? Was bliebe letztendlich von den meisten großen und ach so tollen Religionen übrig, wenn sie nicht mit den Prinzipien des Dogmatismus und des Fanatismus einher gingen und darauf aufbauen würden? In meinen Augen sind vielleicht die Lehren des Buddhismus und des Taoismus mehr oder weniger frei von Dogmen und Fanatismen. Beim ganzen übrigen Rest kann man die meisten Religionen in einen großen Sack stecken, mit nem Knüppel drauf hauen und es trifft immer die richtigen. Und außerdem, gerade im Islam verspricht man seinen Märtyrern für ihre Tat ebenfalls einen Platz im Paradies mit lächerlichen 72 Jungfrauen dazu. So eine saudumme und selten blöde Religion können sich wirklich nur höchste borniene Männerhirne ausdenken. Nur die Glaubensanhänger merken noch nicht einmal wie es in den ursprünglich guten Gedanken und Leitlinien zu sehr ›menschelt‹ und das ist bei denen auch keinen Deut anders als bei euch. Und wo wir doch gerade so schön dabei sind der Wahrheit auf den Grund zu kommen, zitiere ich der Einfachheit halber noch den leider deutschen Schriftsteller Karlheinz Deschner:

›*Es ist bekannt, doch darf daran erinnert werden:*
Die Freiheit des Christenmenschen beginnt (oder endet) mit der Zwangstaufe.‹

Und DAS ist bei euch schließlich auch nicht anders.«

Dem Wadenbeißer zerschlug es soeben sein selbstherrliches Konzept und er schaute fast schon flehentlich zu Jochen. Der aber meinte nur Achselzuckend:

»Wenn die Renate so drauf ist, ist sie nicht zu halten und dann werde ich den Teufel tun um sie zu bremsen.«

Jessas, die Aussage mit dem »Teufel« kam bei ihnen auch grad nicht mehr so richtig gut an. Nun kapierten die beiden Herren doch endlich, dass sie hier auch zukünftig keine folgsamen Jünger akquirieren können würden und verabschiedeten sich sehr kurz, knapp und gerade noch freundlich. Seitdem wurden die Zeugen Jehovas nie wieder hier gesichtet, ich glaube die machen sicherheitshalber lieber einen großen Bogen um uns, bevor wir eventuell noch anfangen, ihren Lebensinhalt kritischer zu hinterfragen.

6. Januar 2015 – Reyes

Heute vor drei Jahren stürzte ich aus 4 m Höhe von der Leiter. Dabei hatte ich verdammt viel Glück und brach mir links nur zwei Mittelfußknochen und die Knöchelgelenkkapsel, das Fersenbein und der Unterschenkel waren angebrochen, an der Wirbelsäule war der Dorn vom vierten Lendenwirbel abgerissen und der Wirbel zwei Zentimeter nach außen gedrückt worden. Dazu gab es gratis einen schicken nahtlos durchgehenden dunkelblauen Bluterguss von den Zehen bis zur Kniekehle. Weil die Brüche einfach waren und ich keine Operation wollte lief ich drei Monate lang auf Krücken. Für den Haxen war das prima, für die rechte Hüfte wohl weniger. Okay, lag wahrscheinlich auch mit daran, dass ich im Wohnraum einen rollbaren Schreibtischstuhl zur flotteren Fortbewegung nutzte. Da stützte ich mein linkes Knie drauf und sauste damit unbekümmert durch die Gegend, schließlich war ja nur mein Haxen gebrochen und nicht meine Lebensfreude oder gar mein kreativer Arbeitseifer. In der Zeit bereitete ich genau so weiter liebevoll unser Frühstück aus Obst zu, kochte das Mittagessen, produzierte herrliche Pralinen und stellte Seife her. Jochen übernahm selbstredend sämtliche Einkäufe und die komplette Versorgung der Tiere. Wäsche aufhängen konnte ich wenn er mir den Korb draußen an der Wäschespinne auf einen Barhocker stellte, abnehmen tat er sie später wieder. Alles was zu transportieren war, kam in die Hosentaschen meiner Jogginghose und ich wackelte weiter fröhlich, munter und unbeirrt durch die Gegend. Allerdings nahm ich in den Zeiten wo ich mit ausgestrecktem Bein am Computer saß, blödsinnigerweise extrem viel Zucker zu mir, so rund 1 kg pro Woche und das bescherte mir eine richtig unangenehme Bauchfellentzündung (Peritonitis). Zu guter letzt verklemmte ich mir durch eine saublöde Bewegung den Dünndarm und der zwiebelte richtig heftig. Aber nach fünf Tagen und Nächten hatten wir auch den wieder an Ort und Stelle und ich erholte mich langsam. Ehrlich, manchmal kann man schon ganz schön blöd sein, auch wenn man es selber viel besser weiß. Die Behandlung der Unfallschäden übernahmen wir beide, dafür brauchte ich niemand anderen. Gekühlt wurden Fuß und Bein zuerst mehrmals täglich mit Retterspitz Umschlägen, später, als das Bein keinen Retterspitz mehr wollte (das spürte ich), kühlte ich mit einer Essig-Meersalz-Wasser-Lösung weiter. Lymphdrainage machte ich mir zwischen drei und fünfmal am Tag und in den Zeiten, in denen das Bein nicht gekühlt oder massiert wurde, kam anfangs Venolitan Salbe mit 150.000 Einheiten und später Hepathrombin Salbe zwischen 30.000 und 60.000 Einheiten drauf um den riesigen Bluterguss abzubauen. Als alle Brüche exzellent verheilt waren und ich wieder richtig gehen gelernt hatte, setzte Jochen an jedem einzelnen schmerzenden Punkt in Fuß und Knöchel die Neuraltherapie ein. Ehrlich, ich war noch nie ein Freund von Spritzen, und die auch noch genau in den Fuß, Fußrücken und in die schmerzenden Stellen rein, ich musste jedes mal vor lauter Schiss unter Tränen so laut lachen bis Jochen schließlich mitlachen musste. Aber, dank ihm und dank seiner liebevollen und hartnäckigen Behandlung kann ich seitdem wieder absolut schmerzfrei und ungehindert laufen. Auch daran dachte ich heute ausgesprochen dankbar an diesem Jahrestag, der gleichzeitig auch der größte spanische Feiertag ist.

In der folgenden Nacht träumte ich einen ganz tollen Traum von meinem Herzen.

Mein Herz befand sich in einem ovalen Raum, schlug sehr regelmäßig und kräftig und war pumperlkerngesund. Es wollte sich nur endlich wieder unbeschwert bewegen können, es wollte wieder durchatmen, sich öffnen und frei entfalten können, aber sobald meine Psyche »dicht« machte, Stress oder Trauer das Herz einengten, musste es viel schneller schlagen um nicht davon erdrückt zu werden. Mein Herz will wieder weiten Raum um sich haben und endlich wieder leicht und frei sein wie ein Schmetterling. Es möchte wieder Sonne und Wärme fühlen und den Frühling riechen. Mein Herz ist trotz des verrückt springenden hohen Blutdruckes kerngesund und wenn meine Seele ganz geheilt ist, wird auch das Herz wieder normal arbeiten können und mein Blutdruck hoffentlich in normalere Bereiche sinken.

In der Naturheilkunde sagt man, der Körper kämpft seinen Kampf immer mit den stärksten Organen aus und wenn man das von dieser Warte aus betrachtet, ist es ja schon fast phänomenal was für ein starkes Herzchen ich da habe.

Auch dafür ein dickes Dankeschön!

Es ist unglaublich, wie viel Kraft die Seele dem Körper zu verleihen vermag.
Wilhelm von Humboldt

11. Januar 2015 –
Das Versprechen und die Brotdiebin

Die Hühner waren den ganzen Tag frei auf dem Land unterwegs um das nach dem Regen überall aufkeimende Unkraut kurz zu halten und sich den Bauch mit frischem Grünzeug hemmungslos voll zu schlagen. Nachmittags laufe ich vom Haus zu ihrem großen Gehege und locke ich sie mit einem laut gerufenen kommkommkommkommkomm, kommkommkommkommkomm in ihr Areal zurück. Was dann jedes Mal folgt ist fast schon filmreif. Ob Gänse, Enten, Hähne, Hühner oder Hunde alles folgt mir mit auffordernden und antreibenden Rufen im sprichwörtlichen Gänsemarsch. Den beschleunigen meist nur die Hunde um an mir vorbei zu rennen, dann natürlich mitten auf dem Weg stehen zu bleiben, sich neugierig über die Schulter umschauen wo ich langweilige Schnecke denn nun schon wieder abbleibe, während ich regelrecht auf sie drauf laufe. Bei strahlend blauem Himmel mit herrlichem Sonnenschein und ein paar vereinzelten malerisch blitzenden weißen Wölkchen, versorgte ich die muntere Schar an Federviechern und stibitzte mir mit einem fröhlich gerufenen »Dankeschön« ihre herrlichen Eier. Danach setzte ich mich auf die Bank vor dem ausladenden Feigenbaum. Mit tiefen Atemzügen genoss ich die vielen zufriedenen Laute um mich herum, lehnte mich entspannt zurück und betrachtete versonnen die schneegekrönte Spitze des Teide, als ich aus heiterem Himmel meinen Kosenamen mit Jochens Stimme hörte: »Bärin, hörst Du mich?«
  Und ob ich ihn hörte!
  »Ja mein Schatz, ich höre Dich und ich liebe Dich.«
  »Ich liebe Dich auch und ich möchte Dich um etwas bitten. Ich möchte, dass Du mir das Versprechen gibst, besser auf Deine Gesundheit aufzupassen. Du sollst mir noch nicht hierher folgen, Du hast auf der Erde noch viele Aufgaben und auch noch viele glückliche Jahre vor Dir. Du weißt genau, dass ich Dir niemals ein

Versprechen abgenommen habe, aber das ist mir wirklich wichtig weil ich Dich sehr liebe.«

Meine Verbindung brach ab, ich kam nicht mehr zum antworten weil die Hunde in dem Augenblick Radau machten und Tamina sich mit den Hühnern wegen einem Stück Brot anlegte. Wenn sie denen etwas klauen will kennt sie kein Pardon. Vor ein paar Jahren wollte mal eine Henne Taminas Brotdiebstahl nicht akzeptieren und pickte einfach weiter an dem Brot, das Minchen ihr geklaut hatte. Ich hielt mich abwartend zurück, jederzeit auf dem Sprung sofort einzugreifen. Mein Mädel blaffte das Huhn an, aber die Henne Julia dachte nicht im Traum daran, das Brot abzugeben und pickte weiter daran herum während Tamina am anderen Ende kaute. Tamina stand auf, ging mit wenigen ruhigen Schritten hinter das Huhn, packte die Henne gezielt in den Nackenfedern und schüttelte sie einmal kurz um sich anschließend wieder in aller Ruhe zu ihrem Brot nieder zu legen und weiter zu knabbern. Sie hatte es geschafft. Julia war jetzt doch sichtlich beeindruckt – für ungefähr zehn Sekunden. Dann raffte die Henne ihre Röcke (Federn) hoch, ging mit ein paar großen Schritten zu Tamina, pickte ihr einmal gezielt auf die Nase, drehte sich auf dem Absatz um und würdigte weder Brot noch Hündin eines weiteren Blickes.

Später, auf der Terrasse fiel mir ein, dass ich Jochen gar kein Versprechen mehr gegeben hatte, vermutlich auch, weil ich es eigentlich noch nicht so recht wollte.

Aber eines war mir schon ganz klar, an meiner Lebensweise musste ich besser bald etwas ändern um wieder gesünder zu werden. Zwei Tage später rief mich Jochen in einem entspannten Augenblick auf der Terrasse erneut und da antwortete ich ihm, dass ich mich bemühe besser auf mich zu achten. Das war für ihn okay. Poco a poco kriege ich mich schon wieder in die Reihe.

Mir war schon länger klar geworden, dass Jochen mir mit seinem so frühen Tod, und dass er nicht als schwerer Pflegefall überlebte, dass er mir damit ein zweites Leben schenkte. Und so weh auch alles noch tut, ich bin mittlerweile imstande, auch dieses wahnsinnig große letzte Geschenk an mich mit tiefer Dankbarkeit zu erkennen und es ganz langsam und ohne falsche Scham zu akzeptieren und anzunehmen.

Versteht mich jetzt bitte nicht falsch, ich hätte selbstverständlich meinen geliebten Mann sofort, jederzeit und ohne zu zögern mit all meiner Liebe und zur Verfügung stehenden Kraft gepflegt und jeden Tag aufs Neue versucht, ihn wieder besser in die Reihe zu bekommen, Tag und Nacht und unermüdlich. Wie hieß es bei der Trauung doch so treffend »In guten und ich schlechten Zeiten.« Nach meinem Empfinden wären das für mich keine schlechten Zeiten gewesen, weil ich ihn ja noch gehabt hätte, aber Jochen wäre ganz bestimmt nicht glücklich gewesen und ich liebte und liebe ihn immer noch so sehr, dass ich das akzeptieren musste und muss und nun dabei bin, mein Leben langsam alleine in meine Hände zu nehmen.

18. Januar 2015
Pinto, Ulysses, Orangenkuchen und Gofio-Brot

Irgendwann muss ich mit meinem Dalmatiner Pinto noch mal ein paar grundsätzliche Details über sein Hiersein klären. Heute früh staunte ich nicht schlecht, als er in wachsamer und gemütlicher Haltung auf dem Terrassentisch lag, von wo aus er einen ganz hervorragenden Blick auf das Tal hat. Als ich auf die Terrasse hinaus trat und ihn freundlich fragte, was er denn da mache, schlich er verlegen und ohne einen Muckser flott runter vom Tisch. Also wissen tut er schon, was nicht gerne gesehen wird, aber er ist noch ein fröhlicher Halbstarker, der seine Grenzen austestet und ein echter Clown ist er obendrein. Am Abend stand er dann allerdings hoch oben auf der Katzenstadt und wollte sich gerade zum sonnen hinlegen, als ich ihn da oben auch schon wieder hinunter scheuchte. Dieser Hund will ständig hoch hinaus, er spaziert gelassen über die Terrassenmauer und die eingebauten Blumenkästen, der ist eine ausgewachsene Temperamentsrakete mit ner saftigen Dosis Kerosin im Hinterteil und ich kann ihn derzeit noch nicht ausreichend auslasten. Aber det kommt noch mein Junge, da kannste Dir drauf verlassen!

Den Katzen gefällt dieses für hiesige Verhältnisse kühle, feuchte und windige Wetter überhaupt nicht und sie verpennen den größten Teil des Tages. Kater Merlin hatte ich mir bereits zweimal geschnappt und nach draußen vor die Tür gesetzt, aber der war so schnell an mir vorbei wieder drinnen, so schnell konnte ich gar nicht gucken oder mich umdrehen. Kater Ulysses kriegt zwischendurch seine dollen fünf Minuten, dann jagt er alles, was ihm in die Quere kommt, rollt sich in irgendwelche Decken und sonstigen Teile ein und macht richtig Aktion.

Gerade hatte ich mich an den Tisch zum essen gesetzt und den Fernseher eingeschaltet um den englischen Krimi Inspektor Barnaby anzuschauen, da meinte Ulysses auf dem Couchtisch einen neuen Sitzplatz gefunden zu haben, und zwar mitten auf den Fernbedienungen für Receiver und Fernseher. Er machte es sich gerade so richtig gemütlich, wollte anfangen sich zu putzen, da rief ich ihm zu, dass er sofort verschwinden und runter vom Couchtisch solle. Ulysses sprang in einem Satz hinunter. Zack, war das Bild samt Ton weg. Mist! Leicht genervt stand ich auf, nahm die beiden Fernbedienungen und wollte mir das Programm wieder einstellen, aber nix ging mehr. Kein Bild war zu sehen, kein Ton zu hören, nur Streifen und die mal dünner, mal dicker. Ich wollte doch nur in Ruhe meinen englischen Krimi anschauen und hatte da jetzt so gar keinen Bock drauf, also versuchte ich alles vom Strom zu nehmen und wieder einzuschalten. Nichts rührte sich außer den Streifen auf dem Bildschirm. Ich probierte so ziemlich jede einzelne Taste auf den beiden Fernbedienungen aus, aber es tat sich absolut gar nichts und nach einer halben Stunde gab ich ratlos auf, rief unseren Fernsehmenschen Heinz an und erklärte ihm was vorgefallen war. Er meinte, » …selbst wenn Dein Kater noch so ein zielsicheres Hinterteil hat, aber der kann kein Programm verstellen, das glaube ich wirklich nicht, probier doch mal dieses und jenes aus.«

Ulysses hatte sich sicherheitshalber vor meinem Geschimpfe die Treppe runter in Sicherheit gebracht und lugte jetzt neugierig am Treppeneingang hervor. Ich schickte ihn erneut nach unten, ich war sauer. Dabei drohte ich ihm sogar an, ihn mit einzelnen Brekkies zu bewerfen, aber das imponierte ihm, glaube ich, nicht so sehr. Nach einer Weile und weiteren Versuchen meinte Heinz zu mir »Nimm Dir heute Abend ein Buch oder mach was anderes, ich komme morgen Mittag vorbei.«

Okay, kein Problem, nahm ich mir halt ein Buch, da lag sowieso grad wieder ein angefangenes an meinem Bett. Uly lugte wieder vorsichtig um die Ecke und ich rief ihn zu mir. Ehrlich, ich kann dem kleinen Burschen doch wegen so was nicht richtig böse sein, auch wenn er es ganz genau weiß, dass er auf dem Tisch überhaupt nichts zu suchen hat, also war erbarmungsloses Versöhnungsknuddeln angesagt. Heinz kam am nächsten Mittag, überprüfte alles gründlich, sogar der DVD lief ohne Probleme, da musste also eine andere Ursache vorliegen. Er fummelte hinter dem Fernseher rum und schwupps, nach ein paar Handgriffen waren Bild und Ton wieder da. Eine Steckerbuchse im Fernseher hatte ihren Geist aufgegeben. Er bekam kaum noch das Skartkabel heraus, das saß wie festgeklebt. Da nahm er die nächste Buchse und alles lief völlig problemlos, als wenn nie etwas gewesen wäre. Uuupps, da muss ich bei meinem Ulysses noch anständig Abbitte leisten, wie soll das kleine Katerherzchen denn nur damit klar kommen, als Fernsehkiller beschimpft worden zu sein? Okay, mit Brekkies hatte ich ihn natürlich nicht beworfen und zur Entschuldigung bekam er ein Ei in eine Tasse gekläppert, er akzeptierte es und war mir auch nicht mehr böse.

Mir war nach Abwechslung und so buk ich einen getränkten Orangenkuchen und Dinkel-Gofio-Brot:

Getränkter Orangenkuchen
150 g Butter mit
150 g vanilliertem Zucker schaumig schlagen, (oder 100 g Zucker plus 1 Päckchen Vanillezucker)
3 Eier nach und nach zugeben und gut verrühren und mit der abgeriebenen Schale von einer Bio-Orange würzen
150 g Weizenmehl oder Dinkelmehl und
1 gestrichenen Teelöffel Backpulver braucht es neben der obligatorischen
Prise Salz natürlich auch noch für den Teig

Den Teig in eine gefettete Kastenform füllen und im vorgeheizten Backofen bei
175° – 200° cirka
45 Minuten backen

Nach dem Backen den Kuchen noch warm aus der Form lösen und wieder in sie zurück gleiten lassen und mit einer Mischung aus
125 ml frisch gepresstem Orangensaft mit dem Abrieb einer Orangenschale und
50 g Zucker übergießen und den Saft komplett vom Kuchen aufsaugen lassen.

Dinkel-Gofio Brot
 1 kg Dinkelvollkornmehl
 300 g Gofio (ich mag es am liebsten mit möglichst vielen Zutaten)
 200 g Dinkelmehl Typ 630
 50 g Hirse ungemahlen
 30 g brauner Leinsamen
 30 g Kürbiskerne
 30 g Sesam
 250 g Sonnenblumenkerne (davon 100-150 g für auf die Brote zurück halten)
 20 - 25 g Trockenhefe oder frische Hefe entsprechend der Mehlmenge
 Kräuter wie Fenchel oder Rosmarin etc. und Gewürze wie Kümmel, Koriander etc. können je nach Gusto hinzu gefügt werden.
 1 gehäufter Esslöffel grobes Meersalz
 1,5 - 2 Liter Flüssigkeit (das kann von Wasser über Kombucha bis zum Gurkenwasser gehen).
 1 Liter Flüssigkeit auf handwarm erwärmen und das Salz darin auflösen.

Die Zutaten in einer großen Schüssel erst trocken verrühren und dann nach und nach mit möglichst wenig Rührbewegungen untermischen. Soviel Flüssigkeit hinzu geben, dass der Teig kein trockenes Mehl mehr enthält und auch nicht zu trocken ist.

Mit etwas Mehl bestäuben und einem sauberen Küchentuch abdecken und an einen warmen Platz stellen um den Teig in Ruhe gehen zu lassen. Wenn die Teigmenge sich verdoppelt hat, den Teig in drei Kastenformen verteilen und unter dem Küchentuch erneut gehen lassen.

Den Backofen auf 220° (Umluft) vorheizen und eine Tasse Wasser in den Backofen stellen. Nachdem der Teig in den Formen noch einmal gegangen ist, die Oberfläche mit Wasser besprühen und die restlichen Sonnenblumenkerne sehr großzügig auf den Broten verteilen und mit den Händen etwas andrücken, damit sie später besser auf dem fertigen Brot kleben bleiben. Wenn der Backofen seine Temperatur erreicht hat alle drei Brotformen auf einem Gitter unten im Ofen einschieben. Temperatur auf 185° (Umluft) herunter regeln und den Wecker für eine Stunde stellen.

Das Brot sollte goldbraun sein und verführerisch duften wenn es fertig gebacken war.

Das Küchentuch ist jetzt eine gute Hilfe um die Brote aus ihren Formen zu nehmen. Man legt es über die Form, hält es fest und dreht die Form mitsamt dem Tuch auf den Kopf. Die Form kann man sehr leicht entfernen und das Brot zum auskühlen auf ein Gitter legen. Die abgefallenen Sonnenblumenkerne sind in dem Tuch sehr leicht einzusammeln und in einem kleinen Behälter zur weiteren Verwendung aufzubewahren. Sie schmecken köstlich in Salat, zu Frischkäse oder werden einfach beim nächsten Brotbacken mit in den Teig gegeben.

22. Januar 2015
Zukunftsbetrachtungen und Piscina municipal

Gestern bei der Behandlung bei unserem Osteopathen Pedro, erzählte ich ihm fröhlich, dass ich am Vortag über 10 kg Papaya kaufte und zwar für die Hunde, für die Hühner und für mich. Er glaubte erst mich nicht richtig verstanden zu haben und fragte ungläubig nach für wen ich die Papaya kaufte. Meine Erklärung, dass ich meinen Rüden Tango jetzt schon dreimal dabei beobachtete, dass er ganz gezielt den Hühnern die Papayaschalen weg fraß, verblüffte ihn. Die Federviechers kriegen mehrmals im Jahr fast täglich eine Papaya zu fressen, weil sie zum einen gegen Würmer und Parasiten hilft und zum anderen die Papayakerne für die Hühner ein sicheres und natürliches Verhütungsmittel sind. Meinem Bauch hilft sie ebenfalls sehr und da dachte ich so bei mir, dass da bestimmt auch für Hunde wichtige Enzyme und Mineralstoffe drin sind, die nicht nur mir gut tun, sondern die vielleicht auch mein Hund braucht. Bei der nächsten Fütterung gab es ein sehr großes Stück Papaya samt Kernen zum Futter und Tango haute nur so rein, dass es eine wahre Freude war. Die anderen vier Hunde machen sich anscheinend nicht so viel aus der Frucht. Pedro schüttelte lachend den Kopf und meinte ich wäre » … a very spezial women«. Komisch, den Satz hatte ich schon öfter gehört, was mag er damit nur meinen? Am Schluss der Behandlung fragte Pedro mich, ob ich denn schon nach passenden Bachblüten für mich gesucht hätte. Völlig verblüfft schaute ich ihn an, darauf war ich ja noch gar nicht gekommen, ich hatte sie völlig vergessen. Jochen und ich führten Pedro vor ein paar Jahren auch an die Bachblüten heran, er setzte sich damit auseinander und arbeitet jetzt damit sehr erfolgreich in seiner Praxis. Bei mir jedoch waren sie in meinem Kopf in den vergangenen Monaten vollkommen verschwunden. Dabei sind sie ganz besonders bei seelischen Prozessen bei Menschen wie bei Tieren äußerst hilfreich. Zu Hause suchte ich mir die englischen Bachblüten heraus und fand mit einem sehr einfachen Test die im Augenblick notwendigen Blütenmittel für mich: Man nimmt in eine oder beide Hände jeweils eine Flasche und hält sie nur locker in der Hand. Nach einer Weile merkt man, wie die Flasche mit einem reagiert. Wenn sie von der Energie zu einem passt, wird die Flasche warm, wenn nicht, bleibt sie kühl. Und so selektiert man nach und nach das Sortiment weiter bis zum Schluss vielleicht eine, vielleicht auch fünf oder sechs Flaschen übrig bleiben. Man kann von jeder ausgewählten Blüte jeweils fünf Tropfen in eine andere Flasche geben, mit klarem Wasser oder Alkohol verdünnen und einnehmen, aber man kann die Flasche auch einfach nur in der Hand halten oder direkt am Körper tragen, um ihre Energie und die Schwingung aufzunehmen. Die beiden wärmsten Flaschen Sweet Chestnut und Walnut wollten meine Hände gar nicht mehr her geben und so schlief ich in der Nacht mit je einer Flasche in jeder Hand ein. Das war gut so und mein Schlaf war um so viel ruhiger und entspannender als sonst, das mache ich jetzt mal öfter.

Heute telefonierte ich mit meinem Vater und als er hörte, dass es mir langsam Schritt für Schritt wieder besser geht, meinte er doch glatt, ›ich solle mir möglichst bald einen neuen Partner suchen‹ »…am besten einen mit watt anne Fööß..«
(ich schätze mal, er meinte damit jetzt nicht unbedingt Dornwarzen, Fußpilz, Schuheinlagen, Hornhautwucherungen oder ähnliches). ›Er wäre schließlich Realist mit langer Lebenserfahrung und jetzt wird‹s langsam Zeit, dass ich wieder ›nen Mann bekomme. Vorbei ist vorbei und nun stünde meine Zukunft an.‹ Auf meine lachende Antwort, dass mich Geld immer noch nicht interessiert und das nur der Mensch für mich wichtig ist und ich auch erst mein Buch weiter schreiben will bevor ich offen für eine neue Beziehung sein kann – wenn überhaupt.‹, meinte er nur lakonisch: »Dann beeil Dich mal damit, Du wirst ja schließlich auch nicht jünger …«. Ich musste darüber so laut und herzhaft

lachen, dass mein Vater sich nun erst recht gemüßigt sah, mir eindringlich die logischen Gründe für eine neue Partnerschaft näher zu bringen. Für den heutigen Tag war ich auf jeden Fall in meiner Seriosität restlos und hoffnungslos verdorben, ich konnte nur noch sehr breit grinsen und immer wieder spontan lauthals lachen. Echt, mein Papa wird am 3. April 2015 86 Jahre alt und man kann nicht gerade behaupten, dass er zum alten Eisen gehört. Aber ganz so einfach jemand zu sich passenden zu treffen, ist es ja nun auch nicht, schließlich brauchte ich 29 Jahre um meinen Mann zu finden und bei ihm waren es immerhin auch 34 Jahre bis er auf mich traf. An Gelegenheiten mangelte es mir in meinem Leben ehrlich nicht, aber ich war immer und bin natürlich heute auch da wohl ziemlich wählerisch. Ein Mann muss schon ziemlich viel Humor haben und dazu das Herz am richtigen Fleck um mich überhaupt ansprechen zu können. Festgelegtes Rollenverhalten wie: ›Frau kocht, bügelt und putzt‹ existiert für mich sowieso nicht und wer keine Tiere mag oder sie gar als Belastung empfindet kommt bei mir nicht mal durchs Tor rein. Arbeitsscheu geht genau so wenig wie arbeitsbesessen, und einfach unverzichtbar für mich ist, dass man miteinander herzlich lachen und fröhlich sein kann. Pedantische Nörgler, notorische Meckerer, griesgrämige Miesepeter, penetrante Besserwisser und ewige Rumnöler die an allem etwas auszusetzen haben, bekommen von mir prompt und völlig gratis eine passende Antwort um die Ohren gefegt, oder sie sind mir sogar so wenig Interesse wert, dass ich sie komplett in Grund und Boden ignoriere. Ha, und etwas ganz besonders wichtiges: für eine Partnerschaft muss natürlich eine sehr starke gegenseitige Anziehung vorhanden sein, ganz liebe und tolle Freunde habe ich genug und eine reine »Versorgungsbeziehung« kommt für mich niemals in Frage. Schlicht der Charakter und die Anziehungskraft einer Person sind für mich einzig und allein interessant und sonst gar nichts. Ob bei Männern oder Frauen, da gibt es keinen Unterschied. Ein Arsch bleibt ein Arsch und wenn er in noch so schicken Klamotten steckt. Ich freue mich schon richtig auf meinen im Frühling geplanten Deutschlandbesuch, das wird garantiert lustig werden, davon bin ich fest überzeugt!

Als ich Nele beim nächsten Treffen lachend von dem erfrischenden Telefonat mit meinem Vater erzählte, meinte sie ärgerlich: »Der hat wohl noch nie was von einem one-man-dog gehört!« Zuerst dachte ich, dass ich mich gründlich verhört hätte, aber ihre Mimik ließ nicht den geringsten Zweifel daran, dass sie das auch genau so sah. Verdutzt und verletzt schwieg ich und wechselte das Thema. Ich war in meinem ganzen Lebens keines Mannes ergebenes und gehorsames Anhängsel gewesen und hatte das auch für meine Zukunft nicht vor. Mit meinen 54 Jahren stehe ich weit und fest genug im Leben um mich nicht an Vorstellungen anderer Menschen orientieren zu müssen oder gar zu wollen. Ob es nun jemand passt oder nicht was ich mit meiner Zukunft anfange, ist mir ehrlich gesagt ziemlich schnuppe. Kein Mensch lebt mein Leben und ich gehe meinen Weg wie er mir bestimmt ist und der ganz bestimmt nicht der Vorstellung anderer Menschen entsprechen muss.

Den folgenden Tag hatte ich zur körperlichen Ertüchtigung ausersehen und diesmal stand mein erster Besuch im piscina municipal, also dem öffentlichen Schwimmbad in Buenavista an. Die Lage der Anlage ist absolut traumhaft.

Unterhalb des Golfplatzes, neben dem wunderschönen Restaurant »Burgado« und direkt am Meer gelegen, also schöner geht es wirklich nicht. Man erzählte mir, dass das eine Art Hallenbad sei, wo man bei schlechtem Wetter das Dach schließen und bei schönem Wetter öffnen könnte. Das stimmt nicht, das Schwimmbecken liegt von den umgebenden Gebäuden eingerahmt im Freien, die anderen Bereiche wie Fitness und Umkleide sind überdacht. Das 25 Meter Becken ist mit gefiltertem Meerwasser gefüllt und beheizt, Sauna, Türkisches Bad und Fitnessraum gibt es ebenso und ach ja, und es ist auch ganz hervorragend auf die Bedürfnisse körperbehinderter Menschen eingerichtet. Okay, normalerweise wird das Wasser auf 25° erwärmt, aber der kalte Wind und der Regen der letzen Wochen ließen die Temperatur auf etwas frischere 21° sinken. Nun denn, ich bin ja schließlich kein empfindliches Püppchen und auch nicht aus Zucker, also bitte keine falsche Müdigkeit vorschützen, was soll‹s, hinein ins kühle Nass. Es war wohl dem kühlen Wetter und der relativ frühen Uhrzeit am Vormittag geschuldet, dass sich gerade mal ein älterer Mann im Wasser und ein paar weitere Hanseln im Fitnessbereich mit toller Sicht auf den Atlantik aufhielten. Die nette junge Frau an der Kasse nahm sich überraschenderweise die Zeit mir alles zu zeigen und zu erklären. Der Eintritt beträgt 4 €uro, die Sauna kostet extra noch mal 3 €uro und sie wird auch erst dann angestellt, wenn man dort hinein möchte. Das dauert mit dem Heizen cirka 20 – 30 Minuten und dann kann man für eine halbe Stunde in die Einmeterfünfzig mal Einmeterfünfzig große Sauna gehen. Tauchbecken und Ruheliegen sind natürlich keine vorhanden, aber wer braucht das schon, hier überhaupt eine Sauna zu finden, ist schon ziemlich rar. Gut, Sauna wäre zwar auch sehr nett gewesen, aber diesmal entschied ich mich für Schwimmen und Fitness, da fragte mich die junge Frau noch, ob ich eine Badekappe hätte. Ich verneinte und so suchten sie mir eine Vollgummihaube und eine weitere Kopfbedeckung aus Stoff raus. Kaufen brauchte ich sie nicht und so zog ich dermaßen bewaffnet in Richtung Umkleideräume. Ein Paar Badelatschen würde ich beim nächsten Mal mitbringen. In der Umkleide entschied ich mich für die Vollgummihaube, ich nenne die Dinger immer sehr treffend ›Kopfkondom‹ und so wurschtelte ich nach mehreren Versuchen das Teil über meinen eigentlich gar nicht so großen Schädel, um meinen sich sträubenden Pferdeschwanz und alle Haare unter die Haube zu bekommen. Das Wasser war mit 21° nicht wirklich kalt, aber der kühle Wind blies ständig so frisch, dass es sich an der Oberfläche kräuselte. Hammerharte und superlaute Technomusik in der ganzen Anlage dröhnte und schepperte in meinen Ohren und auch nicht weniger als ich ins Wasser stieg. Abwechselnd machte ich Aquajogging und schwamm ein paar Bahnen in Kraul, Brust oder Rückenlage bis mir die »Musik« viel zu laut, viel zu viel und viel zu nervig wurde. In der halben Stunde, die ich im Wasser war, gewann ich den Eindruck, dass die ganze Zeit nur ein und dasselbe Musikstück gespielt wurde. Falls man das noch Musik nennen konnte. Ich hörte nur noch das aufputschende Dröhnen des Basses in meinen Ohren und dazu noch irgendwelche Schreie, bei denen ich ernsthaft überlegte, wer über so einen langen Zeitraum vor dem Mikrofon schreien konnte und erst recht warum, da hatte wohl jemand sehr schlimme Schmerzen bei der Komposition dieses Songs leiden müssen. Meine Haare waren trotz ›Kopfkondom‹ komplett nass und mir war ja schon klar, dass Badekappen in erster Linie dazu dienen sollen, die Wasserfilter von Haaren frei zu halten, aber mir erschloss sich bis heute noch nicht der Sinn, warum sehr stark behaarte Männer mit Fastglatze überhaupt noch so ein Gummiteil über ihr Hirn stülpen müssen. Haare auf den Schultern, dem Rücken und dem Rest des Körpers sind nicht viel anders in ihrer Zusammensetzung und die fallen ebenfalls aus. Viele Schwimmbäder in Deutschland schafften schon vor Jahren die Badekappenpflicht wieder ab, weil sich zeigte, dass sie vollkommen überflüssig war. Ich wäre ja gerne noch in den Fitnessbereich gegangen, aber das machten weder meine Ohren noch meine Nerven mehr mit. Das nächste mal gehe ich nur in die Sauna, vielleicht ist es ja dann etwas leiser hinter der geschlossenen Türe. Und Ohropax nehme ich mit wenn ich in den Schwimm- und Fitnessbereich möchte.

Vor ein paar Tagen kaufte ich einen günstigen Aktenvernichter zum aufsetzen auf einen Eimer oder Papierkorb. Mein Katzenstreu besteht ja nach wie vor aus Altpapier und meine Katzen kommen damit bestens zurecht, nur das zerreißen der Zeitungen, Zeitschriften und Bücher strengt meine Hände auf die Dauer sehr an, zumal ich jetzt auch immer mehr Bücher dabei habe. Was ich nicht mehr hier haben will, weil mich die Bücher nicht interessieren und was der Bücherstand in Puerto nicht annimmt, jage ich erbarmungslos durch den Schredder. Ich krieg langsam mehr Platz in den Regalen und im Haus, ich räume immer mehr auf und aus und den Katzen ist es letztendlich schnuppe auf welcher Lektüre sie ihr Geschäft erledigen. Vom Bäcker bekomme ich alte Zeitungen und da können sie von mir aus sogar noch spanisch lernen während sie ihr Geschäft erledigen.

Seit mindestens sechs Wochen vergaß ich Zucker einzukaufen und den letzten Orangenkuchen bekam ich auch nur noch hin, weil ich noch ein paar Zuckertütchen vom Cafe hier hatte. Auf unserer Reise von Deutschland hierher nahmen wir überall die Tütchen mit, da konnte ich mich später immer daran erinnern wo wir waren und das war sehr schön. Im Laufe der Jahre reduzierten sich die Tütchen ziemlich, und jetzt waren die kargen Reste arg geschrumpft. Ich räume halt überall auf und aus. Einen neuen Kuchen konnte ich nicht mehr backen, aber aus Papaya, Birne, Banane und Creme fraiche oder Joghurt zauberte ich einen köstlichen Nachtisch. Das tolle an der Papaya ist, dass ihre Enzyme das Eiweiß umwandeln und wenn man alleine schon reife Papaya klein schneidet und mit Creme fraiche oder Quark vermischt, dann schmeckt dieses nach einiger Zeit mehr wie Schlagsahne und wird auch viel lockerer in ihrer Konsistenz. Die Birne gibt die entsprechende Süße hinzu. Das ist so lecker, da könnte ich mich glatt rein setzen!!!

1. Februar – Geballte Planlosigkeit

Du brauchst nicht immer einen Plan.
Manchmal reicht es zu atmen, zu vertrauen,
den Dingen ihren Lauf zu lassen
und zu beobachten was passiert.

Nun mal ehrlich, diese Lebensweisheit klingt doch wirklich ganz wunderbar, völlig logisch, sehr einfühlsam, ausgesprochen beschaulich und lädt so schön zum besonnenen Betrachten des Laufe eines Lebens ein, da gibt es überhaupt nix dran zu meckern.

Darum lehnte ich mich in den letzten Wochen auch öfter mal entspannt zurück, atmete, vertraute, ließ den Dingen ihren Lauf und beobachtete interessiert was passiert. Allerdings habe ich unsere Gestirne, Wetterbedingen, den Mond oder was auch immer, ziemlich im Verdacht sich zu gewissen Zeiten ganz geballt in das Leben vieler Menschen einzumischen und dieses Wochenende schien wieder mal dazu zu gehören. An diesem Sonntag wollte ich ursprünglich mit meinem Dalmatiner Pinto im Wald laufen gehen, aber mich beschlich auf einmal das sehr intensive Gefühl, dass ich an diesem Tag ausnahmsweise mal nicht in der Einsamkeit alleine laufen sollte, sondern am besten da, wo Menschen sind; darum fuhr ich mit Pinto ans Meer nach Garachico. Einen guten Kilometer waren wir beide schon an der Promenade entlang gelaufen, da riss es mich auf einmal heftig in der rechten Leiste und es ging keinen einzigen Schritt mehr vorwärts. Na klasse und was nun? Ich wollte zurück zu meinem Auto, das war das einzige was mir klar war, nur wie? Das rechte Bein konnte ich keinen Zentimeter mehr vorwärts bewegen, aber so leicht gebe ich doch nicht auf und probierte mich irgendwie fort zu bewegen. Seitlich am Geländer entlang klappte auch nicht, genau so wenig wie vorwärts, aber rückwärts gehen, das ging erstaunlicherweise noch einigermaßen gut. Es schmerzte zwar höllisch in Lendenwirbelsäule und Leiste, aber ich konnte wenigstens mit vielen Pausen langsam Schritt um Schritt rückwärts gehen. Der arme Pinto verhielt sich exzellent und war ganz brav, er musste wohl instinktiv gespürt haben, dass etwas mit meiner Gangart nicht so ganz in Ordnung war. Die Zähne zusammengebissen, dazu eine fröhliche Melodie zur Aufmunterung durch selbige gezischt und wieder ging es ein paar Schritte rückwärts weiter in Richtung Auto. Anfangs konnte ich noch 10 bis 15 Schritte gehen, mit der Zeit wurde die Kraftanstrengung aber immer stärker und auch das rückwärts gehen fiel mir von Schritt zu Schritt schwerer, so dass mich mehrere Male Leute fragten, ob ich Hilfe bräuchte. Anfangs lehnte ich freundlich lächelnd und dankend ab, aber 50 m vorm Auto ging dann gar nichts mehr. Da hakten mich zwei deutsche Urlauber einfach kurzerhand unter den Armen unter, eine Frau übernahm Pinto und sie trugen mich halb zu meinem Wagen. Es tat richtig sakrisch weh und ich wollte mich eigentlich nur noch in den Wagen setzen und erholen, aber sitzen ging beim besten Willen nicht, stehen auch nicht und so hing ich knieend auf dem Seitenholm während ich mich mit den Händen am Dach des Wagens festhielt. An mein Handy kam ich ja noch ran, das hatte ich im Rucksack dabei, aber mal wieder ganz typisch für mich, es waren gerade mal fünf Nummern eingegeben und der Akku war natürlich auch nicht voll. Also rief ich Nele an und bat sie nach Pedro oder Mirjam zu telefonieren. Natürlich hatte sie die privaten Telefonnummern nicht und ich selbige auch nicht dabei. Je länger ich dort so verbogen kniete, desto schlimmer wurden die Schmerzen und als Nele nach etlichen Versuchen immer noch keinen erreichte, rief sie kurzerhand die Ambulanz. käseweiß, schweißgebadet und vor Schmerz nach Luft schnappend wartete ich halb an, halb auf dem Autoholm kniend auf Hilfe. Nele machte sich unterdessen ebenfalls auf den Weg zu mir, jemand musste sich ja schließlich um den armen Pinto kümmern, der die ganze Zeit über superbrav auf dem Rücksitz lag und immer wieder versuchte mir tröstend die Hand zu lecken. Die Ambulanz und Nele kamen zeitgleich an, ich konnte ihr gerade noch meine Schlüssel geben und wurde auch schon eingeladen. Die Füße schnallten sie auf der Bahre fest und legten eine Decke über meine Beine. Die Decke alleine fühlte sich schon zentnerschwer an, sie verstärkte die Schmerzen nur noch zusätzlich und ich zerrte sie wieder runter von mir. Die Fahrt ging los ins neu eröffnete Krankenhaus nach Icod de los Vinos. Bis zu dem Zeitpunkt wusste ich gar nicht, dass dort ein Hospital eröffnet worden war, meine letzte Information lautete, dass in dem Bau bisher nur eine Seniorenresidenz Einzug hielt. Die Fahrt war eine richtige Tortur, wirklich nicht viel besser als der Kilometer Rückwärtslaufen. Ich wusste vorher gar nicht, wie viele Schlaglöcher und Bodenschwellen sich auf dieser Strecke befinden, o m e i n G o t t !!! Im Hospital spritzte man mir Voltaren, wartete eine halbe Stunde und da die Schmerzen nur ganz minimal weniger wurden, nach einer weiteren halben Stunde noch Tramal und Valium, das erzählte man mir aber erst später, ich verstand eh kaum noch was. Aber warum denn in aller Welt Valium? Ich war überhaupt nicht nervös oder gar überspannt, mein Bein war in der Leiste blockiert und das tat einfach scheißeweh. Nach einer weiteren Stunde hieß man mich aufstehen, mir war schwindelig und verdammt komisch, aber die Schmerzen ließen endlich auf ein wenigstens halbwegs ertragbares Maß nach. Das war‹s, ich war heilfroh. Ich durfte wieder nach Hause fahren und ließ mir ein Taxi rufen um mir bei Nele meine Schlüssel abzuholen. Den Pinto hatte sie erst bei einer Bekannten im »Tierhotel Lilly« in La Caleta de Interian untergebracht und anschließend fuhr sie direkt ins Hospital um zu erfahren was mit mir los sei. Auf der Suche nach dem Haupteingang, der sich auf der Rückseite des zweiten Gebäudes befand, rüttelte sie probeweise an einer Metalltür und prompt ging in voller Lautstärke eine Alarmsirene los. Nele schaute nur noch, dass sie so schnellstmöglich um die Ecke verschwand, was mit zwei Krücken auch nicht ganz so einfach war. Wer denkt denn schon an so etwas, über der Tür stand zwar ein Schild »Videovigilada« also Videoüberwacht, aber das lärmende Getöse erschreckte sie dann doch ziemlich. Endlich fand sie auch den Haupteingang, wo sie nach einer Stunde warten vernünftigerweise wieder nach Hause fuhr, sie war ja davon ausgegangen, dass sie am Abend noch meine Tiere auf der Finca hätte füttern wollen. Ich bekam meine Schlüssel und sie lieh mir ihre Ersatzkrücken und damit konnte ich mich wesentlich besser und vor allem sicherer bewegen und das Bein entsprechend entlasten, darum ließ ich mich mit dem Taxi gleich weiter nach Hause fahren. Meine Hunde bekamen Trockenfutter und gut war‹s. Mir war immer noch sauübel zumute, komisch schwindelig und einfach schlecht, es fühlte sich so an als wenn mein Kreislauf nach unten wegsackte, aber der Blutdruck lag bei 177, war also überhaupt nicht niedrig. Ich versorgte noch die Katzen, legte mich auf die Couch und schlief sofort ein, bis ich irgendwann nachts aufwachte. Vier Katzen hatten es sich auf mir bequem gemacht und mich als warme weiche Matratze genutzt, oder aber sie spürten mal wieder, dass es mir nicht so gut ging und wollten mir wie schon so oft in den letzten Monaten mit ihrer direkten körperlichen Anwesenheit einfach nur helfen. Ich ging ins Bett und schlief gleich weiter. Morgens rief ich meine Mutter an, die erzählte mir, dass ihr Partner Franz gestern früh gestürzt war und seitdem mit gebrochenem Knöchel im Krankenhaus lag. Meine Freundin Petra erreichte ich auch und sie war mit verdrehten und entzündeten Brustwirbeln eine Woche außer Gefecht gesetzt. Von Nele wusste ich, dass sie zu einer Freundin unterwegs war und rief meinen Freund Sasan an, ob er Lust und Zeit hätte mit mir Hund und Auto abzuholen, eine halbe Stunde später war er bei mir. Zuerst holten wir meinen Jungen Pinto ab, der arme Kerl wusste ja gar nicht, was mit ihm geschehen war, er hatte doch nun wirklich nichts falsch gemacht. Im Tierhotel Lilly war er jedenfalls sehr liebevoll betreut und allerbestens versorgt worden. Sasan parkte am Zufahrtsweg und fuhr sich dabei auch noch einen dicken Kratzer ins Auto, aber er nahm es echt gelassen hin. Vor lauter Freude mich zu sehen flippte Pinto fast aus und war überglücklich mit mir wieder nach Hause gehen zu können. Wir holten den BMW ab und fuhren zu unserem Italiener nach Playa San Marcos, dorthin lud ich den Sasan als Dankeschön zum Essen ein und dort konnten wir auch in Ruhe draußen sitzen und den glücklichen Pinto mit uns nehmen. Nele rief ich vom Tierhotel aus an und fragte, ob sie mit uns kommen möchte, aber ihr war schon der gestrige Tag auf den Magen geschlagen und als sie heute früh mit ihrem Auto nach Puerto fahren wollte, kochte das Kühlwasser nach zwei Kilometern. Sie schaffte es noch bis zur nächsten Tankstelle füllte einen Liter Wasser nach und von da aus ging es ganz langsam und mit vielen Pausen wieder zurück nach Hause. Heute war Feiertag und so konnte sie ihren Wagen auch nicht in unsere Werkstatt bringen lassen. Am nächsten Morgen fuhr sie mit ihrem Jimny zu unserer Werkstatt. 100 Meter vorher röchelte ihr Wagen einmal kurz auf, räusperte sich ein letztes Mal und ging dann einfach aus. Die schlimmste Steigung packte er noch bevor er ausging und Nele schaffte es ihn in Sichtweite der Werkstatt rechts an den Straßenrand lenken. Sie stellte die Warnblinkanlage an und ein Monteur sowie der Sohn vom Chef kamen bereits angelaufen um zu helfen. Sie kennen unsere Autos und ihr Wagen war gerade erst von ihnen durch den TÜV gebracht worden. Der Chef selber folgte kurz darauf und die drei Männer schoben schnaufend und stöhnend den Jimny das restliche, sanftere Stück Steigung in die Werkstatt. Die Wasserpumpe und das Thermostat waren im Eimer. Nun hieß es auf die Ersatzteile warten, und dann mal schauen ob das alles war. Später rief sie mich an und sagte mir, dass sie endlich den Versicherungsmakler erreicht hätte und die schon wieder erzählten, dass es Probleme mit meiner Krankenversicherung geben würde, anscheinend konnte man mit meinem Vertrag nur transportiert werden, wenn Lebensgefahr bestünde. Wie hätte ich denn bitte in dem Zustand überhaupt irgendwo hin kommen sollen? Okay, wir hätten mich vielleicht noch mit etwas Mühe, der Hilfe einiger Leute und viel Kreativität auf Neles Autodach festschnallen können, aber da kamen wir in dem Moment echt nicht drauf. Da Neles neuer Computer auch komplett abgestürzt war, lag sie nach den letzten Tagen nervlich ohnehin schon bei hundertachtzig und fuhr der Versicherungstante harsch über den Mund, dass sie mit ihr nicht über die Kostenübernahme diskutieren würde. Sie hätte ein Scheiß Wochenende gehabt und sie schicke ihnen jetzt nur noch meine Krankenhausunterlagen zu und basta. Sie hatte die Schnauze gestrichen voll!!! Natürlich weigerte sich die Versicherung meinen Transport und die Behandlung im Krankenhaus zu übernehmen, welch eine Überraschung, das hätte ich nach den ganzen bemerkenswerten Erfahrungen mit dieser Krankenversicherung nun wirklich nicht vermutet, nein nein, ganz bestimmt nicht. Und außerdem war ich ins falsche Krankenhaus gefahren worden, aber dummerweise hatte ich gar keine Liste wo ich hätte hin fahren dürfen. Aber solch tolle Klauseln muss man schließlich auch verstehen, es geht doch auch bei diesem börsennotierten Unternehmen nur noch darum, die Dividenden ihrer Aktionäre zu erhöhen, was sonst sollte denn von Interesse sein? Gott, da kann ich ja wirklich heilfroh und dankbar sein, dass ich mich mit den Brüchen in Fuß, Bein und Rücken lieber selber behandelte und keinen Krankenwagen nahm und beim Dünndarmverschluss ein Jahr später ebenso.

Ehrlich, man braucht wirklich nicht alles zu planen, man kann sich ruhig mal entspannt zurück lehnen, atmen, vertrauen, den Dingen ihren Lauf lassen und einfach beobachten was passiert. Stimmt schon. Und ich bin auch ganz und gar nicht der Meinung, dass ich immer mittendrin hängen muss, aber bisher fand ich noch kein wirksames Rezept, wie man alles spurlos an sich vorüber ziehen lassen könnte. Auf jeden Fall fing ich schon mal an mir wichtige Telefonnummern nach und nach in mein Handy einzugeben. Man kann schließlich auch aus solchen Situationen etwas dazu lernen. Mein Torschlüssel wird nachgemacht und eine Freundin bekommt einen Schlüssel und dazu sämtliche wichtigen Telefonnummern. Meine Nachbarn boten sich an bei Bedarf meine Tiere mit zu versorgen und bekamen ebenfalls einen

Schlüssel. Das zu wissen, ist eine richtige Erleichterung für mich. Nele hatte ja meine Schlüssel schon, wie ich den ihren auch, sie bekommt jetzt noch alle wichtigen Rufnummern von mir. Das Wochenende war mir eine saftige Warnung. Nicht so ein netter kleiner Wink mit ner Zaunlatte, sondern schon so richtig einer mit einem Laternenpfahl und anständig Kawummdich dahinter. Das rüttelte mich ziemlich auf. Nun organisiere und kläre ich einiges für den Fall dass ich mal komplett ausfallen sollte. Bisher schob ich immer nur alles Negative für mich als niemals und nimmer zutreffend weg und bei meinem Unfall war ja Jochen hier, aber jetzt trage ich die Verantwortung und die Fürsorge für meine Tiere ganz alleine und da geht es nicht mehr darum was ich nicht will und was mir bestimmt nicht passiert, sondern einzig was dann mit meinen Tieren passiert. Ich wollte doch nur niemals soweit denken müssen, aber so ist nun mal die Realität.

Ich glaube wenn man so einen richtigen »Lauf« hat, dann kann es nach Murphys Gesetz gar nicht so früh aufhören mit den »netten Kleinigkeiten« des Alltags.

Nele war am Ende dieser Woche bei ihrer Bank und schrieb mir anschließend:

»Ich hoffe, dass die kommende Woche besser wird. Am Samstag war ich am Geldautomaten. Er spuckte auch brav das gewünschte aus, aber als ich mein Libreta (Kontobuch) aktualisieren wollte, fraß er das. Anschließend ist das Windows System am Automaten abgestürzt und beim Neustart hat er das BUCH NICHT MEHR RAUSGERÜCKT! Mir reicht es jetzt mit Computern.«

Nun denn, da konnte ja eigentlich nicht mehr viel kommen, oder doch?

Am folgenden Tag erfuhr ich von meiner Mutter, dass meine Tante Else mit 95 Jahren gestorben war. Die letzten fünf Jahre vegetierte sie als Pflegefall der Stufe 3 in einem Altenheim vor sich hin. Vollständig ans Bett gefesselt und niemanden mehr erkennend. Das wünsche ich wirklich keinem. Am Montag stellte ich fest, dass ich den Pinto am Samstagabend aus Versehen im

Hühnergehege eingesperrt hatte. Ich wunderte mich schon, wo er morgens und beim Füttern blieb, aber da meine großen Burschen und Tamina derzeit viel jagen war ich davon ausgegangen, dass er noch inbrünstig an irgendeinem Rattenloch oder Karnickelbau schnüffelt. Armer Kerl, der war vielleicht überglücklich mich und die anderen Hunde am Montag früh zu sehen. Auf der Bank im Hühnergehege sitzend wurde ich von ihm eine halbe Stunde lang stürmisch abgebusselt und sogar blitzschnell ganz zart in die Nase gebissen, ich konnte mich gar nicht schnell genug gegen seinen Liebesüberschwang erwehren. Hunger hatte er keinen, der hatte sich an den Eiern und dem Hühnerfutter gütlich getan, recht haste mein Junge, war ja schließlich meine eigene Schuld.

Am Dienstag hatte ich meinen nächsten Termin bei Pedro und da es noch unter 10° war und es außerdem regnen sollte, leinte ich die Hunde nicht an, sondern ließ sie frei laufen. Na logisch barg das bei der Heimkehr ein gewisses Risiko des Stiften-gehens für mich, aber das war mir heute egal. In 90 % der Fälle wo ich sie nicht anleinte, schaffte ich es ja auch problemlos in das Tor hinein zu gelangen, ohne dass mich gleich drei glückliche Monster hemmungslos über den Haufen rannten. Diesmal waren sie allerdings schneller als ich. Tamina kam nach einer halben Stunde wieder, Tango nach einer Stunde und mein in dieser Hinsicht süßes Dummerle Pinto fand mal wieder nicht den Weg nach Hause. Alle halbe Stunde ging ich zum Tor um ihn zu rufen und als es dunkel wurde, halt mit der Stablampe in der Hand. Gegen halb neun Abends hörte ich mein Schätzchen außerhalb des Zaunes im unteren Land jämmerlich jaulen und ging sofort seinen Namen rufend in seine Richtung. Da saß er mal wieder im schon bekannten Eck und war zu dumm um nach Hause zu finden. Mit der Lampe und rufen lockte ich ihn bis zu einem Loch an der oberen Zaunkante durch das Tamina und Jerry früher von ihren Streifzügen heimkehrten. Ich erweiterte das Loch noch ein Stück und lockte ihn direkt zum Zaun. Unsicher war mein Bursche und Brombeeren wuchsen dort und so recht traute er sich dann doch nicht durch das Loch zu springen. Da ich aber auf meiner Seite des Zaunes tiefer stand als er, konnte ich den Jungen auch nicht einfach packen und durchheben, also ließ ich mit Hilfe der Lampe meine Blicke schweifen und entdeckte eine halbe Holzpalette der leichteren Bauweise. Glücklich schnappte ich das Teil, hievte es mit etwas Mühe über den Zaun und rangierte es so lange in den Brombeerstrünken hin und her, bis für Pinto eine gangbare Rampe zum Loch im Zaun stand. Dann lockte ich ihn erneut zu mir her und siehe da, nach anfänglichem Zögern kam er von selber auf die Latten drauf und im gemeinsamen Teamwork schafften wir beide es, meine süße Intelligenzbestie mit tastenden und zögernden Schritten auf die Heimatseite zu ziehen und letztendlich durch das Loch hindurch zu heben. Das Stück Palette kriegte ich mit etwas Mühe auch wieder über den Zaun zurück auf meine Seite gehoben und das rechtzeitig fünf Sekunden bevor meine Lampe ausging. Das nenne ich doch mal ein perfektes Timing.

12. Februar 2015 – Frühlingsankündigung

Der Frühling kündigt sich langsam aber sicher an.
Die Vögel zwitschern mich früh morgens wach, der Mandelbaum steht in voller Blüte und die Obstbäume treiben in rasanter Geschwindigkeit Knospen die nur noch auf ein paar sonnigere und wärmere Tage warten um dann, fast schon in wenigen Stunden oder spätestens nach zwei Tagen in einer wahren Farbenflut zu explodieren und ihre betörenden Düfte lockend zu verströmen.
Gestern ließ ich meine Hühner wieder aus ihrem Areal heraus und brachte sie erst heute zurück. Bei den Hochbeeten stürzte auf einmal eine Furie von einer wilden Henne auf die Hunde los und griff sie todesmutig immer wieder an. Sie hatte ganz bestimmt Nachwuchs. Ich hieß meine Hunde halten und ging an ihnen vorbei nach vorne um der Henne Schutz zu gewähren damit sie ihre Kinder rufen und um sich sammeln konnte. Die Hunde waren längst im Hühnergehege und Muttern spazierte bereits mit ihren zehn Küken hinterher. Ich traute meinen Augen kaum, aber da tauchte noch eine zweite Henne mit ebenfalls 10 Küken auf. Diese beiden hatten außerhalb des Hühnerareals gebrütet und wollten mit ihrem Nachwuchs Einlass in das sicherere Gehege haben. Echt, manchmal stehe ich einfach nur noch da und schüttele schmunzelnd den Kopf. That«s my life.

Neles »Freispielwoche« ging noch eine Runde weiter, am Rosenmontag brach ihre Zahnprothese in zwei Hälften und ihr Zahntechniklabor konnte sie wegen Carneval erst wieder am Mittwoch erreichen.
Bei mir tauchte unerwartet ein ehemaliger deutscher Nachbar auf. Er war zur Arbeitssuche nach Deutschland zurück gekehrt und kam einmal im Jahr für ein paar Wochen hierher um nach seinem Haus zu sehen. Seit Jahren hatten wir keinen Kontakt mehr zu ihm. Im Ort erfuhr er, dass Jochen gestorben war und

er war gekommen um mir vermutlich Beileid zu wünschen. Vermutlich sage ich deshalb, weil es für mich eine ziemlich merkwürdige Form der Anteilnahme war. Ich ließ in rein und noch am Tor sagte er mir, » ...dass er das von Jochens Ableben gehört hätte und er auch am liebsten tot wäre.« Aber nicht wegen Jochen, oder gar weil er selber gravierende Probleme hatte, sondern nur, weil in seinem Leben wohl nicht alles wie erwartet lief und er gleich darauf mit Inbrunst über Bonzen, Banken und Politiker schimpfte. Ehrlich, normalerweise bin ich weder auf den Mund, noch auf den Kopf gefallen, aber da verschlug es mir die Sprache und mir fiel nur als Antwort ein: »Nun ja, Jochen ist tot und ich bin im letzten halben Jahr viermal knapp daran vorbei gerauscht. Ich durfte es überleben und heute bin ich sehr froh darum. Um den ganzen übrigen Schwachsinn der ach-so-intelligenten Menschheit kann und will ich mich derzeit echt nicht mehr kümmern.« Vielleicht hätte er in seinem Leben etwas weniger kiffen und saufen sollen, dann hätten möglicherweise neben ein paar Millionen Gehirnzellen auch noch ein klitzekleines Fünkchen Verstand und Empathie in ihm überlebt. Ich erwarte und will kein Beileid, geschweige denn Mitleid von anderen Menschen, aber ein wenig mehr Verstand wäre mitunter schon angebracht bevor man so gedankenlos den Mund aufmacht.

Ansonsten ist es mit so einer Struktur einfach besser, wenn man sich von der betroffenen Person so weit wie möglich fern hält. Das war bei ihm auch kein einmaliger verbaler Ausrutscher, dass ist mal ganz gewiss und darum hielt ich mich an einen wunderschönen und so treffenden Satz:

Meide negative Menschen.
Sie suchen immer ein Problem für jede Lösung.

15. Februar 2015 – Altchinesische Knoblauchtinktur

Langsam aber sicher gehen mir mein viel zu hoher Blutdruck und meine nicht richtig arbeitenden Nieren gehörig auf den Senkel und ich suchte nach dem Altchinesischen Rezept für eine Knoblauchtinktur:

altchinesisches Rezept gegen Arteriosklerose

Dies ist ein Rezept einer altchinesischen Arznei, welche im Jahre 1971 von einer UNESCO-Kommission in einem zerstörten tibetischen Kloster auf Tontafeln geschrieben gefunden wurde. Die Kommission übersetzte dieses Rezept in alle Weltsprachen, um es der Medizin des 20. Jahrhundert anzupassen.

Indikation
Es befreit den Organismus von Fett und Kalkschichten, fördert den Austausch der Materie im Organismus und die Elastizität der Blutgefässe, verhindert Infarkt (Verschluss der Arterien); Stenokardie (Angina pectoris), Apoplexie (Gehirnschlag) und Tumorbildung (Geschwulst). Das Sehvermögen wird dadurch erheblich verstärkt, die Geräusche im Kopf verschwinden. Bei strikter Einnahme dieser Tropfen verjüngt dieses Mittel den Organismus.

Zubereitung der Knoblauchtinktur:
   350g Knoblauch reinigen, pressen und mit 300g 96% Trinkalkohol mischen.
   Das Gefäß gut verschließen und an einem kalten Ort 10 Tage im Schatten stehen lassen.
   Dann durch ein starkes Gewebe pressen, nach 3 Tagen die Kur beginnen.

Tage	Frühstück (Tropfen)	Mittagessen (Tropfen)	Abendessen (Tropfen)
1	1	2	3
2	4	5	6
3	7	8	9
4	10	11	12
5	13	14	15
6	15	14	13
7	12	11	10
8	9	8	7
9	6	5	4
10	3	2	1

Nach diesen 10 Tagen 3x täglich 25 Tropfen nehmen bis die ganze Menge verbraucht ist. Es wird empfohlen, diese Kur nach 5 Jahren zu wiederholen. Durch die Einnahme dieser Tropfen gibt es keine unangenehme Ausdünstung durch die Haut. Die Chinesen geben der Rezeptur noch zusätzlich den Saft einer ganzen Zitrone hinzu, das regt die Entgiftungstätigkeit noch stärker an.

Vor 10 Tagen hatte ich Knoblauch und Alkohol gekauft und alles nach Anleitung zubereitet. Jetzt war es soweit, die Reifezeit war um und die Ernte konnte beginnen. Okay, wenn jemand den Duft von Knoblauch nicht ganz so gerne mag ist es vielleicht etwas strenger, aber ich liebe Knofi ohnehin in jeder Variante.

Ich nahm mir zum Auspressen ein sauberes Tuch und da drückte ich den Knoblauch durch. Der Sud fing ich auf und verteilte ihn auf verschiedene Tropfflaschen. Den ausgepressten Knoblauch bekommen meine Hunde jetzt täglich mit unter ihr gekochtes Futter gemischt, das ist für sie eine Wurmkur auf natürliche Weise und siehe da, es schmeckt ihnen sogar besonders gut. Okay, bei dem was meine Hunde auch sonst alles mit dem Obst und Gemüse zusätzlich zu fressen bekommen liegt vielleicht für den Durchschnittshund etwas außerhalb der Norm, aber ihnen tut es gut und sie lieben es.

In der Apotheke bestellte ich vor einer Woche für meine 15 Jahre alte Hündin Taifa das homöopathische Mittel Causticum D 12 in Globulis. Sie kann Kot und Urin nicht mehr halten, ist vom Typ her ein sehr schlankes Hundemädchen und sie entwickelte in den letzten Monaten eine zunehmende Schwäche auf beiden Hinterläufen. Auf Causticum kam ich durch das ganz hervorragende Buch »Homöopathie für Hunde« aus dem Knaur Verlag, Taifa hatte bereits zweimal grauen Star, war fast erblindet und beide Male konnte ich das mit Causticum wieder wegbekommen. Es ist also das auf sie zutreffende Mittel, nur muss die Dosierung jetzt etwas häufiger und vor allem länger eingehalten werden, und wenn es ihr hilft mache ich das doch sehr gerne!

Ebenfalls im Knaur Verlag erscheint auch das Buch »Homöopathie für Katzen«, was wir vor einigen Jahren bei den Harnsteinen von Kater Ulysses sehr erfolgreich zu Rate zogen.

Bei meinen Bachblüten konnte ich mittlerweile die Anfangs für mich so wichtigen Blüten »Star of Bethlehem«, »Sweet Chestnut« und »Impatiens« hinter mir lassen, ebenso wie die darauf folgenden Blüten »Rock Rose«, »Olive« und »Hornbeam«. Im Augenblick benötige ich nur noch die Blüte »Walnut« die für einen Neubeginn steht.

Ich spüre die seelische Veränderung in mir bereits sehr deutlich, mein Herz und meine Seele werden zunehmend freier und leichter und ich weine seit Mitte Januar auch erheblich seltener.

Mein Gedächtnis ist nach wie vor nur bruchstückhaft zurück gekehrt. Englisch lässt sich nur durch sprechen ein wenig ankurbeln, nicht mehr durch lesen, sondern bei mir nur durch aktives Sprechen mit einer anderen englisch sprechenden Person. Okay, ich war noch nie gut darin eine Fremdsprache aus Büchern zu erlernen, aber man konnte mich locker mit einem Lexikon unterm Arm in einem fremden Land aussetzen und nach spätestens vier Wochen konnte ich mich einigermaßen gut verständigen. Ich lerne Sprachen relativ schnell in erster Linie über die Ohren und zur Ergänzung über die Augen im Alltag.

Termine, die ich in der nächsten Woche habe versuche ich mir natürlich im Kopf zu merken, aber es fällt mir momentan noch leichter, wenn ich sie mir zusätzlich aufschreibe. Was in der letzten Woche passiert ist, davon behalte ich allenfalls einzelne Momente in der Erinnerung und sie verblassen zusehends schneller, je länger etwas zurück liegt. Mein Kurzzeitgedächtnis hat anscheinend noch ein paar ordentliche Macken. Vor zwei Monaten begann ich mit dem regelmäßigen lösen von Denksportaufgaben. Alles was mit Allgemeinwissen oder unserer Sprache zu tun hat fällt mir leicht, Zahlenaufgaben verstehe ich noch nicht und das räumliche Denken, dass bei mir vorher sehr gut ausgeprägt war, lässt sich derzeit nicht mal mehr ansatzweise blicken. Mein Wissen über die Medizin und Naturheilkunde kommt erst sehr sehr langsam und immer noch über einzelne »Schubladen« oder »kleine Fenster« in Splittern zurück. Gerade mal in den Bereichen, die die Gesundheit unserer Tiere und meine eigene Gesundheit angeht, da kann ich es gerade mal schaffen kurzfristig und ganz gezielt die meine Erinnerung dicht abschottende Membran zu durchbrechen, da geht es ja auch um für uns wichtige medizinische Bereiche. Bei allem anderen zielt mein Denken zwar schon ab und an in diese Richtung und nimmt zaghaft und vielleicht auch etwas halbherzig Kurs auf mein Wissen, aber bevor es dort Zugriff bekommt, schlägt mein Hirn ein scharfen Haken und biegt im rechten Winkel ab.

Ich weiß ganz genau, dass das Wissen noch vorhanden ist, das fühle ich in meinen Fingerspitzen, aber vermutlich hält mein Hirn derzeit eine noch längere Pause für angebrachter und wartet mit einer weiteren Öffnung auf einen besseren Zeitpunkt.

Das beunruhigt mich nicht, im Gegenteil, ich nehme es so an wie es ist und empfinde es so, als wenn mein Unterbewusstsein das ganz unabhängig von meinem Kopf für mich entscheidet um mich zu schützen. Ich benötige all dieses Wissen derzeit ja auch gar nicht, also warum sollte es mir jetzt, in diesem Moment, uneingeschränkt zur Verfügung stehen, wenn die vorhandene knappe Energie an anderer Stelle dringender benötigt wird. Ich denke mal, wenn ich irgendwann wieder mehr von früher wissen soll, wird sich das von selber ergeben und wenn es sich nicht ergibt, dann ist das auch in Ordnung. Es wird kommen, was kommen soll.

Derweil trinke ich weiter Melissentee, der nicht nur gut für›s Herz sondern auch für›s Hirn ist und mir auch allgemein sehr gut tut und ich fröne mit Wonne meiner heimlichen Liebe dem Kakao.

Den Tipp mit dem Kakaohaltigen Stärkegetränk bekam ich von dem Münchner Kollegen Helmut: Man stellt ein Schraubdeckelglas auf eine Küchenwaage und gießt Trinkwasser hinein. Dann gibt man ein Zehntel des Gewichtes vom (warmen) Wasser an ungezuckertem, echtem Kochkakaopulver hinzu und rührt alles so lange um, bis kein trockenes Kakaopulver mehr zu sehen ist. Deckel drauf und in den Kühlschrank stellen. Nach 12 Stunden ist das Wasser perfekt durchgezogen und von dieser Mischung nimmt man für eine Viertellitertasse ein bis zwei Esslöffel (Kakaosüchtige Schleckermäuler auch mal drei), vielleicht ein paar Krümel Zimt, ein paar Tropfen Sahne, Ziegenmilch oder als nächstes probiere ich auch mal Haselnussmilch und Quinoa aus, und gießt die Tasse einfach mit heißem Wasser voll. Dasselbe kann man natürlich auch mit ganz normalem gemahlenen Kaffee machen. Die beruhigende Wirkung des Kakaos und die anregende Wirkung des Kaffees bleiben die selben, und der Geschmack bleibt ebenso wunderbar, aber man benötigt mit dieser Methode erheblich weniger Rohstoffe und die längerfristige Belastung des Organismus kann erheblich reduziert werden.

Wenn ein Mensch ausreichend körperliche oder auch sonstige Probleme hat sagt man bei uns mitunter schon mal, ›Mensch, der hat aber echt die Flöhe am Leib …‹. Und wenn‹s dann noch ein paar Schwierigkeiten mehr sind, dann können es auch schon mal Flöhe (pulgas) und Läuse sein. Dieses Sprichwort versuchte ich bei der nächsten Behandlung dem Osteopathen Pedro zu erklären. Mir fiel nur das Wort für Läuse (piojos) nicht ein und so wurden halt Zecken (garrapatos) draus. Das waren dann also pulgas und garrapatos die man dann hat. Pedro, der gerade dabei war meinen rechten Haxen zu verbiegen, hielt einen Moment inne und meinte trocken: » ... und davon hast Du auch noch viele.« Ich antwortete grinsend unter einem dezenten Schmerzstöhner: »Passt doch prima, damit bin ich niemals alleine ...« Sein Blick mit den hoch gezogenen Augenbrauen sprach Bände und ich ergänzte mit: «Was willst›e denn, mein Humor ist nach wie vor sehr gesund ...«. Dem konnte er nur noch kopfschüttelnd und lachend zustimmen. Ich wäre eine »mujer mui espezial« (sehr spezielle Frau), komisch, das habe ich schon öfter zu hören gekriegt, dabei weiß ich gar nicht warum.

20. Februar 2015 –
Flughafenrollstuhlassistenz

Vorgestern brachte ich unsere lieben Freunde Rüdiger und Karin zum Flughafen. Diesmal hatten sie während ihres Urlaubs mit dem Wetter leider weniger Glück gehabt. In der gesamten Zeit war es verhältnismäßig kühl und regnerisch. Seit Rüdiger durch die Parkinson Erkrankung ziemlich schlecht zu Fuß ist, parke ich am Flughafen am Kurzzeitparkplatz und bringe natürlich beide samt Papillonmädchen Selina und Gepäck in die Abflughalle. Dort warte ich mit ihnen, bis die Rollstuhlassistenz Rüdiger abholt und sie beim Flug einchecken können. Aber diesmal war Aschermittwoch und von den sonst bestimmt an die 10 Rollstuhlassistenten sahen wir eine Stunde lang nur insgesamt drei und der Abflugtermin rückte bereits energisch näher. Karin organisierte für Rüdiger wenigstens noch einen verwaisten leicht demolierten Rollstuhl, während ich auf das Gepäck, Selina und Rüdiger aufpasste und ihn, der sich mit dem Rücken erschöpft an einer Wand lehnte, mit der Hand an der Schulter an die Wand stützte. Setzen wollte er sich nicht. Als nach einer knappen Stunde noch immer kein Helfer kam, gingen wir mit ihm im demolierten Rollstuhl selber zum einchecken, schließlich wollten die beiden ja ihren Flug noch erwischen. Sie bekamen die letzen beiden Sitzplätze und die lagen auch noch vier Reihen auseinander, was bei Rüdigers Inmobilität kaum machbar war, aber es hieß erst mal rein ins Flugzeug. Drinnen trafen sie dann mit Hilfe der Stewardess auf sehr freundliche und verständnisvolle andere Reisende, die völlig problemlos ihre Plätze mit ihnen tauschten (wie sie mir später erzählten als sie daheim angekommen waren). Es gibt doch noch überall sehr nette und hilfsbereite Menschen. Ich musste mich auch von Rüdiger verabschieden, er wird nicht mehr hierher kommen können, die Reise ist für ihn zu anstrengend geworden, genauso wie für meine Mutter und meinen Vater mit seiner Partnerin Uschi. Deshalb möchte ich ja im April auch meine Eltern und alte Freunde in Deutschland besuchen, da liegt mir sehr viel dran.

Pedro stellte über Kinesiologie fest, dass meine rechte Oberschenkelmuskulatur noch sehr stark vom Herzen und den Herzgefäßen mit beeinträchtigt wird und so gab er mir bestimmte Massagepunkte in der Herzregion die ich sanft stimulieren soll und außerdem schnallte ich mir zu Hause zwei Laufgewichte außen an den Knöchel und mache damit seitliche Beinbewegungen um die Muskulatur wieder gezielt zu stärken. Ich will ja schließlich wieder ganz auf die Beine kommen.

In mir ist es seit Mitte Januar deutlich ruhiger und klarer geworden, ich scheine den schlimmsten Bereich der Trauer um Jochen halbwegs überwunden zu haben. Wenn ich eine Sendung sehe und dort eine Stätte auftaucht, wo Jochen und ich zusammen waren, schlägt die Trauer noch kurzfristig mit Wucht zu. Dann lasse ich die Tränen einfach laufen und sie hören nach wenigen Minuten von selber auf, aber es bleibt in mir nicht mehr diese so kalte, tiefe und lähmende Leere zurück. Jochens Seele lächelt mir dabei liebevoll zu und sein Gesicht drückt aus, dass er volles Vertrauen in meinen Weg hat und mich unterstützt. Ich habe ihn ganz sicher losgelassen, aber mir kommt es so vor, dass er noch zeitweise über mich wacht und mich beschützend begleitet. Ich werde ihn immer lieben.

Mittlerweile habe ich es geschafft, schon mal für den 15. April meinen Hinflug nach München zu buchen.

26. Februar 2015 – Abschied und Neuorientierung

Vor zwei Tagen harkte ich den rund 100 Meter langen Weg von den Stallungen im Hühnergehege bis hinter den Gemüsebeeten gründlich von Steinen frei. Am Ende angekommen hielt ich inne und schaute zufrieden auf die geharkte Fläche zurück. Da flüsterte ich aus Gewohnheit ein leises: »So mein Schatz, ich hab Dir jetzt die Steine aus dem Weg geräumt, nun kannst Du hier wieder sicherer laufen wenn Du magst.« In dem Moment traf mich völlig unvorbereitet eine Erkenntnis so grell, hell und laut wie ein einschlagender Blitz. Mir wurde in der Sekunde schlagartig klar, dass ich vermutlich vieles, was ich in unserem gemeinsamen Zusammenleben machte, einfach gerne für Jochen tat um ihm eine Freude zu bereiten oder auch seinen Weg zu erleichtern. An den meisten Veranstaltungen war Jochen schon vor dem Autounfall weniger interessiert, er war ebenfalls hochsensibel und da werden Lärm, Licht, bestimmte Tonfrequenzen, Gerüche und vieles mehr sehr viel intensiver empfunden als normal. Mir war es sehr recht, ich passte mich gerne an und ließ dafür verstärkt meine eigene Kreativität zu Hause spielen. Er war so zufrieden und dankbar für alles und er konnte sich so herrlich freuen, das machte mich unendlich glücklich. Mir fehlte nie etwas und ich vermisste auch niemals etwas.

In der Praxis liebte ich meine Arbeit mit den Patienten sehr, da konnte ich mein ganzes Wesen, Wissen und Können mit Leib und Seele einbringen und den Menschen helfen wieder zu gesunden, das war mir immer ein Bedürfnis und eine große Freude. Jochen war der Kopf der Praxis, ich die Seele – so formulierten es jedenfalls unsere Patienten. Ich war die ganzen Jahre rundherum zufrieden und sehr glücklich damit. Nach dem Autounfall stürzte ich mich voller Eifer auf die Fincaarbeit, verarbeitete die Früchte und das Gemüse und mein Schatz machte mit was er konnte und so gut er es vermochte. Das Wort Langeweile kenne ich zwar von der Schreibweise her, aber das Gefühl ist mir völlig fremd. Jochen schrieb verschiedene Bücher, ich korrigierte und überarbeitete sie, darunter auch mehrere Manuskripte, die noch nicht veröffentlicht wurden. Er malte mit Öl, Aquarell und Kreide und ich mit Wasserfarben. Er besorgte sich gebrauchte Bongotrommeln, lernte Gitarre spielen und nach einer Weile ergriffen auch die Hunde nicht mehr die Flucht vor den anfangs ziemlich schrägen Tönen. Ich krabbelte für Reparaturen monatelang auf dem Dach und rund ums Haus herum und übernahm automatisch die Tätigkeiten die er nicht mehr ausführen konnte. Jede meiner kreativen Ideen griff er begeistert mit auf und so legte und klebte er mit mir zusammen mit Bruchfliesen aus dem Abfallcontainer begeistert die Fliesenmosaike um Haus und Pool, malte ebenso Grußkarten und bei den neuen Küchenkreationen tobten wir uns beide aus. Das heißt wir beide ergänzten uns von der ersten bis zur letzten Sekunde unseres Zusammenseins optimal und unterstützten uns immer gegenseitig voll und ganz. Als er starb, starb auch in mir ein immens wichtiger Teil meines Lebens und meiner Seele und nun musste ich mir klar machen, dass ich zukünftig alles nur für mich alleine machte. Ich muss mein ganzes Leben verändern und mich und meine eigenen Interessen sozusagen neu finden und neu entdecken. Nach so einer langen Zeit der innigen Zweisamkeit ist das gar nicht so einfach, aber ich habe bereits damit angefangen, indem ich neugierig verschiedenes ausprobiere.

Wer nur ständig zurück schaut kann nicht sehen, was auf ihn zukommt.

Letzte Woche war ich bei unserer Bank und der Bankbeamte hat eine ähnliche Statur wie Jochen. Da fragte ich ihn ganz vorsichtig, ob er eventuell Hemden von meinem Schatz haben möchte. Er stimmte sofort begeistert zu. Zu Hause packte ich zwei große Einkaufstaschen mit Jochens Hemden und nahm sie beim nächsten

Besuch mit. Es war gerade keine Kundschaft in der Bank, er sah mich herein kommen, lief mir um seinen Tresen herum entgegen und als er die beiden Taschen sah entfuhr ihm ein lautes »WOW!«. Ich wünschte ihm, dass ihm einige Hemden passen mögen und sagte ihm, dass Jochen sich sehr freuen würde, wenn er ihm damit einen kleinen Gefallen tun könnte. Da nahm er mich ohne Vorwarnung in den Arm, drückte mir mit Tränen in den Augen einen herzhaften Kuss auf die Wange, schob mich auf Armlänge zurück und sagte dann ganz leise ein aus dem Herzen kommendes »Gracias a Jochen y a ti.«. Ich bin nach wie vor weiter am Ausräumen und Aussortieren und das wird auch noch eine ganze Weile dauern bis ich da durch bin, aber es wird poco a poco und mit jedem Schritt befreit es weiter Seele und Herz.

Meine Lebensmittelfarben, Tonerden und Seifenparfüme überprüfte ich, notierte die unterschiedlichen Lösungsformen (ob in Wasser oder Öl) und die Mengenangaben in meinem Seifenbüchlein, die Formen säuberte ich gründlich von Seifenresten und schnitt neue Abdeckfolien auf Maß zu. Und dann nahm ich mir tatsächlich ein Herz und stellte seit anderthalb Jahren wieder die ersten 2 kg Olivenölseife her. Sie sind so schön anzuschauen und duften auch ganz fantastisch. Nachdem die Seife in den Formen war, kam sie für zwei Tage in eine umgebaute Kühlbox zum »durchseifen«. Was sonst kühlt, hält bekannterweise auch die Wärme und so hatte ich die Box zusätzlich dick mit Zeitungspapier ausgeklebt; das ist die optimale Temperatur für die Seife um sich zu verfestigen, besonders weil ich meine Seifen ausschließlich im »Kaltverseifungsverfahren« herstelle. Damit bleiben sämtliche Wirkstoffe der Rohstoffe besser erhalten. Wenn manche Seifen sich anschließend etwas schwerer tun die Form zu verlassen, stellt man sie für eine Weile in den Gefrierschrank und lässt sie danach eine halbe Stunde bei Raumtemperatur stehen. Dann flutschen die fertigen Seifen problemlos raus und die Formen gehen nicht so schnell kaputt. Jetzt habe ich die erste Charge zum Trocknen für die nächsten sechs Wochen vorbereitet, damit sinkt auch der PH-Wert der Seife ganz erheblich und das ist sehr wichtig wenn man eine sehr pflegende Seife haben möchte.

3. März 2015 –
Trauer, Wut und Ängsten stellen, Specksteinofenaufbau

Bei der letzten Osteopathie-Behandlung kam raus, dass noch sehr viele Ängste, Wut und Trauer mein Herz und meine Nieren stark belasten. So aus dem Stegreif fiel mir bis auf die Trauer natürlich nichts ein, aber ich nahm mir vor die angesprochenen Themen gründlich zu durchleuchten und mich tief innen drin ganz ehrlich zu hinterfragen. Für jedes Thema nahm ich einen Zettel und über den ersten schrieb ich: »Was macht mir immer noch Angst?« Der zweite Zettel bekam die Überschrift: »Was macht mich immer noch wütend?« Und der dritte Zettel erhielt die Überschrift: »Was macht mich immer noch traurig?« Zwei ganze Tage lagen diese Zettel gut sichtbar auf meinem Esstisch und bis auf die Trauer, die sich um Jochens nicht-mehr-Anwesenheit drehte, fiel mir beim besten Willen und Nachdenken keine Antwort ein. Ich klemmte den Zettel mit der Trauer und dem was ich dazu geschrieben hatte, mit Magneten an meine Kühlschranktür. Die Blätter mit dem Thema Angst und Wut blieben weiterhin gut sichtbar auf meinem Esstisch liegen. Das Thema Ängste beschäftigte mich allerdings im Unterbewusstsein unablässig weiter und als ich in der Küche mit einer ganz anderen Arbeit zu gange war, kam mir der erste Gedanke, den ich auch sofort aufschrieb und von da an ging es Schlag auf Schlag. Kaum war ich damit fertig, reihten sich auch gleich die Wutthemen wie »Religiöse Fanatiker« jedweder Couleur, die im Namen ihres »Gottes« immer noch unzählige bestialische Morde begehen, Regierungen und Konzerne, die mit brutaler Gewalt über Menschenleben hinweggehen, Verleumdungen, Ungerechtigkeit und die grenzenlose maßlose Dummheit und blinde überhebliche Ignoranz der überall existierenden, völlig verblendeten Rechtsradikalen auf der ganzen Welt aneinander. Auch diese beiden Zettel heftete ich nun zu dem Trauerzettel auf

Augenhöhe an den Kühlschrank und besah mir ganz bewusst mehrmals täglich, was das alles für Themen waren, die mich und meine Gesundheit immer noch unbewusst und so massiv beeinflussten. Auf einmal regte sich heftiger Widerstand in mir, diese Aussagen stimmten für mich heute so nicht mehr! Jochen half mir mit seiner Liebe und Klugheit so sehr, mich mit vielen dieser Themen und meinen Ängste davor auseinanderzusetzen, zu regulieren und zu verändern. Und so nahm ich den Zettel mit den Ängsten wieder ab und schrieb meine aktuelle ehrliche und sehr stark gefühlte jeweilige korrigierte Antwort hinter jede Aussage. Das fühlte sich jetzt für mich deutlich besser und richtiger an als vorher. Und somit konnte ich die Zettel viel besser im Reinen mit mir erneut an den Kühlschrank hängen damit mir endgültig bewusst wurde, dass ich vor all den aufgeschriebenen Sachen keine Angst mehr zu haben brauchte.

Nach langer Suche fand ich endlich einen Ofenbauer, und der begann heute mit der umfassenden Reparatur meines Kamin, oder besser gesagt meiner Ofenrohre. Auf dem Boden liegend betrachtete er ungläubig mit großen Augen das geriffelte kaputte Aluminiumrohr unter der Sitzbank, holte tief Luft und fragte vorsichtig: »Gell, Du weißt schon, dass diese recht eigenwillige Konstruktion von Rauchabzugsrohr nicht zulässig ist?« Ein heiteres Glucksen ging meiner Antwort voraus: »Nicht zulässig? Aber nicht doch, wer wird denn da so niggelig sein, wir waren doch seinerzeit froh hier überhaupt etwas gefunden zu haben, unsere hiesigen selbsternannten ›Ofenbauer-Spezialisten‹ hatten diese geriffelte Röhre eingebaut.« »Aha, hiesige ›Ofenbauer-Spezialisten‹, ich verstehe. Das hier ist das Aluminium-Abluftrohr einer Dunstabzugshaube und durch die Hitze und die Jahre komplett zerbröselt.« Es war natürlich klar, dass dieses Rohr ebenfalls komplett ausgetauscht werden musste und während er mit der Demontage der kaputten Röhre begann, erzählte ich ihm unsere ›Ofenbauer-Spezialisten-Story‹:

Da wir auf über 600 Höhenmetern liegen, kam mein Göttergatte auf die wirklich gute Idee, dass wir uns gegen die Winterkälte mit einem lauschigen, gemütlich-knisternden Feuer in einem Specksteinofen wappnen sollten. Patienten hatten ein solches Geschäft und da uns ein Ausstellungsstück von einem finnischen Specksteinofen ganz besonders zusagte, wurde er auseinandergebaut, die Teile fein säuberlich nummeriert, alles sicher verpackt und das große dreidimensionale Puzzle für erwachsene Männer kam mit dem Umzugstransport hierher nach Teneriffa. Eigentlich hätte unser Hausumbau zu dem Zeitpunkt bereits kurz vor seiner Vollendung stehen sollen, aber »eigentlich« und »hätte« waren dann doch pure Theorie wie sich bald vor Ort heraus stellte. Die regeste Bautätigkeit konnten wir immer während unserer Anwesenheit feststellen und da dachten wir uns so manches mal ›Mein Gott, können die hier schuften!‹, aber sobald wir uns auf den Weg zum Flughafen machten, ließen sie offensichtlich schlagartig ihr Werkzeug fallen und fuhren schleunigst zur nächsten Baustelle. Beim letzten Besuch hatten wir mit dem Bauunternehmer Manolo alles bis aufs Kleinste gründlich durchgesprochen und er versicherte uns auf Nachfrage auch sehr glaubhaft, dass er einen Spezialisten für den Kaminaufbau hätte, der würde das sozusagen im ›Handumdrehen‹ erledigen. Deshalb verzichteten wir leider auf das Angebot des Verkäufers, zwei seiner Ofenbauer für den Aufbau hierher zu schicken, die waren bereit den fachgerechten Ofenaufbau mit einem Urlaub zu verbinden. Das bereuten wir in den folgenden Jahren noch öfters. Als wir hier ankamen, hatten die Bauarbeiter wohl alle Teile ausgepackt, aber vom Aufbau des Kamins war keine Spur zu sehen. Nach mehreren Anrufen erschien Manolo wieder mit seinem Bautrupp auf der Finca, als er Jochen sah ahnte er schon, dass der Blutdruck meines Mannes bereits die höheren Stufen erklommen hatte. Auf dem Absatz machte er kehrt und ging erst mal eine Runde pinkeln, was er erfahrungsgemäß immer dann tat wenn Probleme auf ihn zutraten. Mit entleerter Blase kehrte er entspannter zu uns zurück und stritt erst einmal alles ab. ›Ja, der Termin wäre im Frühling vereinbart, aber doch nicht in diesem Jahr, sondern erst im Frühling im nächsten Jahr.‹ Diese Aussage brachte bei meinen Schatz das Fass zum Überlaufen und die beiden schrien sich geraume Zeit lautstark an. Die unerwartete Lautstärke holte mich aus dem Land zurück zum Haus, wo sich der Bautrupp auf der von der Diskussion entfernt liegenden Terrasse aus der Sichtrichtung gebracht hatte. Ich ging zu meinem Schatz, der mittlerweile vor Manolos Augen mit unserem Vertrag herumfuchtelte, was den Herrn allerdings auch nicht sonderlich zu beeindrucken schien. Dann behauptete er noch, dass die Küche, die zu dem Zeitpunkt schon längst von seinem Schreiner eingebaut sein sollte, erst noch bezahlt werden müsste. Jochen sah rot und holte die Zahlungsquittungen hervor. Manolo entschuldigte sich, die Küche war bereits längst von uns bezahlt, aber er wollte das Gespräch wohl beenden und ging zu seinem Wagen. Jochen erklärte mir mit wenigen Worten die Situation. In meinem Kopf toste es und mir stellte sich nur die eine Frage, Wie bitte? Da wagte es jemand meinen Mann anzugreifen? Keine gute Idee, nein, überhaupt keine gute Idee! Ich stürmte wie eine Furie hinter Manolo her und schiss ihn gründlich und lautstark auf Spanisch und Deutsch zusammen. Spanische Schimpfwörter kannte ich deutlich mehr als mein Mann und ich weiß auch ehrlich nicht mehr, was ich da so im Einzelnen sagte, aber ich drehte mich anschließend auf dem Absatz um und ließ ihn wie einen begossenen Pudel stehen. Die Bauarbeiter gingen sicherheitshalber noch tiefer in Deckung und grinsten sich verstohlen eins. Ihr Chef war soeben ziemlich lautstark zusammengepfiffen worden, und das auch noch von einer Frau, das gab es auch nicht alle Tage. Irgendetwas schien es jedenfalls bewirkt zu haben, Manolo ging wieder pinkeln und anschließend kam er zu meinem wartenden Jochen und erklärte ihm, dass wir in Zukunft über alles in Ruhe reden können, aber er wolle nie, wirklich niemals wieder mit seiner Frau diskutieren. Am nächsten Morgen war der Bautrupp vollständig da, Jochen und unser Nachbar Sebastian für

Spanisch-Spanische Übersetzung ebenso. Mein Schatz holte die Papiere für den Kaminaufbau hervor und übergab sie dem angeblichen ›Spezialisten‹ Martin, der ein ganz guter, ungelernter Maurer war. Die Specksteine sollte mit Wasserglas verklebt werden, was wir ja auch hier hatten, aber Martin fragte nur ›Wasserglas, was ist das denn?‹ und schnappte sich gewohnheitsgemäß seine Zementkelle um seinen ersten geschlossenen Kamin in seinem Leben aufzubauen. Er konnte auch nicht die Bohne nachvollziehen wieso man denn ein Feuer hinter eine Glastüre sperren muss, das machte doch in seinen Augen nun wirklich keinen Sinn, höchstens, dass die verrückten Alemanes sich da wohl ein nettes Dekorationsstück ausgesucht hatten und heizen tat das Ding bestimmt auch nicht besser als die üblichen offenen Canarischen Kamine. Er konnte sich beim besten Willen auch nicht vorstellen, dass man in anderen Ländern, in denen es seit Menschengedenken viel länger und viel kälter war, erheblich bessere und effizientere Heizmöglichkeiten entwickelte, wo ja selbst die Winter im Allgemeinen hier noch halbwegs mild waren. Natürlich verstand Martin die Bauanleitung weder auf Norwegisch, Englisch noch Finnisch und so begann er auf Gutdünken den Specksteinofen mit Zement zu mauern. Als ich Mittags aus der Praxis hinzu kam, sah der Kamin schon ganz prachtvoll aus, Martin war auch fast fertig mit dem mauern, aber da lagen noch so viele gleichgroße Specksteine und Schamottsteine rum, das ließ mich doch ziemlich stutzig werden. Ich hatte keinen blassen Schimmer davon wie man einen Kamin aufbaut darum fragte ich Jochen nach einem Blick in den Kamin, wo denn die Brennkammer sei. Jochen stutzte jetzt ebenfalls, sah erst in den Ofen, dann auf den Haufen übriger Steine und in seinem Kopf ratterte es sichtbar. Ich verzog mich lieber nach draußen, als er Martin jetzt eindringlich erklären musste, dass er alles wieder abmontieren und die Steine vom Zement befreien müsste um dann erst die Brennkammer aufzubauen bevor die Verkleidung aus Speckstein und somit der eigentliche Wärmespeicher dran käme.

Georg, der mittlerweile den größten Teil des Dunstabzugshaubenrohres unter der Ofenbank entfernt hatte, lachte besonders bei der Schilderung der hiesigen »Spezialistenarbeit«, schließlich tauchte er wieder auf Sichthöhe auf. Er maß die nötigen Längen der Rohre und Winkel und machte sich auf den Weg um die passenden Teile zu holen. In der Zwischenzeit saugte ich bis zum Ellenbogen im Kaminloch hängend selbigen aus, dabei verlor mein Staubsauger den Luftabdichtungsschieber im Kamin und den hatte ich wohl gleich mit weggesaugt. Ich besah mir das offene Schieberloch und entschied, dass es einfacher war es mit Isolierband zu umwickeln. Na also, passt doch oder wie mein Papa immer so schön sagte »Man darf ruhig dumm sein, man muss sich nur zu helfen wissen!«. Mit der Flex und einem Boschhammer wurde das Loch für das neue Ofenrohr erweitert, alle Teile ineinander gesteckt und siehe da, es passte ganz fantastisch. Unter der Ofenbank war sogar eine Reinigungsklappe eingebaut, das war ja man richtig geil! Im Außenkamin brachte er die zweite Reinigungsklappe an. Zugegeben, wer diese Klappen entwickelt hat und sie immer noch vertreibt blieb wohl irgendwo vor grauen Vorzeiten stecken. Die sind oval ausgeschnitten, sitzen im Außenwinkel einer Kurve, werden mit einer Flügelschraube geöffnet und geschlossen und haben im Innenteil eine Blechschiene die exakt eingefügt werden muss und beim befestigen auch nicht verrutschen darf, weil man sonst falschen Luftzug ins Ofenrohr bekommt. Dieses Teil ist gar nicht so einfach zu positionieren und zu handhaben, aber egal, Hauptsache es funktioniert und normalerweise bin ich ja auch ganz praktisch veranlagt.

8. März 2015 –
Bachblüten, Homöopathie, PIN und Puk

Durch die Einnahme der englischen Bachblüten veränderte sich schon sehr viel in mir. Ich war innerlich wesentlich ruhiger geworden und auch dieses große Loch, das durch Jochens Tod entstand, begann von innen heraus langsam zu heilen. Genau so wie bei einer offenen Wunde wenn sie von innen heraus heilt, sich schließt und langsam neue und gesunde Haut darüber bildet. Mit Jochen und seinem Ableben war ich im Reinen. Klar, er würde mir auch zukünftig fehlen, aber ich konnte mittlerweile mit einem von Herzen kommenden zärtlichen Lächeln an ihn denken, ohne dass es mir gleich die ganze Brust schmerzhaft zusammen krampfte. Aber ich spürte, dass da noch etwas anderes war was nicht mit Jochens Tod zu tun hatte. Mein Blick fiel auf die immer noch am Kühlschrank hängenden Zettel und mir kam die Idee es mal mit den Kalifornischen Bachblüten zu versuchen. Das Austesten dauerte etwas länger als bei den Englischen Bachblüten. Das Set mit den englischen Blüten enthält 36 Flaschen und von den Kalifornischen hatte ich an die 80 Flaschen hier. Die Auswahl machte ich natürlich wieder im Blindtest, das heißt ohne zu schauen was drin ist, also nur mit der Intuition, und heraus kamen dabei fünf Flaschen mit denen ich mir eine Mischung für die nächsten drei bis vier Wochen erstellte, die ich jetzt im Anschluss an die Englischen Blüten einnahm. Es erstaunt mich immer wieder auf's Neue, aber ab dem zweiten Tag der Einnahme wurde meine Seele spürbar leichter und unbeschwerter. Ich bekam neue Ideen und konnte mich selber wieder zu mehr aktivieren. Es ging mir von Tag zu Tag spürbar besser.

Meine alte Hündin Taifa behandele ich ja seit einiger Zeit mit dem homöopathischen Mittel Causticum D 12 und es geht ihr dem Alter entsprechend auch immer besser. Der Graue Star ist komplett verschwunden, ihre Augen, die vorher schon milchig-grau waren, sind wieder wunderbar klar und dunkel geworden, das unwillkürliche Urinieren und Koten reduzierte sich bisher um 80 % und ihre Muskelschwäche auf der Hinterhand, warum sie ständig auf den Hinterläufen einknickte, ließ mehr und mehr nach und sie kann wieder normal laufen und stehen. Nur noch manchmal sackt sie etwas weg. Meinen großen schweren Rüde Vito quälte seit geraumer Zeit eine stark juckende und schuppende Stelle direkt über der Schwanzwurzel und das für ihn passende Mittel war Graphites D12. Er bekommt es für 8 Wochen einmal täglich und bereits ab dem zweiten Tag ließen sowohl das Jucken, als auch das Schuppen sehr nach und er wurde wieder auffallend munterer. Wirklich, das ist ein ganz tolles Buch »Homöopathie für Hunde«, genau so wie das Buch »Homöopathie für Katzen«. Es ist immer wieder faszinierend zu beobachten, wie fantastisch die Homöopathie auch bei Tieren hilft!

Hier im Haus gibt es kein Festnetz, dafür waren wir schon immer zu weit vom nächsten Telefonanschluss entfernt. Für das Internet hatten wir auf der Terrasse eine UMTS-Verstärkerantenne, die fing selbst das schwächste Signal auf und verstärkt es. Darum ist das Handy neben dem Internet, auch wenn die Verbindung oft sehr schwach ist, eine weitere wichtige Verbindung zur Außenwelt. Ich hatte es an der Ladestation angeschlossen und als ich es aussteckte weil ich es für unterwegs mitnehmen wollte, schaltete es sich einfach ohne mich zu fragen, von selbst aus. Ich machte es wieder an und gab die PIN Nummer ein. Mist, sch..ß Amnesie, das war die falsche PIN gewesen und das Display zeigte mir freundlich warnend an, dass ich nur noch 2 weitere Fehlversuche habe, bevor es sich ganz ausschaltet. Ich suchte nach dem Mäppchen von der Telefongesellschaft, aber o Schreck, genau dieses musste ich in meiner Auf- und Ausräumaktion dummerweise auch mit weggeschmissen und vernichtet haben. Falsche PIN Nummer und keine Puk Nummer vorhanden und was jetzt tun? Mein Hirn läuft bei neuen Herausforderungen immer noch ziemlich langsam und brauchte einiges an Zeit die etwaigen Lösungswege zu durchdenken, aber das tut es dann wenigstens gezielt. Nele meinte noch, dass man das Problem bestimmt telefonisch lösen könne, das klang ja schon mal gut. Ich wusste nur, dass die einzige Zweigstelle des Telefonanbieters in meiner Nähe wegen Krankenstand längerfristig stark eingeschränkte Öffnungszeiten hatte. In meinen Unterlagen fand ich vieles, nur keine Telefonnummer von der Firma, na prima. Am nächsten Tag kam ich auf die Idee in eine deutsche Zeitung hinein zu schauen und mir leuchtete doch tatsächlich eine Annonce mit Rufnummer von der Telefongesellschaft entgegen. Sofort rief ich dort über skype an und bekam prompt eine weiter führende Telefonnummer aus Madrid. Als ich dort anrief traf ich auf eine deutsch sprechende französische Mitarbeiterin und mir fiel ein Stein vom Herzen, kein Spanisch am Telefon, das machte es mir in diesem Moment erheblich leichter. Meine Vertragsdaten, also Passnummer und Geburtsdatum etc. wurden überprüft und dann musste ich mein Handy erst mit zwei weiteren Fehlversuchen blockieren, was ich natürlich sofort machte und dann gab sie mir die Puk Nummer durch und mein Handy ging wieder an, Hurrah und yippiheiyeah! Schnell noch die PIN Nummer auf eine einfache geändert und wieder konnte ich eine kleine Klippe umschiffen! Das tut gut, macht Mut und mich insgesamt wieder sicherer.

13. März 2015 – Ulysses

Kater Ulysses fauchte mich entgegen seiner sonstigen Gewohnheit beim Streicheln an und er versuchte seit dem Morgen ständig aufs Katzenklo zu gehen, aber er konnte kaum Urin lassen. Sämtliche Warnglocken gingen in meinem Kopf grell rot leuchtend an und kurz darauf saß ich mit meinem kleinen Schatz bei unserem Tierarzt Manolo. Mein Verdacht auf erneute Blasensteine bestätigte sich leider obwohl er schon täglich ein besonderes Futter bekam. Weil der kleine Mann eine sehr starke Beziehung zu mir hat und die Tierärzte meine Tiere und mich kennen, wollte und durfte ich bei der Blasenkatheterisierung und -spülung dabei sein.

Ulysses wurde narkotisiert und ich hielt sein kleines Köpfchen von Anfang an in meinen beiden Händen während ich mit meiner Nase seine Stirn streichelte und leise im beruhigenden Tonfall mit ihm weiter redete. Obwohl er tief schlief, antwortete er mir öfter mit einem entspannten Laut. Zuerst dachte ich, dass nur ich an seinem Kopfende diese Laute vernahm, aber nach einer Weile grinsten die Tierärztin Cristina und ihre Assistentin breit wenn Ulysses wieder etwas »kommentierte«. Nach und nach konnten viele kleine Kristalle ausgespült werden und durch eine Urinuntersuchung wurde eine Entzündung ausgeschlossen. Das war sehr gut. Der tief schlafende Ulysses wurde sehr sanft und liebevoll in seinen Transportkorb gebettet und ich fuhr mit ihm wieder heim. Dort stellte ich die Box auf den Boden damit er wenn er aus der Narkose erwacht nirgendwo herunter fällt. Er schlief weiter tief und fest und als er am Abend gegen 23 Uhr immer noch nicht aufgewacht war, schaute ich mir vorsichtig seine Zunge und sein Zahnfleisch an, alles war rosig und gut durchblutet, also kein Kreislaufproblem. Er schlief durch die Narkose nur länger tief und fest. Natürlich lasse ich keines meiner Tiere in einer solchen Situation alleine, aber ich war zum umfallen hundemüde und so richtete ich mich darauf ein, notfalls die ganze Nacht bei meinem

Katerchen zu bleiben. Ulysses nahm ich dafür aus seiner Transportbox heraus, machte es mir auf der Couch halbwegs bequem und nahm den kleinen Kerl langgestreckt zu mir auf Brust und Bauch. Da ich einzuschlafen drohte, schloss ich ihn kurzerhand mit in meine Fleecejacke ein, den Reisverschluss zog ich hoch und so schliefen wir beide eng miteinander verbunden. Nachts um halb eins bewegte er sich zum ersten mal, ich öffnete meine Jacke und brachte ihn zum Klo. Ich konnte ihn pinkeln hören, welch eine Freude! Raus aus dem Klo ging es ganz gut, dann ging er noch von der Narkose schwankend zum Wassernapf und soff was das Zeug hielt. Danach kam er mit unsicherem Schritt zu mir und setzte sich erschöpft auf meine Füße. An mein eigenes zu Bett gehen war somit noch nicht zu denken, also legten wir beide uns in bewährter Manier wie gehabt auf die Couch und schliefen weiter. Gegen drei Uhr in der Frühe wurde Ulysses wieder wach und diesmal war er richtig munter. Er ging wieder aufs Klo, fraß und suchte sich seinen eigenen Schlafplatz. Das war das Zeichen, dass ich jetzt auch zu Bett gehen konnte. Ich war erleichtert. Seitdem bekommt er zur Vorbeugung vor weiteren Blasensteinen eine eigene Tasse Wasser mit drei Globuli Sabal Serrulatum hin gestellt und das Wasser säuft er mit großem Appetit.

Jippih, meine Schulfreundin Petra hat für uns beide die Flugtickets für den 3. Mai ab Düsseldorf gebucht. Für mich geht es nach dieser straffen und kompakten Reise mit sieben Städten in zwei Ländern innerhalb von achtzehn Tagen wieder zurück nach Hause und Petra macht bei mir drei Wochen Urlaub, ach das wird herrlich! Wir beide freuen uns schon riesig darauf.

17. März 2015 – Warnschuss mit Riesenglück!

Heute früh kam der Ofenbauer Georg wieder. Er montierte als erstes meine Ofentür an den bereits fürs Anfeuern fertig vorbereiteten Kamin, erwärmte anschließend kurz den Außenkamin und zündete dann drinnen den Ofen an. Er brennt ganz fantastisch, kein noch so winziges Qualmwölkchen, nur einfach wonniges Feuer und wohlige Wärme! Nach drei Stunden heizen wurde der Ofen auch an seinen Außenwänden richtig warm und am Abend waren es schon 10 – 15 % weniger Luftfeuchtigkeit im Raum. Gott ist das ein himmlisches Gefühl, ich wünschte Jochen hätte das noch miterleben können, er fror im letzten Winter ständig. Einfach genial, Danke dafür!

Später kam noch der Markisenhersteller vorbei und maß die Markise aus, ich wählte einen stabilen Stoff in warmem Sonnengelb. Die Markise wird von Hand gekurbelt und bekommt noch zwei Standfüße außen an den Blumenkästen dran. In drei Wochen wird sie geliefert und montiert. Lass durch diese wunderbare Farbe Sonne in mein Herz und spende mir bitte im Sommer Schatten auf der Terrasse.

Ein Bekannter stellte seinen Wagen für eine Woche bei mir ab und ich fuhr ihn anschließend wieder nach Puerto zurück. Auf der Fahrt dorthin auf der sehr unterschiedlich regennassen Straße in einer langgezogenen Rechtskurve kurz hinter Playa San Marcos drehte ich mich massiv mit dem Auto, und kam auf der Gegenfahrbahn zum Halten. Weit und breit kein Auto hinter uns und auch kein Auto vor uns und das zu einer normalerweise gut befahrenen Zeit. Das war viel mehr als einfach nur »Glück«! Für mich war das ein richtig satter Warnschuss noch viel aufmerksamer, konzentrierter und vorsichtiger zu fahren als ohnehin schon.

Dem armen Joachim, der erst vor wenigen Monaten einen schweren Autounfall mit mehreren Überschlägen überstanden hatte, fuhr bei dem Dreher der Schreck tüchtig in sämtliche Glieder. Ich setzte ihn bei sich zu Hause ab und machte mich sofort wieder auf den Rückweg. Die sintflutartigen Regenschübe nahmen an Intensität immer für ein bis zwei Minuten heftig zu und danach hörten sie wieder ganz auf. Das machte die Straße noch unberechenbarer als zuvor und meine sämtlichen Antennen waren hochgradig sensibilisiert. In exakt derselben Kurve wo wir uns eine Stunde vorher mit so wahnsinnig viel Glück und ohne jeden Fremdkontakt drehten, hatte kurz vorher auf meiner Heimfahrtspur ein relativ schwerer Unfall statt gefunden. Zwei übel demolierte Autos mussten sich mehrmals gedreht haben und waren dabei heftig zusammengeknallt. Die Autos sahen von vorne wie von hinten sehr schlimm zugerichtet aus mit durch den Aufprall heraus gesprengten Front- und Heckscheiben und teils zerbrochenen Seitenfenstern. Die Polizei war noch nicht da, nur die Ambulanz. Ich bin sehr dankbar dafür, dass ich diesen kräftigen Warnschuss vorher richtig verstand und auch umsetzten konnte und mir ist sehr bewusst, dass das nicht selbstverständlich ist.

Abends löschte ich alle Lichter im Wohnraum und setzte mich dankbar mit einem kleinen Gläschen Portwein bei dem Licht einer Kerze vor den Kamin.

20. März 2015 – Computersalat und Starkregen

Gestern baute ich einen Riesenbock mit meinem Computer. Anstatt meine Word-Datei zu »öffnen«, klickte ich zweimal auf »speichern unter« und dadurch verschwand mein Buch für mich unerreichbar in den Tiefen meines Computers. Ein kurzer Anflug von Panik und mein Blutdruck schoss gleich wieder stramm durch die Decke, weil die letzte greifbare Datensicherung vom 11. Januar war und mein Gehirn derzeit einfach keine mehr als zwei Monate nachschreiben kann. Von 231 Seiten A 4, 31 Seiten einfach weg, verschwunden, futsch. In Panik fuhr ich mit dem Laptop zum Computerladen, aber die fanden meinen Text auch nicht adhock, sie wollten nach Feierabend nach einem Weg zu suchen wie ich meinen Text wiederfinden könnte.

Auf meiner Heimfahrt war die Panik vorbei und ich fuhr durch den gestrigen Dreher und den auch heute wieder schnell und stark wechselnde Witterungsbedingungen extrem vorsichtig. Auf einem Streckenabschnitt schüttete es wie aus Eimern und hinter der nächsten Kurve nieselte es allenfalls noch minimal, und das im steten und munteren Wechsel. Dazu kam der sehr unterschiedliche Straßenbelag der von rau bis glatt, von Bodenwellen über herausragende Kanaldeckel und notdürftig geflickten Löchern bis hin zu ausgewaschener Erde und Geröll in der Fahrspur schlicht alles enthielt. Mal ganz abgesehen von den Bächen bergab schießenden Regenwassers, die bei starkem Regen bei einem Hindernis in der Wasserablaufspur oder in einer Kurve kurzerhand die Straße kreuzten. Wenige Meter bevor ich von der Hauptstraße auf die Zufahrt zu meinem Dorf abbog, erlebte ich bei Tempo 20 den nächsten kleinen Schlenker, der meine Aufmerksamkeitsanspannung noch mal zusätzlich bis zu einem greifbaren Prickeln in meinen Ohren erhöhte. Und ganz kurz dahinter auf der Zufahrt hatte erst wenige Augenblicke zuvor der nächste Unfall stattgefunden. Gott sei Dank nur ein einfacher Materialschaden, die Leute waren gerade ausgestiegen und machten die ersten Fotos vom Unfallort, benötigten aber auf meine Nachfrage keine Hilfe. Zu Hause angekommen überlegte ich, wer die letzte Version meines Buches haben könnte und ich fragte bei meinen Freunden nach. Neles letzte Aktualisierung war wenigstens schon mal bis zum 14. Februar und jetzt fiel es mir auch wieder ein, dass ich erst vor ein paar Wochen eindringlich träumte, dass ich unbedingt eine externe Sicherung meines Textes auf einen USB-Stick machen sollte. Allerdings vergaß ich in den letzten Monaten auch wie man das macht und so fuhr ich mitsamt Laptop zu einer Freundin, die mir den aktuellsten Stand auf einen Stick speicherte und mir auch erklärte wie das funktioniert. Diese Info wie man speichert, blieb dann aber leider doch nicht bei mir hängen, aber jetzt hatte ich Gott sei Dank den Stick. Somit tauchten wenigstens schon mal die Daten bis einschließlich 26. Februar komplett wieder auf und für den 3. und den 8. März zumindest meine notierten Stichworte. Nun waren schon mal 224 Seiten zurück und die sieben verlorenen Seiten konnte ich möglicherweise nachschreiben, aber das war ein gravierender Unterschied zu dem ursprünglich verloren geglaubten Text. Zu Hause angekommen, legte ich einen dicken Holzscheit in die Glut des Kamins, ich war einfach so dankbar dafür, dass er ohne zu zögern brannte. Dieser wunderbar funktionierende Kamin nimmt mir eine große Last vom Herzen, er beruhigt mich ungemein und macht mich glücklich!

Für Samstag war gutes Wetter angekündigt, erst ab dem Abend sollte ein neues mehrtägiges Unwettertief mit Starkregen beginnen und so nutzte ich die Zeit um mal wieder Wäsche zu waschen und zu trocknen. Den Hühnern brachte ich einen Sack Gerste ins Gehege und versorgte sie für mehrere Tage mit Futter. Die Hundeboxen wurden gesäubert, Hundekissen gewaschen und zwei Schubkarren großer Holzklötze in den Wohnraum gekarrt um sie auf Ofen und Ofenbank zu trocknen. Ganz erstaunlich, wie schnell so ein funktionierender Kamin meine Hirnwindungen umstülpt und frei pustet. Vom letzten Radikalschnitt auf der

Finca lagen in allen Ecken und Enden auf dem Land trockene Äste, dicke verdorrte Brombeerranken und sonstiges was zu groß zum häckseln war. Jetzt packte ich auf dem Rückweg alles in Kamingröße auf die Schubkarre und im Augenwinkel entdeckte ich vertrocknete Agavenblätter, die mir bei der Kompostierung mehr Mühe machten. Probeweise nahm ich drei der großen Blattstücke mit um zu schauen, ob man sie vielleicht auch gut im Kamin verheizen kann. Was soll ich sagen, es klappte ganz hervorragend und mir wurde schlagartig klar, dass ich auf diese Weise das Land ohne Zusatzarbeit ganz leicht und vor allem nutzvoll im Vorbeigehen säubern konnte, und das nur dadurch, dass mein Kamin wieder tadellos heizt! Immer wenn ich mit der Schubkarre Hühnerfutter hinter bringe, wird auf dem Rückweg kurzerhand alles eingeladen, was irgendwo rum liegt und es sieht auch gleich wieder ein wenig aufgeräumter aus. Das gefällt mir enorm, mindestens zwei Fliegen mit einer Klappe zu schlagen! Sonntag rissen die Himmelsschleusen anständig auf und der Regen reichte sogar unter das fast zwei Meter weit reichende Terrassendach bis an die Scheiben heran. Okay, Pflanzen gießen musste ich in nächster Zeit bestimmt nicht mehr. Internet und Strom fielen mehrmals aus und ich war einfach dankbar dafür, dass ich das Haus nicht verlassen musste. Montag legte das Regentief noch eine Stufe zu, aber da hatte ich früh um 9 Uhr meinen nächsten Termin beim Osteopathen. Als ich fertig war schaute ich noch kurz wegen Hunde- und Katzenfutter beim Metzger vorbei. Ich war kaum fünf Minuten drinnen und als ich wieder zum Auto das direkt vor der Tür stand, gehen wollte, waren beide Fahrspuren komplett überflutet, ich würde später auf der Beifahrerseite vom Bordstein aus einsteigen müssen. Ein breiter Bach wälzte sich über die Hauptstraße der Stadt bergab. Das war mir nach den mehr als deutlichen Warnschüssen der letzten Tage ehrlich zu heikel um sofort loszufahren und ich drehte mich achselzuckend auf dem Absatz um und ging in die nächste Bar um mir genüsslich ein Glas Cafe leche leche zu gönnen. Bei dem vielen Glück, das ich in der letzten Woche erleben durfte, musste ich jetzt bestimmt kein weiteres herausfordern. Anschließend zuckelte ich bei höchstens 20 Meter Sicht supervorsichtig im 1. und 2. Gang langsam und umsichtig durch halbe Seen und eine Menge Geröll auf der Straße heim und war heilfroh, als ich endlich (die vier Kilometer kamen mir wie drei Stunden vor), vor meinem Tor stand.

24. März 2015 – Flugzeugabsturz German Wings

Heute passierte über Frankreich dieser schreckliche Flugzeugabsturz des A 320 der German Wings auf dem Weg von Barcelona nach Düsseldorf. 152 Passagiere und Crewmitglieder kamen dabei ums Leben. Tiefes Bedauern und inniges Mitgefühl mit den schwer traumatisierten Hinterbliebenen ist viel zu wenig ausgedrückt. Es fehlen einem die Worte und das Verstehen. Ich wünsche allen Betroffenen viele offene Herzen und Arme die sie auffangen, heilenden Trost, ehrliches Mitgefühl, gute Freunde, hilfreiche Gespräche, gemeinsames vertrautes Schweigen, sehr viel Kraft und sehr viel Mut um mit der Zeit diesen gewaltigen Schock zu überwinden und ganz besonders viel Mut um wieder in ein neues Leben zu finden. Es wird dauern und ich hoffe von ganzen Herzen, dass alle aus diesem unendlich tiefen Loch, in das sie jetzt gefallen sind, wieder heraus zu kommen vermögen.

Dieses Unglück löst bei vielen Menschen sehr große Angst vor dem Fliegen aus.

Eine Freundin fragte was sie gegen ihre Flugangst unternehmen könne und ich empfahl ihr eine für sie geeignete Bachblütenmischung.

Durch die Auswertung des Voice Recorders stellte sich heraus, dass sich der Copilot als der Pilot kurz die Flugkanzel verließ, einsperrte, und das Flugzeug absichtlich zum Absturz brachte. Das ist so fürchterlich traurig und schrecklich, was da passiert ist, das ist nicht einfach »mal eben so« wieder gut zu machen und wird die Menschen noch lange beschäftigen. Die Lufthansa reagierte schnell und ab sofort darf kein Crewmitglied mehr alleine in der Flugkanzel bleiben. Es heißt, dass der Copilot eine psychische Erkrankung hatte und diese seinem Arbeitgeber verschwieg, ich kann nur hoffen, dass die Medizin zukünftig auch andere Wege suchen wird um aus Depressionen oder anderer Seelenpein wieder gesund heraus zu kommen als nur mit Medikamenten und ein paar Gesprächen. Dem Copiloten, der nach den neuesten Erkenntnissen den Absturz absichtlich herbei führte, wünsche ich Vergebung und seiner Seele Frieden. Seiner Familie, die jetzt mit dieser unglaublichen und unfassbaren Schuld weiter leben muss, wünsche ich von ganzem Herzen ebenfalls Vergebung durch die Angehörigen der Opfer. Ihr Schmerz muss vermutlich noch unerträglicher sein, als der der Hinterbliebenen ohnehin. Auch sie haben einen geliebten Menschen verloren. Es muss einem schon verdammt schlecht gehen, dass man sich zu einer solch fürchterlichen Tat hinreißen lässt. Ich schließe alle, selbstverständlich auch den Copiloten in meine guten Gedanken mit ein.

Mein Kamin macht nicht nur mich glücklich, sondern meine Katzen lieben den Kamin ebenso heiß und innig! Sie streiten sich sogar darum, wer wann und wo auf der Ofenbank liegen darf. Beim Gang zu den Hühnern werden Äste und Kleinholz für den Kamin gesammelt. Selbst die Äste und Zweige, die für den Häcksler zu groß sind oder wo das Holz zu hart zum häckseln ist, lassen sich wunderbar senkrecht in den Kamin stellen und brennen munter vor sich hin. Ich muss sie oft nicht einmal sägen oder hacken, es klappt einfach super! Auch rund ums Haus sehe ich überall abgebrochene Äste und Zweige am Boden liegen. Das ist eine wahre Wonne wie toll das funktioniert, da jubiliert mein Herz. Es ist, als hätte mir der funktionierende Kamin die Augen mit neuem Blick für das Land geöffnet und es tut so gut zu sehen, wie man ohne Zusatzarbeit enorm viel geschafft bekommt, einfach herrlich!

Am Dachüberhang auf der Terrasse kommt die neue Markise hin und so montiere ich Ketten und Lichterketten samt Halterungen ab um Platz zu schaffen. Das Markisengestänge von der alten und kaputten Markise schaffte ich sogar trotz verrosteter Schrauben abzumontieren. Poco a poco wird es langsam aber sicher.

Seit Mittwoch bemerke ich auffallend, wie mein Gedächtnis in Bezug auf die Naturheilkunde wieder zurückkehrt. Schätzungsweise 10 % meines Wissens wurden innerhalb von zwei bis drei Tagen wieder für mich verfügbar. Schon merkwürdig, ich hatte es eigentlich gar nicht mehr vermisst sondern es als »es ist halt so ...« akzeptiert. Aber nichtsdestotrotz, es ist ein ganz tolles Gefühl wieder etwas Wissen beisammen zu haben.

Am Freitag bekam ich mal so ein richtig ausgefallenes Kompliment von meinem Osteopathen: »Mein Gestell wäre das weitaus komplizierteste unter all seinen Patienten.«

Wer von uns hatte noch nie den Wunsch in sich verspürt etwas ganz besonderes zu sein? Dann darf man auch nicht so wählerisch sein wenn es einem mal gesagt wird.

Ein Freund kam vorbei und half mir meine Daten auf einen Stick zu speichern und er half mir auch mein erstes Fernreisebusticket von München nach Zürich zu buchen. Reiseroute und Reiseplan für meinen Deutschlandbesuch stehen mittlerweile ziemlich fest und so kann ich mich langsam an die nächsten Buchungen machen. Von mehreren Seiten vernahm ich, dass es wegen der großen Nachfrage wesentlich besser und günstiger ist sein Ticket im Voraus übers Internet zu buchen.

April 2015 – Hackerdepp

Irgendein Volldepp knackte unsere Website Gesundheitsabc und versendete von den E-mail Adressen pausenlos irgendwelche SPAM Nachrichten. Gleich am ersten Tag musste ich zirka 1000 Rückläufer löschen und es geht munter weiter. Nun denn, wenn man sonst schon nichts zu tun hat (haha) kann man das Löschen der Mails auch als neues Hobby deklarieren, einen passenden Song dazu nehmen (mir fiel da unwillkürlich Jerry Lewis mit der Schreibmaschine ein) und es stört mich jetzt nimmer, sondern macht sogar noch Gaudi.

Gestern Vormittag wurde meine neue Markise montiert und jetzt strahlt sie in einem wunderbar warmen und leuchtenden Ringelblumengelb. Diese Farbe ist wie Balsam für meine Seele, sie tut richtig gut und sie ist so fröhlich!

Alle nötigen Bustickets sind mittlerweile für meine Deutschland-Schweiz-Deutschland-Reise gebucht und die Buchungsbestätigungen speicherte ich selber auf einen Stick, bin ehrlich schon ein wenig stolz auf mich und vor allem erleichtert!

6. April 2015 – Reisestress und Bremsenstreik

Endlich fasste ich mir ein Herz und nahm die Renovierung der Feuchtigkeitsschäden im Untergeschoß in Angriff. Das heißt, erst wurden lose Farbe, Salpeter und Verputzreste mit einem Spachtel von Wänden und Decken gekratzt, beim nächsten Arbeitsgang alles fein säuberlich abgesaugt und am folgenden Tag ging ich mit einer großen Pumpsprühflasche mit Feinnebeleinstellung mit 96 %igem Alkohol daran die offenen Stellen üppig einzunebeln. Das trocknet das Mauerwerk aus und wird bis Ende des Sommers alle zwei bis drei Wochen regelmäßig durchgeführt. Danach kommt eine Grundierung drüber und erst anschließend werden die Räume mit wasserlöslicher Farbe gestrichen, damit die Wände besser atmen können.

Zumindest gedanklich laufe ich mit den Reisevorbereitungen bereits voll und ganz auf Hochtouren. Nun ja, okay, ich habe bisher zwar immer noch keinen blassen Schimmer was ich einpacken soll, aber ich hoffe mal, dass das ganz flott entschieden wird. Immerhin holte ich schon mal die Reisetasche aus ihrer Versenkung und befreite sie von 11 Jahren Staub. Unterdessen spüre ich wie mein Blutdruck durch den Reisestress erneut zu steigen beginnt. Meine Nieren reagieren im Moment wieder ziemlich gestresst, die finden das alles wohl weniger witzig. Manchmal kann Hochsensibilität auch nerven. Also arbeite ich wieder mit der to-do-liste, denn alles im Kopf zu behalten ist einfach noch anstrengender als ohnehin schon. Werkstattchef Fran und sein Mechaniker kamen in der Mittagspause zu mir hoch um zu schauen, ob beim BMW wirklich den Anlasser kaputt ist, weil er nicht starten wollte. Gott sei Dank war nur die Batterie leer. Ich klemmte den Wagen an das Batterieladegerät, und das zeigte auch an, dass es Strom empfing, aber das Gerät war offensichtlich doch kaputt. Meine Werkstattleute nahmen es zum Nachsehen mit und gaben mir mit ihrem Wagen Starthilfe. Geld wollten sie auch keines, Fran fragte nur

»was für eine Rechnung …?«. Ich lasse mir garantiert ein anderes Dankeschön einfallen. Mein Gott war mir das vielleicht peinlich, solche Kleinigkeiten bekomme ich normalerweise alleine geregelt.

Am nächsten Tag fuhr ich mit dem BMW noch einmal nach Puerto weil ich beim letzten Mal Hunde- und Katzenfutter zu kaufen vergaß (ich glaube ich muss doch wieder genau aufzuschreiben was ich brauche), da blockierten nach dem ersten Einkaufshalt die Bremsen erneut. Mit mehreren Unterbrechungen fuhr ich heim, machte noch einen letzten Stopp bei meiner Werkstatt, informierte sie und fuhr zu mir nach Hause. Oben bei mir kam ich wohl noch ins Tor rein, aber wenden ging nicht mehr, der Wagen bewegte sich keinen Millimeter mehr vor oder zurück und nun stand er quer auf dem Parkplatz. Dann musste ich halt warten, bis die Bremsen abgekühlt waren und es später erneut versuchen ihn umzuparken. Was soll's, das kriegen wir auch noch gebacken, es gibt echt Schlimmeres. Wenn ich aus Deutschland zurück komme, geht der Wagen in die Werkstatt, das Lenkrad rattert auch wenn man bei Tempo 80 oder 90 bremst und das fühlt sich nicht gut an. Dann sollen sie den Wagen im Mai ganz in Ordnung und auch gleich mit durch den TÜV bringen. Den Mechaniker Fran traf ich am nächsten Morgen vor der Apotheke und er fragte mich gleich nach den blockierenden Bremsen vom BMW. Ich sagte ihm, dass der Wagen quer auf dem Parkplatz steht und ich es später versuchen würde ihn zu bewegen und an seinen Standplatz zu fahren. Er meinte, wenn es nicht klappt soll ich anrufen und sie helfen mir zusammen. Und das, obwohl die Werkstatt brechend voll war mit Arbeit. Mal ehrlich Leute, wo erlebt man heute noch so eine große und von Herzen kommende Hilfsbereitschaft? Kaum war ich wieder zu Hause und öffnete das Tor, da löste sich der Karabiner von Tangos Kette und er ging mit Tamina die ohnehin nicht angebunden war, auf Swutsch. Ich schaute mir den quer parkenden BMW mit den in den Schotter eingegrabenen Hinterrädern genauer an und kam zum Schluss, dass ich es im ersten Gang schaffen könnte, vorsichtig aus den

Mulden heraus zu fahren. Vorausgesetzt ich befreie zuerst von Hand die Hinterräder von den sich vor ihnen aufgetürmten Schotterhügeln weil der Wagen mit Hinterradantrieb sonst zu wenig Bewegungsspielraum hatte, um aus den Mulden heraus zu fahren. Gedacht, getan, Schotterhügel mit den Händen beseitigt, den Wagen gestartet, 1. Gang rein, sanft Gas gegeben, runter vom Gas, er rollte erwartungsgemäß in die Mulden zurück und mit dem Rückschwung in die nächste Vorwärtsbewegung wieder ein wenig Gas gegeben und schwupps, draußen war er. Na also, jeht doch und dat janz ohne zusätzliche Hilfe! Heilfroh bin ich aber trotzdem um das Hilfsangebot, allerdings würde ich es auch niemals ausnutzen, sofern es auch irgendwie anders geht. Vielleicht brauche ich ja irgendwann wirklich mal Hilfe und komme alleine nicht weiter, dann ist es gut zu wissen, dass jemand bereit ist um zu helfen.

Mein Testament erstellte ich auch das erste Mal in meinem Leben und gab es zum Übersetzen in Spanische weiter. Die ganzen Schwierigkeiten die wir in den letzten Monaten mit unseren Papieren hatten und vielleicht auch der Flugzeugabsturz der German Wings bewogen mich dazu, meine Verhältnisse vor der Abreise zu klären. Eine Patientenverfügung und eine Vorsorgevollmacht werde ich auch noch ausfüllen. Mein Leben lang weigerte ich mich strikt so weit zu denken und noch vor ein paar Monaten hätte ich es um nichts in der Welt tun können, beziehungsweise wäre ich gar nicht von selber auf die Idee gekommen, aber jetzt war der Zeitpunkt einfach da und ich konnte das Testament sehr kurz und bündig in drei Sätzen zu Papier bringen.

10. April 2015 –Reisegedanken

Die Abreise nach Deutschland rückt rasend schnell näher.
Ich freue mich wahnsinnig auf meine Leute die ich in den achtzehn Tagen in sieben Städten zwischen Zürich und Düsseldorf besuchen werde und wo ich mich jeweils zwei bis vier Tage aufhalte. Mein Renatchen ist 79, Papas Partnerin Uschi 80, meine Mutti 81, meine Tante 85, mein Papa 86 und der Partner meiner Mutti ebenfalls 86 Jahre alt. Keiner von ihnen ist bei guter Gesundheit und reisefähig schon gar nicht mehr. Darum ist es für mich auch die einzige Möglichkeit noch einmal Zeit mit den Menschen die ich liebe zu verbringen. Bei meinem Entschluss zu fahren mischten sich Anfangs Trauer und Wehmut mit in meine Gedanken, eben weil ich ja nicht weiß, ob ich sie noch einmal wiedersehe, aber dann wurde mir klar, dass dafür kein Grund vorhanden war, sondern dass wir jetzt noch einmal Zeit miteinander geschenkt bekamen. Und diese so kostbare Zeit werde ich mit wachem Geist, offenem Herzen, liebevollen Gedanken und einer extra dicken Portion Humor und Lebensfreude voll und ganz genießen! Zeit die ich mir vermutlich sonst nicht genommen hätte weil Jochen meine Hilfe benötigte. Ich hätte garantiert keine Ruhe im Bauch gehabt um so lange von zu Hause weg zu bleiben. Kleinigkeiten, über die man sich früher ärgerte, waren irgendwann bedeutungslos. Das Leben ist so verdammt kurz, lasst uns das Beste daraus machen und den anderen immer sagen, dass man sie liebt, was man an tollen Eigenschaften an ihnen sieht und sie einfach mal liebevoll und feste in die Arme nehmen. Schlimm wird etwas erst, wenn man später, viel zu spät sagen muss »ach hätte ich doch bloß ...«. Tot ist tot und dann wird das mit dem Reden und Beisammensein echt schwieriger. Darum mache ich es jetzt. Ich bekam noch mal eine Chance und die nutze ich. Der Abschied von meinen Tieren und von der Finca fällt mir sehr schwer, meine Tiere sind meine ständigen Begleiter und obendrein ganz wun-

derbare, intelligente, verständige und sehr wertvolle Freunde für mich und sie wissen und verstehen nicht, warum ich weg fahre. Rüde Tango reagiert bereits seit zwei Wochen mit extremer Liebebedürftigkeit, er braucht wieder sehr viel mehr an Streicheleinheiten, etwa so wie zu der Zeit als Jochen erkrankte und starb. Er muss meine bevorstehende Reise intuitiv spüren und ist sehr traurig. Dann legt er seinen Kopf auf meinen Schoß und wenn ich ihn tröstend in die Arme nehme, dann atmet er aus tiefster Seele auf und schaut mich mit traurigen Augen fragend an, da hilft es auch nur kurzfristig, dass ich ihm sage, dass ich sie alle sehr liebe und ganz bald zurück komme.

Zumindest weiß ich in meiner Abwesenheit alle Tiere sehr liebevoll und bestens versorgt und gehe ich mit leichtem und beruhigtem Herzen auf die Reise.

Die 16 Jahre alte Hundedame Taifa halte ich seit Monaten nur noch mit Homöopathie aufrecht, aber irgendwann kommt der Zeitpunkt, wo nichts mehr geht. Ich hoffe nur, dass das erst passiert wenn ich von Deutschland zurück komme. Sie ist so ein nobles Mädchen mit einem ganz feinen, sanftmütigen Charakter, sie würde nicht mal Schmetterlinge jagen. Jeden Morgen stand und steht sie immer noch als erste vor meiner Schlafzimmertür um mich zu begrüßen. Ihre Scheu vor Körperkontakt konnte sie nie ganz ablegen, aber sie ist sehr glücklich hier.

Heute kommt das befreundete Pärchen zur Fincavertretung an und da ich erst in drei Tagen fliege, haben wir auch noch etwas gemeinsame Zeit um garantiert auftauchende Fragen zu klären. Sehr viele Sachen klärte ich sicherheitshalber vorab schriftlich und so müsste eigentlich alles glatt gehen. Aber man weiß ja nie was passiert und hier habe ich wirklich schon die verrücktesten Sachen erlebt.

Was Nele noch nicht weiß, die beiden halfen mir für sie einen kindle paperwhite E-book-Reader zu besorgen und sie installieren ihr auch das Programm. Sie hat soviel für mich getan und sie liest wahnsinnig gerne und ausgesprochen viel, da möchte ich mich auf diese Weise einmal bei ihr dafür bedanken. Im Bett fällt ihr das Lesen der dickeren Bücher mit der Zeit immer schwerer und möglicherweise ist es für sie ja eine Erleichterung. Ich hoffe, dass sie sich darüber freut und richtig Spaß daran haben wird, am Abend überreichen wir ihr beides.

15. April –
Über den Wolken und München – Zürich

Heute vor genau neun Monaten starb Jochen und ich sitze im Flieger nach München.
 Mir fiel der Abschied von unseren Tieren und von unserem Zuhause sehr schwer, aber auch dieser Schritt gehört zu meinem neuen Leben.
 Es ist seit 11 Jahren das erste mal, dass ich fliege.

München war schön und anstrengend, die Zeit verging wie im Flug.
 Neben mir im Flugzeug saß ein Münchner Kindl, die sich vor 48 Jahren unsterblich in einen Italiener verliebte, erst viele Jahre mit ihm in Neapel lebte um dann mit ihm gemeinsam nach Teneriffa auszuwandern. Die Welt ist so unglaublich spannend, wahnsinnig interessant und doch ein großes Dorf.
 Am Flughafen angekommen machten wir beide beim Studium der Automaten der Münchner Verkehrsbetriebe ein halbstündiges Abitur daraus, bis wir endlich kapierten, welches Ticket und welche Linie wir für unsere jeweiligen Zielorte benötigten, und dass, obwohl wir beide sogar der Landessprache mächtig sind und doch nicht ganz so dumm waren wie es uns schon langsam vorkam. Wer behauptet denn, dass es kompliziert wäre so einen Fahrplan zu verstehen? Ach i wo, ich arbeitete ja selber nur mal zehn Jahre bei den Düsseldorfer Verkehrsbetrieben. Die beschäftigen doch ganz bestimmt ne Menge Leute um alles einfacher und verständlicher und vor allem auch für ausländische Besucher leichter nachvollziehbarer zu machen. Ganz bestimmt tun sie das, wenn vielleicht auch nicht gerade in mehreren Sprachen, aber vorhaben tun sie das auf jeden Fall. Immer noch. Jeden Tag. Und ganz bestimmt vielleicht, eventuell, irgendwann in der Zukunft.

Am nächsten Tag traf ich unseren alten Freund Jacco. Er war in aller Herrgottsfrühe in Gastein losgefahren um mich in München zu treffen. Aus den geplanten fünf Stunden Aufenthalt bis zu seiner Rückfahrt wurden dann doch sieben Stunden bei denen wir im altehrwürdigen Restaurant Spöckmeyer saßen und bei einer ganz hervorragenden Weißwurst und einem Weizen auf Jochen anstießen. München zeigte sich von seiner schönsten Seite, bei strahlendem Sonnenschein und herzlicher Stimmung. Was will man mehr? Schließlich musste Jacco zum Zug und ich zum nächsten Termin, dem Treffen mit den beiden Lektorinnen von den beiden Verlagen ins Stadtcafe am Stadtmuseum. Ein wunderbarer Abend krönte den Tag, nur das Essen und der Kellner ließen echt zu wünschen übrig, taten aber unserer guten Stimmung keinen Abbruch.

Am nächsten Morgen setzte ich meine Reise weiter fort zu meinem Bruder nach Zürich. Der Münchner Himmel weinte leise und grau zum Abschied, Regen begleitete uns auf meiner ersten Busfernreise. An Lindau, Bregenz und dem Bodensee vorbei flossen die ganze Zeit die Tränen still vor sich hin, während ich mein aufgeblasenes Nackenkissen fest an meine Brust gepresst hielt. Jochens und meine gemeinsame wunderschöne Zeit in Lindau stieg in mir hoch und mir wurde bewusst, dass es für mich nicht nur eine Reise verschiedener Besuchsstationen bei mir lieben Menschen ist, sondern dass es gleichermaßen auch eine Reise auf den Spuren unserer gemeinsamen Vergangenheit ist und ich sie vermutlich auch unternehme um bewusst Abschied von einer tollen Zeit und einer traumschönen Gegend zu nehmen. Zürich erlebte ich noch nie zuvor so wunderschön. Traumhaftes Wetter lockte uns zu einem ausgiebigen Spaziergang mit Bootsausflug auf den Zürichsee.

Hier aß ich auch das erste Mal original Schweizer Raclette. Wir waren zusammen einkaufen und als ich die Preise in den Geschäften sah, verschlug es mir glatt die Sprache. Da kann man dann sehr gut verstehen, dass die Schweizer einen Mindestlohn von 3.500 €uro haben, anders können sie gar nicht überleben, zumal auch die Mieten extrem hoch sind. Zum ersten Mal in unserem Erwachsenenleben konnten mein Bruder und ich ganze drei Tage miteinander verbringen, lachen, reden und auch gemeinsam schweigen. Ich bin ihm und seiner Partnerin sehr dankbar für diese Zeit, sie halfen mir sehr den Stress abzubauen. Diese Zeit war eine Oase des Friedens für mich. Wir besichtigten auch den Bruno Weber Skulpturenpark. Er muss ein sehr bekannter Künstler gewesen sein. Für mich gab es in dem ganzen Park leider relativ wenig »Wohlfühlplätze«, ich fühlte mich dort, als versuchte er mit vielen unterschiedlichen Dämonengestalten seine eigenen Dämonen zu bezwingen. Aber auf jeden Fall war dieser Park sehr sehenswert und ist alle Male einen Besuch wert.

20. April 2015 – Stuttgart

Die Reise ging nahtlos weiter nach Stuttgart zu meinem Renatchen. Das war eine Freude uns verrückte Nudeln nach sooo langer Zeit endlich wieder in den Armen halten zu können! Wir haben ein paar Tage Zeit und können uns viel erzählen, da kommt garantiert keine Langeweile auf und die Gesprächsthemen werden uns beiden auch nicht ausgehen. Sie wohnt in einer Anlage vom Arbeiter Samariter Bund mit Betreutem Wohnen in einer zauberhaften kleinen Wohnung mit großzügig geschnittenem Balkon wo die Sonne von Mittags ab bis zum Sonnenuntergang scheint, und Renatchen fühlt sich dort auch pudelwohl. Der Himmel schenkte uns wunderbares Traumwetter und da schnappte ich mir das Mädel einfach mitsamt ihrem Rollstuhl und entführte sie zu einem langen Spaziergang. Wieder daheim rangierte ich sie rückwärts auf den Balkon hinaus und dort schaffte sie es aus eigener Kraft sich in den Balkonstuhl umzusetzen. Es war das erste Mal seit anderthalb Jahren, dass sie auf ihrem Balkon saß und man konnte ihr ansehen, wie glücklich sie war. Am Abend, wollte ich sie mit dem Rollstuhl wieder hinein bringen, da hatte sie für mich die Überraschung schlechthin parat. Sie wollte unbedingt selber am Rollator bis zum Rollstuhl gehen, der mit angezogenen Bremsen in der offenen Balkontür stand. Ich kenne ihren unglaublichen Überlebenswillen und Kampfgeist gut genug um ihr nur die Sicherheit zu geben, dass ich im Falle von Unsicherheit oder Erschöpfung einfach da war um sie aufzufangen und zu stützen, aber sie lief mit größter Konzentration und Kraftanstrengung ganz alleine und schaffte es sich selber in den Rollstuhl umzusetzen. Voller Bewunderung durfte ich zuschauen, wie sie sich erfolgreich ein Stück Lebensqualität zurück erobert hatte. Diese große Überraschung, die sie extra für mich aufgehoben hatte und die sie sich in den letzten Wochen in der Tagesreha tapfer und unermüdlich erarbeitet hatte, war ihr wirklich bravourös gelungen.

Sie hatte es doch tatsächlich geschafft mich sprachlos zu machen (ein ziemlich seltenes Ereignis) und mir kullerten dicke Freudentränen über das Gesicht. Ich weiß jetzt, dass sie es schaffen wird alleine auf den Balkon zu gehen und wieder zurückzukehren und ich weiß auch sehr genau, was das für sie und ihren »Hunger nach frischer Luft« nach den monatelangen Aufenthalten in Krankenhäusern und in der Kurzzeitpflege bedeutet. Ich ziehe mit höchster Achtung, Liebe und meinem allerhöchsten Respekt meinen Hut tief vor dieser tapferen Kämpferin! Als sie im Bett lag, verpasste ich ihrem geschwollenen Fuß eine sanfte Lymphdrainage und man konnte zusehen wie er schlanker wurde. Ouh das tat ihr gut, und mir ebenfalls ihr diese kleine Freude zu bereiten und ihr etwas Erleichterung zu verschaffen. Am nächsten Morgen stürmten wir die Apotheke und bestellten zwei verschieden große Igelbälle für sie zu Hause zum trainieren und aktivieren von Händen und Füßen. Ein Pfund grüner Heilerde für das siebenmal operierte Bein mit der Schiene drin, kam mit auf die Bestellliste. Abends konnte ich die Sachen abholen und verpasste ihr gleich auf dem Balkon die erste »Matschpackung« zur Stärkung ihres gebrochenen Beines. Etwas grüne Heilerde mit etwas Wasser anrühren, großzügig über dem betroffenen Areal verstreichen, die Gegend mit Plastikfolie umwickeln und für die nächsten Stunden einfach drauf gelassen. Später lässt es sich spielend leicht mit Wasser abspülen. Das von der Hüfte eingepflanzte Knochenstück war leider nicht angewachsen sondern abgestorben und zumindest können wir mit der grünen Heilerde, die zur besseren Heilung speziell bei Knochenbrüchen eingesetzt wird, auf jeden Fall nichts falsch machen. Ich weiß natürlich nicht, ob es etwas bringt, aber einen Versuch ist es auf jeden Fall wert. Sie versucht es mit der »Matschepampe« regelmäßig weiter zu machen. Die Igelbälle kennt sie aus der Reha, jetzt kann sie sie also auch zu Hause einsetzen.

Seit München suche ich nach blauer und grüner Wimperntusche, aber grün gab es bisher überhaupt nicht und blau auch nur vereinzelt, aber wenigstens etwas. Was es aber dafür in einer schier unübersichtlichen Vielfalt gab, war schwarz. Ultra rich schwarz, black killed eye schwarz, false lashes schwarz, tief schwarz, Manga schwarz, schwarz, schwarz und nochmal schwarz, und dazu noch diese unübersichtliche Flut von tausenderlei Wimperntuschebürstenformen. Uff, dabei wollte ich doch nur einen ganz einfachen und simplen Mascara in blau oder grün. Das Angebot erschlug mich ehrlich gesagt. Bei den Lippenstiften sah es auch nicht viel besser aus, alles entweder viel zu Neonknallig und grell oder traurig-blutarmdunkel. Ich gewinne langsam aber sicher den Eindruck, dass ich ein völlig überaltertes Auslaufmodell aus früheren Zeiten bin.

Den folgenden Nachmittag verbrachten wir beide faulenzenderweise in der warmen Frühlingssonne auf dem Balkon sitzend nachdem mein Renatchen ganz alleine und wieder ein Stück fitter als gestern mit dem Rollator rausging, sich selber den Hocker für ihren Haxen zurecht zog und auch alles alleine aus dem Weg räumte damit sie mit dem Rollator wieder bis zu ihrem Rollstuhl laufen konnte. Wahnsinnig stolz bin ich auf dieses herrlich verrückte Weib, ich platze bald vor Freude.

23. April 2015 – Düsseldorf und Harzbesuch

Die Fahrt ging weiter in meine Heimatstadt Düsseldorf wo meine Mutter mich schon sehnsüchtig erwartete.
Die Lokführer der Bahn waren mal wieder zu einem Streik aufgerufen. Vielleicht waren Jochen und ich auch schon zu lange selbstständig um solch kleingeistige Beamtenhirne mit so wenig intelligenten Aktionen auf Dauer verstehen zu können. Die durch die Bank sehr verärgerten und verprellten Bahnkunden stiegen zunehmend auf Fernreisebusse um und gedachten bei dem Preis-Leistungsverhältnis auch zukünftig nicht mehr die Bahn sondern lieber den Bus zu nehmen. Ist ungefähr so, als würde man eifrig an dem Ast rumsäbeln, auf dem man grad selber sitzt. Logischerweise waren durch den Streik bedingt, die Straßen deutlich voller als an anderen Tagen und clevererweise hatte die Polizei bei Kirchheim auch genau diesen Tag dazu auserkoren, um ausgiebige Kontrollen bei Fernreisebussen durchzuführen. Das Resultat war natürlich, dass sämtliche Busse schon vor der Abfahrt bis zu zwei Stunden aufgehalten wurden, Anschlussverbindungen nicht mehr passten und es in Stuttgart erst mit gründlicher Verspätung los ging. Klasse Timing Jungens, kann man echt nicht meckern. Dichter Verkehr, massenweise Baustellen und ein paar schwere Unfälle ließen diese Verspätungen unterwegs weiter ansteigen, so dass ich letztendlich mit nur dreieinhalb Stunden Verspätung in Düsseldorf ankam.
Abends versuchte ich bei Muttern daheim eine Kerze auf ihrem Tisch anzuzünden, was mir aber nach drei abgebrannten Streichhölzern und etlichen Versuchen mit dem Feuerzeug zum deifelnochmal nicht gelingen wollte. Immer wieder britzelte der vermeintliche Docht kurz auf, nahm aber keine Flamme an und wollte partout nicht brennen, bis meine Mutter hinzu kam und mich fragte, warum ich denn nicht ihre Batteriekerze anzünden würde ... Gott, da kann man mal wieder sehen, wie rückständig

und naiv ich bin, bei mir heißt »Kerze anzünden« immer noch Feuer und brennender Docht und nicht ein Minihebelchen am Boden eines künstlichen Teelichtes umlegen. Dumm gelaufen sagt man da wohl, nun denn, so hat sie zumindest eine bleibende schmunzelnde Erinnerung mehr an mich.

Am nächsten Tag kam mein Bruder ebenfalls in Düsseldorf an. Frank zog nach dem Frühstück los um seine Bestellung in einer Apotheke abzuholen und mit einen Stadtbummel zu verbinden. Während Mutter mir all das zeigen wollte von dem sie meinte, dass ich es unbedingt gesehen haben müsste – eine halbe Stadtführung samt Besuch im Evangelischen Krankenhaus, wo sie seit 25 Jahren als »grüne Dame« arbeitet, natürlich gleich mit inbegriffen. Dabei legte sie am Rollator ein Tempo flink wie ein Wiesel vor, ich konnte kaum noch mithalten und musste STOP rufen, weil mir mein Haxen echt Probleme machte. Das war schon sehr verwunderlich, die ganze Zeit jammerte sie mir am Telefon vor, dass sie kaum noch laufen und sich bewegen könne und ich organisierte mit viel Aufwand, dass alle meine Tiere gut versorgt wurden, nahm die sehr anstrengende Reise auf mich um Freunde und Familie wieder zu sehen, und dann ist sie mit dem Laufen um Welten besser beieinander als ich. Aber ehrlich, ich bin sehr froh darum, dass sie so gut zu recht kommt und Menschen um sich hat, die sie mag und die sie sehr mögen.

Zur Kaffeezeit trafen wir uns alle wieder. Das Kaffeewasser kochte, ich deckte den Tisch und Frank holte die Dose »Heidelberger 7-Kräuter« Pulver hervor, die er am Morgen in der Apotheke abgeholt hatte. Zeit die Dosierung und Art der Einnahme zu lesen nahm er sich nicht und frei nach dem Motto: »Viel hilft bestimmt viel!«, nahm er von dem bitteren Kräuterpulver kurzerhand einen gehäuften Teelöffel voll direkt in den Mund. Ich schaute ihm neugierig dabei zu und dachte mir noch skeptisch, dass es vielleicht doch ein wenig mutig sei, so viel auf einmal zu nehmen, da verzog er schon das Gesicht zu einer überhaupt nicht glücklichen Mimik und versuchte mühsam das Pulver weiter einzuspeicheln. Mein süffisant grinsendes: »Schmeckt‹s?« quittierte er mit gequältem Lächeln und einem pulverigen: »Baff bah bohl boch ein biffchen pfiehl gebesen ...« bevor er tapfer die Bitterstoffe weiter kaute und schluckte. Der sehr gesunde Bittergeschmack blieb ihm beharrlich bis zum Abendessen erhalten.

Frank reiste am nächsten Morgen zu einer Konferenz weiter, Mutti und ich nutzten das gute Wetter. Wir schafften es trotz großem Marathonrennen in der Stadt sogar noch einen Ausflug in die Altstadt in die Hausbrauerei zum Uerige zu machen. Auf dem Rückweg gab es einen kurzen muss-unbedingt-sein-Stopp im »Kabüffke«, den Original Düsseldorfer Killepitsch-Stuben. Für diejenigen, die sich darunter nichts vorstellen können, der Killepitsch ist ein original Düsseldorfer Kräuterlikör, den zwei Apotheker in der Kriegszeit bei einer gemeinsam verbrachten Zeit im Luftschutzkeller mit den überlieferten Worten ausdachten: »Wenn wir dat hier überstehen, dann »pitschen« wa uns eenen (was so viel wie »wir werden uns dann einen zur Brust nehmen« heißt). Natürlich musste für Teneriffa eine Flasche mitgenommen werden, keine Frage. Zusammen fuhren Mutti und ich ein paar Tage später mit dem Fernreisebus nach Bad Harzburg, und mit dem Regionalbus weiter nach Braunlage im Harz um liebe Verwandte zu besuchen. Frisch war es wieder geworden, aber darauf hatten wir uns eingestellt. Muttis Schwester, meine heißgeliebte Tante Herta, freute sich riesig uns noch einmal wieder zu sehen. Auch von der restlichen Familie wurden wir herzlich und mit großem »Hallo« willkommen geheißen. Seit elf langen Jahren war ich nicht mehr in Deutschland und in Braunlage wohl so an die 20 Jahre nicht mehr. Deutschland an sich hatte ich nicht besonders vermisst, ich lebe halt wahnsinnig gerne auf Teneriffa und wenn ich anfangs mal überhaupt etwas vermisste, dann war es vielleicht das leise, sanft murmelnde Plätschern eines Baches, die dazu gehörigen Gerüche der feuchten Natur, erblühender Blumen und dann vielleicht noch unsere heimelige Kneipenkultur mit der urigen Atmosphäre. Ich genieße diese Zeit mit all meinen

Sinnen. Natürlich muss ich immer mal wieder weinen weil ich am liebsten bei all den Erlebnissen meinen Schatz bei mir hätte, aber dann denke ich daran, dass Jochen auch so bei mir ist, und dass ich mich verdammt nochmal mit ganzem Herzen und voller Seele daran freue und weiter freuen werde, dass ich das alles noch erleben darf. Es war wie mit meinem Bruder Frank auch, trotz all der vergangenen Jahre war dieses besondere Gefühl der ehrlichen und offenen Herzlichkeit von Anfang an auf allen Seiten sofort vorhanden. Für mein taffes Tantchen bin ich wohl immer noch »die kleine Freche«, die auch jetzt (mit ihren demnächst vollendeten 55 Lebensjahren) ganz bestimmt und unbedingt einer »permanenten liebevollen Lebensmanagement-Beratung« bedarf. Da geht es dann darum, wie ich mich zu schminken habe (am besten gar nicht), wozu ich denn fünf Hunde bräuchte (einer reicht doch, höchstens zwei), das obendrein vier Katzen mit mir leben (wozu brauchst Du die denn, die kosten doch nur viel Geld) und wann ich denn endlich meine Finca verkaufe und nach Deutschland zurückkehre (gar nicht). Genauso wie meine sonstigen Gewohnheiten oder Vorlieben, was ich essen oder trinken oder auch was ich nicht essen mag, ob ich immer noch rauche, oder was für garantiert lebensrelevante Bügel- oder Putzgewohnheiten ich daheim in meinem Haushalt pflege. Neutral besehen änderte sich ja in mir überhaupt nichts, ich pflege immer noch meinen ganz eigenen Dickkopf, sehe auch für die Zukunft keinerlei Notwendigkeit meinen von mir bestens organisierten Haushalt (von dem selbstredend niemand einen blassen Schimmer hat) nach ihrer Vorstellung zu verändern und zeige mich auch fürderhin nach wie vor als extrem beratungsresistent und dummerweise auch nicht beeinflussbar sondern in ihren Augen als ziemlich immun, unbelehrbar, stur und völlig uneinsichtig ihrer Vorstellung von meinem Leben gegenüber. Selbstverständlich alles ganz lieb, freundlich lächelnd und sehr bestimmt, aber sie beißt sich trotzdem jedes Mal die Zähne an mir aus und kommt einfach nicht weiter als bis sie mit dem Satz » … na dann mach halt was Du willst ...«, den jeweiligen Umstimmungs- oder Bekehrungsversuch aufgibt. Unterdessen grinse ich mir fröhlich eins über alle vier Backen und beobachte dabei mit Wonne wie sich die beiden Schwestern ständig liebevoll kabbeln, sich wirklich gerne haben, dann wieder gegenseitig bevormunden und so weiter und so fort und ich bewundere stets aufs Neue sehr anerkennend ihrer beider enorme Lebensenergie die ich ja schließlich auch mit in die Wiege gelegt bekam. Muttis Gedächtnis lässt leider zunehmend nach, sie verdreht und verwechselt immer mehr Sachen oder Situationen und ihr wird auch immer häufiger schwindelig, das macht mir wirklich ernsthafte Sorgen. Mein Bauchgefühl grummelt im bekümmerten Tonfall wo ich das jetzt so hautnah mitbekomme, besonders wenn ich noch den Vergleich zum letzten Herbst ziehe, wo sie ja noch bei mir auf Teneriffa war, aber ich will jetzt nicht weiter daran denken, sondern uns einfach eine wunderschöne und unvergessliche Zeit der Gemeinsamkeit schenken. Das MRT wurde vorige Woche bei ihr gemacht, die Ergebnisse kommen demnächst und tief in meinem Inneren befürchte ich sehr stark, dass sie auf Alzheimer oder Demenz zugeht oder die Erkrankung bereits hat. Das zu sehen und zu erleben tut weh, ich liebe meine Mutter sehr und ich möchte versuchen, noch einmal hierher zu kommen. Mittlerweile beantworte ich auch nicht mehr dreimal in einer Stunde die gleiche Frage, sondern versuchte sie mit entsprechenden Fragen stärker zu aktivieren, so dass sie sich von selber wieder an das Gespräch erinnert und somit ihr eigenes Gehirn vermehrt anregt ohne meines zusätzlich zu strapazieren.

Bei dem wunderbaren Wetter liefen wir zu dritt mit vielen Pausen auf herrlich ausgebauten Wegen mit ganz sanften Steigungen und bei einem der Spaziergänge kamen wir im Kurpark an ein paar fest installierten Fitnessgeräten für die Öffentlichkeit vorbei. Von der Parkbank aus beobachteten wir ein älteres Paar, das die Geräte munter ausprobierte und richtig viel Spaß dabei hatte. Mich juckte es genügend in den Fingerspitzen um aufzustehen und mein Geschick selber herauszufordern. Das erste Gerät war ein ganz normaler Stepper mit einer halbrunden stabilen Haltestange auf Brusthöhe. Das zweite Gerät, ein sogenannter Crossstepper mit beweglichen Griffstangen für die Hände benötigte zur Bedienung schon ein wenig mehr Koordination der Arme und Beine. Das dritte Trainingsgerät bestand in Brusthöhe aus Auflageflächen für die Unterarme. Da sollte man sich wohl hoch hieven um sein eigenes Körpergewicht zu tragen, damit man die Beine anziehen und mit diversen Übungen die Bauchmuskulatur stärken konnte. Das vierte Gerät bestand aus einer großen runden Scheibe mit je einem Eingriff rechts und links dran, es war so etwa auf Halshöhe montiert und man drehte die Scheibe abwechselnd nach links und rechts um Schultern und Arme zu dehnen und zu strecken. Herta sah mich fröhlich agieren, wollte es natürlich auch probieren und anschließend juckte es meine Mutter Gerda ebenso in den Fingern. Die Frauen in unserer Familie fallen doch immer wieder einem gewissen Spieltrieb anheim. Das erste Fitnessgerät klappte bei beiden ganz hervorragend, beim zweiten kam Herta sehr gut klar, aber Muttern kam gar nicht drauf und kicherte hemmungslos, worauf ihr logischerweise ihre restliche Kraft flöten ging. Über dem Crossstepper ging sie in die Knie und dann war natürlich auch kein Kraut mehr gegen den aufkommenden Lachanfall gewachsen. Eine zufällig vorbei kommende Altenpflegerin eilte uns zur Hilfe, griff meine Mutter beherzt unter den Achseln während ich ihre Füße aus dem Stepper befreite. Nach einer kurzen Verschnaufpause auf der Parkbank setzten wir unseren Weg weiter fort, aber ich glaube die beiden werden da demnächst nicht mehr so schnell drauf steigen. Wir müssen echt ein prima Bild abgegeben haben, drei hemmungslos giggelnde und kichernde gestandene Damen beim kläglichen Scheitern eines öffentlichen Fitnessversuches. Hauptsache es hat Spaß gemacht!

Mai 2015 – Es geht wieder nach Hause

Wir genossen eine herrliche Zeit in Braunlage, bevor Mutti und ich den Fernreisebus nach Düsseldorf zurück nahmen.

Mit meinem Papa, seiner Partnerin und ihren besten Freunden konnte ich auch noch eine wunderschöne Zeit verbringen, bevor meine Schulfreundin Petra und ich gemeinsam nach Teneriffa flogen.

Die viele Reiserei, das viele laufen sowie auch das häufige Sitzen, dazu noch alle zwei bis drei Tage woanders schlafen, hatten mich mental wie körperlich doch ganz schön arg angestrengt, aber ich war trotzdem gottheilfroh, dass ich diese Reise gemacht hatte. Es tat sehr gut uns nach so langen Jahren wieder zu sehen, und ich konnte mich in der Zeit auch beruhigt darauf verlassen, dass meine Tiere auf der Finca bestens versorgt und sehr ausgiebig und liebevoll umschmust wurden.

Mit Petra fuhr ich bei traumhaftem Sommerwetter meine Lieblingsstrecken in dieser herrlichen Landschaft ab, El Tanque-Garachico, natürlich mit ausgiebigem Stadtbummel in dem malerischen Örtchen. Von Buenavista nach Masca (unbedingt im Palmar Tal bei »Patamera« essen gehen und die geeiste Feigentorte probieren!), weiter nach Santiago del Teide und wieder zurück nach Hause. Oder auch von El Tanque über die faszinierenden engen Serpentinen mit der unglaublich schönen Sicht durch Tierra del Trigo runter bis an Meer nach Buenavista und dort, direkt am Meer im originellen Restaurant »Burgado« unter Fischernetzen draußen speisen oder etwas trinken. Dort, so ganz nah an der Küste die Wellen oder auch die Gischtfontänen zu erleben, ist einfach unbeschreiblich schön, enorm vitalisierend und belebend. Calima (heißer Wind mit viel Sand aus Afrika) erreichte mal wieder die Kanarischen Inseln. Entlang der Küste von Puerto de la Cruz bis zur Hauptstadt Santa Cruz war es in den unteren Höhenlagen durch den vielen Sand in der Luft sehr dunstig. Die

Temperaturen stiegen innerhalb weniger Stunden um mindestens 10 Grad an und die betroffenen Regionen schnauften bei der schlagartig einfallenden Hitze kräftig durch. Bei mir in der Gegend war es jedoch wunderbar klar und die Luft nach unserem Gefühl um einiges angenehmer.

9. Mai 2015 – Heimkehr

Einige hundert Emails hatten sich bei meiner Heimkehr im Posteingang gesammelt. Die Beantwortung wird dauern. Schließlich war Petra ja hier auf Urlaub und wir unternahmen so einiges. Wir brachten den BMW in die Werkstatt, der war repariert und durch den TÜV gebracht worden. Motorsense und Motorsäge kamen ebenfalls aus der Reparatur zurück, der Ofenbauer konnte seine Arbeit abschließen und heute brachten wir sogar die letzten Holzstühle von der Terrasse zum Polsterer. Langsam kommt deutlich sichtbar und fühlbar wieder etwas mehr Ordnung in mein Leben.

Vito, der sich in meiner Abwesenheit eine böse Ohrenentzündung eingefangen hatte, ist wieder gesund. Die große entzündete Stelle an der Wange schmierte ich mit selbst gemachtem Ringelblumenmelkfett ein und die Wunde verheilte viel schneller.
Die Tierärztin verordnete ihm zwar Ohrenflüssigkeit mit Antibiotika, aber ich holte ihm stattdessen Ohrenreinigerflüssigkeit in der Apotheke, es hatte den gleichen Effekt und so brauchte er keine weitere Antibiotikabehandlung in den Ohren. Ich mache doch lieber erst mal den Dreck weg, als auf selbigen mit Medikamenten drauf zu hauen. Für Taifa bestellte ich letzte Woche das Medikament in niedrigerer Potenz (das wirkt dann direkt auf den Körper und ist für sie im jetzigen Zustand noch besser), aber es kam leider noch nicht an. Das andere Medikament war gestern aufgebraucht und sie sackte wieder auf den Hinterläufen ein und kam kaum noch hoch. Daraufhin durchsuchte ich alle unsere homöopathischen Medikamente und fand noch für fünf Tage Reserve in Ampullen, ich kann nur hoffen, dass bis dahin das bestellte Medikament endlich eintrifft.

14. Mai 2015 – Popo-Studien

Heiß war es geworden, alle Inseln litten unter einem kräftigen Calima. Auf Lanzarote und Fuerteventura gingen die Temperaturen über 40° hoch, die restlichen Inseln und dem Süden von Teneriffa hielten sich wacker bei Temperaturen bis 37°. Nur der Norden der Insel und ganz speziell die Ecke von Icod bis El Tanque kam mit gemütlichen 24°- 26° davon. Petra und ich zogen dieses angenehme Klima der Hitze bei weitem vor und mussten und wollen da auch gar nicht weiter durch die Gegend fahren. Sie suchte und fand schöne Sommersachen und obendrein wunderhübschen handgefertigten Modeschmuck nach ihren eigenen Vorstellungen direkt in einer kleinen Werkstatt in Icod. Das brachte mich auf die Idee, mein diesbezüglich üppiges Vorratslager aus 35 Jahren Bastel- und Sammeltätigkeit zu überprüfen und eine ganze Menge kreativer Fundsachen und Zutaten an die Künstlerin zu verschenken.

Puerto lag bei dem Wetter noch in unserem Einzugsgebiet. Wir stellten den Wagen auf dem Parkplatz ab und nahmen uns ein Taxi für die Fahrt in die Stadt, das kam günstiger als ein Parkhaus und obendrein war man damit noch viel flexibler. Diesmal fanden wir einen ganz besonders charmanten Taxichauffeur.

Petra und ich ließen uns auf der Rückbank des Wagens nieder. Während wir das Einsteckmodul für den Sicherheitsgurte suchte, stellte ich leise auf spanisch fest, dass ich mit meinem Hintern drauf saß. Der aufs anschnallen wartende Taxifahrer drehte sich zu uns um und meinte mit einem äußerst charmanten Lächeln, » ... wenn wir Frauen ein Problem mit unseren Hintern hätten, dann wäre das niemals das Problem des Mannes, sondern ein für Männer völlig unverständliches Problem der Frauen. Die allermeisten Männer würden einen schönen kräftigen Po sehr viel lieber mögen als einen mageren und knochigen. Es wäre doch einfach nur wunderbar dem runden Po seiner Frau im Vorbeigehen mal einen zärtlichen Klaps drauf zu geben, als auf einen mageren.« An unserem Ziel angekommen stiegen wir beide lachend aus, da meinte er mit einem wohlwollenden Augenzwinkern: »Cuidar el culo.«

Was soviel heißt wie pflegt, achtet oder kümmert euch um den Hintern.

Mir fiel dazu ein alter Witz ein, den ich Petra später erzählte:
Treffen sich nach Jahren zwei Freunde wieder und kommen nach einiger Zeit auch auf ihre Frauen zu sprechen. Da erzählt der eine, dass seine Frau einen richtig üppigen Po hat und wenn er ihr am Morgen wenn er zur Arbeit geht einen Klaps drauf gibt, dann wackelt der am Abend bei seiner Rückkehr immer noch. Er fand, es gibt nichts herrlicheres.

Kann ich verstehen. Da geht es vielen Frauen mit einem Männerpopo ja schließlich auch nicht viel anders, mein Schatz bekam von mir oft mal im Vorbeigehen einen zärtlichen Klaps auf den Po und ich von ihm auch. Das macht ja schließlich Spaß und tut beiden gut. Wir reden hier ja auch nicht von schwammigen, schwabbeligen Figuren die durch zuviel Kohlehydrate und mangelnde Bewegung entstanden, sondern einfach nur von schönen Hintern und die findet man heute leider nicht mehr so oft. Die seit Jahrzehnten nicht tot zu kriegenden Leggins, deren Blumenmuster meist nur mit der Zeit größer werden und die bevorzugt von gerade den Frauen getragen werden, die damit nicht unbedingt die schönsten Formen ihrer Figur prallvoll und unerbittlich frontal ins Auge des Betrachters rücken, bilden stets malerisch die feinsten Details ihrer Unterhosen und Zellulitispölsterchen dreidimensional ab. Da möchte man nicht wirklich unbedingt hinschauen. Ganz besonders von hinten kann man quasi am vorbeilaufenden Catwalk echte »Po-Studien« betreiben. Dabei fiel uns in den letzten Jahren speziell hier eine sich unter den jüngeren Frauen entwickelnde eigene neue Poform auf, der »Sitzhintern«. Man brauchte schon einige Jahre und eine Menge an beharrlicher Ausdauer um selbigen mit der Zeit entstehen, wachsen und zur

Vollendung reifen zu lassen und vor allem um ihn auch weiter zu pflegen. Nun, man muss zugeben, dass sie dabei auch keine Kosten und Mühen scheuen den einmal erlangten Status Quo tapfer aufrecht zu erhalten, zumindest gewinnt man den Eindruck, wenn man mal im Vorbeigehen einen Blick in die Einkaufswägen wirft. Der von uns so getaufte »Sitzhintern« ist oben und an den Seiten meist mit einer sehr deutlichen umgekehrten U-förmigen Außenwölbung versehen. Im ausgeprägten Bereich des Gluteus Maximus (großer Gesäßmuskel) befindet sich oft nur noch der sehr flache, mit den Jahren konsequent erarbeitete Abdruck des überwiegend benutzten Sitzmöbels. Ein nur einmal aufmerksam gewordenes Auge erkennt ihn sofort und jederzeit und das aus jeder Perspektive, ganz egal ob von der Seite oder von hinten.

Meine Schwiegermutter hatte für sehr schlaffe Popos immer einen sehr eigenen Ausdruck: »Dem hat der Kuckuck das Wasser aus dem Arsch gesoffen.«

Hingegen waren bei ihr sehr überdimensionierten Popos die »Brauereigaulärsche«. Heutzutage mag das Volumen mitunter noch zutreffend scheinen, aber die Konsistenz ist glaube ich, qualitativ nicht mehr direkt vergleichbar.

Etwas böse formuliert könnte man den entsprechenden Trägerinnen und Trägern sagen: »Macht doch lieber etwas mehr Sport und bewegt euch regelmäßig, dann benötigt ihr auch keine Arschimplantate.« Nicht das Volumen macht etwas aus, sondern wie es gepflegt wird.

20. Mai 2015 –
Von Seelenurlaub bis Schock, alles drin

Die stabilen Eichenstühle kamen zum Polsterer, wo die kaputten braunen Ledersitzflächen gegen leuchtend kirschrote Skybezüge ausgetauscht wurden. Die sahen jetzt wieder richtig fröhlich aus, hielten mindestens noch einmal 30 Jahre und strahlten einladend.

Leuchtendes Feuerrot zieht mich derzeit ohnehin magisch an. Das hängt sicher mit meiner wieder neu erweckten Lebensenergie zusammen. Auf dem Flohmarkt in Santa Cruz musste eine feuerrote Tasche mit, in Los Gigantes waren es leuchtend rote Sandalen. Ein roter Modeschmuckring und ein rotes Armband wollten ebenfalls unbedingt zu mir. Die Farbe rot tat mir im Moment unglaublich gut.

Der Flohmarkt in Santa Cruz fand seit vielen Jahren jeden Sonntag statt und war mittlerweile sehr groß und weit bekannt. An Ständen betrug er bestimmt mehr als drei Kilometer Länge. Klar wurde dort auch eine Menge neuen Zeugs und Ramsch angeboten, aber der Flohmarkt war auch sonst sehr sehenswert. Nach unserem Bummel über den Flohmarkt suchten wir beide ein schönes erholsames Plätzchen im Schatten um uns zu stärken. Dafür gingen wir direkt am Markt »Nuestra Senora de Africa« über eine Brücke auf die andere Seite des breiten Barancos. Von oben fiel der Blick auf eine herrlich breite Fußgängerstraße mit uralten Laubbäumen und Restaurants, das sah so richtig einladend aus. Flugs waren wir unten, studierten die ausgehängten Speisekarten und entschieden uns für Tapas im Restaurant Baobab. Die großen Bäume in der Straße spendeten angenehmen Schatten und ein wunderbares Klima. Während wir auf unsere Bestellung warteten, kam ein junges Pärchen mit einer schwer beladenen Sackkarre an. Genau gegenüber von unseren Plätzen bliesen sie binnen 10 Minuten eine komplette Hüpfburg auf, den dazu nötigen Strom für den Generator lieferte unser Restaurant. Keine zwei Minuten später wurde die beliebte Attraktion von vielen Kindern aller Altersklassen aus den Restaurants in der Straße geflutet. Die junge Frau kümmerte sich rührend um den gesamten Nachwuchs und passte auf, dass keines der Kinder aus der Hüpfburg raus fiel oder ohne Schuhe wieder zu seinen Eltern lief. Das ist für Familien mit Kindern eine ganz tolle Idee, die Eltern können in aller Ruhe essen, wahrend sich die Kinder gründlich austoben. Auch Kinder, die vorher noch zögerlich, quengelig oder nörgelig waren, strahlten nach einer Viertelstunde Hüpfburg auffallend glücklich und zufrieden mit erhitzten Gesichtern um die Wette.

Da das Wetter bisher entweder zu heiß oder zu frisch für einen Strandtag im Norden war, nutzten Petra und ich einen weniger heißen Tag, um im Süden einen Badetag an der Playa del Duce einzulegen. Es war ein Strandnachmittag der Luxusklasse. So richtig mit zwei Liegen mit dicken Polsterauflagen unter einem feststehenden Sonnenschirm, der ein bisschen wie ein überdimensionales Baströckchen aussah. Zugegeben, mit 20 €uro Mietgebühr für die beiden Liegen und den Schirm, ist der Spaß nicht gerade günstig, aber da es ja nur einmal in Petras Urlaub war, gönnten wir beide uns diesen ganz besonderen Spaß der Extraklasse gerne einmal. Und ganz ehrlich, das war es uns auch wert. Urlaub für die Seele nennt man das. Auf dem Weg zurück zum Parkhaus entdeckte Petra eine Modeboutique, die ausschließlich »desigual« Produkte verkaufte. Petra fand die Klamotten im Verhältnis zu Deutschland günstig und nett und wollte gerne etwas anprobieren. Ich fand sie nett und bunt, okay, aber auch nicht gerade so umwerfend, dass mich irgendetwas davon auch nur andeutungsweise vom Hocker gerissen oder gereizt hätte. Weder im Design, geschweige denn in der Materialqualität. Das war in meinen Augen nur billig fabrizierte minderwertige Qualität. Die Verkäuferin war so was von unverschämt und penetrant mit ihrer aufdrängenden Meinung, dass die Klamotten beim anprobieren unbedingt knatscheng sitzen müssen. Später würden die Kleider dann weiter werden. Wie bitte? Was soll das denn bitte für eine Aussage über eine Materialqualität sein? Und dass ich auf Spanisch noch relativ laut und sehr direkt werden musste, um ihr mit mehrfach Nachdruck verständlich zu machen, dass diese Kleider so gar nicht unser Geschmack sind, war einfach unnötig. Da steht diese dummdreiste junge Nulpe in ignoranter Weise vor mir und meinte mit arrogantem Achzelzucken: » … ich verstehe ja was sie sagen, aber ich kann es nicht nachvollziehen.« Wow, das war ja mal ein echtes Paradebeispiel für eine Bilderbuchdemonstration mangelnden Respekts, mangelnder Akzeptanz und des grässlichen »Ja, aber‹s.«. So etwas hatten weder Petra noch ich je zuvor erlebt. Es hätte echt nicht mehr viel gefehlt und ich wäre noch lauter und noch sehr viel direkter geworden, obwohl das sonst niemals meine Art ist.

Ich brauchte einen Termin bei der Heilpraktikerin in Puerto. Meine Nieren liefen durch den üppigen Stress der letzten zwei Monate, wieder sehr zögerlich und ich würde sie gerne von Mirjam mit Akupunktur ein wenig anschubsen lassen. Da ich aber ziemlich schlecht zu Fuß war, wollte sie zuerst Röntgenaufnahmen von meinem Becken und meiner Hüfte haben. Kein Problem, kurzer Anruf bei einem Arzt und los ging es zum Fotoshooting. Das Resultat erfreute weder ihn, noch Mirjam, geschweige denn mich. Meine rechte Hüfte war stark entzündet, hatte eine komplette Coxarthrose und es lagen bereits Knochen auf Knochen ohne jeden Knorpelpuffer dazwischen, der Hüftknochen war bereits kräftig abgeschliffen. Dazu ein schicker Gleitwirbel im Lendenwirbelbereich und zwei Bandscheibenvorfälle. Mirjam schaute erst die Bilder an, schaute mich an, schaute wieder auf die Aufnahmen, schüttelte den Kopf und meinte dann, dass ich damit eigentlich gar nicht mehr laufen könne. Okay, zugegeben, das Laufen fiel mir seit der Reise wirklich schwer, aber mal ehrlich, es gab Schlimmeres. Einen vorgeschlagenen OP-Krankenhausaufenthalt mit Reha in Deutschland konnte ich gleich abwinken. Meine Krankenversicherung würde das mit Sicherheit nicht abdecken und außerdem konnte ich hier auch nicht einfach mal für ein paar Wochen bis drei Monate weg. Meine Tiere würde ich auch niemals und um nichts in der Welt weggeben, sie alle hatten mich im Leben gehalten. Ich liebe sie und sie lieben mich und ich brauche sie und kümmere mich um sie genauso wie sie sich um mich. Mirjam mahnte mich eindringlich wie beschissen meine Hüfte aussah und gab mir Zeit um die Informationen in Ruhe zu verarbeiten. Das Gespräch war zu Ende und wir verließen die Praxis, dabei trafen wir im Warteraum auf eine Bekannte. Ich wollte sie gerade freudig begrüßen, aber da hatte mein Gehirn unter dem Zusatzstress bereits wieder auf Sparflamme geschaltet. Ich wusste ihren Namen nicht mehr. Kurz darauf verschwanden auch wieder meine Telefonnummer, das Datum, der Wochentag und so weiter und so fort. Diese Schocknachricht schoss mein Kurzzeitgedächtnis erneut an und es begab sich kurzerhand wieder auf Urlaub. Aber diesmal wenigstens nicht wieder komplett, sondern nur stark eingeschränkt. Englisch und Mathe, die ja auch noch nicht wieder so lange zurück waren, blieben mit Einschränkungen. Unser Hirn ist schon famos, legt es doch einfach einen Schalter um und fährt zur Schonung eine Stufe zurück wenn Informationen zu massivem Stress ausarten. Ich finde ich das wirklich bemerkenswert.

Petra war bei dem Gespräch mit dabei und wir gingen anschließend nach Puerto in das Restaurant »El Patio«. Essen konnte ich nichts, mein Magen hatte wieder dicht gemacht und versuchte den Schock zu verarbeiten. Nach zwei Stunden gewannen mein Trotz und Kampfgeist langsam ihre alte Kraft zurück und wurden stärker als der Schrecken. Eine Operation kam für mich im Moment nach wie vor nicht in Frage, ich musste nach anderen Wegen suchen und erst recht klären, wer sich in der Zeit um meine Tiere kümmern und notfalls auch mir helfen könnte bis ich wieder alles alleine versorgen konnte. In den letzten zweieinhalb Jahren wären mindestens vier Operationen nötig gewesen, die wir alle so hin bekommen hatten, den mehrfache

Fuß- und Beinbruch wegen dem Leitersturz, der sehr stark heraus geschossene Lendenwirbel und der Dünndarmverschluss wären normalerweise alle operiert worden. Wenn ich das alles bisher so geschafft hatte, würde ich das mit dem Haxen auch noch ne Weile hin kriegen. Abends waren wir mit Nele verabredet und sie erzählte uns von einem Traum, den sie die Nacht zuvor hatte: Ich hätte an der Playa San Marcos auf dem Dach des Clubs Nautilus gestanden und wollte einen Kopfsprung die 50 m steilen Felsen runter machen und sie rief mir zu: »Spinnst DU?«. Natürlich käme mir in Wirklichkeit niemals auch nur im Entferntesten in den Sinn aufzugeben und solch einen dummen Unfug anzustellen, aber sie musste gespürt haben, wie arg durcheinander ich war. Aber mal ehrlich, ein weniger traumhaftes Hüftgelenk ist nun wirklich nicht das Schlimmste auf der Welt, da gibt es eine ganze Menge sehr viel ernsterer Erkrankungen. Ich brauchte nur ausreichend Zeit um alles in Ruhe setzen zu lassen und den bestmöglichen Weg für mich und meine Tiere zu finden. In der Nacht begann mein Gehirn auch diesen Schock langsam zu verarbeiten und wieder etwas logischer zu funktionieren. Das Wichtigste war ja erst einmal die Entzündung aus der Hüfte heraus zu bekommen, so oder so. Mir fiel das Medikament Plenosol ein, von dem hatten wir noch Ampullen hier, dass könnte mir Mirjam spritzen. Es wurde speziell für degenerative Gelenkerkrankungen entwickelt. Außerdem konnte sie mir mit Akupunktur bei den Schmerzen helfen. Das kriegen wir schon gebacken, ich muss nur erst mal Luft holen, ich bin jetzt nur insgesamt einfach wahnsinnig erschöpft.

Es klingt vielleicht blöd, aber im Augenblick kommt es mir fast so vor, als hätte ich ein großes leuchtendes Schild an der Stirne kleben, auf dem in Großbuchstaben und Sperrschrift drauf geschrieben steht: »Freie Anlaufstelle für Probleme aller Art, es sind noch Plätze zu vergeben !« Doch dann fiel mir der Lieblingsspruch meiner Mutter ein: »Man bekommt nie mehr auf den Buckel, als man tragen kann.«

Wenn ich danach gehe, dann muss ich wohl doch noch viel stärker sein, als es mir im Moment gerade vorkommt, na wunderbar.

26. Mai 2015 – Neues Lebensjahr

Heute war mein 55ter Geburtstag.
Der erste Geburtstag in meinem neuen Leben ohne Jochen.

Seit Tagen war die Internetverbindung weg. Nachdem ich mehrere ziemlich bescheidene Nächte mit vielen unruhigen und arg verwirrenden Träumen hinter mich brachte, verschlief ich dann heute früh fast. Um acht Uhr früh schoss ich wie eine Rakete aus dem Bett, weil ich der festen Überzeugung war, um neun Uhr einen Termin beim Osteopathen zu haben. Vor Ort erwies sich das dann aber als Irrtum, mein Termin war erst zwei Tage später. Also, schlichtweg durch den Stress und Diagnoseschock erneut ausgelöstes Chaos im Kopf und Krautsalat in meiner Psyche. Von den Träumen in den letzten Nächten behielt ich, dass es mir trotz dieser neuen Herausforderung sonst gut ging. Meine Seele war weiter auf dem besten Weg zu heilen. Panik schieben und Jammern helfen mir nicht. Wir versuchen, ob wir mit vereinten Kräften den angefressenen Hüftknochen wieder von der Gelenkpfanne lösen können und falls es noch irgend möglich ist, den hoffentlich vielleicht entstehenden Gelenkspalt zu erweitern und zu stärken. In erster Linie muss ich Zeit gewinnen, Beweglichkeit zurückerlangen und dann wird sich bestimmt eine Lösung finden lassen. Ich habe ein sehr starkes Urvertrauen, dass sich zur rechten Zeit alles finden wird. Klar hatte mich die Diagnose zuerst geschockt und vor den Kopf geschlagen, wer freut sich auch schon über so eine Aussage? Und natürlich kam auch der Gedanke, »musste das jetzt auch noch sein, ich überstand doch gerade erst das letzte ziemlich heftige Jahr?« Und selbstverständlich tat ich mir auch selber ein kräftiges Stückchen leid, das passiert vermutlich auch sonst so einigen Menschen, bis vielleicht auf diejenigen, die sich auf jede Operation freuen. Außerdem vertrug ich Narkosen noch nie gut und obendrein hatte ich auch noch eine Ur-Scheißangst nach einer Vollnarkose nicht mehr aufzuwachen oder auch nicht besser, mir eine Infektion mit Multiresistenten Keimen einzufangen. Neles Mann starb an den Folgen, sie selber kämpfte nach einer Hüftoperation über ein halbes Jahr damit, mein Renatchen in Stuttgart quälte sich deswegen seit fast eindreiviertel Jahren rum, und mehrere Freunde und Bekannte rissen diese hartnäckigen Bakterien bereits vorzeitig aus dem Leben. Also wirklich alles nichts, was mich reizen könnte, mich freiwillig operieren zu lassen oder mich bei einer Notwendigkeit darüber zu freuen, wenn es sein musste. Auch hier wurde man nach einer Hüftoperation nach fünf bis zehn Tagen sogenannt »blutig« nach Hause entlassen und eine Reha gab es nicht. Man war dann zwischen sechs und zwölf Wochen auf Krücken unterwegs, je nach Gesundheitszustand, eventueller Komplikationen und persönlicher Anstrengung und Arbeitseinsatz bei den Übungen. Ich konnte also nur versuchen, Zeit zu gewinnen, bis sich eine entsprechende Lösung auftat oder ergab. Was soll's, im letzten Jahr war ich doch schon über den sprichwörtlichen Hund gekommen, da würde ich es auch noch schaffen über den Schwanz zu kommen. Es gab wahrlich viel Schlimmeres und das brachte mich jetzt auch nicht mehr um. Zumindest fand ich mein Urvertrauen insofern wieder, dass ich mich daran erinnerte, dass wenn »die da oben« mich letztes Jahr nicht hops gehen ließen, mich wegen so einer Aktion auch nicht vorzeitig aus dem Leben ziehen würden und sich zur rechten Zeit Hilfe für meine Tiere ergeben würde. Frei nach dem Motto »Hilf Dir selbst, dann hilft Dir Gott.«. Ich hatte immer noch keinen blassen Schimmer, was für eine zukünftige Lebensaufgabe auf mich wartet, aber nach wie vor war ich für alles offen. Leute, die sich freiwillig Schönheitsoperationen unterzogen oder fraglos der erstbesten OP-Diagnose unterordneten, kann und konnte ich nicht verstehen, aber das ist ja schließlich auch nicht meine Aufgabe. Jeder musste seinen Lebensweg für sich herausfinden, und bei manchen ging es halt besser über Schmerzen.

Der erste Computertechniker war da und musste bei dem Verbindungsproblem mit meinem Server aufgeben. Immerhin konnte er zumindest die fehlende Firewall auf Jochens Computer installieren und meinte, dass unser System an sich in Ordnung sei, dass es also nur an der Verbindung zum Server liegt, das ist doch schon mal was. Während sich der Techniker im Haus bemühte, goss ich mit dem Regenwasser aus den Tonnen die Pflanzen rund ums Haus und füllte die Wassertonnen aus dem großen Tank. Kaum war ich damit fertig, begann es zu regnen. Wenn das so prima klappt, sollte ich im Sommer ruhig öfter mal die Pflanzen gießen, vielleicht funktioniert es dann ja auch mit dem Regen auf Bestellung.

Der nächste Computertechniker fand binnen zwei Minuten das Problem, der Stecker in der Verstärker-Antenne war durch Regen oxidiert. Er wurde gründlich gereinigt, mit einem speziellen Band umwickelt, welches sich bei Hitze zusammen zog und damit die Steckerverbindung wasserdicht abdichtet. Seitdem läuft das Internet wieder. Meine Arbeit nahm ich wieder auf und achtete sehr darauf mich in keiner Form zu lange zu belasten, sei es sitzen, liegen oder laufen. Ich höre gut in mich hinein und akzeptiere die Signale, die ich wahr nehme.

2. Juni 2015 – Federviechereien

Heute vor einem Jahr erlitt Jochen die Hirnblutung und seit der Hüftdiagnose und dem annähern an dieses heutige Datum passiert es mir gerade mal wieder öfter, dass mir die Tränen laufen. Sollen sie ruhig, sie hören ja auch wieder von selber auf. Das gehört mit zum Heilungsprozess und ist überhaupt nichts Schlimmes sondern ganz normal.

Gestern brachte ich Hühnerfutter ins Gehege und als ich die Schubkarre an einem brach liegenden Hochbeet vorbei schob, hörte ich kleine Küken nach ihrer Mutter rufen. Die Henne hatte gut geschützt im Hochbeet gebrütet, sie befand sich mit vier ihrer Küken neben dem Beet und versuchte ihren restlichen Nachwuchs durch gluckende Rufe zu sich zu locken. Zu sehen waren die Küken so gut wie gar nicht, das Beet war mit Kapuzinerkresse sehr üppig durchwachsen, so stand ich still und lauschte und dann erst konnte ich den nach ihrer Mutter rufenden Stimmchen nachgehen. Das erste Küken war wohl über die langen Stiele der Kapuzinerkresse an den Rand geklettert und von da aus in einen Blumenkübel gefallen und da kam es aus eigener Kraft nicht mehr hinaus. Das brachte ich schon mal zu seiner Mutter, die es auch sofort annahm. Dann hörte ich nach einer kurzen Lauschpause in einer anderen Ecke mehrere Küken tschirpen, und suchte mit Argusaugen angestrengt weiter nach den kleinen Flaumknäueln. Die gelben Federbällchen waren etwas leichter auszumachen als die braun-beige-gemusterten. Die waren allesamt so was von wieselflink und vor allem verflixt schnell in der Kresse wieder ab- und untergetaucht, dass meine Versuche die Kleinen zu erwischen, fehlschlugen. So kam ich nicht weiter, das war sicher, aber ich konnte die übrigen Küken doch nicht einfach im Hochbeet belassen, sie wären dort verhungert und verdurstet. Es hieß also ab ins Hochbeet und auf allen Vieren weiter suchen. Es war gar nicht so einfach, mit dem angeschlagenen Haxen ins Beet hinein zu klettern, aber wo das Bein nicht freiwillig hoch kam, lies es sich wenigstens noch mit Hilfe der Hände hochheben und so krabbelte ich ein wenig ungelenk in das Beet. Küken Nummer 2 bekam ich relativ flott zu fassen und es stellte sich mir die Frage, wo ich es unterbringen sollte, Hosentasche ging nicht, das war zu eng. Also ließ ich es ganz sanft außerhalb des Beetes zu Boden gleiten wo die Mutter geduldig auf ihren restlichen Nachwuchs wartete. Während sich das Kleine aufrappelte und schleunigst auf den Weg zu seiner Mutter machte, bewegte ich mich äußerst behutsam auf allen vieren vorwärts, damit die Küken, die möglicherweise unter die Ranken der Kapuzinerkresse geflüchtet waren, nicht versehentlich von mir erdrückt wurden. Ein braun-beiges Küken war das nächste, dass ich einfangen konnte, ein weiteres gelbes und noch zwei braun-beige folgten und weil es schnell gehen musste, hielt ich kurzerhand meinen T-Shirt-Saum mit den Zähnen fest und sammelte die kleinen Vogelkinder in meinem improvisierten Stoffbeutel. Wieder still gesessen und gelauscht, aber es kam auch nach zehn Minuten kein Ruf mehr nach der Mutter oder den Geschwistern und so krabbelte ich mit dem T-Shirt zwischen den Zähnen aus dem Beet heraus und übergab die Babys ihrer Mutter, die mit ihren Kindern noch immer geduldig und vertrauensvoll ausharrte. Okay, Mutter und Babys hatten wir soeben erfolgreich zusammen geführt, jetzt wurde es aber Zeit, dass ich unbedingt mal nach der Gans schaute, die brütete schon seit der letzten Aprilwoche. Das war zu lang und da stimmte etwas nicht. Normalerweise brütet eine Gans etwa 30-32 Tage lang, wir lagen bereits bei etwa 39-40 Tagen. Sie war ja normalerweise ein einigermaßen kluges Mädchen, weil sie sich für ihr Nest wirklich ein ganz tolles Versteck aussuchte, oberhalb vom Kirschbaum und sehr gut geschützt von stacheligen Opuntienkakteen und Agaven lag ihr Nest. Ich kletterte zu ihr hoch und Gusteline empfing mich in voller Verteidigunghaltung mit lautem Fauchen und verständlicherweise nach mir schnappend. Sie sah richtig miserabel aus. Kaum noch ein Hauch von Farbe im Schnabel oder in den Füßen, sie hatte in den letzen Wochen wohl sehr viel Energie gelassen. Ich ließ sie in meinen Handschuh beißen, packte mit der andern Hand nach ihrem Hals, umgriff ihren Körper und hob sie ganz sanft vom Nest hoch. Mein Gott hatte das Mädchen Gewicht verloren, sie wog nicht mehr als höchstens noch zwei bis drei Kilogramm und das Nest war leer, sie saß seit Wochen auf einem leeren Nest. Ich klemmte mir das völlig entkräftete Mädel unter den Arm und nahm sie mit zum Wassernapf. Aber sie war viel zu aufgeregt und wollte nicht trinken. Ihr Ganter Gustav eilte laut trompetend mit weit ausgebreiteten Flügeln hinzu, weil er doch unbedingt seine Angebetete beschützen wollte, als ich sie in ihrem Nest aufsuchte. Gusteline konnte ich im Gehege nicht mehr frei lassen, sie würde sich sofort wieder auf ihr Nest setzen und nicht mehr lange und sie hätte sich zu Tode gebrütet. Wenn sie leben sollte blieb mir nichts anderes übrig als diesen Automatismus zu unterbrechen. Aber mach das mal so einem Tierchen klar. Ich klemmte mir kurzerhand die federleichte Gänsedame unter den rechten Arm und nahm sie mit mir, als Gustav mich mit lautstarkem Fauchen und Trompeten attackierte. Er verteidigte seine Frau. Dabei richtete er sich hoch auf, den Kopf zum Angriff vorgestreckt, schlug breit und bedrohlich mit den Flügeln und machte dabei einen Radau, dass er damit alleine schon jeden potentiellen Gangster in die Flucht geschlagen hätte. Ich verstehe ihn ja, er wollte nur seine Frau beschützen. Er ist wirklich ein ganz toller und sehr fürsorglicher Ganter, aber er konnte nicht verstehen, dass ich sie nur retten wollte, wie sollte er auch? Allerdings kann ich mit meinen Viechern recht gut umgehen und so griff ich mit der freien Hand auch nach seinem schlanken Hals, nutzte den kurzen Augenblick der Überraschung und hievte ihn im nächsten Moment ordentlich zusammengefaltet unter meinen linken Arm. Puh, der hatte aber anständig mehr Kilos drauf als seine Holde! Egal, die letzten zehn Meter schaffte ich jetzt auch noch. Die Hunde schickte ich schon vorher aus dem Hühnergehege raus und kaum hatten wir drei das Tor hinter uns gelassen, da gab ich den beiden Vögeln einen leichten Schwung nach vorne, ließ sie los und drehte mich blitzschnell um, damit sie nicht an mir vorbei zu ihrem Nest zurück rennen konnte. Geschafft! Ich schnappte mir ein altes Brot, tauchte es in die nächste Wassertonne, wartete bis es sich voll gesogen hatte und warf es den beiden Gänsen zu, auf dass das Mädel wenigstens sofort Wasser und etwas Futter zu sich nehmen konnte. Ihr Gemahl trötete nur noch halbherzig vor sich hin und attackierte mich auch nicht mehr richtig, ich glaube der war einfach froh, sie wieder bei sich zu haben. Seine Liebste stürzte sich sofort völlig ausgehungert auf das nasse Brot und stillte ihren größten Hunger.

Verschiedene Freunde boten mir an, in der Zeit nach der OP mal nach meinen Tieren zu schauen, das ist ein ganz tolles und wirklich nicht alltägliches Hilfsangebot, aber ich würde mich vermutlich etwas wohler fühlen, wenn dann auch jemand hier bei mir wohnen könnte. Normalerweise machte es mir nicht die Bohne aus hier oben alleine zu leben, ich hatte damit überhaupt kein Problem, nur sagt mir mein Instinkt, dass es dann vermutlich besser wäre nicht ganz alleine zu sein. Den Diagnoseschreck und das Jahresdatum hatte ich mittlerweile gut verarbeitet und jetzt musste sich herauskristallisieren, was machbar war und was nicht. Ich konnte mich glücklich schätzen, so tolle Freunde zu haben, auf die ich zählen konnte, wenn ich mal in der Klemme saß. Sie wussten aber auch alle, dass ich eine Kämpferin bin und mich nicht hängen lasse. Ich suche ja schließlich nicht nach Problemen, sondern nach für mich realisierbaren Lösungen und so musste ich im Ausschlussverfahren arbeiten um die Wege klarer zu erkennen. Mein wieder stärker gewordener Überlebensinstinkt half mir dabei munter mit. Mal sehen was sich bis dahin noch alles ergeben wird.

Ich vertraue auf mein Schicksal und dass sich alles zur rechten Zeit fügen wird.

10. Juni 2015 – Listige Kükenjagd

Meine Versicherungsmaklerin bestätigte, dass sie das Vertrags-Krankenhaus ganz und die Prothese bis 12.000 €uro übernehmen. Welch eine Erleichterung!!!
  Eine liebe Freundin meinte, dass sie es ganz toll findet, dass ich »Tapfere« trotzdem erstaunlich stark sei. Ich bin weder stark noch tapfer, vor so einer OP geht mir der Arsch genügend auf Grundeis, aber was nicht zu ändern ist, muss gemacht werden. Vorher muss ich zu einem Vertragsarzt der Versicherung, der dann aufgrund meines Befundes eine Einweisung in die Vertragsklinik empfiehlt. Der Arzt oder das Krankenhaus setzten sich dann mit der Versicherung in Verbindung, damit sie vorher eine für mich passende Prothese in der Preisklasse finden und ich nicht zuzahlen muss, weil die Prothese sonst vielleicht teurer wäre. Den Arzt musste ich selber bezahlen, den übernimmt meine Versicherung nicht, weil mit meinem Vertrag nur der Aufenthalt im Krankenhaus und die dortigen Behandlungen abgesichert ist.
  Schei … drauf, das kriege ich auch noch hin, das wäre doch gelacht!!!

Zwischendurch half mir ein Freund etwas auf dem Land. Die Zusammenarbeit klappte hervorragend. Ich stand mitten in den Pflanzen und schnitt was das Zeugs hielt und er nahm mir alle Schubkarrentransporte ab. Außerdem brachte er das Hühnerfutter nach hinten und räumte einiges mehr mit weg. Die Transportwege waren für mich derzeit das Schwierigste und so war ich sehr froh, dass er mir da half, das war eine sehr große Erleichterung für mich. Nach drei Stunden Gartenarbeit war ich schließlich so erledigt und die Hüfte brannte wie Feuer, so dass ich nur noch liegen konnte und gleich einschlief. Das gab es früher nie bei mir, tagsüber konnte ich mich nicht hinlegen, geschweige denn schlafen, aber wenn mein Körper oder mein Geist jetzt nach einer Pause schrieen, dann hörte ich mittlerweile auch darauf. Hatte zwar etwas gedauert das zu kapieren und erst recht es anzunehmen, aber ich war ja noch einigermaßen lernfähig (nur manchmal wünschte ich mir, dass ich etwas schneller lerne).

Mein Gedächtnis, das sich nach der Diagnose prompt wieder auf »Urlaub« begeben hatte, kehrte langsam zurück, dieses Mal ging es also wesentlich schneller als beim letzten Mal. Englisch und Mathe waren nicht mehr angegriffen, diesmal zog sich größtenteils das medizinische Wissen zurück. Ist doch alles prima und ich fühle auch genau, dass sich die restlichen Fragen zur rechten Zeit lösen werden. Aber trotz der guten Nachrichten, und obwohl ich auch alle anderen Lösungsmöglichkeiten genau fühle, erwischte mich gerade wieder hinterrücks eine richtig tiefe Traurigkeit. Ich verstand das nicht, im letzten Jahr hatten wir wirklich Schwierigeres und Schlimmeres hinter uns gebracht. Ich denke mal, dass es die ganze Kombination aus Reisestress, keiner Pause, der Diagnose und dem Jahresdatum der Hirnblutung war. Das war wohl alles ein wenig viel für mich gewesen. ich bin noch nicht stabil genug um mit allem umgehen zu können. Aber diese lähmende Traurigkeit, man kann sie fast schon eine kleine Depression nennen, ist weder für mein Wesen typisch, noch für die guten Nachrichten die ich bekam, da lief wohl mal wieder etwas anderes in mir ab, was mir überhaupt nicht gut tat. Und so suchte ich mir erneut die passende Bachblütenmischung raus, stellte sie zusammen und begann sie regelmäßig einzunehmen. Das war auch sehr gut so, schon am nächsten Tag begannen die Bachblüten zu wirken. Meine natürliche Zuversicht kehrte zurück und mit ihr auch meine Lebensenergie.

Morgens ging ich auf die Terrasse raus um den Hunden ihr Frühstück zu geben. Kaum dabei, flitzte ein kleines gelbes Küken aus den Hundeschlafboxen heraus. Die Hunde wollten aus Reflex hinterher, ein knapper Ruf von mir verhinderte es. Ich fischte das zitternde Flaumknäuel hervor und da ich nicht wusste, welches von meinen wilden Hühnern die Mutterhenne war, ging ich mit dem Küken in den Händen vors Haus und suchte nach der Mutter. Eine Henne lief im gluckenden Ton und ohne Küken herum, darum dachte ich, dass sie die glückliche wäre. Ich setzte es auf den Boden und die Henne lief zu ihm. Ein Küken wäre ja auch völlig okay gewesen, damit kam ich klar, aber eine halbe Stunde später hörte ich viele Stimmchen zwitschern und schaute neugierig durchs Küchenfenster. Ich traute meinen Augen kaum, aber da stand eine wilde Henne mit 13 höchst munteren Küken die erst wenige Tage alt waren. Mist, bei aller Liebe und Freude daran die Kleinen vor dem Haus aufwachsen zu sehen, aber das sind mir eindeutig zuviel rund ums Haus, nur was sollte ich tun. Auf einmal durchfuhr es mich wie ein Blitz, ich erinnerte mich langsam wieder was ich früher machte, die Küken mussten ja schließlich »nur« eingefangen und hinter ins Hühnergehege gebracht werden. Hihi, guter Witz! Ganz alleine 13 wuselige Küken einfangen und die Mutter zum freiwilligen mitgehen animieren, das war eine anständige sportliche Herausforderung für die nächsten Stunden! Okay, ich holte die früher schon dafür bewährte große grüne Kiste hervor, tat etwas Brot hinein und näherte mich vorsichtig der Mutter mit den Kleinen. Gott, was sind die flink, wenigstens hatten wir die Pflanzenecken wo sie sich verstecken wollten, gerade erst gesäubert und nach rund einer Viertelstunde hatte ich immerhin schon sechs Küken vorsichtig eingefangen und in der Kiste deponiert. Nun sind manche der »wilden Hennen« aber sehr schlau und auf das reine Überleben ihrer Kinder fixiert. Diese hier marschierte kurzerhand mit ihren restlichen sieben Küken in Richtung Land. Da hätte ich bei dem hohen Unkraut keine Chance gehabt, die restlichen Kleinen zu finden, geschweige denn einzufangen, also schnitt ich ihr den Weg ab und brachte sie dazu in eine für mich bessere Richtung, der Bodega zu gehen. Die Kiste mit den sechs Küken drin stellte ich unterhalb eines Mäuerchens an den Rand der Rampe, so dass die anderen nur fröhlich von oben hinein zu hüpfen brauchten, so hoffte ich zumindest. Die Henne machte es mir sogar noch etwas leichter, sie sprang selber in die Kiste rein und drei ihrer Küken folgten ihr freiwillig, somit waren neun von den dreizehn Küken wieder bei Muttern. In der Zwischenzeit säuberte ich die Hundeboxen und wusch die Hundekissen, aber als ich wieder zu ihr schauen ging, hatte sie sich zurück zu den vier übrigen Küken begeben, während die neun anderen alleine in der Kiste hockten. Das war blöd. Kurz überlegt, erneut auf Kükenjagd gegangen und binnen zehn Minuten konnte ich mit viel Glück die nächsten drei Küken in den Korb geben, Glück gehabt, die zuerst wütend schimpfende und mich angreifende Henne beruhigte sich wieder und hüpfte zu ihren mittlerweile 12 Küken in den Korb zurück. Okay, das war einen Versuch wert. Ein leichtes Geschirrtuch war schnell gegriffen, und ich legte es vorsichtig über das letzte Küken, so dass es nicht wieder abhauen konnte. Ich setzte es zu seiner Mutter in die Kiste und zu meinem Erstaunen blieb die Henne ganz ruhig und zufrieden gluckend bei all ihren Kindern sitzen. Das Handtuch breitete ich sanft über dem Korb aus, hob ihn hoch und brachte die glückliche Familie mindestens ebenso glücklich hinter ins Hühnergehege wo sie sich auch sofort wohl fühlten.

Das nenne ich mal einen sportlichen Samstagseinsatz ... :-)

18. Juni 2015 – Ulysses Therapieausflugsfahrt

Seelisch geht es mir mittlerweile wieder richtig gut und meine Lebensenergie ist voll zurück gekehrt.

Bei Kater Ulysses zeigten sich gestern Abend erneut die typischen Anzeichen von Blasensteinen, er konnte nicht mehr, oder allenfalls nur noch tröpfchenweise und gequält pinkeln und so wollte ich mit ihm so schnell wie möglich zum Tierarzt. Ich gab ihm gestern noch drei anstelle einem Globuli Sabal Serrulatum ins Trinkwasser, aber es ging immer noch nichts durch und ich wusste, dass er Schmerzen hatte, darum wollte ich am nächsten Morgen auch keine Zeit verlieren.

In der Frühe griff ich mir den Katzentransportkorb, präparierte ihn mit Handtuch und Windelunterlage, setzte den laut maunzenden Kater vorsichtig hinein und fuhr los zum Tierarzt. Uly maunzte die ersten drei Kilometer laut und dann wurde er auf einmal mucksmäuschen still. Ein kurzer Blick in die Katzenbox auf dem Beifahrersitz und mein Herz machte vor Freude einen kleinen Hüpfer, er hatte eine große gelbe Pfütze gepinkelt. Das homöopathische Mittel und die Vibrationen während der Fahrt mussten die fest sitzenden Blasensteine gelöst haben, klasse, danke. Ich war froh. Damit erübrigte es sich mit meinen kleinen Schatz zum Tierarzt zu fahren, darum drehte ich im Verkehrskreisel von Icod de los Vinos nur eine Runde und fuhr mit ihm postwendend und glücklich zurück.

Nach dem langen und kühlen Frühling war es traumhaft schön geworden und die Katzen liefen jetzt auch wieder öfter draußen herum. Wenn ich in der Nähe bin, zeigt Pinto kein Interesse an ihnen aber so ein klitzekleiner Funke an Unsicherheit was ihn und die Fellnasen angeht, ist trotzdem da. Im Rudel ist er voll und ganz akzeptiert und er entwickelte sich zu einem exzellenten Wachhund mit einem Löwenherzen. Bei ihm kann man wirklich sagen, dass er seinen Platz und seine Lebensaufgabe gefunden hat. Tamina, Tango und Pinto teilen sich den Job problemlos und es gibt auch keinerlei Rangeleien unter ihnen.

Aber heute musste ich doch richtig herzhaft lachen. Ich stand auf der Terrasse und hörte wie Pinto aufgeregt bellend ums Haus herum schoss, weil der Hund vom Nachbarn es gewagt hatte sich am Zaun blicken zu lassen. Dummerweise befand sich Kater Korbinian, das ist der eigentlich scheue und schüchterne von den vieren, wohl versehentlich in der Schusslinie und vielleicht, so genau kann ich das gar nicht sagen, kam Pinto auf Korbi zugeschossen als er zum Zaun wollte. Der Kater deutete das flotte Tempo des Dalmatiners als einen ihm geltenden Angriff und ging seinerseits mit einem zur dicken Klobürste aufgestellten Schwanz zum Gegenangriff über. Als ich über die Brüstung nach unten schaute, jagte Korbinian mit Klobürste in einem Meter Abstand hinter Pinto her, der hatte ordentlich Muffensausen vor dem stinkwütenden Kater und gab tüchtig Fersengeld. Der Rüde flüchtete sich zu mir auf die Terrasse, versteckte sich hinter mir und blickte sich verängstigt um, ob ihn die schwarz-weiße Monsterbestie noch weiter verfolgte. Es ist sehr gut zu sehen, dass die Katzen sich zu wehren wissen und dass er gehörig Respekt vor ihnen hat.

23. Juni 2015 – Fiesta de San Juan und Befreiung

In vielen Gegenden von Europa feiert man die Fiesta de San Juan, also das was bei uns die Johannisnacht ist. Das bedeutet überall in ganz Spanien werden Lagerfeuer angezündet und oft gibt es für eine ganze Woche an vielen Plätzen tolle Veranstaltungen. So natürlich auch an der Playa San Marcos, wo schon hunderte von Menschen an dem kleinen Strand um gemütliche Lagerfeuer herumsaßen und viele zusätzliche Fackeln aufgestellt hatten. Nele und ich wussten nichts von der Fiesta und begaben uns ahnungslos zu unserem Italiener. Wir hatten viel Glück und erwischten noch einen Tisch mit zwei Stühlen. Die kleine Kapelle an der Playa San Marcos sieht aus, wie ein zauberhaft verspieltes Kunstwerk, das direkt aus einem Zuckerbäckerkatalog entsprang. Normalerweise ist sie nur sehr selten geöffnet, aber heute war sie es. Eine in weiße T-Shirts und weiße Hosen gekleidete Trommlergruppe sammelte sich neben den Prozessionsbegleitern vor der Kapelle, die sich direkt neben dem Italiener befindet. Mit der Monstranz, die von sechs Männern getragen wurde, setze sich die Prozession mit langsamen, wiegenden Schritten in Gang, gefolgt von anderen Teilnehmern und am Schluss folgte die Trommlergruppe die mitreißende Sambarhythmen anschlug. Noch vor wenigen Jahren ging bei diesem Fest ein Fackelzug mit hunderten von Teilnehmern den Weg von Icod de los Vinos nach San Marcos zu Fuß herunter, aber nachdem beim letzten Mal einige Jugendliche deutlich zuviel über den Durst getrunken hatten und auf der 2 km langen Stecke mehrfach übel gestürzt waren, nahm man in diesem Jahr davon Abstand. Dafür gingen nun einige Fackelträger ebenfalls im wiegenden Schritt hinter der Prozession her. Der Lärm war sehr rhythmisch, aber auch heftig ohrenbetäubend, vor allem als die Prozession stoppte und an die dreißig Trommler für die nächsten zehn Minuten ohne mit dem Schlagen ihrer Instrumente aufzuhören, alle auf der Höhe des Restaurants stehen blieben. Erleichtert vom Lärm aufatmen konnten wir erst, nachdem sich die Prozession wieder in Gang setze und langsam mit der Monstranz voran in Richtung Fischerhafen in Bewegung kam. Für die paar hundert Meter bis zum hinteren Wendekreis brauchten sie eine knappe Stunde, dort verstummten dann auch die Trommeln für ein paar Minuten, bis sich die Prozession erneut in Gang setzte. Die Straßenränder waren voll gespickt mit Zuschauern und die begleiteten den Zug begeistert mit lauten Hurrah-Rufen. Nun wurde vor jedem Lokal ausgiebig getrommelt und es dauerte wieder eine gute Stunde, bis die Prozession an dem oberhalb von uns gelegenen kleinen Wendekreis ankam. Die Monstranz kehrte in ihre Kapelle zurück, während die Trommler unermüdlich weiter trommelnd die nächsten 10 Minuten am Wendekreis verharrten. Dann kamen auch sie im rhythmisch wiegenden Schritt die Promenade herunter und blieben genau vor dem Italiener stehen, wo das gesamte Speisepublikum von den Stühlen aufsprang um stehend zu applaudieren und die Musiker zu filmen. Abschluss des Abends war ein herrliches Feuerwerk. Am übernächsten Abend waren wir wieder da und sahen den nächsten Festpunkt. Da, wo vorgestern die laute Musik war, feierten sie diesmal einen Gottesdienst mit Chor im Freien. Die anschließende Prozession folgte diesmal mit gleich zwei Monstranzen und einem Bläserchor in schwarzen Anzügen, und das bei dezenten 27° im Schatten. Da muss man schon sehr an Traditionen hängen um sich bei der Hitze in ein solches Gewand zu zwängen. Respekt! Acht mit Blumen, Girlanden und Fackeln üppig geschmückte Fischerboote drehten gemächlich eine ehrenvolle Runde in der Bucht, wobei eine der beiden Monstranzen im ersten Boot ihren Platz hatte. Das anschließende Feuerwerk war noch größer als das von vorgestern. Für so ein Fest sammelten Schulkinder viele kleine Spenden bei der Bevölkerung, damit sie so wunderschön feiern konnten. Jeder der hier lebt und in die Gemeinschaft integriert war, gab gerne einen kleinen Obolus dazu, denn nur so können sie die Feste für die Allgemeinheit feiern. Dieses war echt mal wieder ein Erlebnis!

Pintos Kette riss, als ich das Auto durchs Tor fuhr. Der Kerl marschierte mit drei Meter Kette fröhlich auf einen Erkundungsspaziergang los. Da ich mir natürlich Gedanken machte, dass er sich mit der Kette irgendwo verhaken könnte, fuhr ich ihn mit dem Auto suchen und gab überall Bescheid. Vergebens, er kam auch über Nacht nicht zurück. Am nächsten Morgen war er immer noch weg als ich zum nächsten Behandlungstermin los musste. Unser Freund hat mittlerweile den Schlüssel für das Tor und kann somit auch etwas tun wenn ich mal nicht da bin und vor allem haben die Tiere einen Ansprechpartner den sie kennen und lieben, das ist sehr viel wert für mich. Während ich beim Osteopathen in Behandlung weilte, war er bei mir zu Hause und siehe da, wer kam da mit größter Unschuldsmine an und zog eine Kette hinter sich her? Pinto natürlich. Das freute mich richtig dolle, dass er diesmal problemlos zurück gefunden hatte!

Seit letztem Jahr versuchte ich Jochens restliche Garderobe an Menschen weiter zu geben, die damit auch etwas anfangen können. Es widerstrebt mir zutiefst die gute Kleidung in einen Container zu schmeißen, nur damit sie weiter verkauft wird. Von West nach Ost werden die brauchbaren Sachen pro Grenzübertritt im nächsten Land um 10 % billiger verscherbelt, oder kommen gleich auf Vintagemärkte und Flohmärkte. Nein, das hätte Jochen ganz bestimmt nicht gewollt. Ich sprach unseren Freund an, ob er die Sachen entweder selber gebrauchen könnte oder an andere Menschen zu verschenken wüsste, und er erzählte mir, dass es noch viel ärmere Menschen hier gibt, denen er seine getragenen Sachen schenkt. Ich suchte alle großen Säcke und Tüten die ich finden konnte zusammen, und in einer Viertelstunde war alles, aber auch wirklich alles an restlicher Kleidung von Jochen ausgeräumt. Alles war draußen, von Hemden über Krawatten, Sweatshirts, Sakkos, Jeans, Lederjacken, Mantel, kurzen und langen Hosen bis hin zu Gürteln, Socken und niegelnagelneuen Boxershorts. Drei gehäufte Schubkarren voll waren das Ergebnis und sein Auto rappelvoll bis unters Dach gepackt. Im mindestens gleichen Volumen rutschte mir ein riesiges Gewicht vom Herzen, ein paar Erleichterungstränen flossen zwar, aber ganz ehrlich, das fühlt sich um Welten freier für mich an, ich bin wirklich heilfroh, dass das Haus leerer wird und sich verändert! Natürlich tut das meiner Liebe zu Jochen keinerlei Abbruch, es befreit nur meine Seele, und egal wie man es sieht, aber Jochen trägt die Sachen bestimmt nicht mehr und so können sie doch wenigstens anderen Menschen noch etwas helfen.

Das ist ein sehr schönes Gefühl für mich.

1. Juli 2015 – Zeit der Wandlung

Um mir etwas Gutes zu tun, fuhr ich zum Hafen von Puerto de la Cruz um Churros mit Chocolate zu frühstücken. Das hatte ich schon ewig lange mit Jochen vor, aber seinerzeit ging ja alles nicht mehr und darum tat ich es diesmal alleine. Churros sind eine Art längliches Spritzgebäck, das in Fett ausgebacken wird, und sie stellen das typische spanische Frühstück, das gewöhnlich mit etwas Zucker und einer Tasse dickflüssiger gesüßter Schokolade serviert wird. Ich süße aber die Churros nicht zusätzlich, sondern tunke sie mit jedem Bissen in die Schokolade ein. Hmmmh, einfach lecker, das war ganz gewiss nicht das letzte mal, dass ich dort frühstückte!

Langsam treffe ich auch Freunde wieder, die ich seit Monaten nicht mehr gesehen habe, ich gehe mit Bekannten oder Nele schwimmen wer grad Zeit oder Lust hat ruft sich zusammen Unser Freund nimmt mir jeden schweren Transport ab und versorgt auch die Hühner wenn ich weg muss und Schritt für Schritt kommen wir voran. Ich möchte ihn so weit einarbeiten, dass ich beruhigt ins Krankenhaus zur Hüftoperation gehen kann und auf jeden Fall meine Tiere gut versorgt weiß. Ich möchte einfach niemanden in Bedrängnis bringen weil ich ja selber noch nicht weiß, wann es stattfinden wird und es ist für mich einfach sehr wichtig, wenn es auch so klappt. Sollte dann zusätzlich noch jemand Zeit und Lust haben hier seinen Urlaub zu verbringen, umso besser.

In den letzten zwei Wochen kommen wieder öfter Momente hoch, was vor einem Jahr passiert war und ich bin dann richtig traurig und die Tränen laufen wieder ungebremst. Heute vor einem Jahr kämpfte Jochen noch zwei Wochen lang weiter um sein Leben, um unser gemeinsames Leben.

Vor ein paar Monaten ging es mir seelisch schon mal deutlich besser und jetzt, wo es sich jährt, da kommt alles wieder hoch, zwar anders als zuvor, aber es tut trotzdem höllisch weh. Vielleicht war ich letztes Jahr in Körper, Geist und Seele so weit von mir weggeschossen, dass ich jetzt erst vieles noch einmal und bewusster durchlebe.

Ich nehme alles an wie es kommt und ich bin auch sehr dankbar dafür, dass ich überlebt habe und dieses Leben wieder mit allen Tieren und Freunden in dieser wunderschönen Natur genießen darf. Trotzdem fehlt mir mein geliebter Mann gerade jetzt wieder ganz besonders. Mir laufen die Tränen und ich will das doch gar nicht, weil ich seiner Seele Frieden gönne und Angst habe sie damit an mich zu binden. Er verdiente es einfach seinen Weg in Ruhe weiter gehen zu dürfen und ich möchte ihn wirklich nicht belästigen. Im Moment kann ich nicht viel dagegen tun, es tut einfach nur gemein weh. Eine liebe Freundin schrieb mir, dass mein Jochen diese Tränen mit einem Lächeln annehmen würde, weil er wusste, dass sie mir gut tun, zum Heilungsprozess gehören und sie mir helfen wieder fröhlich zu werden, weil mit jeder Träne wieder ein Stück Gewicht von meinem Herzen tropft. Das half mir.

Jochen beschäftigte sich intensiv mit der griechischen und der ägyptischen Philosophie und bei den Ägyptern gab es früher eine Bezeichnung für die Seele oder auch das Herz, die sogenannte Ma‹at. Das Herz wurde nach dem Dahinscheiden des Körpers auf eine Waagschale gelegt und auf die andere Seite der Waage kam eine Feder. War das Herz der verstorbenen Person leichter als die Feder, dann konnte es in die nächste Dimension aufsteigen. Ich fand diesen so einfachen Vergleich wunderbar und bei Jochen war das Herz so leicht wie eine Feder als er ging, da war ich mir sicher. Mein Herz war grad noch ein wenig schwerer, aber es würde auch wieder viel leichter werden, versprochen. Ich möchte kein schweres Herz mit mir herum schleppen, keine Wehmut, keine Trauer und auch keinen Unmut in mir tragen, nein das möchte ich wirklich nicht, ich bin wesentlich glücklicher und meine Umgebung und meine Tiere sind auch viel glücklicher wenn mein Herz leicht ist und Liebe, Humor, Frieden und Freude darin wohnen.

9. Juli 2015 – Nachwuchshilfe

Dank der Hilfe unseres Freundes kann ich jetzt sogar dringend nötige Aufgaben angehen, für die ich nicht mehr die Standfestigkeit habe, oder was mir alleine zu anstrengend und zu schwer wurde. Im Hühnergehege zeigte ich ihm den prächtigen Feigenbaum, dessen morsche Aststützen vor zwei Wochen alle in einer Nacht durchbrachen. Die Äste wollte ich eigentlich als zusätzlichen Schutz gegen Sonne und Sturm über zwei der Hühnerställe wachsen lassen, nun versperrten sie dicht und schwer den für uns einzigen Durchgang zur Wasserstelle. So weit es mir möglich war, hatte ich schon versucht die Feigenäste provisorisch zu stützen oder hochzulegen. Sie sind sehr flexibel, aber auch sehr schwer, der Baum strotzt vor Energie und Gesundheit, und entweder muss er massiv zurück geschnitten werden oder wir müssen die Äste entsprechend stützen. Er schaute sich alles an und die Aufgabe war für ihn gebongt. Hinter der Wassertonne und den Trinkbehältern befindet sich der kleine Ententeich, der vor ein paar Jahren undicht wurde. Nochmal zementieren konnte ich mir damals schon nicht mehr antun, darum füllte ich nach einiger Überlegung die Vertiefung bis zu einer ebenen Fläche mit Steinen und Erde auf. Eine dicke Lage alter Futtersäcke zum Schutz vor spitzen Gegenständen wurde auf dem Boden ausgebreitet und ein Plantschbecken mit 2,50 m Durchmesser besorgt. Nur ein Ring wurde aufgeblasen und den sicherte ich ebenfalls mit einer Lage Futtersäcke gegen spitze Geflügelkrallen. Eine kleine Rampe erleichterte den Wasservögeln das Einsteigen in den Pool und zum leichteren Herauskommen legte ich einen alten Autoreifen innen an den Rand, schloss das Felgenloch mit einem Tonnendeckel und machte es somit gut begehbar. Für die letzte Stufe zum Rand kam noch ein flacher Stein auf den Reifen. Gustav und Gusteline, unser verliebtes Gänsepaar nahm die Bademöglichkeit sofort begeistert an und oftmals konnten wir sie dabei beobachten, wie pudelwohl sie sich die beiden in »ihrem« Teich fühlten. Im Frühjahr sammelte ich Äste und Blätter heraus, tauschte das Wasser aus und alles war bestens. Letztes Jahr ging das nicht mehr. Unser Freund übernahm auch das Säubern des Pools, für ihn war es kein Problem. Drei volle Schubkarren mit Ästen und Laubwerk holte er raus, verteilte das Wasser an die Obstbäume und befreite die Ecke vom hoch gewachsenen Unkraut. Anschließend säuberte er das Becken, brachte alles wieder in Ordnung und füllte es mit frischem Regenwasser aus dem großen Tank auf. Das ist einfach schön und nimmt mir eine große Last von den Schultern. Ganz nebenbei stützte er die Äste der übervollen Obstbäume ab und auch der Feigenbaum wurde nicht geschnitten, sondern fachmännisch unterstützt. Mon, der mit der Tochter von Freunden zusammen lebt, nahm ihre drei Kinder aus einer schlimmen Ehe sofort als seine an und liebt sie so heiß und innig wie sie ihn. Kindergeld gibt es hier keines, der Exmann müsste für die Kleinen zwar 300 € im Monat zahlen, aber das tat er in den letzten zwei Jahren nicht einmal. Der fünfjährige Eric ist ein ausgesprochen liebenswertes und aufgewecktes Bürschchen, seine Schwester Lara ist sieben und die große Schwester Jelain acht. Alle Kinder sind glücklich und lieben ihren Papi und ihre Mami sehr und sie fand eine Arbeit. Das ging aber auch nur, weil er zur Zeit keine Arbeit hat. Die Kleinen sind vormittags in der Schule und im Kindergarten, er bringt sie morgens hin, holt sie mittags wieder ab und er kocht auch das Essen für alle. Der kleine Eric weinte abends, weil er unbedingt mit seinem Papi gehen wollte, was ja nur in den wenigen Stunden vormittags möglich ist und Mon erzählte mir davon. Ich schaute ihn an und meinte grinsend: »Wenn Du nicht mit einer Maschine arbeitest, kannst Du ihn gerne mit bringen.« Sein Gesicht strahlte vor Freude und am nächsten Morgen kam mein kleiner Überraschungsbesuch mit. Der kleine Kerl ist gerade mal einen Kopf größer als mein Tango, aber der Rüde liebt ihn so heiß und innig, dass er ihm nicht einen Schritt von der Seite weicht. Eigentlich könnte Eric auf ihm locker durch die Finca reiten und Tango würde da sogar gerne mitmachen. Er brachte mir einzelne herunter gefallene Zitronen wie kleine Kostbarkeiten und er fand sogar vier Eier im Hühnergehege. Diese reichte er mir ganz besonders vorsichtig im vollen Bewusstsein um ihre Zerbrechlichkeit. Zwischendurch schnitt er mit einer Handgartenschere beidhändig die kleinen Unkrautstengel unter den niedrigen Zitronenbäumen ab. Als ich ihm am Ende der »Arbeitszeit« eine Schokoladenwaffel als Dank für seine Hilfe geben wollte, lehnte er mit ernstem Gesichtsausdruck ab und sagte: »Das kann ich nicht annehmen, wir sind zu dritt.« Da holte ich meine andere Hand mit drei kleinen Tafeln Schokolade hinter meinem Rücken hervor und sagte ihm: »Die Waffel ist das Dankeschön für Deine Hilfe, hier die Schokolade ist für euch drei.« Erst da nahm er das kleine Geschenk mit einem glücklich strahlenden Lächeln an und rannte gleich zu seinem Papi um es ihm es zu zeigen. Ich gebe es zu, ich habe mich Hals über Kopf in diesen so liebenswerten und sehr aufgeweckten Burschen verliebt! Die kleine Familie wohnt in einem gemieteten möblierten Haus und Mon nennt gerade mal einen Schuhschrank, einen Tisch und einen Stuhl sein Eigentum, aber Neid oder so etwas kennt hier keiner, sie sind alle sehr glücklich zusammen. Hier kann er alles an Obst und Gemüse mitnehmen was gerade reif ist und auch frische Eier bekommt er für seine Familie. Ich bin so froh, dass er mir ein wenig helfen kann und er kommt wahnsinnig gerne hierher, das nimmt mir auch die Sorgen, wer meine Tiere versorgen kann wenn ich ins Krankenhaus muss, von der Seele. Beim Nachhausekommen büchsten mir drei meiner Hunde aus, machten Ärger auf einer benachbarten Finca und bissen sich mit deren Hund. Selbstverständlich übernahm ich die Tierarztkosten und versprach, dass sie zukünftig nicht mehr ausbüxen können. Ich besuchte natürlich auch sofort den verletzten Hund, er tat mir so leid. Das war ein böser Schreck für mich, und ich musste schnellstens nach einer dauerhaften Lösung suchen, wenn ich meine Hunde nicht für die kompletten Stunden meiner Abwesenheit an die Kette legen will, denn das widerstrebt mir, sie sollen ja schließlich auch auf das Land aufpassen. Zusammen überlegten wir uns eine sehr schnelle provisorische Lösung. Wenn die erst mal stand, konnte man nach etwas dauerhaftem schauen. Meine Torflügel gingen nach innen auf und dadurch mussten wir mit etwas Abstand zum eigentlichen Tor einen kleinen gesicherten Innenraum entstehen lassen, durch den wir ohne von den Hunden überrannt zu werden, eintreten und das Tor hinter uns schließen konnten, um dann das innere Tor zu öffnen und die Hunde anzuleinen, bevor man mit dem Auto hinein fahren konnte. Mon und ich schauten uns um und die kaputte Tischtennisplatte fand sofortige Verwendung um mit den beiden Hälften den Seitenabstand zum Tor zu sichern. Mon versuchte zuletzt unter meiner Anleitung, die Hunde morgens am Tor aufzuhalten, dem flutschten gleich mal Tamina und Tango zwischen den Beinen durch, Pinto konnte ich gerade noch erwischen und an die Kette legen. Mon kam rein und ich fuhr sofort mit dem Wagen hinter ihnen her um sie wieder ins Auto einzuladen. Da lernte er ihre geballte Kraft beim Toröffnen kennen, das jagte ihm einen tüchtigen Schrecken ein und er versprach mir, an dem Tag ein Innentorprovisorium zu errichten. Wie er geschuftet haben musste, konnte ich sehen, als ich nach Hause kam. Die beiden Tischtennisplattenhälften waren an den Torsäulen rechts und links leicht in den Boden versenkt und mit Steinen und Moniereisen gestützt worden. Der eigentliche innere Torflügel wurde auf die Schnelle notdürftig mit einem langen Holzgestell, Zaun und Brettern zusammen gebastelt. Eine Kette mit Karabiner verschloss den Eingang ausbruchsicher. Zum besseren bewegen des Torflügels befestigte er eine der Rollen der Tischtennisplatte unten drunter. Die gesamte Konstruktion sah wirklich sehr improvisiert aus, war aber nichtsdestotrotz absolut funktionsfähig. Die Hunde konnten diese Hürde nicht überwinden und so war es mir möglich die Tür problemlos zu öffnen und wieder zu schließen um meine Süßen erst zu befestigen und anschließend das Tor ganz zu öffnen und mit dem Auto hinein zu fahren. Nur das zählte! Ein großes Improvisationstalent samt dem Blick für alles Verwertbare und eine kreative Handwerkskunst hatten gesiegt. Wir überlegten uns eine dauerhafte und vor allem noch viel stabilere Lösung, dafür nahm er die Maße und er wusste auch genau welches Material ich noch hier habe und welches wir noch brauchen. Dann bestellte er alles nötige in der Ferreteria und baute die neue Konstruktion langsam auf, während die provisorische stehen blieb bis die Bauarbeiten abgeschlossen waren.

13. Juli 2015 – Silbermond

Heute wäre unser 25. Hochzeitstag gewesen.
Man nennt das wohl auch Silberhochzeit, aber ich mag den Begriff nicht sonderlich, er klingt so furchtbar alt, wie ein altes Ehepaar halt, und das waren wir beide ganz bestimmt nicht. Ich weiß jetzt gar nicht, ob man auch nach dem Tod eines Partners die gemeinsamen Jahre weiter zählt, oder ob ich mit Jochens Tod gerade mal 24 Jahre mit ihm verheiratet war? Egal, wie auch immer.
An diesem Tag wollte ich Nele eine Freude machen und ich wusste, dass eine Fahrt durch die Canadas des Teide für sie etwas ganz besonderes war, was sie sich schon sehr lange wünschte. Wir fuhren an der Küste entlang über Buenavista durch das Palmar Tal, weiter durch die Ausläufer des Teno Gebirges mit atemberaubender Sicht über die Jahrmillionen alten bizarren, wild zerklüfteten Felsformationen und dazwischen wenigen kleinen Siedlungen. Das Teno Gebirge übt eine faszinierende Anziehung aus, allerdings kennt der normale Reisende davon allenfalls mal den Ort Masca, wo sich der ganze Ausflugstourismus sehr konzentriert ballt. Masca an sich ist ein hübsches kleines Dorf und in einem traumhaft schönen Tal gelegen. Unser heutiges Ziel war aber ein anderes und so fuhren wir durch das Tal ohne anzuhalten. Die steilen und engen Serpentinen die zum Pass nach Santiago del Teide führen, waren mit nicht an solche besonderen Straßenverhältnisse gewöhnten Autofahrern gefüllt, die uns leider alle entgegen kamen. Die Straße war sehr eng und direkt neben dem Asphalt an der Bergseite ging sie in eine gemauerte Wasserablaufrinne über und an der Talseite waren dicke Betonklötze zur Befestigung montiert. Anscheinend hatten die meisten Autofahrer einen Mordsrespekt davor näher ran zu fahren, sie waren wohl mit den Ausmaßen ihres Fahrzeuges nicht gut vertraut. Und so trauten sie sich nicht mal auf ihrer eigenen Spur zu bleiben, sondern schienen eher zu vermuten, dass es eine Einbahnstraße

sei und sie deshalb in der Mitte der Straße fahren könnten, und das leider auch wenn ihnen ein Fahrzeug entgegen kam. An jeder Kurve stockte der Verkehr, weil die bergab fahrenden Autos die Kurven immer viel zu eng schnitten und keine zwei Wagen mehr aneinander vorbei konnten. Kein einziger nutzte mal die Möglichkeit, mit dem Wagen etwas ausholender über eine der zahlreichen Ausweichbuchten zu fahren und somit die Straße für alle passierbar zu machen. Vorausschauendes Fahren Fehlanzeige. Wir waren heilfroh, als wir endlich über dem Pass waren und weiter nach Santiago del Teide fahren konnten. Die Straße ist dort deutlich breiter, mit erheblich weniger Kurven gesegnet und der Verkehr stockte nur noch zweimal, und zwar immer dann, wenn ein Bus bergauf kam, ein bergab fahrender Autofahrer aber erst mitten in der Kurve anhielt und der Bus nicht mehr weit genug ausscheren konnte, um die Kurve zu fahren. Mit sehr deutlichen Handzeichen wurde dann den Autofahrern von den Busfahrern klar gemacht, dass sie erstens ein ganzes Stück rückwärts fahren und zweitens ganz an den Rand der Straße fahren mussten, dabei landeten sie öfter in der Wasserrinne. Ich blieb schon weit vorher auf gerader Strecke stehen und wartete einfach, bis der mir entgegen kommende Bus an mir vorbei war, das war jedenfalls viel einfacher als andersrum. Hinter Santiago del Teide nahmen wir den neu eröffneten Autobahnabschnitt in Richtung Süden bis zur Ausfahrt in Richtung Teide. Schon nach wenigen Kilometern wurden die Häuser spärlicher und die Natur übernahm zunehmend die Gestaltung der Landschaft alleine. Einige wenige Lokale tauchten noch an der Straße, quasi direkt am Waldrand auf und kurz dahinter kam das Schild »Sie betreten jetzt den Nationalpark Teide« mit allen wichtigen Informationen die für jeden Besucher gelten und unbedingt beachtet werden müssen.

Nacheinander wurden uns bei der Fahrt durch die Canadas die Berge, Hügel, alte Vulkane und Felsformationen mit ihrer Höhe, Position und selbstverständlich auch mit Namenstafeln vorgestellt. Wir lieben diese unglaublich vielfältige Landschaft die von warmem sandgelb über ocker, grün, hellrot, rosa, rotbraun, grau, schwarz und beim Obsidianfeld sogar tiefschwarzen scharf gezeichnete Konturen und verwischenden Farbspiele die munter mit jedem Meter wechselten. Die so malerische Landschaft veränderte sich sanft und unbeschreiblich schön mit jedem Lichteinfall und Blickwinkel. Wir ließen uns für die Fahrt viel Zeit und hielten zwischendurch oft an, aber wir verkniffen uns den Ausflug mit der Seilbahn zur Bergstation vom Teide. An der Talstation war die Warteschlange zu lang, die Autos standen schon sehr weit davon weg geparkt und wir hätten zu weit laufen müssen. Das konnten wir auch ein andermal machen, immerhin kostet ja die Fahrt pro Person mittlerweile auch 27 €uro und diesen Tag wollten wir nicht mit warten verbringen. Wir fuhren also weiter und verließen die Canadas in Richtung Aguamansa, vorbei an der sagenhaften, aus dem Fels hervor springenden Lavasteinformation in Form einer Rose oder Margerite. Essen gehen wollten wir im Restaurant am Mirador San Pedro. Es liegt hinter einem großen Felsen versteckt kurz hinter dem ersten Tunnel Santo Domingo wenn man aus der Richtung Puerto de la Cruz in Richtung Icod de los Vinos fährt. Der traumhafte Blick über die komplette Nordküste vom Anaga Gebirge bis zum Teno Gebirge zieht mich immer wieder an, und die gute Küche ebenso. Wir lieben diesen Platz sehr. Wir kamen zu spät für‹s Mittagessen und zu früh für den Abendbetrieb, also stand uns nur die Sandwichkarte zur Verfügung. Ein Sandwich mit allem drum und dran reichte locker für uns beide, dazu noch zwei Bier und der edle Silberhochzeitsschmaus fiel auf jeden Fall etwas weniger steif aus.

15. Juli – ein Jahr danach

Heute, am 15. Juli vor einem Jahr starb Jochen. Wir mochten einfach nur ganz still unter Freunden sein und mit Blick aufs Meer mit einem Lächeln an Jochen denken.

Klar hatte ich im vergangenen Jahr viel Aufregung und war auch viel unterwegs gewesen aber ich konnte meiner Liebe und der Trauer um Jochen immer freien Raum geben. In den letzten Tagen und Wochen stellte ich dabei eine ganz deutliche Veränderung in mir fest, die sich langsam aber kontinuierlich vollzog.
   Die Trauer hatte sich langsam zum Beginn meines neuen Lebens verändert.
   Meine Liebe zu Jochen war nach wie vor da, nur ist es jetzt kein beißender und bohrender Schmerz mehr, sondern eher eine tiefe friedliche liebevolle Dankbarkeit.
   Eine Dankbarkeit für vierundzwanzig glückliche und faszinierende Jahre mit ihm. Dafür, dass wir in Liebe vierundzwanzig Stunden am Tag zusammen sein durften, miteinander leben, lachen, lernen, arbeiten, Bücher schreiben konnten um damit mehr Menschen die Möglichkeit zu geben sich selber zu helfen.
   Es war so unglaublich viel, was wir beide zusammen erfahren, erleben, lernen, weitergeben und bewirken durften. Mehr ging nicht.
   Nun beginnt mein eigenes neues Leben. Ich bin voller Zuversicht und Vertrauen in meine Zukunft. Offen für neue Ideen in Herz und Verstand. Was braucht es mehr?
   Ich bin sehr glücklich, dass ich die Jahre mit meinem Mann haben durfte, heilfroh, dass ich mit viel Hilfe das letzte Jahr überlebt habe und nun bin ich wieder bei mir und in mir angekommen. Ich bekam ein zweites Leben geschenkt und das werde ich mit vollen Sinnen nutzen und genießen.

Juli 2015 Renate Vollmer

Die Zeit ...

... alleine heilt keine Wunden, sondern lässt sie allenfalls vernarben oder verblassen.

Wenn man etwas so intensiv durchlebt ist es die Hölle, ewiges unwirtliches Eis in den tiefsten nasskalten Höhlen, schwere, klebrig-zähe kriechende Dunkelheit in der man keine Luft mehr bekommt. Es klingt so verdammt einfach und ist doch so unglaublich schwierig, nicht nur »das Leben geht weiter« zu leben, sondern selber erst ein klein wenig zu sterben um anschließend mit viel Glück und neuer Kraft wie ein Phönix aus der Asche und den Trümmern seines Lebens neu zu erstehen.

Mir persönlich half es sehr, alle Gefühle so wie sie gerade kamen zuzulassen und auszuleben, um anschließend und vielleicht auch gerade dadurch langsam wieder die positive Kurve in meine Lebensrichtung zu bekommen. Trotz der Trauer herzhaft lachen, eine unverwüstliche Lebensfreude und tiefe Dankbarkeit, sowie den Blick an allem vorhandenem Schönen im Leben mit einer anständigen Portion Humor zu behalten, sowie sich all der kleinen oder auch liebenswert chaotischen Geschehnisse des Alltags zu erfreuen, sind ebenfalls ganz wunderbare und unverzichtbare Medizin für die arg gebeutelte Seele. Das befreit und hilft ungemein.

Liebe Menschen die einfach mal da sind, jemanden auch mal still in den Arm nehmen, mit einem lachen, mit einem weinen und einen nicht noch tiefer in die Trauer hinunter ziehen, sondern sich nicht scheuen jemanden auch mal aus seiner ziemlich düsteren, traurigen und verzweifelten Gedankenwelt heraus zu ziehen, solche Freunde waren für mich in der Trauerphase absolut wichtig und sind es auch noch.

Die Englischen, sowie die Kalifornischen Bachblüten halfen mir

ebenfalls sehr meine Seele wieder ins Gleichgewicht mit dem Leben zu bringen.
Ohne sie wäre ich heute noch nicht da, wo ich jetzt bin.
Mein Herz und meine Seele wollten am Anfang meinem geliebten Mann unbewusst folgen und es brauchte wahnsinnig viel Kraft, viel Liebe und viel Energie von sehr guten und verständnisvollen Menschen, dass ich nicht vorzeitig meinen Löffel auch noch abgab. Sie hatten in der Zeit weit mehr Verständnis und Mitgefühl für mich und all das was in mir ablief, als ich selber. Ich blickte gar nichts mehr, sondern wurde nur noch in einem meine Seele und meinen Verstand restlos überfordernden gewaltigen Strudel erbarmungslos und völlig hilflos hin und her geschmissen.
Alle Freunde und Therapeuten sagten mir immer wieder, es wäre noch nicht an meiner Zeit zu gehen, ich hätte noch eine Aufgabe vor mir. Ich weiß nicht welche Aufgabe noch auf mich wartet, bin aber offen für alles.

»Wenn das Herz einen Neuanfang beschließt, dann findet er auch statt.«

Diesen Satz kann ich so wie er da steht voll und ganz unterschreiben.
In meinen Augen besteht ein sehr großer Unterschied darin, ob man ganz bewusst durch die Trauer hindurch geht oder ob man auf eine wunderbare und von selber passierende Wundheilung durch die Zeit hofft. Ich glaube, dass diese – wenn überhaupt – nur ganz wenigen Menschen zuteil wird. Für meinen Teil kann ich sagen, dass ich aktiv in mein neues Leben zurück gekehrt bin und mich auch in keiner »Warteschleife« und in keinem Trauerraum mehr befinde. Ich beschloss ganz bewusst mein neues Leben anzunehmen, zu lieben und auch ohne meinen Mann weiter zu leben.
Ich versuche mal das Gefühl zu beschreiben was sich in der Liebe zu Jochen verändert hat. Wir beide waren Zeit unseres Le-

bens keine Heiligen (ich bin es auch jetzt nicht, geschweige denn gedenke ich es jemals zu werden). Wir hatten und haben beide unsere Macken, die der andere aber voll akzeptiert hat oder wo er sehr gut mit umgehen konnte. Nachtragend zu sein oder ständige Erwartungen an den Partner zu hegen ist genau so tödlich für eine glückliche Beziehung wie den anderen permanent unterschwellig manipulieren zu wollen (das praktizieren mit sehr großem Abstand deutlich mehr Frauen als Männer). In vielen Partnerschaften entstehen Probleme erst durch eine ungesunde Kombination von Erwartung und Enttäuschung.

»Wer viel erwartet, kann lange warten und wird am End‹ enttäuscht.«

Besser dran ist, wer nichts erwartet, der kann wenigstens positiv überrascht werden. Da können viele Erwachsenen durchaus noch von Kindern lernen, die geben einem normalen Streit genau die Wertigkeit die er hat.

Letztendlich nur eine äußerst geringe.

Wer glaubt, das Schweigen Probleme löst,
der hält sich auch die Augen zu, um unsichtbar zu werden.

Und wenn jemand wissen möchte, was der andere gerade denkt, wovon er träumt oder was er fühlt, dann sollte man gefälligst auch mit der ehrlichen Antwort umgehen können, selbst wenn sie nicht den eigenen Erwartungen entspricht. Es ist traurig wenn man in der engsten Verbindung zwischen zwei Menschen (das gilt auch zwischen Eltern und Kindern) nicht die Wahrheit formulieren kann, weil ja sonst schon wieder jemand wie mit Salzsäure angepisst und dem anderen gegenüber für ewig und alle Zeiten nachtragend ist (was mit der Zeit nur furchtbar langweilig und zum gähnen öde wird). Nachtragend sein ist wie schwefelig-ätzenden

Hass beständig auf kleiner Flamme zu köcheln, das macht niemanden glücklich oder zufrieden. Und mit so einem wirklich unnötigen Hirnfurz quälen sich manche Leute gar Jahrzehnte rum. Wenn es um die vergeudete Lebensspanne nicht so schade wäre, wäre es einfach nur lachhafter, nicht wirklich wichtiger »Killefit« (Düsseldorfer Dialekt für Kleinkram).

Aber das eigene Lebensglück lässt sich halt immer noch viel leichter erwünschen, erträumen und von anderen fordern oder erwarten, als es sich selber zu erarbeiten.

Eine positive Einstellung löst nicht alle Deine Probleme.
Aber sie sorgt dafür, dass Du Menschen um Dich haben wirst, die Dir die Kraft geben, Deine Probleme eines Tages zu lösen.
Pessimisten sind einsame Menschen, die aufgrund ihrer Einsamkeit auch an ihren Problemen scheitern.

Steffen Kirchner

Jetzt bin ich aber mal wieder tüchtig abgeschweift, nun denn, zurück zur Frage wie sich jetzt, ein Jahr nach Jochens Tod unsere Liebe anfühlt. Sie ist nach wie vor unverändert da und sie begleitet mich mit einem wahnsinnig guten und intensiven Gefühl tief in meiner Seele Tag und Nacht überall hin. Es ist schwer zu beschreiben und vermutlich ist es noch schwerer nachzuvollziehen, aber ich habe das Gefühl, dass dieses wunderbare tiefe Gefühl der Liebe mittlerweile nicht mehr allein nur mit der Person Jochen zu tun hat, sondern das es noch stärker geworden ist, als ich in dieser große Liebe an sich schon durch meinen Mann kennen lernen und erfahren durfte. Sie fühlt sich an als geht sie weiter über die Grenzen eines Menschendenken hinaus. Dieses Gefühl hat keinen Schmerz, kein Gefühl des Verlassenseins, keine Wehmut, keine Trauer und kein »was wäre wenn …«, sondern es ist ein unglaublich starkes Gefühl der ganz tiefen Liebe und Dankbarkeit. Das ist einfach da. Stark, kraftvoll und mächtig wie eine große, hell leuchtende und strahlende »Sonne« in meinem Herzen und meinem Brustraum. Dieses intensive Gefühl wurde neben meiner ewigen und unverwüstlichen Freude am Leben und der Kreativität meine ständig sprudelnde Hauptenergiequelle meines persönlichen Antriebs. Es ist das wunderbare Gefühl einer unendlich großen und tiefen Liebe die mich beschützt, stärkt und in meine Zukunft begleitet.

In der schlimmsten Zeit konnte es nicht mehr zu mir durchdringen, da hatte alles andere in meiner Seele oberste Priorität. Aber seit ich diesen Bereich hinter mir lassen durfte wächst es beständig und unaufhaltsam in mir.

Das Leben hat mich wieder, ich bin sehr dankbar dafür und ich liebe es!

Das Leben
Das Leben ist eine Chance, **nutze sie.**
Das Leben ist schön, **bewundere es.**
Das Leben ist eine Wonne, **koste sie.**
Das Leben ist ein Traum, **verwirkliche ihn.**
Das Leben ist eine Herausforderung, **nimm sie an.**
Das Leben ist ein Spiel, **spiele es.**
Das Leben ist kostbar, **geh sorgsam damit um.**
Das Leben ist ein Reichtum, **bewahre ihn.**
Das Leben ist Liebe, **genieße sie.**
Das Leben ist ein Rätsel, **löse es.**
Das Leben ist ein Versprechen, **erfülle es.**
Das Leben ist Traurigkeit, **überwinde sie.**
Das Leben ist ein Lied, **singe es.**
Das Leben ist ein Kampf, **nimm ihn auf.**
Das Leben ist eine Tragödie, **stelle dich ihr.**
Das Leben ist ein Abenteuer, **wage es.**
Das Leben ist Glück, **behalte es.**
Das Leben ist kostbar, **zerstöre es nicht.**
Das Leben ist Leben, **erkämpfe es Dir.**

Mutter Theresa

Ich musste bisher nur einziges Mal erleben, wie sich eine verhärmte ältere Bekannte, die um meine Situation wusste, mimisch deutlich missbilligend und mit einem ihre Meinung unterstützenden unwirschen, verächtlichem Schnauben zu meinem fröhlichen und herzhaften Lachen äußerte. Schlecht gelaunte und mit sich und der Welt unzufriedene Menschen gibt es leider mehr als genug und darum pfeift drauf:

»Manche Leute gucken einfach so laut, die brauchen gar nichts mehr zu sagen.«

Aber ehrlich, das ist mir so was von kreuzwurschtegal, da interessiert mich der berühmte Sack Reis, der in China umfällt doch deutlich mehr als die Meinung einer solch gestimmten Person. Menschen, die trotz eines Schockes oder unerfreulicher Umstände mit dem Leben relativ gut klar kommen, sind dann halt für Miesepeter noch ungenießbarer als sonst.

Kein anderer Mensch ist jemals auch nur fünf Minuten in meinen Schuhen gelaufen und niemand lebte auch nur einen Sekundenbruchteil meiner bisherigen Lebensspanne, also hat auch verdammt noch mal kein Mensch auf der Welt das Recht über die Art wie ich mein Leben lebe, zu urteilen. Es ist ganz alleine mein Leben und geht sie, gelinde gesagt, einen sauberen, feuchten und gepflegten Scheißdreck an! Sollen sie sich ihre Nasen ruhig an mir wund stoßen oder wie es ein wunderbarer, leider verstorbener Kollege einst so treffend formulierte:

»Lass sie in Watte laufen, das bummst so schön …!«

Meine Lieblingsantwort für ewige Nörgler, Klugscheißer und Besserwisser ist dann mit dem zuckersüßesten und allerfreundlichsten Lächeln ein möglichst neutrales:

» … wenn Du meinst.«

*Das Leben ist zu kurz um sich darüber zu ärgern,
was andere über Dich denken oder sagen.
Also hab‹ Spaß und gib ihnen etwas worüber sie reden können –
scheinbar ist ihnen ihr eigenes Leben zu langweilig ...*

Kurz gesagt, Trauerarbeit ist Arbeit und es braucht auch sehr viel Kraft und Unterstützung um wieder aktiv ins Leben zurück zu finden um sich von der Trauer nicht den Rest seines Lebens beherrschen zu lassen. Aufgeben wäre niemals eine Option für mich gewesen und um den Rest meines hoffentlich noch langen Lebens nicht in einem Zustand zwischen den Welten verbringen zu müssen, musste ich seelisch, geistig und körperlich erst wieder richtig gesunden.

Ich bin sehr dankbar dafür, dass ich diesen Weg und die nötige Unterstützung dazu finden durfte. Das Leben hat mich wieder und ich werde es mit allen Sinnen genießen!

Epilog

Eigentlich ...

... hatte ich ja vorgehabt dieses Buch mit dem obigen Abschluss zu beenden, aber dann passierte wieder etwas völlig unvorhergesehenes in meinem Leben.

Am 16. Juli, also einen Tag später, lernte ich Eric kennen. Schon Jahre bevor er nach Teneriffa auswanderte, las er öfter unsere damalige Homepage »Fincageschichten« und nahm sich vor uns, wenn er hier lebt, persönlich zu kontaktieren. Er wollte das kleine Paradies von dem Jochen und ich so viel geschrieben hatten, unbedingt kennenlernen. Er bemühte sich um unsere Adresse. Ende Juni 2015 kontaktierte er mich und es entwickelte sich ein sehr nettes Geschreibsel zwischen uns bis wir uns am besagten 16. Juli das erste Mal persönlich trafen.

Bei uns beiden funkte, rappelte und knallte es schlagartig von der ersten Sekunde an. Das zweite Mal in meinem Leben hörte ich ausschließlich auf mein Herz und meinen Bauch. Am 31. Juli, also gerade mal zwei Wochen später, zog Eric mitsamt Katze und Seidenhühnern zu mir. Auf der Rückfahrt vom letzten Umzugstransport am 14. August ging es ihm sehr schlecht und ich rief die Ambulanz. Sämtliche Symptome wiesen auf einen Herzinfarkt hin. Die Sanitäter brachten ihn ins Krankenhaus nach Icod de los Vinos, wo man fest stellte, dass er einen Herzinfarkt erlitten hatte und er wurde unverzüglich in die Universitätsklinik nach La Laguna gebracht und operiert. Da war ich also wieder im selben Krankenhaus und fast auf den Tag 13 Monate nach Jochens Tod mit meiner neuen Liebe um dessen Leben ich jetzt bangte, aber ich wusste es diesmal ganz sicher. »Alles wird gut!!!«.

Schließlich ließen mich »die da oben« nicht erst mühsam das letzte Jahr überleben als ich erst um Jochen und nach seinem

Tod um mein Leben und um meine Gesundheit kämpfte, um mir gleich darauf wieder das selbe in grün zu präsentieren. Nene, das glaube ich ganz ehrlich nicht, so saublöd würde ja nicht mal der Teufel beim dämlichsten Schicksalsspiel würfeln, selbst dann nicht, wenn er himmelhochdunkelviolettsturzbesoffen wäre.

Die menschliche Behandlung in der Herzstation war im Gegensatz zur Neurologie diesmal einfach unmöglich und unter aller Kritik und so holte ich Eric auf seinen Wunsch und meine Überzeugung nach vier Horrortagen aus der Intensivstation wieder raus und direkt zu mir nach Hause. Dort ging es ihm stündlich besser. Die anfangs wichtigen Medikamente gaben wir weiter und zogen uns natürlich auch fachliche Hilfe zu Rate, denn blauäugig oder gar verantwortungslos sind wir wirklich nicht. Seit er aus dem KKH wieder raus ist, kehrt mein ebenso verschollenes Gedächtnis über leckeres und vor allem gesundes Kochen rapide zurück und er genießt es sehr.

In den ersten sieben Wochen nach dem Herzinfarkt lebten wir komplett ohne Getreide, mit sehr viel Gemüse, viel Fisch, wenig Huhn kaum Rind, sowieso kein Schwein, keine Nudeln und natürlich auch kein Zucker oder Alkohol. Eric verlor 30 kg und bei mir waren es auch noch mal 10 kg weniger. Ich musste zwar in sämtliche Hosen Gummibänder einziehen, aber dafür passen mir wieder Röcke und Kleider, die ich Jahre nicht mehr anziehen konnte. Eric wird wieder ganz gesund werden und wir beide werden noch ein sehr schönes, ausgesprochen liebevolles und kreatives Leben miteinander führen gemäß dem Spruch:

»Ist auch Schnee auf dem Dach, so ist doch immer noch Glut im Ofen«

(Auch wenn die Haare schon grau sind, die Leidenschaft ist immer noch vorhanden).

Seitdem leben wir beide unseren zweiten Frühling mit allem was dazu gehört. Er fand in mir seine Traumfrau und große Liebe und für mich ist er der fürsorglichste, schönste, wertvollste, liebevollste und charakteristischste Diamant in einer riesigen Glasmühle. Wir hatten verdammt viel Glück uns in diesem Leben wieder finden zu dürfen! Das ist ein unbezahlbares Geschenk.

Eric erholte sich zu Hause zusehends und nach einer Weile übernahm er die Versorgung der Hühner. Wir ließen alte Bäume mit argen Sturmschäden fällen, sie wurden für den Winter für›s Heizen zerkleinert. Den Pool bastelten wir zu einem Fischteich um, Papyrus, Zyperngras und Seerosen wurden eingesetzt. Ein paar junge Goldfische bekamen wir von Bekannten geschenkt. Die Finca wird wiederbelebt und Eric liebt das Land und unsere Tiere so sehr als wäre er niemals irgendwo anders zu Hause gewesen. Er nimmt mir alle langen Wege und die meisten Landarbeiten ab, so dass ich meine Hüfte schonen und die Schmerzmittel etwas reduzieren konnte. Die Hüft-OP konnten wir damit nicht hinaus zögern, aber es wurde etwas leichter.

Wir beide würden heiraten, das hatten wir unabhängig voneinander nach zehn Tagen Kennenlernen und mit achtzig km Entfernung in derselben Nacht geträumt, nur dass er sogar noch die Räumlichkeiten beschreiben konnte, obwohl er noch nie in dem Ort war.

Jochen sagte mir mit einem Schmunzeln im Traum:
»Behalt den Eric, der ist gut für Dich und Du bist gut für ihn!«

Ich träumte, dass wir drei uns aus einem früheren Leben kennen und für dieses Leben verabredet hatten. Jochen und ich erlebten die ersten 25 Jahre in tiefer Liebe und mit einer gemeinsamen Aufgabe zusammen und nun dürfen Eric und ich den Rest unserer hoffentlich noch sehr langen Lebenszeit in Liebe gemeinsam genießen. Es ist schon etwas ganz wunderbares und überhaupt nicht alltägliches wenn man einmal im Leben einer großen Liebe begegnen darf und diese auch gleichermaßen erwidert wird. Aber dieses so unglaublich große Glück gleich zweimal in einem Leben erfahren zu dürfen ist vom Schicksal ein ganz besonderes Geschenk dessen wir uns jeden einzelnen Tag voller Freude und Dankbarkeit voll bewusst sind. Später erzählte er mir mal, dass er normalerweise vor einer Witwe als möglicher Partnerin zurückgeschreckt hätte, wenn er nicht genau gespürt hätte, dass meine Trauer um Jochen abgeschlossen und in meiner Seele alles in Frieden und Liebe geklärt war.

Er empfindet Jochen als einen guten Freund und nicht als unerreichbaren Rivalen. Der weitaus größte Teil meines Freundes- und Bekanntenkreises hieß ihn herzlich Willkommen und die meisten sind einfach froh, dass ich wieder glücklich bin und jemanden wunderbaren kennen gelernt habe und dass mein Funkeln und Leuchten in den Augen blitzend aufpoliert und aufgefrischt mit voller Strahlkraft zurückkehrte.

Ursprünglich bat ich Nele meine Trauzeugin zu sein (natürlich auch um sie an meinem neuen Leben teilhaben zu lassen), aber sie schrieb mir einen Brief und sagte ab: »*Jochen ist meinem Herzen immer noch so nahe, dass es nicht richtig wäre, an Deiner Seite zu stehen und zu sehen, wie Du glücklich mit einem anderen Mann bist. Das hat nichts mit Eric zu tun – ich sehe ihn als einen sehr sympathischen, liebenswerten Menschen an.*«

Mit diesem Brief bekam ich von ihr eine Tasche mit Büchern und CD´s von uns zurück und noch mal zwei Wochen später den Schmuck den ich ihr geschenkt hatte.

Sie brach jeglichen Kontakt zu mir ab und geht mir mit abweisender Mine aus dem Weg wenn wir uns irgendwo begegnen und ich sie freundlich grüße. Das tat mir anfangs sehr weh und ich verstand auch nicht warum sie sich so verhielt, aber jeder Mensch denkt und fühlt anders und manche Menschen erwarten halt von anderen, dass sie sich so verhalten, wie sie es selber tun oder möglicherweise täten. Selbstverständlich respektierte und akzeptierte ich ihre Entscheidung, auch wenn ich es sehr schade finde, dass sie sich mit diesem Verhalten selber mehr verletzt als mich. Am Anfang als sie hierher zog zerstritten sich Jochen und seine Schwester heftig, weil sie kein NEIN von uns akzeptieren wollte und uns immer für alle möglichen Leute einspannen wollte wenn diese mal hier zu Besuch waren. Neun Monate lang herrschte damals Funkstille zwischen uns, wobei ich Jochen in den letzten zwei Monaten davon immer wieder bat Kontakt mit ihr aufzunehmen, was er dann auch tat. Ich mochte Nele schon immer sehr gerne und wollte einfach gerne wieder Kontakt mit ihr haben. Ohne unser aller Einlenken hätten sich die Geschwister niemals aussprechen können, wir hätten in den folgenden Jahren niemals so viel Spaß miteinander haben und lachen können, sie hätte nicht erfahren, dass er erkrankt war und auch nicht, dass er gestorben war. Aber es ist wie es ist und ich habe meine Trauer gründlich ausgelebt und abgearbeitet, während sie da wohl noch nicht so weit ist und ich auch nicht weiß, ob sie jemals soweit sein wird, aber jeder Mensch muss seinen eigenen Weg gehen.

Wenn ein weiser Mensch leidet, so fragt er sich:
Was habe ich bisher getan,
um mich von meinem Leiden zu befreien?
Was kann ich noch tun, um es zu überwinden?
Wenn aber ein törichter Mensch leidet, so fragt er sich:
Wer hat mir das angetan?

Buddha

Ich war in meinem ganzen Leben noch nie so wie andere mich gerne sehen würden und das gedenke ich auch zukünftig nicht zu sein. Natürlich liebe ich Jochen immer noch und er und Eric wären früher bestens miteinander ausgekommen, bis auf das keiner von beiden seine Frau (mich) hätte teilen wollen. Einige wenige Menschen aus Neles Freundeskreis konnten es sich auch nicht verkneifen einen bemerkenswerten Kommentar zu meinem neuen Leben abzulassen: »Wir hatten uns eigentlich gedacht, dass Du ein paar Jahre mehr brauchen wirst, bis Du nach dem Tod von Jochen wieder einen neuen Partner kennen lernen willst, wir finden Deine sehr schnelle Neuorientierung viel zu früh und zu spontan. Klar bist Du zu jung um auf Dauer alleine zu bleiben, aber letztes Jahr bist Du fast gestorben vor Trauer.« Wenn wir mal ehrlich sind, so hatte man es sich nicht nur gedacht, sondern auch von mir erwartet, dass ich in den nächsten Jahren als dauertrauernde Witwe mein Dasein friste. Was bitte soll das sein? Neid, Eifersucht oder das Unvermögen über den eigenen, sehr begrenzten Tellerrand hinauszuschauen? Nein, solche Menschen brauche ich ganz gewiss nicht in meinem Freundeskreis.

Wir wissen nicht, was andere Menschen denken oder fühlen. Wir interpretieren ihr Verhalten und sind dann wegen unserer eigenen Gedanken beleidigt.

Niemand lebte jemals mein Leben und hat somit auch keinerlei Recht irgendwelche Erwartungen an mein Verhalten zu stellen oder es gar wagen zu beurteilen. Es ist ganz alleine mein Leben, das ich lebe. Meine Trauer um Jochen durchlebte ich mit voller Wucht. Nur dadurch konnte ich mit der Zeit wieder ins aktive Leben und dem Mut und dem Zulassen einer neuen Liebe weiter voran schreiten. Das bedeutet aber keinesfalls, dass meine Liebe zu Jochen gestorben wäre. Das Leben ist Bewegung und nicht Stillstand und die Liebe gehört zum Leben dazu. Schade, dass es doch immer wieder Menschen geben muss, die meinen sich über das Leben anderer Leute ein Urteil anmaßen zu müssen.

Ich wäre jedenfalls nicht auf so eine merkwürdige Idee gekommen.

Um so einen großen Schritt in eine neue Beziehung zu wagen, da braucht es von beiden Seiten sehr viel Liebe, Mut und Zuversicht und ich kann nur von ganzem Herzen jede/n einzelne/n beglückwünschen, die/der sich traut nach einer Trennung oder einem Todesfall wieder eine dauerhafte Verbindung einzugehen. Darum steht es auch niemandem jemals zu sich das Maul über mein Verhalten zu zerreißen.

Das Leben besteht nur zu 10 % aus dem was passiert und zu 90 % daraus, wie man darauf reagiert.

Eine Veränderung kann manchmal ziemlich hart sein.
Aber viel härter ist es, sein Leben lang zu bereuen,
es niemals versucht zu haben!

Ich lebe mein Leben nun einmal so, dass ich nichts bereuen muss.
 Als ich meinem Vater die schöne Nachricht mitteilte, dass ich mich neu verliebt habe, rief er erleichtert am Telefon: »Na endlich! Das wurde aber auch langsam Zeit, dass Du wieder jemanden gefunden hast, es steht schließlich nirgends geschrieben, dass Du nicht wieder glücklich sein sollst!« Und genau so tolle positive Reaktionen erhielt ich durch die Bank von meiner eigenen gesamten Familie. Glücklich sind wir und das werden wir auch zukünftig sein und zusätzlich mit dem ganz besonderen Bewusstsein, dass all das, was gerade mit uns passiert, ein gigantisches und unbezahlbares Geschenk des Lebens ist. Obwohl wir beide es niemals für möglich gehalten hätten noch eine große Liebe finden zu können, wurde uns dieses außerordentliche Geschenk vom Schicksal beschert und sobald alle Papiere genehmigt sind, werden wir uns vor dem Standesamt in Garachico das JA-Wort geben. Denn wie heißt es doch so treffend:

Was ist Liebe?
Liebe ist nicht Sex, Liebe ist nicht Rummachen, Liebe ist auch nicht den Beziehungsstatus zu ändern ...
Wahre Liebe ist füreinander da zu sein, in guten sowie in schlechten Zeiten, Liebe ist den Partner zu lieben mit all den Fehlern.
Liebe ist zusammen Hand in Hand alles gemeinsam zu schaffen.
Liebe ist Glück, Liebe ist Hoffnung.
Liebe ist all die Probleme die man hat, zu vergessen und sich auf das wesentliche zu besinnen.
Liebe ist zusammen zu weinen und zusammen zu lachen.

Liebe ist das schönste und kostbarste auf dieser Welt.
Liebe ist das wofür wir leben und Liebe ist, wenn ein Kuss nicht nur die Lippen, sondern auch das Herz berührt ...

Der folgende Text entspricht Erics und meinen Gedanken und Fragen an einen Partner, für mich ist es der wunderbarste, ehrlichste und beste Text den ich kenne:

Oriah Mountain Dreamer
Die Einladung
Es interessiert mich nicht, wovon Du Deinen Lebensunterhalt bestreitest.
Ich möchte wissen, wonach Du Dich sehnst und ob Du es wagst, davon zu träumen, Deine Herzenswünsche zu erfüllen.

Es interessiert mich nicht, wie alt Du bist.
Ich möchte wissen, ob Du es riskieren wirst,
verrückt vor Liebe zu sein, vernarrt in Deine Träume,
in das Abenteuer, lebendig zu sein.

Es interessiert mich nicht, welche Planeten in welcher Konstellation zu Deinem Mond stehen.
Ich möchte wissen, ob Du die Mitte Deines Leids berührt hast,
ob Du durch Verrat, den Du im Leben erfahren hast,
aufgebrochen und offen geworden
oder geschrumpft bist und Dich verschlossen hast vor Angst und weiterem Schmerz.
Ich möchte wissen, ob Du dasitzen kannst mit Schmerz

– meinem oder Deinem eigenen –
ohne irgendeine Bewegung der Ausflucht,
ohne den Schmerz zu verbergen, ohne ihn verschwinden zu lassen,
ohne ihn festzuhalten.

Ich möchte wissen, ob Du mit Freude da sein kannst
– meiner oder Deiner eigenen –
ob Du mit Wildheit tanzen und zulassen kannst,
dass Ekstase Dich erfüllt bis in die Fingerspitzen und Zehen hinein,
ohne jene Vorsicht, in der du dich in acht nimmst,

realistisch bist und dich an die Begrenzung des Menschendaseins erinnerst.
Es interessiert mich nicht, ob die Geschichte, die Du mir erzählst, wahr ist.
Ich möchte wissen, ob Du jemanden enttäuschen kannst, um zu Dir selbst ehrlich zu sein,
ob Du es erträgst, dass Dir deshalb jemand Vorwürfe macht und Du trotzdem Deine eigene Seele nicht verrätst.
Ich möchte wissen, ob Du treu sein kannst und zuverlässig.

Ich möchte wissen, ob Du Schönheit sehen kannst, auch dann, wenn es nicht jeden Tag schön ist
und ob Du in Deinem Leben einen göttlichen Funken spürst.
Ich möchte wissen, ob Du mit Mißerfolg leben kannst
– mit Deinem und meinem –
und immer noch am Ufer eines Sees stehen und «Ja» zum Vollmond rufen kannst.

Es interessiert mich nicht, wo Du lebst oder wieviel Geld Du hast.
Ich möchte wissen, ob Du nach einer kummervollen Nacht voller Verzweiflung aufstehen kannst
– ausgelaugt und mit Schmerzen –
und trotzdem tust, was getan werden muss für Deine Kinder oder andere Menschen.

Es interessiert mich nicht, welche Schulausbildung Du hast oder wo und bei wem Du studiert hast.

*Ich möchte wissen, ob Du mit mir in der Mitte des Feuers stehen
und nicht zurückschrecken wirst.
Ich möchte wissen, was Dich von innen aufrecht erhält, wenn alles
andere wegfällt.*

*Ich möchte wissen, ob Du mit Dir selbst alleine sein kannst
und ob Du wirklich die Leute magst, mit denen Du Dich in Zeiten
der Leere umgibst.*

Oriah Mountain Dreamer (im Mai 1994, http://www.oriahmountaindreamer.com)
Aus dem Amerikanischen übersetzt von Jena Ilka Frey

Viele Menschen warten …
 … den ganzen Tag auf den Abend
 … die ganze Woche auf Freitag
 … das ganze Jahr auf besseres Wetter
 … ihr ganzes Leben auf bessere Zeiten
 … auf die große romantische und schwärmerische Liebe ihres Lebens
 … und dass sie endlich glücklich werden.

Lebensglück ist Dein Job!

Warte nicht darauf, dass Dich andere glücklich machen.
Für unser Leben gibt es keine zweite und verbesserte Auflage.
Leben wir jetzt!

Lebt heute, liebt mit offenem Herzen und nehmt nicht alles so furchtbar ernst im Leben und lacht bitte mindestens mehrmals am Tag aus voller Seele, das ist ein kleines aber feines Geheimnis des Glücks.

Jochen inspirierte mich stets, er war immer für mich da und machte mich sehr glücklich. Ich durfte wunderbare vierundzwanzig Jahre meines Lebens mit ihm verbringen und habe jetzt auch wieder die Kraft, die Freude, die Motivation und auch den Mut mein restliches Leben von Herzen zu Lachen, zu Lieben und zu Leben.

Danke für Alles, ich werde Dir immer dankbar sein und ich werde Dich immer lieben. Nun gehen Eric und ich unseren Weg in Liebe gemeinsam weiter.

Es dauerte tatsächlich noch ein Weilchen, bis alle Papiere und Behördenwege erledigt waren, aber dann klappte alles und im April 2016 gaben Eric und ich uns beim Standesamt von Garachico das JA-Wort und auch diese unsere Liebe wächst mit jedem Tag noch mehr und wird immer schöner.

Ein Dank an das Leben, es ist einfach wunderbar!

Wenn keiner mehr an Wunder glaubt,
dann wird's auch keins mehr geben.
Denn wer der Hoffnung sich beraubt,
dem fehlt das Licht zum Leben.

Wenn keiner mehr darauf vertraut,
dass Wunder noch geschehen,
wie soll der Mensch in seiner Haut
sein Leiden überstehen?

Wenn keiner mehr an Wunder glaubt,
musst du's allein riskieren:
Im Baum des Lebens, grün belaubt,
sind täglich Wunder aufzuspüren.

(Elli Michler 1923, deutsche Lyrikerin)

Eric und ich dürfen ein sehr liebevolles und interessantes Miteinander erleben. Schritt für Schritt nahmen wir alles in Angriff, die chemischen Blutverdünner die er benötigte und nicht vertrug tauschten wir gegen Nattokinase und Serrapeptase aus, seine Diabetes II, Asthma und Migräne bekamen wir durch eine Ernährungsumstellung langsam wieder in den Griff. Für die Herz- und Atembeschwerden nimmt er G-Strophantin Urtinktur die ihm unglaublich gut bekommt.

Eines schönen Tages im Herbst 2016 erhielt ich auf der Post drei Schreiben vom Finanzamt mit Zahlungsaufforderungen (zahlbar binnen 10 Tagen) die zusammen über 101.452 €uro betrugen. Von wem? Vom Krankenhaus in dem Jochen lag und auch verstarb und natürlich auch von den Krankentransportkosten. Die liebe Krankenversicherung hatte also doch nicht gezahlt. Meine erste Reaktion war, dass ich noch vor der Post lauthals anfing zu lachen. SO nicht liebe Leute und erst recht nicht mit mir. Ab dem Datum hatte ich gerade mal zehn Tage Zeit Einspruch zu erheben, ansonsten bei Nichtbezahlung der Zahlungsaufforderung würden sie mein Eigentum, also unsere Finca einkassieren. Ich hatte nur nie zuvor eine Rechnung oder überhaupt irgendetwas erhalten, ich verstand das alles nicht mehr und mein Hirn ging erneut auf Wanderschaft. Mit der Krankenversicherung stand ich ja nie selber in Kontakt, darum rief ich den Versicherungsmakler an und bat um Klärung. Man sagte mir nur knapp, dass die Versicherung die Rechnung nicht bezahlen würde.

Aha, so einfach ist das also.

Ihr miesen Scheißkerle zielt es also ganz bewusst auf einen Rechtsstreit ab, so richtig mit jahrelangen Verhandlungen und Prozessen und für alles muss man hier in Spanien finanziell in Vorleistung gehen. Wahrscheinlich schon gleich mit dem Grundgedanken, dass ich dann irgendwann pleite und völlig entnervt aufgebe und die sich eins ins Fäustchen lachen können. Gewinnoptimierung nennt man das wohl auf neudeutsch. Mir brannte das Feuer unterm Arsch, der Blutdruck stieg in Panik und auch Wut über so eine bodenlose Unverschämtheit auf über 260, es ging schlicht um unsere Existenz und mal ganz genau formuliert, ging es damit auch um mein Leben. Na so einen Scheiß hatte ich ganz bestimmt noch gebraucht. Danke dafür ihr Granatenarschlöcher, wollt ihr mich eigentlich systematisch umbringen? Aufgeben war in meinem ganzen Leben niemals eine Option für mich und so fragte ich bei Freunden nach, ob sie mir einen guten Anwalt empfehlen könnten. Bei der ersten Adresse verbrachte ich zwei volle Tage damit alle Unterlagen vorzulegen, um dann die lapidare Auskunft zu erhalten, dass ich mich selber mit der Versicherung einigen müsse. Prima, also diese Adresse taugte in meinem Fall schon mal nichts. Die zweite Anwältin registrierte sehr schnell, noch während des ersten Telefonates, dass ich einen Anwalt mit einem anderen Fachgebiet benötigte und empfahl mir einen Kollegen. Dort rief ich sofort an, schilderte meinen Fall in Stichpunkten und bekam noch für denselben Tag einen Termin. Auch das ich kein Geld hatte war kein Problem, ich durfte mit der Unterstützung bei monatlicher Abzahlung rechnen. Dafür bin ich wirklich sehr dankbar. Ich nahm den Termin wahr, man übernahm den Fall und die Dringlichkeit des Termins der Zahlungsaufforderung sofort in Angriff um das Verfahren erst mal einzufrieren. Ich bekam wieder ein bisschen besser Luft aber der Blutdruck ging nicht mehr unter 230. Kurz darauf bekam ich bei dem Anwalt selber einen Termin, er hörte sich alles an und telefonierte nach Durchsicht meiner Unterlagen in meiner Anwesenheit erst mit dem Versicherungsmakler und danach mit der Versicherung. Beide antworteten ihm kackfrech und ohne jede Begründung »nö, wir zahlen die Rechnung nicht, sie kann ja klagen«. Nach diesen niederschmetternden Aussagen fuhr ich mit letzter Kraft zurück nach Hause und erteilte meinem Mann »Freischuss in den Sozialmedien«, es ging schließlich um unsere Existenz. Auf eine Aktion erfolgt eine Reaktion, das ist nun mal das Gesetz der Physik und wenn sie mich so fertig machen und sich ungerechtfertigter weise um die Zahlung der Krankenhausrechnung drücken wollten, würden sie eben mit meiner Notwehr rechnen müssen. Inzwischen rotierten beim Anwalt viele weitere Räder. Man setzte sich mit dem Finanzamt in Verbindung und erfuhr, dass ich vor diesem Zahlungsbefehl nicht ein einziges Mal angeschrieben und über eine offene Rechnung informiert worden war, also konnten sie die knapp 20.000 €uro Verzugszinsen die sich dadurch angehäuft hatten, schon mal streichen. Das gab dann wohl auch ein paar freundliche innerbehördliche Kommentare wegen dieser groben Nachlässigkeit.

Ich konnte mich nicht mehr selber wehren, lag seelisch und körperlich zutiefst erschlagen am Boden und Eric hatte zu Recht eine Heidenscheißangst um mich.

Er schrieb diesen spanischen Ableger einer großen Deutschen Krankenversicherung direkt und in den Sozialmedien um Klärung bittend an, kontaktierte alles angefangen von der Muttergesellschaft dieser Mist bauenden Kackversicherung und schrieb sogar den gesamten Aufsichtsrat des größten deutschen Rückversicherers an, dem die ganze Chose gehört. Telefonisch landete man nur bei Callcentern im Senegal wo man natürlich auch keine Hilfe fand. Fast sechs Wochen dauerte es, bis sich die Anwältin dieser miesen Versicherungsgesellschaft endlich gemüßigt sah, sich mit meinem Anwalt in Verbindung zu setzen und um Frieden beziehungsweise Waffenstillstand zu bitten. Sechs lange Wochen in denen es uns beiden körperlich und mental so richtig dreckig und beschissen ging wie noch nie. Sie waren endlich bereit die Krankenhausrechnung zu zahlen, hatten wohl feststellen müssen, dass es gar nicht gut kommt, wenn man jemanden zu Unrecht und um einen beschämenden Preis der Ersparnis durch arrogante und ignorante Zahlungsverzögerung in die Ecke drängen will. Auf Aktion erfolgt Reaktion, so ist das nun mal und erst recht wenn man nichts mehr zu verlieren hat.

Ich weiche nur zurück um Anlauf zu nehmen, merkt euch das!

Auf Bitten meines Anwaltes hielten wir Waffenstillstand – vorausgesetzt sie übernehmen die Anwaltskosten und meinen Zeitaufwand. Nun, wir hielten unseren Waffenstillstand ein, aber sie zahlten trotzdem unsere Anwaltsrechnungen nicht, keinen einzigen Cent, geschweige denn etwas anderes. War letztendlich auch egal, wir wollten nur noch unsere Ruhe haben, wir wollten keinen Krieg, wir wollten nur in Frieden leben. Es brauchte lange bis wir uns von der Aktion erholt hatten und dann kam auch schon die nächste Überraschung. Erics Krankenhausrechnung für seine vier Tage Aufenthalt auf der Intensiv beim Herzinfarkt traf ein und sie betrug bescheidene 18.700 €. Durch Umzug und keiner Postzustellung oder sonstiger Benachrichtigung an seiner vorigen Adresse stand er auch plötzlich ohne Versicherung da. Ich verkaufte alles was noch von Wert war, wir fragten bei der Bank um einen Kredit, den wir auch mit ach und krach gewährt bekamen, zehn Tage später wäre es zu spät gewesen weil Eric Geburtstag gehabt und damit ein bestimmtes Alter erreicht hätte in dem keine Kredite mehr vergeben wurden. Also gerade noch mal Glück gehabt.

Meine Hüfte, die mittlerweile ziemlich heftig klemmte, wurde Ende März 2017 operiert, eine Vollprothese war höchst fällig geworden. Alles klappte bestens und mit einer ganz hervorragenden Physiotherapeutin und einer gehörigen Portion Eigentraining bauten wir binnen weniger Wochen die Muskulatur wieder auf und erhöhten die Mobilität. Es war so schön und so erleichternd sich endlich mal nicht mehr irgendwelche Gedanken machen zu müssen bis – ja, bis ich 10 Wochen später genauer am 13 ten Juni eine Freundin vom Flughafen abholte und dort von einer Sekunde auf die andere ganz extreme Bauch- und vor allem Rückenschmerzen bekam die mir das Laufen fast unmöglich und das Atmen sehr schwer machten. Mir war so übel, dass ich mich übergeben musste und zuerst dachte ich dass ich einen Brustwirbel übelst verdreht und einen Nerv eingeklemmt hätte. Unsere Freundin wollte schon die Ambulanz rufen, aber ich weigerte mich, ich hatte eine panische Angst davor in ein Krankenhaus zu müssen wie ich schon seit ewig Angst vor einer Vollnarkose hatte da ich immer fürchtete nicht mehr daraus aufzuwachen. Meine Freundin fuhr uns mit unserem Wagen nach Hause, ich lag nur noch hinten quer auf der

Rückbank. Daheim angekommen stieg ich wackelig, total benommen und fast schon stimmlos aus und wollte nur noch schnellstmöglich ins Bett, nahm eine Schmerztablette ein und hoffte auf Schmerzfreiheit. Mein Schatz wollte ebenfalls sofort die Rettung rufen, aber auch er prallte bei mir auf Widerstand. Die ersehnte Schmerzfreiheit kam aber auch Stunden nach Einnahme der zweiten Schmerztablette immer noch nicht und in der Nacht merkte mein Schatz, dass ich immer schwerer Luft bekam und weiterhin vor Schmerzen stöhnte. Das war so gar nicht meine Art und in seinem Kopf schrillten unüberhörbar sämtliche Alarmglocken, dass da etwas ganz und gar nicht stimmte und es langte ihm. Entgegen meines nur noch schwachen Protestes rief er die Rettung. Ich war zwar schon halb weggetreten, aber es reichte gerade noch der Ambulanz die Wegbeschreibung zu unserem Ort auf Spanisch zu geben, dort holte er die Blaulichtfahrer dann mitten in der Nacht ab. Ich verlor den Rest Bewusstsein bevor sie mich im Auto hatten. Sanitäter brachten mich in die erste Klinik in Icod de los Vinos, von dort ging es postwendend mit Notarzt und Krankenschwester weiter in das Bellevue in Puerto de la Cruz, die untersuchten mich, stellten Gott-sei-Dank fest, dass das eine ordentliche Hausnummer zu hoch für sie war und fuhren mich weiter in das als Herzklinik sehr bekannte Hospiten Rambla nach Santa Cruz. Eric fuhr hinter uns her, aber erst als eine Schwester kam, die mitbekommen hatte was mit mir passiert war, konnten sie ihm sagen wohin ich weiter transportiert worden war.

Im Hospiten Rambla in Santa Cruz stellte man unterdessen fest, dass meine Brustaorta gerissen war und aus den Rissen innerlich munter vor sich hin blutete. Das Op-Team wurde zusammen getrommelt, ich für die OP an der Herz-Lungen Maschine auf 26-28° Celsius runter gekühlt und in den frühen Morgenstunden kam ich dann zur Not-OP unters Messer. Das dumme war nur, dass wenn sie einen Riss in dem kaputten »Gartenschlauch« verschlossen, es gleich daneben weiter raus sickerte und sich mittlerweile über zwei Liter Blut in Brust- und Bauchraum sammelten, den Großteil zwischen der Aorta und der Speiseröhre wo der große Bluterguss glücklicherweise als eine Art dicker Pfropfen wirkte. Die Arterie zum linken Arm mussten sie ganz abklemmen, die war zu sehr zerfetzt. Sie konnten die übrigen Löcher in der Aorta nur notdürftig schließen, eine Aortenprothese musste dringend eingesetzt werden und dafür musste noch jemand die Kosten übernehmen, die anscheinend nicht mit meinem Vertrag abgedeckt waren (ach nee, denk mal einer an, damit hätten wir ja nun wirklich rechnen können, dass man bei einer so »tollen« Versicherung ein lebensrettendes Ersatzteil nicht bezahlt). Eric drehte vor Angst und Sorge um mich fast durch, aber um mein Leben zu bewahren musste noch sehr viel geregelt werden und so fuhr er nach der elfstündigen OP wieder heim, während ich im künstlichen Koma lag. Der Versicherungsmakler lehnte mal wieder eine Zahlung der Aortenprothese ab, wollte aber noch mal mit der Versicherung reden. Als mein Bruder von Eric erfuhr, was passiert war, überwies er sofort die Kosten für die Prothese an das Krankenhaus und drei Tage später kam ich erneut unters Messer wo sie mir eine schöne neue 20 cm lange Aortenprothese in meine netzstrumpflöcherige Aorta einsetzten, dann legten sie mich weiter ins künstliche Koma. Später, nach mehrfacher Rücksprache mit der Versicherung erstattete uns der Versicherungsmakler die von meinem Bruder bereits bezahlte Rohrprothese zurück. Eine medizinische Auskunft wollten sie Eric im Krankenhaus eigentlich auch nicht geben, nur Familienangehörige hätten das Recht dazu. Zu Hause suchte er unser Familienbuch und zeigte ihnen zu ihrer Verblüffung, dass wir beide tatsächlich miteinander verheiratet waren. Eine Folge der Aortendissektion war eine Querschnittlähmung. An der Dialyse schrammte ich nur um wenige Stunden vorbei, aber gegen die akute Lebensgefahr war das alles Kleinkram worum man sich später kümmern konnte.

Eric kam jeden Tag und blieb, als es mir sehr schlecht ging sogar über Nacht in einem Sessel ruhend. Ich hörte die Worte die sie mit ihm und er mit mir sprachen, war aber nicht in der Lage zu reagieren. Selbst wenn er nicht bei mir war, konnte ich seine intensiven liebevollen Gedanken in Form von einer ganz kurzen zarten Melodie mit gläsernen Tönen »hören«, fast so wie die kristallklaren zarten Töne einer Glasharfe, das half mir unglaublich. Ich hörte trotz des künstlichen Komas was um mich herum gesprochen wurde, erkannte liebe Besucher die vorbei kamen um nach mir zu schauen, konnte in ihren Gesichtern ihre Betroffenheit und ihre Sorgen um mich lesen und war so froh Erics liebevolles Lächeln und seine so vertraute Stimme zu hören, er war mein Anker, mein Halteseil, mein Fels in dieser Welt.

Ich kämpfte in meinem Kopf einen fast aussichtslosen Kampf um aus einem geschlossenen hoch technisierten Sarg heraus zu kommen und bereits da nahm ich schon sehr genau wahr, dass meine Beine nicht mehr reagierten und ich dort nichts mehr fühlte.

Ich wusste nur, dass ich um jeden Preis da raus wollte, egal wie.

Nach ein paar Tagen und Nächten Kräfte raubendem Ringen um Luft waren die gesundheitlichen Probleme so groß geworden, dass ich irgendwann erschöpft los ließ und über die »Regenbogenbrücke« auf die andere Seite ging. Ich schwebte vor eine massive hölzerne Türe und glitt widerstandslos hindurch. Kaum war ich »drinnen«, war von einem Moment auf den anderen sämtlicher körperliche Schmerz weg, ich konnte endlich wieder frei atmen ohne das quälende Gefühl zu ersticken, es herrschte eine so friedliche Ruhe, alles war auf einmal leicht geworden, kein Stress und keine Sorgen mehr. Ich wusste nur, dass ich meinen lieben Schatz Eric in unermesslichem Schmerz, unsere geliebten Tiere und die geliebte Finca zurück lassen musste, es tat mir so leid, aber ich konnte es in dem Moment nicht ändern.

Ich war soeben gestorben. Ein leises Bedauern nicht bleiben zu können begleitete meine Gedanken bis ich »drüben« war.

Das war meine Nahtoderfahrung (NTE) und die sieht vermutlich bei jedem Menschen anders aus.

Bei mir war da jedenfalls eindeutig nix mit himmlischen Chören und durch einen dunklen Tunnel mit Licht am Ende des Weges zu reisen.

Es ist sehr schwer zu beschreiben, weil es dafür eigentlich keine treffenden Worte gibt, aber ich versuche es einmal wieder zu geben.

Es war bunt allerdings ohne Farben,
hell ohne Licht,
dunkel ohne Schatten,
scharf konturiert und doch verwischt,
ein gefühltes gigantisches, unvorstellbar großes tiefes Wissen jedoch nicht dem Wortsinn nach,
ich hörte wunderbare zauberhafte Klänge ohne Töne und ohne Melodie.

Nichts war mehr wichtig oder überhaupt von Bedeutung, es fühlte sich so unglaublich wohltuend und lebendig an, einfach unendlich tiefer Frieden.

Erstaunt blickte ich mich um und sah, dass ich mich in einem sehr großen Raum befand dessen Ende ich nicht erkennen konnte. Bis zur kaum noch wahrnehmbaren Decke überzogen unzählige Bücher lückenlos die Wände. Sie waren bis auf den letzten Millimeter mit kostbaren alten Wissensschätzen gefüllt. Weiter vorne im Raum auf der linken Seite befand sich ein Arbeitstisch an dem eine Person mit dem Rücken zu mir stand. Das war Jochen. Er drehte sich zu mir um und fragte überrascht: »Hallo Schatz, was willst DU denn schon hier?«

Ich antwortete erschöpft: »Ich habe keine Kraft mehr zum kämpfen.«

Er schmunzelte mich auf seine ureigene und unverwechselbare Art an, dann schüttelte er bedächtig den Kopf, lächelte zärtlich und meinte zu mir: »Du hast noch genug Kraft. Geh bitte zum Eric zurück, er braucht dich. Die Ewigkeit kann warten. Bitte gehe jetzt gleich.«

Im ersten Moment war ich schon ein wenig traurig und enttäuscht, dass ich nicht einfach dort an dieser wunderbaren Oase der Stille und des Friedens bleiben und mich ausruhen konnte, sondern in den ziemlich angeschlagenen Körper zurück kehren sollte. Aber er hatte ja recht. Man kann schließlich nur sehr schwer bis kaum noch in einen bereits erkaltenden Körper zurück kehren. Dann schaute er mich ganz lieb an, machte sich an meinem linken Handgelenk zu schaffen sagte: »Ich gebe Dir jetzt mit dieser unsichtbaren Waffe noch zusätzliche Kraft mit, und nun kehre bitte schnell zu Eric zurück. Es ist noch nicht an Deiner Zeit, Du hast noch viele schöne Jahre vor Dir«.

Damit drehte er sich um und verschwand mit einem liebevollen Lächeln vor meinen Augen, das heißt er wurde zunehmend durchsichtiger bis er ganz weg war. Verdattert stand ich dort und wusste nicht ob ich nun lachen oder heulen sollte, dann zuckte ich mit den Schultern und machte mich halt auf den Weg zurück zur Türe während ich eine sehr starke Kraft spürte die mich langsam und behutsam zur Türe schob. Ich hörte gleichzeitig Erics kurze Melodie mit den gläsernen Tönen und sah Eric der mich die ganze Zeit besorgt liebevoll zog und lockte. Kaum hatte ich die Türe anvisiert, wurde ich schlagartig in meinen Körper mit allem was da gerade aus ihm heraus und an ihm dran hing, hinein katapultiert. Eric saß rechts von mir, ich spürte ihn, öffnete die Augen und er strahlte mich überglücklich an: »Hallo Schatz, da bist Du ja wieder, endlich!!! Man kann in Deinen Augen sehen, dass da wieder jemand zu Hause ist. Ich bin so froh, ich liebe Dich!« Völlig erschöpft, glücklich, überrascht und irgendwie auch heilfroh zurück im Leben zu sein, schenkte ich ihm den zaghaften Versuch eines Lächelns, flüsterte ihm zu, dass ich ihn liebe und schlief sofort wieder ein.

Ehrlich, der Tod an sich ist wirklich nichts Schlimmes, aber wenn man noch nicht da bleiben soll ist das Zurückkommen eine ordentliche Hausnummer anstrengender als das Sterben. Das Leben, beziehungsweise Überleben ist ein so wundervolles Geschenk dessen wahren Ausmaßes ich mir in diesem Moment noch nicht ganz bewusst war. Der Prozess des Sterbens wird um Welten leichter je besser man loslassen und geschehen lassen kann.

Witzigerweise veränderte sich meine Augenfarbe in der Zeit »zwischen den Welten« von blau-grau auf braun und als ich wieder zurück kehrte, erneut zurück auf blau-grau.

Die Tage und Nächte vergingen zeitlos vom regelmäßigen Piepsen und Brummen der Maschinen begleitet. Ich sah und hörte wie aus einem Glaskasten heraus Ärzte, Schwestern und Pfleger kommen und gehen. Sie kümmerten sich sehr aufmerksam und liebevoll um mich, sprachen mit mir auf Spanisch und Deutsch, und umsorgten mich bestens während ich auch im künstlichen Koma so unglaublich vieles mehr mitbekam als sie sich vorstellen konnten. Ich sah andere Patienten kommen und gehen, wusste wo die Schwestern und Pfleger des Nachts ruhten, wo sie die Medikamente lagerten und was da drauf stand, bekam sogar mit wo sie ihren Personalkühlschrank hatten und so vieles mehr.

Der katholische Priester kam ebenfalls an mein Krankenbett auf der Intensivstation. Er wollte mir schon die letzte Krankensalbung verabreichen, aber DAS wollte ich um keinen Preis der Welt und ich weiß nicht wie, aber ich sprach mit ihm auf Spanisch und sagte ihm, dass ich das nicht will und schon gar nicht brauche. Ich kämpfte nach wie vor um mein Leben, das immer noch am seidenen Faden hing und das hätte für mich meiner letzten Kräfte beraubt und mein Ende bedeutet. Gefühlt war mein Schatz Eric ununterbrochen in Gedanken bei mir. Wenn durch die halbe Stunde Besuchszeit täglich auch nicht körperlich pausenlos, so doch sehr sehr viel gedanklich, das half mir unwahrscheinlich. Die vielen Medikamente und der Blutverlust beim Aortenriss hatten ziemlich üble Halluzinationen ausgelöst. Dazu kam noch eine ganz reale Querschnittslähmung, die ich bereits instinktiv während des künstlichen Komas wahr nahm. Das Schlimmste in dieser Zeit war aber, dass ich noch so verzweifelt um Hilfe oder etwas zu trinken rufen konnte wie ich wollte, niemand hörte mich, keiner konnte mir helfen. Es dauerte Tage, bis ich begriff, dass sie mich gar nicht hören konnten weil die Hilferufe nicht aus meinem Kopf heraus drangen, nach einer Aortendissektion ohnehin oft die Stimme weg ist und ich mit den Beatmungsschläuchen auch nicht gerade besser zu verstehen gewesen wäre. Die Stimme erholte sich erst später wieder langsam und mit zunehmender Genesung. Ich musste lernen mich in dieser Welt und mit dieser Situation neu zu orientieren, »drüben« war alles irgendwie leichter und einfacher gewesen. Ich kämpfte jetzt mit aller vorhandenen Kraft um mein Leben und wollte Eric nicht alleine lassen, nur der Körper machte noch nicht so ganz mit wie ich es gerne gewollt hätte. Kurios dabei war, dass ich die ganze Zeit das sehr intensive Gefühl hatte, dass meine Mutter hinter mir im Bett ruhte und auf mich aufpasste. Ich hörte ihre Stimme, konnte ihren Duft riechen, verstand jedes einzelne Wort was sie sagte, aber ich sah sie nie. Ich fragte Schwestern, Pfleger und auch Eric ob sie die ältere Dame, die gerade hier vor meiner Türe geredet hätte, gesehen hatten, aber ich erntete stets ein freundlich verneinendes Lächeln. Meine Mutter ist 83, lebt in Deutschland in einem Seniorenheim und ist alles andere als Reisefähig, sie konnte also nicht zu uns nach Teneriffa gekommen sein, aber ihr Geist war hier bei mir um mit auf mich aufzupassen und mir zu helfen. Es war total kurios, auf der einen Seite hörte, fühlte und nahm ich sie absolut real wahr und auf der anderen Seite wusste ich trotzdem ganz genau, dass das in der Wirklichkeit gar nicht der Fall sein konnte.

Na da soll mal einer den Überblick behalten ...

Die äußersten Zehenglieder beider Füße und die Endfingerglieder der linken Hand wurden von den Medikamenten und der Mangeldurchblutung schwarz. Also nicht so ein bisschen schmutzig dunkel, sondern richtig schwarz. Knapp vier Wochen dauerte es bis man mich von der Intensiv in ein Zimmer auf der Herzstation verlegte, direkt neben der Rezeption und unter ständiger Kontrolle durch Schwestern und Pfleger. Weil man ohnehin nur selten einen Patienten hatte der eine Aortendissektion überlebte, entfernte man kurzerhand das zweite Bett und verschaffte mir so mehr Ruhe zur Genesung. Danke dafür!

Trotzdem brauchte es noch rund zehn Tage bis die Narkotica und die damit verbundenen »Halluzinationen« in den Augen und auch sonst überall nachließen. In der Zeit war meine Mutter immer noch bei mir »anwesend«, nur war sie jetzt nicht mehr die ganze Zeit in und hinter meinem Bett, sondern munter draußen auf der Station unterwegs. Eric konnte mich nun jeden Tag länger besuchen als die gerade mal 30 Minuten Besuchszeit auf der Intensivstation und das war sehr gut für mich. Seine liebevolle und fröhliche Anwesenheit half mir sehr mich nach und nach wieder etwas mehr in dieser Welt zurecht zu finden. Nach einer guten Woche kehrte langsam und ziemlich »angerostet« meine Stimme zurück, was mich wohl selber am meisten freute. So übte ich ganz für mich alleine wieder ein paar Worte zu sprechen, den Klang meines eigenen Lachens zu hören und mehrmals täglich sogar ein paar fröhliche Takte des Liedes »wieder am Leben« zu summen. Ursprünglich war der Song von Andreas Bourani, mir gefällt die Version von Christina Stürmer noch viel besser, sie strotz nur so vor übersprudelnder Lebensfreude. Es klappte anfangs sehr holperig, wurde aber von Tag zu Tag etwas besser. Die Medikamentenhalluzinationen in den Augen, die bei mir wie zerknittertes Wachspapier mit schwarzen Flecken aussahen, ließen auch langsam nach. Bei den schwarzen Fingern und Zehen lösten sich nach etwa 5 – 6 Wochen wie mit dem Messer abgeschnitten die Nägel und die Haut der letzten Finger- sowie auch Zehenbeeren ab. Schwarz und sehr empfindlich blieben sie aber noch eine Weile länger, genauer gesagt die Empfindlichkeit auch bis heute.

Also alles miteinander waren das ja sehr positive Entwicklungen, und trotzdem rutschte ich ungewollt erst in eine ziemlich düstere Traurigkeit und direkt im Anschluss in eine kurze Depression. Zuerst begriff ich diese lähmende Traurigkeit überhaupt nicht und so paradox das auch klingen mag, das Nichtwissen der

Ursache der Traurigkeit machte mich noch trauriger. Nun denn, das war vermutlich auch normal, da hatte die Seele wohl noch etwas Mühe gehabt sich an die neuen Herausforderungen anzupassen. Nach dem was ich da durchlebt hatte war das ja eigentlich auch ganz verständlich. Irgendwann kapierte ich es dann, es waren jetzt nicht nur die sehr kurz aufeinander folgenden mich melancholisch stimmenden Daten von Jochens Geburtstag, unserem Hochzeitstag oder sein Todestag gewesen, nein damit war ich in Frieden auch wenn sie zum jetzigen Zeitpunkt etwas unpassend auftauchten. Nein, ehrlich gesagt war ich zutiefst traurig, sauer und deprimiert zugleich wegen der nach wie vor unveränderten Querschnittslähmung und der sehr schlechten Perspektive damit jemals die Finca wieder sehen zu können. Eric hätte mich ohne Frage nach Hause geholt, aber mir niemals in dem Maße helfen können wie es eine Querschnittslähmung benötigte und ich hätte das auch niemals gewollt. So blieb nur ein kleines Wunder oder ein Pflegeheim übrig Für das Pflegeheim wäre kein Geld vorhanden gewesen, also musste unbedingt ein kleines Wunder her um mich wieder einigermaßen auf die Füße zu kriegen.

Na dann. wenn es nicht mehr ist, das kriegen wir auch noch hin ….

Wenn ich jetzt auch noch diesen ganzen Blödsinn überlebt hatte, musste es für mich einen anderen Sinn haben als zukünftig mit Katheter versehen ab der Mitte nach unten bewegungslos im Bett zu liegen. Ich beschloss also ganz gezielt am 16. Juli, dem Tag an dem Eric und ich uns kennen lernten, den Kampf gegen die Lähmung aufzunehmen. Als ersten Weg und um mich gezielt darauf vor zu bereiten, ging ich im Kopf sämtliche Notwendigkeiten und Möglichkeiten durch, wie ich mein lahmes Hinterteil samt Beinen und Organen wieder beleben konnte. Erste optimistische Versuche die Zehen feste nach vorne auszustrecken und wieder anzuziehen bewirkten – nichts, aber überhaupt gar nichts. Also keinerlei Gefühl und Null Reaktion. Okay, so langsam begriff ich jetzt erst richtig, wie sich eine solche Lähmung wirklich anfühlt und dass da gar nix mal eben so mit ein paar einfachen kleinen Übungen wieder »aktiviert« werden konnte. Hm, also noch mal intensiver und gründlicher drüber nachgedacht und zu einer Einsicht gekommen.

Unser gesamter Organismus ist an allem beteiligt und da sind schließlich nicht nur die Beine für ihre Bewegung zuständig. Ich konzentrierte mich also voll auf die Atmung und darauf mit jedem Atemzug durch Konzentration im Kopf die richtige Verbindung zwischen Synapsen und Neurotransmittern zu schaffen um darüber Millimeter für Millimeter die Energie gezielt in die Beine zu lenken. Es klappte aber ohne die parallele körperliche Bewegung logischerweise immer noch nicht und so suchte ich mir ein zusätzlich unterstützendes Hilfsmittel in Form des Bademantelgürtels den ich wie ein Lasso um meine Zehen zu werfen versuchte. Ging alleine leider auch nicht, aber die nächste Schwester die ins Zimmer kam, half mir dabei den Gürtel um den Fußballen zu legen und ich hielt endlich dankbar und glücklich strahlend die Gürtelenden in beiden Händen. Nun konnte ich vorsichtig beginnen indem ich meine Zehen und den Vorderfuß mit der bewussten und voll konzentrierten Einatmung zurück zog um im Gehirn die Bewegung parallel zu den Gedanken zu verfestigen.

Bisher konnte ich nicht nachvollziehen, warum mich Ärzte, Pfleger und Schwestern öfter zu zweit oder dritt in meinem Zimmer besuchten und das kleine Wunder »el pequeno milagro« nannten, bis sie mir auf meine Nachfrage mal erzählten, dass hier nur etwa ein bis zwei von 100 Patienten so eine Herausforderung überlebten und davon blieben dann noch etwa 25-30% Querschnittsgelähmt. Na also, das sind doch prima Aussichten, zu der einen sehr kleinen Gruppe durfte ich mit unwahrscheinlich viel Glück und dank sehr viel toller Hilfe gehören und zu der anderen Gruppe konnte und wollte ich nicht gehören, also musste ich selber verdammt noch mal etwas tun um meinen lahmen Popo wieder in die Gänge zu kriegen. Eine ganz liebe und sehr engagierte Physiotherapeutin kam ohnehin schon täglich außer Sonntag zu mir um sanft meine lahmen Beine zu bewegen und ich konnte jedes Mal spüren wie gut es mir im Gesamten tat. Nicht in den Beinen, da spürte ich ja nix, aber dafür weiter oben in der Wirbelsäule. Ich bat Eric mir spezielle Gummibänder fürs Training mitzubringen, so dass ich damit zu jeder Zeit versuchen konnte meine Beine beweglicher zu machen. Anfangs war es – gelinde gesagt – echt sauschwer, aber ich ließ mich nicht entmutigen, biss mich nach Terrierart fest und konzentrierte und trainierte pausenlos, ich gab alles. Irgendwann klappte das langsam mit den konzentrierten Zehen anziehen, aber ein Bein anziehen ging nur wenn ich es gleichzeitig mit beiden Händen am Oberschenkel hoch zog, was natürlich auch nicht einfach war, da die Embolien und der Muskelabbau auch in den Händen die bisher gewohnte Kraft spurlos flöten gehen ließen, ich konnte ja nicht mal mehr eine Wasserflasche anheben geschweige denn aufschrauben. Als nächstes brachte mir mein Schatz auf meinen Wunsch Gewichte für Knöchel und Hände mit und ich trainierte weiter Tag und Nacht immer wieder in sehr kurzen Einheiten mit vielen Pausen und über mehrere Stunden mit Gummibändern und Gewichten und normalen Bewegungen bis ich es irgendwann von selber einmal schaffte, den Fuß anfangs minimal zu bewegen, und sehr sehr viel später sogar das Bein ganz alleine ausgestreckt hochheben und sogar in Richtung Knie anziehen konnte. Ich platzte schier vor übersprudelnder Freude und Stolz das erreicht zu haben und puschte mich weiter voran. Die Depression trat dabei ganz langsam und leise in den Hintergrund, ich hatte für mich andere Prioritäten gefunden. Wie schon früher gesagt, aufgeben war und ist niemals eine Option für mich, ich erinnerte mich sogar an den Querschnittsgelähmten Sportjournalisten Markus Holubek, der sich nach einem Motorradunfall selber mit sehr viel Training über Gedanken und gezielten Muskulaturaufbau wieder zum Laufen brachte und heute Seminare für andere Betroffene gibt. Das motivierte mich unverdrossen weiter zu machen. Auch ein kleiner Schlaganfall der meine Sprache und die linke Gesichtsseite betraf ging vorüber, er war ohnehin von den Ärzten erwartet worden. Mein lieber Schatz kam auch jetzt jeden Tag zu Besuch und er brachte mir nicht nur sein glücklich strahlendes Lachen sondern neben eigenen Früchten und hartgekochten Eiern von unseren Hühnern auch frisches Sushi (das Krankenhausessen war nix für meinen Gaumen) diverse Kosmetikartikel, Blumen, Turnschuhe und alles was sonst noch fehlte und das selbst, obwohl er zu Hause selber etliche Schwierigkeiten aus dem Weg räumen musste. Ein Steckdosenbrand hatte das Obergeschoss komplett stromlos werden lassen, da musste er als Notlösung viele Steckdosen und Kabel aus dem Untergeschoß mit separatem Stromkreis verlegen um wenigstens den Kühlschrank, und das Notwendigste zu versorgen, während ich vom KKH aus per Handy versuchte einen Elektriker aufzutreiben. Außerdem musste sein Wagen in die Werkstatt und sein Ersatzwagen bekam auf einen Schlag gleich zwei Plattfüße. Ein Freund fuhr ihn mehrmals zu mir ins Krankenhaus und zur Werkstatt, Nissan hier ließ sich ordentlich Zeit und hielt es erst für nötig weiter zu arbeiten, nachdem er die Generalvertretung von Europa anschrieb. Schon erstaunlich, wie bei Firmen in den letzten Jahren Service und Dienstleistung immer mehr den Bach runter gehen. Mein Schatz besorgte sich in der Zwischenzeit einen Gaskocher um wenigstens seine Mahlzeiten auf der Terrasse zubereiten zu können.

Seeehr optimistisch ließ ich mir von Eric sogar meine Krücken ins Hospital mitbringen weil ich auf gar keinen Fall in einen Rollstuhl wollte. Ich war der festen Überzeugung, wenn ich da erst mal drin saß, war es in meinen Augen noch schwieriger da wieder raus zu kommen, und einen Rollator wollte ich eigentlich auch nicht. Aber für die Unterarmkrücken war es dann doch noch gaaanz viel zu früh, dafür mussten erst die Muskeln wieder genügend aufgebaut sein und das dauerte trotz meines täglichen Trainings und meiner Ungeduld. Sämtliche für mich zuständigen Pfleger und Schwestern kriegten mit, dass ich mit aller Kraft versuchte wieder auf meine eigenen Beine zu kommen, sie freuten sich sehr darüber und unterstützten mich zusätzlich, sogar die Physiotherapeutin kam jetzt 2-3 mal am Tag wenigstens für 5 Minuten, so wie es ihre Zeit zuließ. Schritt für Schritt lernte ich erst mühsam am Rollator laufen mitsamt Infusionsflaschen, Katheterbeutel und im schicken Engelshemdchen, das hielt sie mir um den Po herum immer zu, damit nicht gleich jeder Besucher auf dem Gang meine prachtvolle Kehrseite bewundern konnte. Gleichzeitig hatte sie mich damit auch besser »im Griff«, das passte, ich fühlte mich damit auch sicherer. Es war ja ohnehin schon ein saublödes Gefühl, wenn man trotz allem Training die Füße nicht koordiniert voreinander setzen konnte und auch nicht spürte wenn man versehentlich irgendwo gegen stieß, außer es tat verflixt weh.

Mit einem Patientenlift hoben sie mich täglich aus dem Bett heraus um mich in einen Sessel zu setzen, aber mit der Querschnittlähmung tat mir das Sitzen in diesem Sessel einfach unglaublich in der Wirbelsäule weh. Das traf genau den Gleitwirbel und der schob sich dank der erlahmten Muskulatur gleich wieder raus. Nein, das ging so nicht, das brachte mich absolut nicht weiter und nachdem der Wirbel sich mal wieder so richtig raus bewegt hatte, verweigerte ich rigoros und stur den Sessel. Da würde ich mich nie mehr in meinem Leben eine Minute mehr rein setzen. Ich brauchte zwei volle Tage und Nächte und unzählige Übungen bis der Wirbel zurück in seine Position rutschte.

Ich wollte unbedingt an meinen eigenen Krücken wieder laufen lernen, und ich wollte unbedingt Treppen steigen können, denn das war für mich eine Grundvoraussetzung um wieder nach Hause zu können. Die Therapeuten sahen das allesamt realistischer als ich und wussten, dass das noch weit mehr Zeit und Übung brauchte aber sie halfen mir auch dabei. Dann war es endlich soweit, Krücken gingen bei weitem noch gar nicht, aber am Rollator über den Flur bis zur Treppe war an sich schon eine Weltwanderung und dann noch mit den Händen am Geländer eine Stufe hoch ziehen, Wahnsinn, war das irre, sauanstrengend aber es funktionierte! Völlig erschöpft aber überglücklich und über sämtliche Backen strahlend war das für mich ein gigantisches Erfolgserlebnis. So eine kleine Stufe klingt nach wenig, aber es war doch so viel mehr als man allgemein denkt. Ich durfte dann wegen der Gefahr eines erneuten Aortenrisses auf Ärzteorder dann erst mal keine Treppe mehr in Angriff nehmen, aber egal, ich war überglücklich, es war machbar und es ging vorwärts!

Hm, so weit so schön, eine weitere Voraussetzung war aber auch, dass meine Körperfunktionen wie Blase und Darm auch wieder von mir steuerbar wurden, ich wollte schließlich die Pampers für Erwachsene und den Katheter unbedingt wieder los werden. Blase und Vaginalmuskeln trainierte ich anfangs nur innerlich mit konzentrierten und gedachten Beckenbodenübungen, bis auch diese langsam organisch griffen und siehe da, auch die körperliche Lust, die in den letzten Wochen logischerweise komplett verschwunden war, kehrte damit zaghaft zurück, klasse! Den Darm aktivierte ich mit Bauchübungen bei denen man beim ausgeatmeten Zustand den Bauch mit den Muskeln zu den Rippen hoch zog und wieder weit raus streckte, wieder hoch zog und erneut weit raus streckte, so oft man konnte und ja, auch das klappte langsam, in meinem Fall wegen der gerissenen Aorta halt nur sehr sehr vorsichtig. Zumindest aber mit den Muskeln, die ich willentlich steuern konnte. Nach einiger Zeit fielen auch der Blasenkatheter und die Windel weg und ich durfte mit Begleitung und Rollator das erste Mal dankbar aufs Klo gehen und duschen, welch eine Freude nach sechs langen Wochen! Ich hätte nie gedacht, dass so ein Klogang oder im Sitzen duschen dermaßen schweißtreibend und anstrengend sein könnte. Nicht nur die zwei Pflegerinnen, die mir täglich bei der Morgentoilette halfen standen dabei und halfen mir, sondern an diesem Morgen sogar noch vier weitere und als ich endlich völlig erschöpft auf dem Klo saß applaudierten sie allesamt freudestrahlend vor der Klotür. Ehrlich, ich war völlig erledigt aber sauglücklich!

Ich trainierte unermüdlich weiter und von Tag zu Tag nahmen meine Kräfte minimal zu und am 8. August durfte ich dann mit nach Hause zu meinem Schatz und unseren Tieren. Verständlicherweise noch sehr erschöpft, hatte auch immer noch nicht alles so richtig begriffen was passiert war, nur das schreckte mich nicht, sondern ich war nur froh wieder zu meinem geliebten Schatz und unseren Tieren nach Hause zu dürfen. Ich bekam mit, dass die Krankenversicherung die Order vorgab mich zu dieser Zeit zu entlassen, sonst würden sie die Kosten nicht mehr weiter übernehmen. Ein wirklich netter Zug kann man da nur sagen. Körperlich fit genug war ich zu dem Zeitpunkt absolut nicht, das war frühestens erst sechs Wochen später der Fall und zwar dank Erics besonderer Fürsorge und meinem Eigeneinsatz.

Im Dezember, als auch mein Gehirn langsam wieder zurück kehrte, bot ich der Versicherung aus Dankbarkeit für das Überlebte meine Vertragskündigung an. Sie willigten sofort zum Ende des Jahres ein. Damit war für mich die Angelegenheit in Frieden soweit erledigt, wir waren »quitt«. Wir hatten zwar niemals einen Beleg darüber bekommen, dass die Krankenversicherung Jochens Krankenhausrechnung bezahlt hatte und auch unsere Kosten wurden nicht erstattet, obwohl sie ohne deren mieses Verhalten gar nicht erst entstanden wären, aber wir hielten uns trotzdem zurück, wir wollten nur noch in Frieden leben.

Mitte Januar kam dann vom Anwalt des Versicherungsmaklers die Aufforderung an meinen Mann sämtliche negativen Kommentare über sie in den Sozialmedien zu löschen. Mir rutschten sie ganz ehrlich so langsam aber sicher am Allerwertesten vorbei, sollen sie ruhig Strafantrag stellen, dann wird es auch sehr gerne öffentlich, schauen wir mal wo die Rechtsauffassung der Gerichte liegt.

Auf Aktion erfolgt Reaktion, so ist das nun einmal und beleidigt hat er niemanden, genau so wenig wie gelogen. Er schrieb nur die Wahrheit und das mögen die Versicherungsfritzen wohl nicht besonders.

Ob sich die Querschnittslähmung restlos verflüchtigt hat? Nein, natürlich nicht, das wäre auch wirklich zuviel verlangt gewesen. Obwohl ich mittlerweile etwas besser laufen konnte, Gefühl hatte ich über zwei Jahre gar keines in den Beinen oder Füßen, kann aber mittlerweile im Haus ohne Gehhilfen laufen, spüre wenn ich auf Toilette muss und kann eigenständig dort hin gehen, kann alleine ins Bett gehen und auch wieder aufstehen, beim Socken anziehen und manchmal mehr brauche ich auch noch Hilfe. Und ja, auch unser Liebesleben ist sogar so wunderbar lebendig wie zuvor.

Außerhalb des Hauses ist es besser einen zusätzlichen Halt zu haben weil das Gleichgewicht nach wie vor sehr leicht irritiert werden kann, ich laufe über Kopf und Augen. Aber genau betrachtet ist auch das alles »Kleinkram« mit dem man leben kann.

Mit der Zeit, sehr viel Barfusslaufen, täglichem Training und dem Lyapko-Roller zur Hautreflexzonentherapie konnten wir jetzt sogar wieder etwas mehr Gefühl in die Beine und Füße bekommen und die Mangeldurchblutungsschmerzen im Oberschenkel werden langsam auch besser.

Das Leben ist ein faszinierendes Geschenk und dieses außergewöhnliche und besondere Geschenk wissen wir beide jeden einzelnen Tag aufs Neue ganz besonders zu schätzen.

Ein dickes Dankeschön ans Hospiten Rambla in Santa Cruz und Professor Maynar mit seinem Team!

Und ein ebenso dicker Dank an all die lieben Menschen die mir dort mit Herz und Seele geholfen haben, insbesondere die Physiotherapeutin Elena.

Wenn ich etwas empfehlen darf, dann wäre es macht euch nicht zu viele Gedanken, plant nicht ständig irgendetwas, sondern lebt und lacht eure Sorgen fröhlich aus! Damit meine ich natürlich nicht die Augen verschließen und versuchen alles negative zu ignorieren, sondern ganz bewusst seine Gedanken und den Blick auf positive Bereiche zu lenken, auf Situationen in denen man Kraft tanken konnte oder kann.

Die Energie folgt der Aufmerksamkeit. Immer.

Kommt mal ein schwerer Schicksalsschlag in euer Leben, wehrt euch nicht mit aller Kraft dagegen, sondern versucht ihn anzunehmen, akzeptiert ihn so gut es geht, seid ruhig auch traurig, sauer, wütend oder deprimiert, geht bewusst auf die Gefühle zu, sie ändern sich mit der Zeit wieder und dann versucht das Beste aus jeder Herausforderung zu machen, dafür braucht ihr dann die Kraft.

Wenn man mich fragt: »Wie hast Du das alles geschafft«, kann ich nur antworten: »Ich wollte es.«

Danksagung:

Die kostbarsten sind die Menschen,
Die keine großen Reden halten.
Sondern einem einfach helfen, wenn man sie braucht.

Dieses Buch ist allen zwei- und vierbeinigen Wesen mit solchen Herzen zum Dank gewidmet.

Renate Vollmer im November 2019